珠峰简史

徐永清 著

商务印书馆
The Commercial Press
2020年·北京

图书在版编目(CIP)数据

珠峰简史 / 徐永清著. —北京:商务印书馆,2016
(2020.4 重印)
ISBN 978-7-100-12495-9

Ⅰ.①珠… Ⅱ.①徐… Ⅲ.①珠穆朗玛峰—概况—通俗读物 Ⅳ.①K928.3-49

中国版本图书馆 CIP 数据核字(2016)第 196786 号

权利保留,侵权必究。

珠 峰 简 史
徐永清 著

商 务 印 书 馆 出 版
(北京王府井大街36号 邮政编码100710)
商 务 印 书 馆 发 行
北京顶佳世纪印刷有限公司印刷
ISBN 978-7-100-12495-9

2017年1月第1版　　　开本 710×1000　1/16
2020年4月北京第2次印刷　　印张 34
定价:89.00元

自 序：拥抱珠峰

> 掷笔身仍健，春来暖叩轩。
> 神凝常伏几，视野一凭阑。
> 拟捧巅峰雪，方驰极致原。
> 山高书牒简，月朗恬婵娟。

2016年3月13日，北京，初春的早上。

我写完了《珠峰简史》的最后一行字，长舒一口气，欣然用手机写下上面的这首五律。

过去真的没有想过，我要为一座山峰写史作传。

虽然，这是一座世界上最高的山峰。

在地理学意义上，主峰相对高度在150米以上的，才称得上是"山"。

地球上有多少座山？好像尚无准确统计，只能说不计其数。

一百五六十年前，人们才确切地知道，位于喜马拉雅山脉中段的珠穆朗玛峰，是世界上最高的山峰。

而这座巨星一般伟岸、神明一般耀眼、梦幻一般朦胧的山峰，据科学家们的讲述，已经历了4亿～5亿年的地质演变历史。

上小学的时候，我读过郭超人先生写的一篇课文《红旗插上珠穆朗玛峰》，从此知道，在那遥远的西南边陲，屹立着白雪覆盖的世界之巅。

　　掩卷之余，遐想多多，心向往之。

　　心想事成，那一年，我成了珠峰刻骨铭心的亲历者。

　　2005年的春天，47岁的我，作为中国珠穆朗玛峰高程测量队伍的一员，在西藏工作了将近两个月。我们来到海拔5100米的珠穆朗玛峰北坡大本营，驻扎在草绿色的帐篷里，迎风沐雪，拜地观天，与珠峰耳鬓厮磨、亲密相处。

　　日久生情，于是，我又成为珠峰持之以恒的拥趸和传播者。

　　2015年5月，在巴尔干半岛索菲亚城的一个商场里，我发现并购买了美国《国家地理》出版的《珠峰的呼唤》(the call of Everest)，这本纪念美国登顶珠穆朗玛峰50周年的书，汇集了一批登山家和学者的文章，从登山、历史、科学的角度，言说珠峰的各个方面以及世界最高峰的未来。

　　翻阅这本印制精美的书，不免感慨，远隔重洋的异邦人士，尚且如此郑重地尊崇珠峰，研究珠峰；而处在珠峰坐落之地的我们，难道不应该尽量为珠峰做些什么事吗？

　　我忽然无比思念万里之遥的珠峰，无比怀念10年前在珠峰的日子。10年过去了，珠峰不曾淡忘，珠峰离我更近。

　　那一刻，我萌生了一个想法：再次动笔，书写历史的珠峰、科学的珠峰、真实的珠峰、我心中的珠峰。要让亲爱的读者们真正了解珠峰。要从多种不同的视角，全面、系统、详实地介绍珠峰。要为大家徐徐拉开那道神秘的帷幕,让大家看到珠峰这座了不起的山的真容。

于是,我开始撰写这本《珠峰简史》,这是我为珠峰撰写的第四本书。

写作的过程,也是攀登知识峰峦的过程。有发现,有认知,有惊讶;有疲惫,有喘息,有疼痛。而写作的喜悦,莫过于柳暗花明的时时刻刻。如筋疲力尽的登山者,殚精竭力,终于登顶,伫立险峰,风光无限。

通过科学与人文的两栖发掘,在我的知识谱系里,珠峰的风貌,愈加清晰,愈加细致,愈加多样,愈加立体化。珠峰,不仅是自然的山峰,地理的标志,神秘的雪域;她还是科学的峰峦,历史的积淀,文化的象征。我希望通过自己的笔,把珠峰丰富无比的宝藏、故事、知识、印象和感受,真实、顺畅、生动地传达给读者。

为了写好这本书,我捡拾、阅读了若干关于珠峰的文献,获益匪浅。

在科学技术方面,黄汲清先生1943年在重庆北碚的防空洞里写的《中国主要地质构造单位》,让我非常钦佩,很受启发。在旧书网上淘来的一套八本皇皇巨制《珠穆朗玛峰地区科学考察报告1966~1968》,更是让我喜出望外,我要向在非常年代里做出非常科研成果的前辈们致敬!

在登山探险方面,弗朗西斯·荣赫鹏的《珠峰史诗》和乔恩·克拉考尔的《进入空气稀薄地带:登山者的圣经》,这两部纪实性的经典之

珠峰简史

作，使我不仅震撼于攀登珠峰的艰难历程与壮烈牺牲，更由此深度思考人类与自然之间那种说不清、道不完的关系。

这里申明一下，本书所引用的个别图、文，或来自网络而无从查考，或联系不到原作者，若因此种情况且构成应付报酬的要件，请与本人联系。

很高兴在中国百年以来的出版重镇商务印书馆出版拙作。

感谢李智初先生、林京先生，他们的鼓励、帮助促使我如期完成了此书。感谢责任编辑陈娟娟认真、细致的工作。

谨将珠峰的博大蕴藉以及作者的诚意，一并呈现给读者。

让我们张开臂膀，拥抱珠峰！

徐永清

2016 年 3 月 13 日北京

目 录

第一章　地球之巅 …………………………………… 1
　　雄伟壮丽的珠峰 ………………………………… 3
　　基座：喜马拉雅 ………………………………… 7
　　群峰竞秀 ………………………………………… 10
　　第三极 …………………………………………… 18
　　生态警号 ………………………………………… 21

第二章　新生代崛起 ………………………………… 27
　　"无脚的鸵鸟" …………………………………… 29
　　板块构造 ………………………………………… 31
　　特提斯海 ………………………………………… 36
　　隆升 ……………………………………………… 42
　　喜马拉雅运动历程 ……………………………… 44

第三章　灵氤 ………………………………………… 51
　　石器时代 ………………………………………… 54
　　大唐天竺使出铭 ………………………………… 58
　　松赞干布・尺尊公主 …………………………… 61
　　贡塘王城 ………………………………………… 64

寺庙 ……………………………………… 67
　　莲花生 …………………………………… 74
　　米拉日巴 ………………………………… 77
　　格萨尔王 ………………………………… 80

第四章　风起云涌 ……………………………… 85
　　飘扬的云 ………………………………… 88
　　罡风强劲 ………………………………… 90
　　寒锁高峰 ………………………………… 94
　　峥嵘雨，寥廓雪 ………………………… 97
　　透明的阳光 ……………………………… 102
　　观天预测 ………………………………… 104

第五章　初绘 …………………………………… 107
　　滥觞18世纪 ……………………………… 108
　　全国大测量 ……………………………… 112
　　康熙谕令 ………………………………… 117
　　官员·喇嘛 ……………………………… 119

第六章　垂直与震荡 …………………………… 125
　　南北翼 …………………………………… 127
　　冰川姿态 ………………………………… 130
　　山的那一边 ……………………………… 135
　　喜马拉雅地震带 ………………………… 140

第七章　珠峰之战 ……………………………… 145
　　1788：第一战 …………………………… 148
　　1791：第二战 …………………………… 153

福康安入藏 ………………………… 156
1855：第三战 ……………………… 168

第八章　生灵 …………………………… 171
生物学家们 ………………………… 174
栖息 ………………………………… 176
雪豹 ………………………………… 180
藏狐 ………………………………… 187
长尾叶猴 …………………………… 190
野驴 ………………………………… 194
喜马拉雅斑羚 ……………………… 197

第九章　鸟翔巅峰 ……………………… 201
珠峰有多少种鸟？ ………………… 204
翱翔高天 …………………………… 211
蓑羽鹤传奇 ………………………… 220

第十章　神秘的族群 …………………… 225
源于藏族 …………………………… 228
党项羌一支 ………………………… 234
西夏后裔 …………………………… 238

第十一章　今天的夏尔巴 ……………… 243
巅峰向导 …………………………… 245
尼泊尔的夏尔巴人 ………………… 254
中国西藏的夏尔巴人 ……………… 263

第十二章　芳名 …… 269
　　珠穆朗玛 …… 271
　　萨加玛塔 …… 280
　　正名 …… 285

第十三章　经纬雪峰 …… 291
　　所进山川疆野各图 …… 294
　　皇皇巨制 …… 296
　　最早的珠峰地图 …… 300
　　雍正皇舆十排全图 …… 307
　　乾隆内府舆图 …… 312
　　水道提纲·大清一统志 …… 314

第十四章　世纪描摹 …… 319
　　19世纪：巅峰崭露 …… 321
　　20世纪：寰宇闻名 …… 331
　　21世纪：多维展示 …… 356

第十五章　高处不胜寒 …… 363
　　开创者 …… 366
　　1921年的进发 …… 370
　　1922年的攀登 …… 376
　　1924年的回响 …… 385

第十六章　登顶 …… 399
　　希拉里和丹增 …… 402
　　登顶北坡 …… 412
　　英雄辈出 …… 422

商业化困惑 ··· 433

第十七章　山难 ··· 441
　　春天的悲剧 ··· 445
　　大雪崩 ··· 457

第十八章　高度 ··· 465
　　测高喜马拉雅 ··· 467
　　20 世纪 60 年代 ··· 476
　　红色觇标 ··· 479
　　各国的尝试 ··· 486

第十九章　再测 ··· 497
　　行动路线图 ··· 499
　　我们已经登上来了…… ······································· 502
　　复杂的科学工程 ··· 514
　　纪念碑 ··· 523

结　语 ··· 527

参考文献 ··· 529

第一章 地球之巅

珠穆朗玛峰

喜马拉雅群山苍茫无际，漫长弧形的山脉东西绵延 2500 余千米，逶迤盘桓于亚洲大地。

在喜马拉雅的中部，山丛峦嶂，一座座披着雪袍的高峰巍然列阵，聆听季风侵号，仰视日月星辰，嵯峨参差，亘古寂寞。

距今 5 亿年的奥陶纪的海相地层石灰岩，构成了这些伟大的山峰系列。被河流搬运到海洋的泥沙沉淀于斯，经过巨大的压力和高温变质，变成厚厚的片岩和片麻岩，这两种变质岩，构成喜马拉雅山脉的主体。

远远望去，一座昂首云天的山峰，由暗色条纹状岩石构成，一层层不同色调的岩石，像千层糕似的叠合在一起，山的顶部冰雪银光闪耀，伟岸的山体，状若三面体的巨型金字塔。

挺拔的身姿，飒爽的轮廓，高峻的峰巅，白雪皑皑，银装素裹，在阳光照耀下，反射着令人目眩的金色光芒。

啊，珠穆朗玛峰！

在中国西藏自治区和尼泊尔交界处的群峰之中，喜马拉雅山的这座巨型主峰，颇具王者气概。高大的身姿，比它身下拱绕的山谷，高出3750米之多。

罡风凛冽，珠穆朗玛峰顶，升起冉冉的旗云，向着东方飘漾。

巨大的山谷，晶莹的冰川，山舞银蛇，冰塔林立，烟云流溢。

珠穆朗玛峰南北两麓，群山层叠起伏，雪坡冰岩壁立，峡谷深邃奇崛，荒坡乱石嶙峋，层林苍翠葱郁，草甸野花星布，湖泊碧蓝明净，山间盆地开阔，动物行走其间，村落房舍安恬。

壮悍的珠穆朗玛峰，大自然塑造的巨型金字塔，耸立天宇之间。

壮阔的珠穆朗玛峰，喜马拉雅山脉主峰，辽阔苍茫，万山之尊。

壮观的珠穆朗玛峰，神秘而伟岸的山峰，卓尔不群，独领风骚。

壮美的珠穆朗玛峰，全世界最高的山峰，巍峨壮丽，地球之巅。

雄伟壮丽的珠峰

珠穆朗玛峰，喜马拉雅山脉主峰，海拔 8844.43 米（29017 英尺），为世界第一高峰。

珠穆朗玛峰，位于中华人民共和国西藏自治区与尼泊尔联邦民主共和国交界处的喜马拉雅山脉中段，北纬 27°59′15.85″、东经 86°55′39.51″，北坡在西藏定日县境内，南坡在尼泊尔境内。

珠穆朗玛，这是居住于珠峰北侧的藏族人民对世界最高峰的传统称谓，这个名字来源于藏族美丽的传说，有"女神""圣女""神女第三""地神之母"等几种解释。珠穆朗玛峰在西方被称为"埃佛勒斯"（Everest），尼泊尔在 20 世纪将它称为"萨加玛塔"（Sagarmatha），在梵文中，"Sagar"意为"天空"，"Matha"意为"头部"。

珠穆朗玛峰景观

珠穆朗玛峰山体呈巨型金字塔状，周边地形极端险峻，环境异常复杂。珠穆朗玛峰覆盖着万年积雪，山谷中发育着巨大的冰川，是喜马拉雅山脉的一个现代冰川中心。

珠穆朗玛峰北坡有著名的绒布冰川，由东、西、中绒布冰川泄合而成。在海拔5500～6200米的地段，发育着众多的冰塔林，在冰塔林之间散布着绚丽多彩的冰湖和冰面河流。

位于珠峰南坡的昆布冰川，千姿百态，冰瀑高悬，海拔5500～6000米，是南坡登山者的必经之路，穿越这片异常险峻的冰川，需要通过架设在冰裂缝上的大约40座铝桥和天梯。

地质科学家的研究证明，距今2.8亿年前，珠穆朗玛山区以至整个喜马拉雅山一带，曾经是一片汪洋大海。那时，珠峰地区是一个鱼鳖活跃、各种海生动物充斥的世界。

距今约5000万年前，喜马拉雅山地区仍是古地中海即特提斯海的组成部分。地质学家们称它为"喜马拉雅山地槽"。在地槽南北的古大陆滨海一带，气候暖热而干旱。

在大约3400万年前的渐新世初期，地壳运动使印度洋板块俯冲到亚欧板块，喜马拉雅地槽底部开始出现了山脉，并从特提斯海底部冉冉升起，渐渐浮出水面，与此同时，特提斯海逐渐消失。

又过了一段漫长的时期，当地球的日历翻到了中新世晚期的时候，印度洋板块又开始往北移动，与亚欧板块发生了更为激烈的冲碰。在此作用下，地球上最为年轻的山脉和高原出现了，喜马拉雅山的轮廓终于基本形成。

印度洋板块这位硬汉子，从南边漂移过来，与亚欧板块剧烈相撞，特提斯海顿无容身之地，那一片地区昂然而起，形成了如今横亘东西，在中国、印度和尼泊尔等国之间绵延2500千米的巨大弧形山系喜马拉雅山脉。青藏高原这片年轻的陆地，进入强烈的隆升时代，成为地球上最高又最年轻的高原，孕育着地球上最高的山峰。

在随后发生的一系列造山运动中，珠穆朗玛峰崛然而升。但是，它的南面与北面，仍长期在海水以下。直到第三纪末，它才彻底摆脱了海洋。

珠穆朗玛峰从那时起一直在不断上升,虽然在山南山北的很多断层,消除了相当一部分地球内部的应力,但最终还是被抬升为世界第一高峰,也是地球上最年轻的山峰。

从距今 300～200 万年前开始的第四纪冰期以来,珠峰已经上升了约 1400 米。在抬升过程中,来自地球内部向上穿越的花岗岩岩浆的顶托,也起了不可忽视的作用。

人们现在看到的珠峰的"颈部"——8700 米的"第二台阶"和峰顶部,都是奥陶纪灰岩,实际上珠峰 8500 米以上,就已经都是奥陶纪灰岩了。而珠峰的"身体"部分,则是来自地球内部的花岗岩和变质岩——片麻岩、眼球状片麻岩,它们都是原始的沉积岩,因为遭到花岗岩侵入和区域的地质事件而改变了原来的性质。在东绒布冰川一侧,人们常见深灰黑色的岩石,那就是片麻岩。

在 2005 年进行的中国第四次珠峰综合科考中,科学家们在珠峰地区的多个地方发现了拉伸变形的岩层,这些变形的岩层显现出 S 形或香肠串形状,这就证明了在喜马拉雅山脉北坡确实存在断裂带,而珠峰就处在这个绵延数千公里的断裂带上。

珠穆朗玛峰地区的自然地理独具特色,具有典型的青藏高原和喜马拉雅高地两个区域的特征。青藏高原的崛起,阻断了湿润的太平洋、印度洋的东南季风,构成了屏蔽效应,导致了气候突变,并促使这里的地质、地理及地貌等,发生了一系列变化。雪山、高原、河流、湖泊、花草树木、鸟兽虫鱼,以及数以万计的农牧民,在珠峰地区,与山川大地相互依存、和谐共生。

如果从印度洋越过喜马拉雅山脉,画一张剖面图,喜马拉雅山属于"单面山"地貌类型,山脉的北坡平缓,南坡陡峻。随着山地高度的增加,高山地区的自然景象也不断变化,形成明显的垂直自然带。

喜马拉雅山连绵的高峰,阻挡了从印度洋上吹来的湿润气流。因此,喜马拉雅山的南坡雨量充沛,植被茂盛;而北坡的雨量较少,植被稀疏。

珠峰北坡气候干寒，降水量少，自然景观垂直分布的层次，比南坡少得多。在北坡山麓地带，是中国青藏高原湖盆带，湖滨牧草丰美，是良好的牧场。流向印度洋的大河，几乎都发源于北坡，切穿大喜马拉雅山脉形成高山峡谷，河水奔流，势如飞瀑，蕴藏着巨大的水力资源。

在喜马拉雅中段北坡，山谷冰川上有世界上最雄伟壮丽的冰塔林。冰塔高度为数米至30多米不等，形貌如丘陵和金字塔。有的冰塔表面有密集的浅圆形消融坑，晶莹闪耀；有的冰塔间有星罗棋布的冰湖，十分奇妙。有的冰塔内部有河道，在这些冰融水的长期作用下，又形成了冰桥、冰洞、冰帘、冰钟乳石、冰柱和冰笋等，好似天然形成的冰雕群。

在珠峰的北侧，群山苍茫，河谷错落。西南方向的季风受到阻隔，降水量稀少，蒸发量巨大，内陆河流往往形成了尾闾，很多淡水湖逐渐成了咸水湖，甚至最终成了盐湖或干盐湖。

穿越喜马拉雅山脉的陈塘、绒辖、樟木、吉隆和贡当河谷，为印度洋暖湿气流北上高原提供了通道，发育出喜马拉雅南翼湿润山地森林生态系统。从海拔6000多米的雪山、草甸，到海拔2000米的灌丛、森林、亚热带植物，山高谷深，森林郁密，奇花异草，五彩缤纷，形成一种独具风姿的自然景观。

由于高喜马拉雅的屏障作用，印度洋暖湿气流在翻越山地时受到重重阻挡，大量水汽被南翼山地截去，气流翻山后，下沉绝热增温产生的焚风效应，更加剧了北部气候的干旱，致使这里呈现出大陆性高原气候特征，发育了半干旱灌丛、草原生态系统。

静卧在聂拉木群山之中的佩枯错，面积约300平方千米，是珠峰地区最大的湖泊。每年春天成群的赤麻鸭、棕头鸥、斑头雁、黑颈鹤，飞越喜马拉雅山，在河心滩地上筑起无数窝巢，或在湖边沼泽草丛中寻觅几处佳地产卵育雏。夏季，无数水鸟带着它们的儿女在湖中嬉戏。

珠峰地区有辽阔的牧场，因高原严寒干旱，牧草生长低矮稀疏，产量很低。近年来牲畜大量繁殖，高原草场不断退化，载畜量越来越低，同时也威胁着草原上野生动物的生存。

珠穆朗玛峰的南坡，群山巍峨壮美，冰峰林立。山上有终年不化的积雪，山下是四季常青的花草，阳光灿烂，四季如春。

尼泊尔珠峰地区，位于尼泊尔东部的索卢、昆布（Solo‐Khumbu）一带，珠穆朗玛峰南坡的萨加玛塔国家公园（Sagarmatha National Park）里，这里也是举世闻名的高山民族夏尔巴人的家乡。

尼泊尔珠峰地区对外不通公路，进出唯一的门户是位于萨加玛塔国家公园入口处南部的卢克拉机场，人们由加德满都（Kathmandu）乘公共巴士前往小镇吉里（Jiri），再由那里徒步前往海拔2840米的卢克拉（Lukla）。

1976年入选联合国世界自然遗产的萨加玛塔国家公园，占地1113平方千米，全区遍布高海拔雪山、冰河、深谷，从海拔2805米的公园入口处到8844.43米的珠穆朗玛峰顶，景观十分丰富。麋鹿、雪豹和小熊猫在这里出没，将近400种鸟类在这里翱翔。喜马拉雅雪松、银枞、杜松、银桦等树木葱郁耸立，低处的河谷地带，红色、玫瑰色以及罕见的白色杜鹃花漫山遍野，千姿百态，和山上的皑皑白雪交相辉映。

珠峰南坡分布着三个植被带，低处是由橡树、松树、桦树和杜鹃构成的林地，中间带以矮小的杜鹃和刺柏树为主，高处则生长着苔藓和地衣。从海拔仅2000多米的河谷，上升到8000多米的山峰，河谷的水平距离不过几十千米，自然景象却迅速更替。

由于受到全球气候变化的影响及人类的破坏，近年来珠峰地区整个生态系统处于退化状态。珠峰地区的生态，非常脆弱，一旦破坏很难恢复。

遥远的第三极，也难以逃脱人类的烦扰。

警号正在吹响。

基座：喜马拉雅

喜马拉雅是印度梵文的称呼。"喜马"意为雪，"拉雅"意为家乡或地域。"喜马拉雅"是"冰雪之乡"的意思。

漫长的喜马拉雅山系呈弧形状，东西走向，高耸如墙，西起印度河附近的帕尔巴特峰，东止雅鲁藏布江大拐弯处的南伽巴瓦峰，北临青藏高原的雅鲁藏布江，南到印度平原的恒河。

这条近似东西向的弧形山脉，绵延2500多千米，南北宽近300千米，是世界最新形成的褶皱山脉，也是世界上最庞大的山系。

喜马拉雅山脉，又分为4条纵向平行的不同宽度的山带。它们从南至北被命名为外喜马拉雅山脉、小喜马拉雅山脉、大喜马拉雅山脉，以及特提斯喜马拉雅山脉。每条山带都具有鲜明的地形特征和自己的地质史。

喜马拉雅整条山脉平均海拔六千余米，最高的地段在中国的西藏境内。南部山段从珠穆朗玛峰到恒河岸边，距离仅100多千米，但是相对落差却达8000多米。

宇航员斯科特·凯利（Scott Kelly）："在空间站的239天，喜马拉雅山脉的夜景，群山沉睡，晚安。"（Nasa 2015年11月的图片）

在喜马拉雅山脉的南面，是一望无际的印度平原，这块大平原上流淌着孕育了印度文明的恒河。在喜马拉雅山的北面，是群山似海的高原，西部雪山纵横,皑皑冰雪终年银光闪烁,东部山谷森林密布,河流湍急。在这片辽阔的高山台地上,流淌着孕育了西藏文明的雅鲁藏布江。

庞大的喜马拉雅山脉耸拔于西藏南部,成为青藏高原的自然屏障。它不仅阻挡了掠过印度平原的印度洋湿润的暖流北上,使青藏高原大部分地区常年处于干燥少雨、植被稀疏的状态;同时,它也将青藏高原的寒流截在了喜马拉雅山的北坡,庇护了广阔的南亚平原。

喜马拉雅山脉有19条主要河流,最大的是印度河与布拉马普特拉河,各拥有约259000平方千米的山地汇水面积。在其他河流中,属于印度河水系的有5条,9条属于恒河水系,3条河属于布拉马普特拉河水系。

南坡:珠穆朗玛峰的黎明

雅鲁藏布江像一条银色的巨龙,从海拔5300米以上的喜马拉雅山中段北坡冰雪山岭发源,自西向东奔流于世界屋脊的青藏高原南部,最后于巴昔卡附近流出国境后的河段称为迪汉河,在与迪班河、卢希河汇合后改称布拉马普特拉河,经印度、孟加拉国注入孟加拉湾。它在中国境内全长2057多千米,在中国名流大川中位居第六;流域面积240480平方千米,居中国第六。流出国境处的年径流量为1400亿立方米,次于长江、珠江，居中国第三。天然水能蕴藏量达7911.6万千瓦，仅次于长江，居中国第二。河床一般高程在海拔3000米以上，是世界上最高的大河。

一般来说，大喜马拉雅山脉和特提斯喜马拉雅山脉，居住着藏民和其他藏缅语族（蒙古利亚人种），而小喜马拉雅山脉则是印欧人之家。喜马拉雅山的中段，是雪山的王国。

喜马拉雅山脉是世界海拔最高的山脉，其中有110多座山峰高达或超过海拔7350米，是东亚大陆与南亚次大陆的天然界山，也是中国与印度、尼泊尔、不丹、巴基斯坦等国的天然国界，它西起克什米尔的海拔8125米的南迦帕尔巴特峰，东至雅鲁藏布江大拐弯处海拔7782米的南迦巴瓦峰，全长2450千米，宽200～350千米。

群峰竞秀

珠穆朗玛峰不仅巍峨宏大，而且气势磅礴。在它周围20千米的范围内，雪山林立，重峦叠嶂，一峰耸引，群峰竞秀。仅海拔7000米以上的高峰，就有40多座，其中4座在8000米以上。

一峰耸引，群峰竞秀。

距离珠峰约80千米的遮古拉山口，是从北面观看珠峰群峰的绝佳位置。如果天气好，这里能够看到南方4座8000米以上的雪山，依次是马卡鲁峰、洛子峰、珠穆朗玛峰和卓奥友峰，从左向右排成一列，景象极为壮观。

珠峰南面 3 千米处，有海拔 8516 米的"洛子峰"，即世界第四高峰；海拔 7589 米的卓穷峰。东南面是海拔 8463 米的马卡鲁峰，即世界第五高峰。北面 3 千米，是海拔 7543 米的章子峰。西面是 7855 米的努子峰和 7145 米的普莫里峰。

在这些巨峰的外围，还有一些世界一流的高峰：东南方向，有世界第三高峰干城嘉峰，海拔 8585 米；西面有海拔 7952 米的格重康峰，世界第十五高峰；西北方向有 8201 米的卓奥友峰，即世界第七高峰，以及 8046 米的希夏邦马峰，即世界第十四高峰。

洛子峰，英文名 Lhotse，海拔 8516 米，地理坐标为北纬 27.96°，东经 86.93°。洛子峰有两个卫峰，分别是洛子中峰（8516 米）和洛子夏尔峰（Lhotse Shar）（8382 米），旁边还有著名的努子峰（Nuptse）。两峰之间隔着一条山坳，即"南坳"。以山峰的北山脊与东南山脊为界，其东侧在中国西藏自治区境内，其西侧属尼泊尔。

"洛子"是南的意思，因为它位于珠峰的南边。洛子峰藏语称之为"丁结协桑玛"，意为"青色美貌的仙女"，但这位"仙女"地形非常险峻，环境极其复杂，冰川密布，气候变幻莫测。风速比珠峰略低，但雨量又大过珠峰。

洛子峰

洛子峰雄伟险峻，冰崩、雪崩频繁，大本营至一号营地都是被千年的冰碛和巨大的冰川覆盖，地形错综复杂，路线长，坡度大，还有数不尽的巨大冰裂缝。攀登洛子峰最艰难的路段，雪崩频繁，还经常会有较大的高空风，积雪深度平均60～65厘米，冰坡度为75°，在有些地段可达85°以上。据了解，半个多世纪以来，已有300多名勇士不幸长眠于此峰上，因而此峰也被喻为虎口。

马卡鲁峰，海拔8463米。位于东经87.1°，北纬27.9°，地处喜马拉雅山脉中段，其西北直线距离24千米就是珠穆朗玛峰。以西北山脊和东南山脊为界，其北侧在中国西藏自治区境内，南侧属尼泊尔。

马卡鲁峰英文名为Makalu，"Makalu"的称谓来自于梵语Maha-Kala，是印度教中至高无上的湿婆神的别称，代表着大恶，他的性情反复无常，时而冷酷，时而仁慈。马卡鲁峰在当地方言里还有另一个名字——Kumbakarna，意思是巨人。

马卡鲁山有五条主要山脊，分别为西北山脊、西南山脊、东北山脊、东南山脊和北山脊。北山脊上的卫峰名叫珠穆隆素峰，海拔7816米。西北山脊的卫峰为马卡鲁2峰，海拔7640米。东南山脊的卫峰稍高，海拔8010米。这些峰体上有厚厚的冰雪，坡谷中还分布着巨大的冰川，冰川上多锯齿形的陡崖和裂缝，冰崩、雪崩也十分频繁。所以马卡鲁峰的攀登难度极大。1955年5月，法国登山队的9名队员从尼泊尔境内越过西北山脊鞍部，从中国境内的西北侧登上了顶峰，成功首登马卡鲁峰。

马卡鲁峰的气候与珠穆朗玛峰大体相似，冬半年干燥且风大，为干季和风季，夏半年为雨季，呈大陆性高原气候特征。每年6月初至9月中旬为雨季，强烈的东南季风带来的暴雨会引发频繁的冰崩、雪崩，使得山上云雾弥漫、冰雪肆虐，气候恶劣。11月中旬至翌年的2月中旬，受强烈的西北寒流控制，气温可达零下60℃，平均气温也在零下50℃至零下40℃之间。最大风速可达90米/秒。只有在4月底至5月末，或9到10月这段时间，是风季与雨季相互过渡的时段，也就时有3～4

次持续 2～5 天的好天气，这时便是进行登山活动的绝好时机。

马卡鲁峰

章子峰，海拔 7543 米。位于喜马拉雅山脉中段，东经 86.9°，北纬 28.0°，在西藏日喀则地区定日县境内。章子峰位于珠穆朗玛峰的北面也被称为"北峰"，通过北坳与珠穆朗玛峰相连。

章子峰

1982年10月14日西德登山队由东南山脊首登章子峰。1986年日本登山队开创北壁攀登路线。

努子峰，位于珠峰以西，海拔7879米，世界第19高峰，由主峰和相连的六个副峰组成，山体较特别，从南面看像一堵七千多米高的巨墙，从西面看却是一座尖峭的高峰。

努子峰在当地被称为"佛洛青日岗"，是"三尖山"之意，因为它的三条主山脊一共耸立着三座高峰：海拔7879米的主峰，海拔7016米的卫峰，海拔7550米的北峰。挺拔突兀，直刺蓝天。

努子峰地形条件较为复杂，包含冰壁、冰岩混合、岩壁、雪桥、雪檐、悬冰川、危险的雪崩区等，是登山的"地形博物馆"。

普莫里峰，在珠峰西侧，位于中国西藏和尼泊尔边境上，海拔7161米，积雪厚，峰状圆润，从任何方位看都像一支插向天际的雪白竹笋。山峰附近都是冰河，下游是世界海拔最高的寺庙——绒布寺。

普莫里峰

普莫里峰地处多重地质构造的叠合部位，构造应力集中，多次的区域强烈变形和强烈挤压使普莫里峰向上做剧烈的断块上升，形成了喜马拉雅山脉西端的最高峰，同时围绕拔地而起的南峰形成了一系列紧密的弧形拐弯，成为罕见的"雅鲁藏布大拐弯"。

从海拔7782米的白雪皑皑的普莫里峰峰顶，到墨脱县雅鲁藏布江出境处的巴昔卡的蕉叶摇曳的热带风光，这些反差强烈的气候带居然就在直线距离不足200千米的普莫里峰南坡下依次排开，形成了一道完整无缺的植物垂直分布带谱。

干城章嘉峰（Kanchenjunga），也称作金城章嘉峰。它位于喜马拉雅山脉中段尼泊尔和印度边界处，东经88°09′01″，北纬27°42′09″，海拔高度为8586米，是世界第三高峰。

干城章嘉峰

干城章嘉峰的名字有"雪神五项珍宝"之意。在珠穆朗玛峰被确认之前，它曾被认为是世界最高峰。

干城章嘉峰是一组巨大的群峰的主峰，它坐落在三座海拔超过8400米的高峰中央，西侧有海拔8438米的雅兰康峰，东侧紧靠主峰的是海拔8438米的干城章嘉II峰，最东边的是海拔8476米的达龙康日峰。其间有众多山谷冰川，使得山势更为险峻，冰崩、雪崩频繁。1955年5月25日，英国登山队的G.班德、N.哈迪、J.布朗和T.斯特里塞尔四人首次登上顶峰。

格重康峰（Gyachung Kang），海拔7952米（另有7985米、7998米

两种说法），地处喜马拉雅山脉中段，位于 28°05′ 53″ N，86°44′ 32″ E。横亘于中尼边界，北侧位于西藏自治区定日县（定日冈嘎）境内，在卓奥友峰的东侧。

格重康峰

格重康峰是西藏境内十大山峰之一，也是珠穆朗玛峰与卓奥友峰之间的最高山峰。格重康的发音"Gyachung Kang"在藏语中有"百谷雪山"的意思（Gya 意为一百，chung 意为山谷，Kang 意为雪山）。日本登山队于 1964 年 10 月 4 日首先登顶。

卓奥友峰（Cho Oyu），海拔 8201 米，是世界第六高峰，位于东经 86° 36′、北纬 28°的中尼边界上，北侧在中国西藏境内，南侧在尼泊尔境内。"卓奥友"藏语意为"大尊师"。卓奥友峰位于喜马拉雅山脉的中部，东距珠穆朗玛峰约 30 千米。卓奥友峰有五条主山脊，常年积雪，四周雪峰林立，层峦峰叠，十分壮观。卓奥友峰山体高大、雄伟、壮丽，被当地人视为"神"。

卓奥友峰

卓奥友峰由于冰川及恶劣气候的影响，攀登极其不易。1954年10月19日奥地利登山队四名登山者在夏尔巴人的帮助下成功登顶。

希夏邦马峰（Shishapangma），海拔8012米，是世界第14高峰，也是唯一一座完全在中国境内的8000米级山峰。它位于喜马拉雅山脉中段，地处东经85.7°，北纬28.3°，东南方距珠穆朗玛峰约120千米，是一座完全在中国西藏（聂拉木县）境内8000米以上的高峰。

希夏邦马峰，藏语意思为"气候严寒、天气恶劣多变"之意，旧称高僧赞峰，藏族人民有许多神话和歌谣称颂其为吉祥的神山。它由三个高程相近的姐妹峰组成，在主峰西北200米和400米处，分别有8008米、7966米的两个峰尖。

希夏邦马峰是喜马拉雅山脉现代冰川作用的中心之一，北坡横对着的是13.5千米长的野博康加勒冰川，与它平行的是达曲冰川。北山脊以东是格牙冰川，南坡有16千米长的富曲冰川，其末端一直降到4550米的灌木林带。海拔5000～5800米之间的冰塔区最引人入胜，长达几千米，形态甚是奇异，像一个"冰晶园林"。

希夏邦马峰

1964年5月2日,许竞、王富洲、张俊岩、邬宗岳、陈山、索南多吉、成天亮、尼玛扎西、多吉、云登10名中国登山队队员首登希夏邦马峰,标志着世界上8000米以上的极高峰,已全部被人类踏足。

第三极

地球除了它的南极和北极之外,还有第三极。

地球的南极、北极早已众所周知,2000多年前就有人对其进行过探险。然而,地球还有一个极在相当长时间内鲜为人知,这就是地球的高极——青藏高原。

一个多世纪前,人们才注意到青藏高原这块神秘的地域,特别是20世纪60年代以来,人们才逐渐意识到这块土地在地球科学和生命科学中的重要性,因而愈来愈重视,并成为科技竞争的热点之一。地球之巅——珠穆朗玛峰就是在这个过程中被发现的地球第三极。

珠峰全貌

喜马拉雅山脉和青藏高原的隆起，影响到全球大气环流。这样寒冷的气候及所产生的自然现象只有地球的两极地区可以相比。

如果说，青藏高原堪称地球第三极，整个高原是第三极的极区；那么，珠穆朗玛峰就是第三极的极点。珠穆朗玛峰也是地球上的最高点，海拔8844.43米。地球的第三极，也被人们称为"世界的屋脊"，集结着全球蔚为壮观的自然景致。

青藏高原是世界上最高的高原，平均海拔在4000米以上，高原上自北而南，有数条东西走向的平行山脉：可可西里山—巴颜喀拉山；喀喇昆仑山—唐古拉山；冈底斯山—念青唐古拉山以及最南边的喜马拉雅山脉。

这些山脉的波峰，构成了高原的骨架，由北而南，一个比一个高，一个比一个年轻。巴颜喀拉山形成于2亿年前的三叠纪末，唐古拉山形成于1.3亿年前，冈底斯山形成于7千万年前。喜马拉雅山最年轻，它大约在2000万年前的中新世逐渐升起，特别是在第四纪冰期以来，地壳运动使它迅速上升到今天的高度。

珠穆朗玛峰，山峰极高大。

作为喜马拉雅山脉的主峰，珠峰附近高峰林立，仅海拔7000米以上的高峰就有40多座，其中四座在8000米以上，形成了世界上极高峰最集中的地区，被称为"飞鸟也不能越过的山峰"。

1852年，珠峰被确认为地球上的最高峰，成为地球上重要的地理标点。其后，珠穆朗玛峰的高程成为各国学者关注而热烈讨论的问题，曾先后被进行过数次有记录的测量，按照各国至今公布和曾被采用过的珠峰海拔高程，分别有：8839.81米、8847.7344米、8848.13米、8846.50米、8872米、8850米和8844.43米等，其中，最高值和最低值相差约42米。

由于这些测量是从不同坡向、使用不同的现代测量仪器和参数测定的，所采用的不同高程系，如黄海高程系与印度洋高程系，基准面本身之间就存在一个差值，如果按统计规则来看待上述不同的测量高程，去掉最高值和最低值，当今珠穆朗玛峰高程可能的变化范围应在8845～8850米之间。

珠穆朗玛峰，气温极寒冷。

珠穆朗玛峰和它所在的喜马拉雅群山雪峰林立，冰雪连绵，一派银色世界。青藏高原上也绵延横亘着许多挺拔的高山，这些山脉冰川发育、雪峰林立，成为举世无双的山原，发育有冰帽和小冰盖，海拔4500米以上的高原腹地年平均气温在0°以下。高原上冰雪和寒冻风化作用普遍，现代冰川和冻土发育，多年冻土连续分布，是中低纬度地区最大的冻土岛和最大的冰川作用中心。

珠穆朗玛峰，地形极险峻。

珠穆朗玛峰的雪线高度北坡为5800～6200米，南坡为5500～6100米。东北山脊、东南山脊和西山山脊中间，夹着三大陡壁：北壁、东壁和西南壁。

在这些山脊和峭壁之间，又分布着548条大陆型冰川，总面积达1457.07平方千米，平均厚度在100米以上。冰川的补给主要靠印度洋季风带两大降水带积雪变质形成。冰川上有千姿百态、瑰丽罕见的冰塔林，又有高达数十米的冰陡崖和步步陷阱的明暗冰裂隙，还有险象环生的冰崩、雪崩区。

珠穆朗玛峰，环境极复杂。

5000米以上的坚冰和积雪终年不化，还有数不清的冰雪陡坡和岩石峭壁，而且经常发生冰崩、雪崩和滚石现象。

气象条件也极为恶劣，即便是在登山季节，也几乎天天刮着七八级的高空风，顶峰的风力常达十级以上。珠穆朗玛山区还是地球上氧气最稀薄的地带，峰顶上大气中氧气的含量，只相当于平原地区的三分之一到四分之一左右。山上经常下雪，气温很低，一般在 $-40℃\sim-30℃$。这些原因使得珠穆朗玛峰极难攀登。

珠穆朗玛峰，景观极奇异。

珠峰雄踞于喜马拉雅山之上，气势雄伟，直耸云天，远在100千米之外，用肉眼就能看见那金字塔形的峰体。

珠穆朗玛峰北坡，有东、西、中绒布冰川泄合而成的著名绒布冰川，为珠峰冰川中最大者，全长22.2千米，面积86.89平方千米。这里的雪线高达6000米以上，因而也是世界山地冰川中冰川位置最高的地方。

在海拔5300米到6300米的广阔地带，发育有5.5千米长的冰塔林带，这是世界上发育最充分、保存最完好的特有冰川形态。在冰塔林之间，散布着冰湖和冰面河流，绚丽多彩，千姿百态。

生态警号

1975年，中国科学家采集了从海拔5500米高到珠峰顶的冰雪样品近百件。样品分析结果表明，在珠峰地区，海拔5500米以上的冰雪样品中，钾、钠、钙、镁含量的平均值，比南极长城站1985年所采集的雪样中的相同元素含量低，它们的比值分别为：0.60（钾），0.09（钠），0.97（钙），0.61（镁）。珠峰顶的雪样更为洁净，钾、钠、钙、镁含量比南极长城站的更低，各相同元素含量的比值分别仅为：0.06，0.01，0.18和0.24。

由此可见，珠峰地区确实是地球上最清洁的地区之一。它的环境状况，可以与地球的另外两极——南极和北极地区媲美。科学家们认为，包括珠峰地区在内的地球三极地区的环境状况为少受或不受外界污染的本底状态，即可视为地球上的"环境本底"值。珠峰地区的大气和水环境应该是相当纯洁的。

然而，在珠峰地区，生态环境的警笛，已经无情地拉响。

珠峰北坡，约10万农牧民世代与山川大地建立起了相互依存的关系。随着人口的增长和人们生活水平的逐步提高，珠峰地区的森林、草原、河流、农田面临的压力越来越大。

在20世纪中国三年困难时期和"文革"时期，珠峰地区曾出现过大规模猎杀藏野驴的行为，据珠峰自然保护区建区时的调查，区内的藏野驴已不足100头。

当时的藏族农牧民家庭，人均耕地只有半亩，人均年收入只有人民币300元，自种的粮食只够吃两个月，加上土豆，也只够维持3个月生活，在没有其他就业途径的情况下，他们只能靠多砍木材来维持生活。这样的现象在珠峰地区十分普遍。

翻盖新房和烧火做饭使大片森林遭到砍伐，满山灌丛被挖掘一空。再加上森林火灾，神女峰下这些河谷中郁郁葱葱的森林，以及生活在其中的大小生灵，正面临着人类带来的新的威胁。

对牧民来说，牲畜的数量是生活贫富的标准，于是牲畜大量繁殖，使原本就牧草低矮、产量较低的高原草场不断退化，载畜量越来越低，这也威胁着草原上野生动物的生存。

高寒使得珠峰地区的生态非常脆弱，一旦破坏很难恢复。而近年来，珠峰自然保护区的生态环境由于受到全球气候变化的影响，整个生态系统处于退化状态。

珠峰雪线升高，雪山下面的湿地因为气温升高开始退化，很多湖泊也开始干枯。有些地方出现了雪山下面就是沙漠的景观。这些沙漠的生成，有的是由于冬季河水流量减少，河床暴露出来后被干冷的风吹蚀成细沙，再被大风吹扬到山坳里堆积起来；还有的是受到全球气候的影响，冰川逐渐退缩、湿地逐渐退化，裸露出的地表也被干冷的风慢慢吹蚀成细沙。

珠峰残留大量垃圾

珠峰地区的冰川，比20世纪70年代退缩了三四千米。喜马拉雅地区冰川自20世纪60年代以来，一直处于急剧退缩的状态。近40年来，珠峰地区最大的冰川绒布冰川，年平均退缩速率为5.5米～8.7米。这固然与全球气候变暖有关，但也和游客增多不无关系。

20世纪上半叶，人类开始了对珠峰的征服活动。一次又一次的登山活动，给珠峰带来了几乎难以治愈的创伤。登山者留下的废弃物，塑料袋、玻璃瓶、罐头盒、各种金属登山器具以及氧气瓶，遍布了雪峰。在珠峰南坡，经历过大量的登山活动，山上随处可见丢弃的氧气瓶和各种各样的垃圾与残骸，珠峰成了"世界上最高的垃圾堆"。50年来，随意丢弃的垃圾，使得世界上最圣洁的地方被玷污了。

污染，主要来自登山探险活动以及贩运过程和营地活动。每年有超过40万的人到尼泊尔旅游；每年大约有900位来自欧洲、日本和美国的登山者来攀登高峰；另有约4万名游客登上其他较低的山峰。

这些活动带来了大量的生态问题。据尼泊尔登山协会提供的资料，现在珠峰南坡已堆积有大量的垃圾，为此尼泊尔准备发起国际行动，筹资来清理这世界最高的垃圾场。

堆积在喜马拉雅山上的垃圾包括登山设备、食物、塑料袋、罐头盒、铝罐、玻璃、衣物、纸、帐篷，也有遇难者的尸体。这些垃圾分布在不同海拔的营地，估计被登山探险者和搬运者丢弃的垃圾超过50吨。现在，珠峰的管理部门每年都要从海拔6500米以下的地区清理走几十吨的垃圾。而海拔6500米以上遗留的垃圾，则很难清运下山。

钢铁通常需要95年才能完全锈蚀，塑料制品大约要220年才能分解，而珠峰气候寒冷干旱，分解时间要更长。

更令人感到担忧的是，丢弃在高海拔地区的废弃物，除非组织登山运动员参与清理，否则很难有人能上去清理的。这些美丽的山峰，从某种程度上讲已经成了登山队的垃圾场。

还好，几乎每年都有一些清洁登山团体，来珠峰清理垃圾。情况已有了改观。1996年，在海拔8534.4米的珠峰南坳（South Col），有几乎1000个遗弃的氧气瓶，现在那里只有不到100个了。

在人们的印象中，珠峰应该是空气相对清洁的地方，但是在2005年珠峰科考中，科学家们却发现，困扰我国北方居民的沙尘暴，已经直逼珠峰。目前珠峰的沙尘指数，甚至比北京还要高。在海拔5100米的珠峰北坡大本营，科学家们惊奇地发现，在珠峰冰雪层里含有大量沙尘等杂质。

在中国科学家制作的中国和周边国家沙尘示意图上，珠峰也属于红色地带，即沙尘频发区。在图上，沙尘比较严重的新疆和内蒙古一带，指数达到22；经过治理后的北京的沙尘指数几乎为零；而一向被人们视为空气清洁的珠峰地区，沙尘指数竟达到了2。

这些沙尘到底从何而来？据中国科学院康世昌研究员说，他们发现在巴基斯坦和印度的交界处的塔尔沙漠，是一个大的沙尘源区。珠峰地区刚好处在塔尔沙漠的下风口，又处在西风环流环境中。

科学家同时发现，随着全球变暖，目前珠峰中绒布冰川冰面湖的湖水，已经下降了两米，干涸的湖岸已经裸露出来，于是很多沙尘，随着冰川风四处吹散。珠峰有可能因自身的高度，将沙尘运输到更高的高度，进而传送到更远的地带。

1992年，在珠峰地区，人们曾经看到"黑雪"从天而降。科学家们经过研究发现，是战争破坏了珠峰地区的洁净。海湾战争后科威特的几百口油井被炸，燃烧了大量的原油，排放出浓浓的黑烟。珠峰位于中东地区东侧，由于一年中的绝大部分时间（10个月）盛行西风，燃烧油田排放的污染物被西风带到了这里，污染了珠峰地区的水环境。

1992年夏天，中国科学家从珠峰北坡绒布冰川的冰雪样品和绒布河河水样品中，发现10余种化学元素的含量比1975年猛增了好几倍。尤其是铁元素的含量增加了近15倍。在1993年和1994年的同一个季节，科学家们又在珠峰北坡采集了冰雪样品和绒布河水样品，分析结果显示，在1993年以后，样品中的相同化学元素含量大量减少，恢复到了1975年的环境状况。

随着珠穆朗玛峰的名声越来越大，登山旅游业迅猛发展，这也给尼泊尔珠峰地区的自然环境与本土文化带来了巨大冲击。

近年来，毁林问题已经被昆布地区的居民意识到，许多人积极参与保护森林与抚育幼林的活动。昆布地区的森林覆盖率正在慢慢恢复，森林又重新缓慢但有效地长起来了。20世纪80年代在山坡种植的松树，如今已经长到2～4米高。

靠近珠峰南坡大本营，废弃物管理也对村民构成挑战。尽管在萨加玛塔国家公园近年已禁止携带玻璃瓶，但据估计，到公园来的游客每年还会带来20万个。珠峰南坡的管理部门，仍需要采取更多有力的措施来保护森林、野生动物和文化。

第二章　新生代崛起

在地质学的概念中，距今约5.7亿年至2.3亿年，为古生代。

距今约2.5亿年至6500万年，为中生代。

距今约6500万年至今，为新生代。

新生代，是地球历史上最新的地质时代。

6500万年前，随着恐龙的灭绝，中生代结束，新生代开始。

啊，珠穆朗玛

根据珠穆朗玛峰地区几万米厚的地层剖面及其中所含的化石分析，在经历了晚元古代大冰期考验的地球，气候变得越来越暖和，喜马拉雅古海里阳光充足，气候炎热，演化出了珊瑚、海百合、鹦鹉螺等不少生物，到古生代末，古海里已出现旋齿鲨等大型鱼类。

从2亿2千万年前开始的中生代，古海里的生物更繁盛。只是到了中生代中期，地壳运动强烈起来，火山激烈喷发，海相和陆相沉积相同，环境比较动荡。

新生代肇始，古中国和古印度尚为古地中海所隔；古土耳其和古波斯还是古地中海中的岛屿；红海尚未形成，古阿拉伯半岛是古非洲的一角；古南美洲和古北美洲相距遥远；而古北美洲与古欧亚大陆接近，时或相连。

新生代开始后，地球上各个板块，不断分裂，缓慢漂移，撞击接合，此升彼降，逐渐形成今天的海陆分布格局。

地质历史进入新生代初期，历史上的喜马拉雅古海处于大变动前的平静。

约距今5300万年到距今3650万年的始新世，印度洋板块与亚欧板块发生了影响深远的大碰撞。印度洋板块从南半球脱缰北移，撞到了亚欧板块上，终于使喜马拉雅山脉从海底正式隆起。横空出世的喜马拉雅山脉，以欲上九天揽月的势头，逐渐拔地而起，成为地球上最年轻、最高大的山脉。

始新世以来的喜马拉雅运动，以喜马拉雅山南北两大断裂带为界，强烈地挤压和不均匀抬升，而南侧则大幅相应沉降，终于使喜马拉雅山南部翘起，形成中部段最高峻的地形。而珠穆朗玛峰，也跟着喜马拉雅运动作用步步升高，特别是在喜马拉雅运动第四期，更加快上升，断块翘起，脱颖而出，成为现在这样的巨大角峰体，耸立在地球之巅。

在持续3000多万年的大碰撞过程中，青藏高原开始激烈的造山运动，年轻的高大山脉拔地隆起。

喜马拉雅山系，在亚洲的苍茫大地耸立。

珠穆朗玛峰，一览寰球众山小。

"无脚的鸵鸟"

青藏高原横亘亚洲中部，位于北纬25°～40°、东经74°～104°，包括中国西藏自治区全部，青海省、新疆维吾尔自治区、甘肃省、四川省、云南省的部分，不丹、尼泊尔、印度、巴基斯坦、阿富汗、塔吉克斯坦、吉尔吉斯斯坦的部分或全部，总面积约250万平方千米。

这是世界上最高的高原，是孕育珠穆朗玛峰的母体。而珠穆朗玛地区，犹如地球血管，起搏脉动牵系着全球自然地理的运动与变化。

地理意义上的青藏高原，众多山脉刀切斧凿，分隔出许多盆地和宽谷，湖泊星布，大河发源。

这里山高。祁连山系、昆仑山系、唐古拉山系、冈底斯山系和喜马拉雅山系，自北而南，络绎连绵，海拔五六千米以上的大山峻岭，层出不穷。

这里湖多。东西和西北—东南走向的山岭相互交错，把高原分割成许多盆地、宽谷和湖泊，这些湖泊主要靠周围高山冰雪融水补给。青海湖，面积4583平方千米，是中国最大的咸水湖。西藏纳木错湖，面积1920平方千米，海拔4718米，是世界上最高的大湖。

中国地理学家徐近之先生曾经独出心裁地把青藏高原形象地比喻为一只无脚的鸵鸟：头顶是西段的帕米尔高原，鸟喙是兴都库什山，颈部是以大喀喇昆仑山为轴心的印度河上游的崇山峻岭；中部是青藏高原的主体，南边的喜马拉雅山到北部边沿的昆仑山、阿尔金山、

徐近之（1908～1981）

祁连山，构成鸵鸟的躯干；东南部逐渐变为南北走向的横断山脉，是鸵鸟下垂的尾端。这只鸵鸟，西部为高山深谷区，中部为高原山脉盆地区，东南部为平行岭谷山原区。

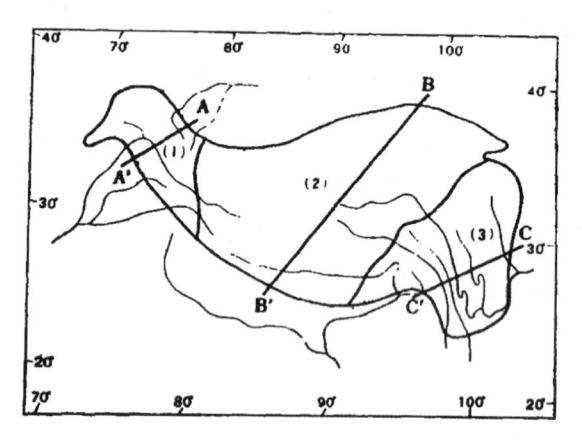

青藏高原地形分区，呈无脚鸵鸟状。（原载李吉均《青藏高原的地貌轮廓及形成机制》）

青藏高原西部的多数地方，是地球上最为崎岖的高山深谷。这里的主要山脊平均海拔为7000米左右，相对高度约5000米，许多山坡的坡度在40°以上。山峰峭耸，深谷逼仄，大自然鬼斧神工，劈削凿琢，在这里留下最强烈的切割印记。仅仅在大河的某些段落，才出现宽阔的河谷。

印度洋水系侵蚀切穿了喜马拉雅山，洪扎河与纽布拉河切穿了喀喇昆仑山的主山脊。这里主要河流的高度一般在海拔2000米以下，河谷底部很干燥，植被非常稀疏，盐蚀风化严重，偶降暴雨即可触发大规模的山崩、滑坡和泥石流。1857年，洪扎河谷萨里特村附近发生过一次山崩，当时河谷壅塞，堰塞湖逐渐泄空，形成了高出现代河床6米和20余米的两级阶地。

青藏高原中部是广袤完整的高原，南部边缘的喜马拉雅山脉，异军突起，彰显个性。

青藏高原地面发育，犹如一个不愿长大的婴幼儿。地势高亢，气温严寒，寒冻风化，河流无力搬运大量的岩石碎屑，多年的冻土抵制着下切侵蚀，高原地面的起伏，趋向缓和。高原迅速抬升过程中的差异运动，使原有的水系解体，代之以各个盆地为局部基准的内流水系，夷平作用和冰缘作用大行其道。

青藏高原东南部，除川西北的阿坝地区为连续的平坦高原外，大部分地区发育有平行岭谷地貌。南北向的河流，在此切割成深邃的峡谷，成为印度洋湿润气流进入青藏高原内部的通道，西藏东南部和横断山区成为整个高原最湿润的地方。阿坝一带生成规模最大的沼泽地。西藏东南部河谷，呈现湿润半湿润亚热带山地森林景观。而大部分峡谷底部，多为亚热带干热河谷的稀树草原。耸峙的山岭，发育出现代冰川。在冰雪带之下，有高山针叶林分布。

横断山脉属于青藏高原地貌循环的幼年期阶段。新生的和古老的地貌，形态并列，交错组合。迅速下切的河流，穿过陡峭的峡谷，看不到宽阔的河滩。河谷间各个支流在最高裂点以上，沿着河源往上，那些还没有被侵蚀的地区，不仅保持着壮年期的宽谷，而且保留着大片古夷平面。如金沙江和雅砻江之间的海子山和素龙山，就保存着数千平方千米的夷平面。

地球表面最古老的地层太古界，在35亿年前即已驻足。而确切的证据说明，青藏高原一带的地质历史，可以追溯到距今5亿～4亿年前的奥陶纪。

宇宙洪荒，地壳升降，或为海水淹没，或为陆地高山。今天相貌的青藏高原，年龄还只有4000多万年。年轻的青藏高原，还没有走完其地貌循环的一半历程。

板块构造

1968年5月，法国拉蒙特观测所的地质学家格扎维埃·勒皮雄（X.Lepichon），在《地球物理学研究》杂志上发表了一篇论文，系统地提出了震惊国际地学界的新理论——全球板块构造学说。

格扎维埃·勒皮雄

勒皮雄认为，地球表面是由太平洋板块、亚欧板块、印度洋板块、非洲板块、美洲板块和南极洲板块衔接而成的，这6大板块经过近2亿年的运动，才到达今天的位置。他还对这6个板块的运动方向和运动速度进行了精密计算。

与勒皮雄几乎同步，也是在1968年，剑桥大学的麦肯齐（D.P. Mckenzin）和派克（R.L.Parker），普林斯顿大学的摩根（W.J.Morgan）等人，也不约而同地论述了板块构造学说。

板块构造学说，是在大陆漂移学说和海底扩张学说的理论基础上，又根据大量的海洋地质、地球物理、海底地貌等资料，经过综合分析而提出的学说。因此，大陆漂移说、海底扩张说和板块构造说，也被称为全球大地构造理论发展的三部曲。

大陆漂移说，是德国气象学家兼地质学家魏格纳（A. Wegner）1912年提出的。此说认为，在前寒武纪时，地球上存在一块统一的泛大陆。以后经过分合过程，到中生代早期，联合古陆再次分裂为南北两大古陆，北为劳亚古陆（Laurasia），南为冈瓦纳古陆（Gondwanaland）。到了三叠纪末，这两个古陆进一步分离及漂移，相距越来越远了，其间由最初一个狭窄海峡，逐渐发展成现在的印度洋、大西洋等巨大的海洋。到了新生代，因为印度已北漂到亚欧大陆的南缘，两者发生了碰撞，引起地球地质结构的巨大变化。

20世纪60年代初，美国地震地质学家迪茨（R.Dietz）提出了"海底扩张"的概念。接着，赫斯（Hess）加以深入阐述。赫斯认为大洋中脊是地幔对流上升的地方，地幔物质不断从这里涌出，太平洋周围分布的岛屿与海沟、大陆边缘山脉以及火山、地震就是这样形成的。

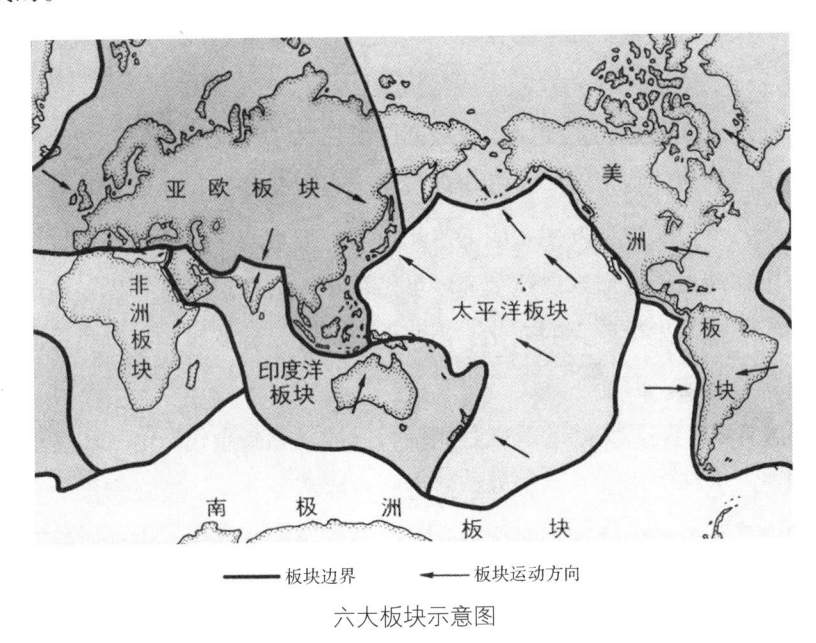

六大板块示意图

板块构造，又叫全球大地构造。板块指岩石圈板块，包括整个地壳和莫霍面以下的上地幔顶部，即地壳和软流圈以上的地幔顶部。板块构造学说认为，岩石圈的构造单元是板块，地球表面覆盖着不变形且坚固的板块（地壳），由于地幔的对流，板块在洋中脊分离、扩大，在俯冲带和地缝合线处下冲、消失。大陆只是传送带上的"乘客"。板块构造学说的提出与完善，使得许多被视为不解之谜的地球活动，大多得到了解释。

由于大规模的水平运动，板块可以产生、生长、消亡，而且这种变化，可以定量预测。20世纪70年代以来，地球观测证实，板块确实在以每年1厘米到10厘米的速度在移动。

地球的岩石圈不是一整块，而是被地壳的生长边界海岭和转换断层，以及被地壳的消亡边界海沟和造山带、地缝合线等一些构造带分割成许多构造单元，这些构造单元叫作板块。

全球的岩石圈分为六大板块，其中太平洋板块几乎完全是海洋，其余五大板块都包括有大块陆地和大面积海洋。大板块还可划分成若干次一级的小板块，板块之间为俯冲、碰撞带，中洋脊，以及转换断层等活动带。

地球表面的运动主要由板块之间的断层活动来完成，而板块边界之间的宽阔的块体变形很小，在全球尺度上可以忽略不计。随着软流层的运动，各个板块也会发生相应的水平运动。据地质学家估计，大板块每年可以移动1～6厘米。这个速度虽然很小，但经过亿万年后，地球的海陆面貌就会发生巨大的变化：当两个板块逐渐分离时，在分离处即可出现新的凹地或海洋。

大洋的发展与大陆的分合是相辅相成的。到新生代，由于印度已北漂到亚欧大陆的南缘，两者发生碰撞，青藏高原隆起，造成宏大的喜马拉雅山系，古地中海东部完全消失；非洲继续向北推进，古地中海西部逐渐缩小到现在的规模；欧洲南部被挤压成阿尔卑斯山系，南、北美洲在向西漂移过程中，它们的前缘受到太平洋地壳的挤压，隆起为科迪勒拉—安第斯山系，同时两个美洲在巴拿马地峡处复又相接；澳大利亚大陆脱离南极洲，向东北漂移到目前的位置。

于是，全球海陆的基本轮廓，发展成今日的模样。

当两个大板块相互靠拢并发生碰撞时，碰撞合拢的地方就会被挤压出高大险峻的山脉。科学界的主流看法是喜马拉雅山脉是因南半球的印度洋板块向北漂移，同北方的亚欧板块发生俯冲和碰撞而形成的。1993年1月9日，印度库蒙大学地质学教授瓦利迪亚在印度科学大会上说：印度洋板块和亚欧板块碰撞，而使印度洋板块凸起，形成今日的喜马拉雅山脉。

距今约 2.4 亿年，板块运动使得分离出来的印度洋板块，以较快的速度向北移动、挤压，其北部发生了强烈的褶皱断裂和抬升，促使昆仑山和可可西里地区隆升为陆地。强烈的水平挤压和陆内俯冲，形成了喜马拉雅和冈底斯山脉。

距今约 2.25 亿年到 7000 万年，印度洋板块的海洋型地壳，开始俯冲到亚欧板块之下，整个西藏南部地区地壳逐渐抬升。

在距今约 2.1 亿年，随着印度洋板块继续向北插入古洋壳下，并推动着洋壳不断发生断裂，特提斯海北部再次进入构造活跃期，北羌塘地区、喀喇昆仑山、唐古拉山、横断山脉脱离了海浸。

此时，印度洋板块和欧亚大陆全面碰撞接触，中国西部普遍发生强烈的构造变形，并产生构造变动与岩浆活动、挤压加剧，引起古地理—古构造景观的根本变化，造成特提斯海的关闭，青藏地区成为陆地，从而转为剥蚀区。

喜马拉雅山，就是由南面的印度洋板块向北面的亚欧板块碰撞、挤压、作用、反作用这个惊天动地的过程中，孕育而生的。

发生于印度次大陆与欧亚大陆之间的弧—陆、陆—陆碰撞行为，分为初始碰撞、主碰撞和后碰撞三个阶段，各个阶段的作用过程不一样，都持续很长一段时间。在综合分析古地磁、地层学、古生物学以及岩石学资料后，中国科学家们认为，印度和欧亚大陆之间的初始碰撞阶段，可能开始于白垩纪晚期，大约在距今 7000 万年至 6500 万年。

近年来，中国科学家在珠穆朗玛地区定日一带考察，对那里的海相白垩系—古近系沉积演化、Sr 和 C 同位素的变化等进行研究，认为印度—亚洲大陆碰撞的启动时间，最有可能在约 6500 万年前。

从与碰撞事件有关的岩石学和构造变形响应事件出发，科学家们提出，两大板块的主碰撞期，出现在距今 5500 万年至 5000 万年前后。而印度次大陆和欧亚大陆之间的陆—陆碰撞行为，结束于距今 4500 万年至 3500 万年。随后，两大陆转为强烈的陆内汇聚时期。

特提斯海

奥地利著名地质学家修斯（E. Suess）1893年推测，在地质历史上，欧亚与非洲、印度之间存在过横贯赤道附近的大洋，并以希腊神话中海神的妻子Tethys的名字命名为特提斯。

维也纳学派的科学家阿尔冈1924年发表《亚洲大地构造》，提出现代印度北缘曾存在过广阔的大陆架，它和冈瓦纳古陆北缘的其他大陆架以及印度—澳大利亚之间的海洋水体洼地一起构成了特提斯的南翼。

奥地利著名地质学家修斯

后来，冈瓦纳和劳亚碰撞相接，特提斯消失了，印度北缘的大陆架俯冲而下一直到西藏。这种作用使西藏地境的双倍地壳厚达70千米，并且由于均衡作用使西藏隆起，成为世界上独一无二的高原，而且在亚洲广大地区形成一系列复杂的地质构造变动。

古海"特提斯"经受挤压，褶皱的沉积物出现在高耸入云的青藏高原、喜马拉雅及阿尔卑斯山脉上。特提斯古海的最后阶段，是一部青藏高原形成史。

最初的海洋，后来"追认"的名字是"原特提斯"，其遗迹位于现在西昆仑—祁连山一带，它的生命从距今大约9亿年一直存在到大约4亿年左右。那时是地球生命的孕育阶段，天地间只有海水的潮涨潮落、激浪拍岸的轰响，陆地则一片沉寂。

原特提斯随时间的行进渐渐消失，曾为海洋所分隔的南北两块陆地拼接在一起；而在南方，在现今青藏高原的腹地，新的大洋"古特提斯"开始形成。

人们如今仍能在珠穆朗玛峰地区见到的几亿年前的海洋生物和贝壳化石

在3.5亿年到2亿年前的古特提斯时代，地球上出现了生命：从鱼类到两栖动物，从孢子植物到后来的裸子植物，所有的岛、陆生物在这个多岛屿的古海洋南北间相互迁移交流，欣欣向荣。

一般认为喜马拉雅山脉是在6000万年前形成的，但事实上珠穆朗玛峰峰顶上的石灰岩和砂岩，曾是4.5亿年前的海底沉积岩的一部分。后来，海底岩石因受挤压而聚拢在一起，并且以每年11厘米（4.5英寸）的速度上升，最后形成了现在的高度。如今，人们仍能在珠穆朗玛峰地区见到几亿年前的海洋生物和贝壳化石。探险家诺埃尔·奥德尔（Noel Odell）在1924年首次发现了嵌入珠穆朗玛峰岩石中的海洋化石，这证明了珠峰所在地区曾是一片海洋。

1956年的瑞士登山队和1963年的美国登山队首次带回了珠穆朗玛峰的岩石样本。笔者2005年在珠峰北坡大本营工作的时候，也曾在当地藏民的手里见到不少海洋生物壳化石。

随着古特提斯海的衰亡，新特提斯在欧亚大陆的南缘开始诞生了。此时，已是距今1.8亿年前的恐龙时代，那时的印度还在遥远的南半球南部，到7100万年前，它的最南端还在南纬40°的地方呢！这块大陆以每年10厘米的速度迅速北移，有近万千米的行程，到4000万年前与欧亚大陆相撞，从而使新特提斯海彻底消失，只留下雅鲁藏布江这条缝合线，连接起曾远隔重洋的两块大陆，而青藏地区也就此成形。

千条江河流大海，携带并沉淀了大量的泥沙。这些泥沙，在巨大的压力和高温作用下，变成片岩和片麻岩。这些片岩和片麻岩，构成了一座金字塔状的巨大山峰——珠穆朗玛峰。这是中国科学家对珠穆朗玛峰进行科学考察中的发现。

科学家在珠峰地区的岩石中，发现了被称为"菊石"的动物化石，还发现了远古鱼类和贝的遗体。这些古海洋生物化石的年代，在白垩纪时代以后，这说明那时的珠峰是海相地层，珠峰是从海洋上升为陆地的。包括珠穆朗玛峰在内的喜马拉雅地区，也曾经有过一段十分漫长的海洋史。那时，青藏高原东南部还是一片汪洋，被称为新特提斯海。

大约距今6亿年前（寒武纪加里东构造阶段），地球北部亚欧大陆和位于南半球的印度次大陆之间，是一片汪洋大海，人们通称它为特提斯海（Tethys），属于古地中海的一部分。今天位于欧洲和非洲间的地中海，为特提斯海残留部分。这片海域，横贯现在欧亚大陆的南部地区，与北非、南欧、西亚和东南亚的海域沟通。

特提斯海

当时特提斯海地区的气候温暖，海洋动、植物发育繁盛。其南北两侧是已被分裂开的原始古陆（也称泛大陆），南边称冈瓦纳大陆，包括现在的南美洲、非洲、澳大利亚、南极洲和南亚次大陆；北边称劳亚大陆，包括现在的欧洲、亚洲和北美洲。

1885年，德国学者M.诺伊迈尔提出设想，在中生代存在一个东西向赤道海洋，称为中央地中海。1893年，奥地利学者E.修斯认为中央地中海为一个广阔的深海区，改称特提斯。1968年板块构造学说提出后，这一海区被称为特提斯海。一般将古生代的特提斯称古特提斯海，而三叠纪后的特提斯海，称新特提斯海。

特提斯海大体沿阿尔卑斯—喜马拉雅褶皱带分布，自西而东，包括今比利牛斯、阿特拉斯、亚平宁、阿尔卑斯、喀尔巴阡、高加索、扎格罗斯、兴都库什、喜马拉雅等巨大山脉，然后转向东南亚，并延伸至苏门答腊和帝汶，与环太平洋海域连通。

二叠纪晚期，地球上南、北两块大陆开始分裂、漂移，形成板块。印度洋板块分离出来以后，以较快的速度向北移动，特提斯洋壳受到强烈的挤压，不断发生褶皱断裂和上升。

到距今4000万年前的始新世晚期，印度洋板块与亚欧板块相撞，导致了剧烈的地壳构造运动，使喜马拉雅地区全部露出海面，特提斯海消亡，宣告了整个高原地区海洋历史的结束。

关于特提斯海消失的原因，多年来地学界逐渐形成了两大学派。一种学派认为，今天的地中海是一个复合式海盆。在其陆块沉陷与裂合作用下，形成了边缘海，经常有火山活动和地震发生就是最重要的证明。1987年，中国地质学家黄汲清、陈炳蔚出版的《中国及邻区特提斯海的演化》一书，提出古特提斯、中特提斯和新特提斯的新见解，以及北主缝合带、南主缝合带和互换构造域的新概念，为探讨青藏高原的隆升历史和形成机制，提供了新的思路。

黄汲清所创立的槽台多旋回说，对特提斯海的形成演变做了有说服力的论证。他指出，在中国大陆及其他地区，发现了很多特提斯海全盛时期的生物化石、沉积岩石、岩浆石及火山喷发的物质。在新疆还找到了只有在冈瓦纳古陆上生长过的动物水龙兽、二齿兽化石。就连冈瓦纳古陆和劳亚大陆发生碰撞的缝合线，也在西藏、新疆、青海的边界处找到了。不仅如此，人们还认为，阿尔卑斯山—地中海—喜马拉雅山是一条中新世代以来的地槽带。

另一种学派用大陆漂移说、海底扩张说、板块构造说来解释地中海的成因。"格洛玛·挑战者"号钻探船在世界各大洋获得的大量钻孔岩芯资料，以及海底古磁性条带的被发现，使人们有更多的理由相信，海底扩张造成了陆地板块的漂移。根据这一学说，大西洋在逐渐扩大，太平洋则在逐渐缩减，而地处欧、非、亚大陆中的地中海，正处于逐渐消亡的过程之中。于是，有的科学家认为，今天的地中海是古特提斯海的一部分。

2.5亿年前的特提斯海，位于北方劳亚大陆和南方冈瓦纳大陆之间，由于大陆板块的漂移，南北两大块古陆逐渐靠近，使得东部的特提斯海在阿拉伯板块和印度洋板块同亚洲板块漂移缝合之后，逐渐归于消亡。喜马拉雅山就是板块缝合线上的山脉。

西部的特提斯海，由于非洲板块和欧洲板块的靠近，逐渐发生抬升，形成了阿尔卑斯山系。因此，今天的地中海完全可以看作是特提斯海的残留部分。地质学家发现，这一时期以前沉积的地层开始时是一些浅绿色和灰绿色为主的碎屑岩，其间夹有煤层。这表明，那时候气候温暖、湿润，植被繁茂。高大的蕨类、种子蕨、苏铁等植物组成了茂密的森林，而森林中则游荡着各种喜暖喜湿的动物。在森林边缘以及森林间的洼地上河流纵横，湖泊和沼泽星罗棋布，水边生活着一些大型的两栖动物、似哺乳动物和爬行动物中的假鳄类。这样的景观可能一直持续到三叠纪的晚期。

特提斯海不仅延伸到了中国，而且在中国的部分是特提斯东段的主体。在特提斯海北侧是冈底斯山，当时那里山间谷地森林茂密，低缓山坡草原繁盛，时有火山爆发，景色犹如今日安第斯山。在这个特提斯海盆以北几百千米，从边境地区的班公湖附近向东到怒江一带，大约从三叠纪开始，到1亿4000万年前（白垩纪），存在另一个中生代特提斯洋盆。再向北，从藏北的可可西里向东又折转东南到澜沧江一带，则是更为古老的特提斯海盆的位置。可能在3.6亿年前的泥盆纪晚期，那里就出现了海洋，地质学家叫它澜沧江洋。在川西金沙江到云南哀牢山一线，大约在2.9亿年前也出现了海洋，为金沙江洋。

澜沧江洋和金沙江洋，都是宽达上千千米的晚古生代洋盆，而且一度彼此相通，但是澜沧江洋到了2.6亿年前就消失了，而金沙江洋则又推迟了几千万年才最后消失。在金沙江洋行将消亡之际，在它的东侧还产生了一个分支小洋盆：甘孜—理扩洋。后者又坚持了几千万年，直到中生代三叠纪晚期（约2.1亿年前）才最终结束了它的海洋历史。

青藏高原北边的莽莽昆仑也是晚古生代特提斯洋盆的一部分。它向东南延伸与金沙江洋相连，向东延伸与秦岭同时代的海洋相通，于是将神州大地劈成华南、华北两大块。然后，它还向西越过帕米尔和中亚的古特提斯海相接，成为中国古特提斯向西的通道。中国的特提斯海，还涉及青藏高原以北更远的地域。

在青藏高原地区，雅鲁藏布江蛇绿岩带，是特提斯洋的残余。在5000万年前，处在特提斯洋南侧的喜马拉雅，还是一片浅海。特提斯喜马拉雅，指藏南拆离系的上盘，一套包括从元古宙到始新世碎屑岩和碳酸盐沉积岩石，夹有古生代和中生代火山岩。它们以定日—岗巴断裂为界又可分为南北两个亚带，从寒武纪到泥盆纪的地层在特提斯喜马拉雅北带缺失，却存在于特提斯喜马拉雅南带。

发表在2014年10月《美国地质学会通报》上的一项研究成果表明，喜马拉雅山的大部分高耸的山峰，都曾经是太阳照射下泛着粼粼波光的海洋。论文的第一作者休斯顿大学的苏哈勃·科韩说："事实上，这些小岛就位于现在的山脉的边缘，因此你可以从岩床走到这些小岛的海底沉积物上，这种现象多么令人难以置信。"

中国科学家的研究证实，在新生代时，这两个地区的沉积环境发生了明显变化。特提斯喜马拉雅南带，是一套以浅水沉积为主的被动大陆边缘沉积；特提斯喜马拉雅北带，则为一套深水盆地沉积。

在西藏扎达和江孜地区、萨嘎地区，都发育了新生代海相地层。而且，根据对珠穆朗玛峰北侧遮普惹山一套新生代地层的研究表明，海相地层的时代可能要延续到始新世末期。

隆　升

一个强大无比的造山运动正在进行，特别是在喜马拉雅地槽中表现最为强烈……不久，第二幕和第三幕造山作用连续发生，促使喜马拉雅和冈底斯山成为世界最高的山脉。在其北，喀喇昆仑山、昆仑山、天山、帕米尔和南山都迅速成长，最后形成今日所见的中亚细亚高山。山麓沉积也受褶皱，而六盘水的成长速度则特别显著。……这个时期，蒙古继续保持稳定，华北大平原开始形成……

1943年11月至1945年2月，正值盛年的中国地质学家黄汲清，在重庆北碚的防空洞里，以英文构思并写下了这些散文诗一样的句子。

不久，黄汲清的这部《中国主要地质构造单位》(*On Major Tectonic Forms of China*)，发表在中央地质调查所地质专报甲种第20号（附中文节要）。在这部已成经典的著作中，新生代以来的造山运动，被黄汲清称之为"喜马拉雅运动"(Himalaya orogeny)。

黄汲清在此书第十章《中国的大地构造格架》指出："在中国也可能在亚洲，

黄汲清

有着三个主要构造型式,即太平洋式、古亚洲式和特提斯—喜马拉雅式。……特提斯—喜马拉雅式,以直接升自特提斯海的正地槽褶皱所组成,构成雄伟壮丽的阿尔卑斯—伊朗—兴都库什—喜马拉雅系统。"

扶摇直上的高原,陡峭参差的山峰,形态多姿的冰川,侵蚀切割的地形,深不可测的峡谷,奔腾不息的河流,生态累叠的系列海拔带,这就是喜马拉雅山脉。

黄汲清著作《中国主要地质构造单位》

波澜壮阔的造山运动,因首先在喜马拉雅山区确定而得名。地质学上把这段高原崛起的构造运动,称为喜马拉雅运动。

侏罗纪时代,当时的印度次大陆还与冈瓦纳大陆连在一起。一条深深的地槽——特提斯洋与整个劳亚大陆的南缘交界。那时,古老的冈瓦纳大陆发生破裂,分成几个板块向不同方向漂移。板块之一,形成印度次大陆的岩石圈板块。印度—澳大利亚板块逐渐将特提斯地槽局限于自身与亚欧板块之间的巨钳之内。

青藏高原在亚洲大陆广泛发育,使中生代的特提斯海变成巨大的山脉,更新统形成的湖泊、河流堆积物,隆起高达 2000 多米。这一造山作用,形成了绵延数千千米的纬向山系——著名的阿尔卑斯—喜马拉雅造山带。这个地壳上最新的褶皱山系,至今仍在强烈活动。

由于印度洋不断扩张，推动着刚硬的印度洋板块沿雅鲁藏布江缝合线向亚洲大陆南缘俯冲挤压，使喜马拉雅山和青藏高原大幅度抬升。

4000万年前，印度洋板块从南半球脱缰北移，一头撞在亚欧板块的边缘上，并顺着海沟下沉，钻入大陆以下的地幔中。在板块的相互作用下，发生了强烈的差异性升降运动。

这种以小的倾角俯冲于亚欧板块之下的印度洋板块，持续向北产生强大挤压力，而北部固结历史悠久的刚性地块（塔里木、中朝、扬子）奋起抵抗，产生强大的反作用力，使构造作用力高度集中，引起地壳的重叠。上地幔物质运动的加强，深层及表层构造运动的激化，导致地壳急剧加厚，地表大面积大幅度急剧抬升。于是形成雄伟的青藏高原，构成中国地形的第一级阶梯。

在板块运动巨大力量的冲击下，以喜马拉雅山南北两大断裂带为界，强烈的挤压和不均匀抬升以及南侧的大幅相应沉降，终于使喜马拉雅山南部翘起，形成中部段最高峻的地形。

喜马拉雅山脉从海底隆升，横空出世，拔地而起，成为地球上最年轻、最高大的山脉。而珠穆朗玛峰，在喜马拉雅运动的作用下，年复一年，崛起加速，断块翘起，步步升高，终于以金字塔的体状，在喜马拉雅山脉的群峰之中，出人头地，巍然耸立，夺得世界冠军，成为地球上最年轻的最高峰。

喜马拉雅运动历程

自黄汲清在20世纪40年代首倡以来，喜马拉雅运动的概念逐渐被全球地学界普遍接受。

喜马拉雅期，发生了三大重要事件：中国西部新特提斯洋的封闭与青藏高原的隆升；中国东部裂谷带与盆地的发育；西滨太平洋带岛弧、边缘海的形成。可以说，印度洋板块和亚欧板块的碰撞，导致青藏高原的崛起，是新生代地球历史上最重大的地质事件之一。

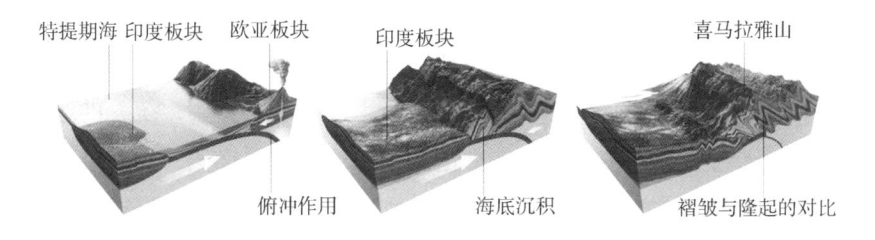

特提期海 印度板块 欧亚板块　　印度板块　　　　　喜马拉雅山

俯冲作用　　　　海底沉积　　　　褶皱与隆起的对比

板块的撞击

印度洋板块向北俯冲、挤压，它和亚欧板块之间，相互作用加剧。在喜马拉雅构造事件的控制下，中国大陆出现地形大台阶。始新世中后期以来，中国地壳整体缓慢上升，特提斯海关闭，亚洲大陆最后形成，青藏高原升起，褶皱断裂活动和中酸性岩浆侵入。同时，继承性发育的沉积盆地面积变小，伴随着断裂活动，又形成新的盆地。

喜马拉雅运动，在中国东、西部具有明显不同的性质。西部，造山运动与前陆盆地快速发育，重新的活动，新生的断裂，在逆掩、推覆、走滑中实现。印度洋板块楔入，青藏高原地壳发生缩短、增厚，低密度的地壳物质大量聚集，在大陆会聚和俯冲、重力均衡作用下，中国西部各台阶依次抬升，挤压、褶皱、隆起，形成山系与盆地相间排列。自此，印度洋的暖湿气流对中国西部的影响逐渐减少，西部地区逐渐地变成干旱气候。

东部，地壳伸展拉张，裂陷盆地广泛发育，正断裂活动加强。许多先存的近南北向断层，均转变为正断层，裂谷盆地和陆缘海出现。以大兴安岭—太行山—武陵山一线为界，又分成东西两部分地质构造格局：西边总体隆升，东边总体下陷。

中国大陆南北向缩短，东西向伸展。黄河、长江水系全线贯通。在大陆东部，出现大陆边缘扩张带日本海、台湾海峡和南海等。由此，整个中国大陆地理环境底定。

中国地质科学家经过多年研究，将喜马拉雅构造运动序列划为两期，包括早喜马拉雅期（古近纪阶段）和晚喜马拉雅期（新近纪—第四纪阶段）。

贾承造等人在《中国喜马拉雅运动的期次及其动力学背景》一文中提及，早喜马拉雅期，在总体隆升的背景上发生裂陷作用，统一的边缘海盆地尚未形成，只在局部地区如南海中央海盆及其南侧，出现基性喷溢与裂陷沉积。东侧的海槽—岛弧带，则在一些地向斜中央发育古近纪的活动型建造，如台湾岛的中央山脉地向斜等。

晚喜马拉雅期，印度洋板块向亚欧板块快速楔入，青藏高原的快速差异隆升，在高原的南部边缘和北部边缘发生陆内俯冲，高原向北挤压和隆升，形成了周缘大型走滑断裂，天山两侧的挤压应力，产生了塔里木北部、准噶尔和吐鲁番—哈密盆地前陆褶皱冲断带。阿尔金山隆起和东昆仑山强烈地往塔里木盆地内逆冲推覆，同时伴有走滑活动。在燕山地区，岩浆侵入作用虽然不如前两幕强烈，但仍有发生，之后又是岩浆喷发活动。

中国东部及邻区大陆裂谷带，主要转入稳定扩张的热沉降坳陷，大致与深部地幔隆升减弱及重力调整时期相对应。边缘海盆地带发育成熟，岛弧带发生了所谓的台湾运动，陆洋之间的斜向俯冲作用加强，最终在东亚环太平洋地区，出现了成型的海沟、岛弧及边缘海盆系统。西太平洋边缘海盆地带的鄂霍次克海盆、日本海盆及冲绳海槽等，处于主要扩张时期。

喜马拉雅运动，对亚洲地理环境产生了重大影响。西亚、中东、喜马拉雅、缅甸西部、马来西亚等地山脉形成，包括台湾岛在内的西太平洋岛弧出现，中印之间的特提斯海消失。

中国自然地理环境发生了明显的区域分异：东西地势高差增大，季风环流加强，青藏高原隆起并成为世界最高的高原，第三纪的热带、亚热带环境被高寒荒漠取代；西北地区因内陆性不断增强而处于干旱环境；东部成为湿润季风区。

青藏高原的抬升过程，不是匀速的运动，也不是一次性猛增，而是经历了几个不同的上升阶段。每次抬升都使高原地貌得以演进。有科学家将青藏地区的喜马拉雅运动,划分为三幕:第一幕发生于始新世末期,也可称为早喜马拉雅运动,一般认为发生在始新世晚期,即距今5000万～4000万年。第二幕发生在中新世中后期,这次地壳运动在整个喜马拉雅期中最为强烈。伴以大规模断裂和岩浆活动,表现形式属于典型的造山运动性质,表现为强烈的火山活动、褶皱断裂变动、岩浆活动与变质作用。第三幕发生于上新世末、更新世初,即新构造运动。主要反映为青藏高原整体强烈上升,形成现代地貌格局。中国所有的高山、高原现今达到的海拔高度,主要是喜马拉雅运动第三幕以来上升的结果。

多年来,各国科学家从多学科的角度,研究青藏高原隆升和喜马拉雅运动的历史。1964年,中国科学家施雅风和刘东生,根据在希夏邦马峰北坡上新世野博康加勒地层中发现的高山栎等植物化石,首次推测上新世以来喜马拉雅山已上升3000米。徐仁等则根据青藏高原多处发现的古植物化石,认为两大板块大陆碰撞以来,始新世是温暖的低地环境,以后是一个逐步升高的连续过程。李吉钧等根据高原隆升所导致的地表自然环境的变化以及与环境密切相关的沉积记录,提出了青藏高原三期隆升、两次夷平,最强烈的隆升发生在上新世末至第四纪初,并把第四纪高原隆升划分为三个阶段。

喜马拉雅运动

20世纪90年代初期到中期，一些西方学者对青藏高原隆升历史，提出了新的观点。哈里森（Harrison）等根据羊八井地堑形成的时间，推断整个青藏高原在800万年前已达到现在的高度。布尔（Bull）和斯考特（Scrut-ton）根据印度洋底由板块边界扩张引发的地震、断层和褶曲的开始时间为距今800万～750万年，认为青藏高原此时已经隆升到最大高度。奎德（Quade）等根据巴基斯坦北部波特瓦尔高原气候变干、植被由森林变成草原，克朗（Kroon）等根据在距今800万年左右阿拉伯海上涌流急剧增强，一致认为那时亚洲季风开始形成，青藏高原在那时已经隆升到现在的高度。莫尔纳（Molnar）等认为青藏高原在800万年前后的几个百万年之中，迅速上升了1000～2500米，曾经一度达到海拔6000米的高度。科尔曼（Coleman）和霍奇斯（Hodges）依据所测定的正断层开始活动的时间，推测青藏高原在距今约1000万年达到现在的高度。特纳（Turner）等根据藏北钾质火山岩的喷出时间，推测青藏高原在1300万年前已经达到现在的高度。

20世纪90年代后期到现在，高原不同块体具有不同隆升历史和高原隆升时间，成为科学界主流观点。郑（Zheng）等根据临夏盆地碎屑磷灰石的裂变径迹热年代学分析，认为青藏高原北部在距今1400万年发生快速隆升。克拉克（Clark）等根据藏东南地区河流下切速率在距今1300万～900万年快速增加，认为那时青藏高原东南部已经开始隆升到现在的高度。大量在高原东部和北部以及喜马拉雅的低温热年代学研究表明，在距今800万年左右这些地区发生了快速冷却事件。罗利（Rowley）和柯里（Currie）应用稳定同位素古高程计，对采自拉萨地体和羌塘地体之间的伦坡拉盆地古土壤碳酸盐岩和湖相碳酸盐岩进行研究，得出青藏高原距今3500万年就达到现在的高程的结论。

中国科学家认为，原青藏高原在距今4000万年的始新世中期，已经达到了现在的高度，而当时的高原南部喜马拉雅地区还处于海洋环境，高原的北部边界为现今的唐古拉山，类似于现在的喜马拉雅山在其北缘也存在一个前陆盆地——可可西里盆地。在距今2000万年的中新世早期,可可西里盆地海拔高度已经隆升到接近现在的高度,此时祁连山也发生隆升并到达一定的高度。高原东北部、东南部以及喜马拉雅的隆升主要发生在中新世晚期,此时高原逐步扩大,向北、向南和向东生长。

喜马拉雅山前的前陆沉积主体从中新世开始,在原青藏高原隆升时,不但其北部的昆仑山一带是低地,其南部的喜马拉雅山一带,包括冈底斯山前地区还是汪洋大海,部分地区可能还处于深海环境,原青藏高原的南部边缘,位于喜马拉雅山北部的冈底斯山。喜马拉雅地区起码在渐新世甚至更晚才开始隆升。

创造了这一山脉的造山作用依然活跃,并有水流侵蚀和大规模的山崩。

专家认为,大约从始新世中期到上新世中晚期,青藏高原形成了海拔约1000米的台地,那时,喜马拉雅山脉的高度也只有3000米左右,来自印度洋的暖湿气流北上,优越的亚热带环境使这块地方林木葱茏,流水滔滔,引来了恒河流域的三趾马和古象,它们从千里之外到此定居。

在随后的3000万年间,由于特提斯洋海底被向前猛冲的印—澳板块推动起来,它的较浅部分逐渐干涸,形成青藏高原。在高原的南缘,边际山脉(外喜马拉雅山脉)成为这一地区的首要分水岭并升高到足以成为气候屏障。

中国地处亚欧板块东南部,为印度洋板块、太平洋板块所夹峙。自早第三纪以来,各个板块相互碰撞,对中国现代地貌格局和演变产生了重要影响。

喜马拉雅运动,使得西起地中海,东到堪察加半岛、日本及中国台湾地区的地层相继发生褶皱和断裂,直到今天,这里仍是现代火山和地震活动最为频繁的地区。

喜马拉雅山脉是由印度洋板块与欧亚大陆板块碰撞形成的。印度洋板块仍在以每年大于5厘米的速度向北移动。喜马拉雅山脉还处于板块边界碰撞型地震构造带上。地质考察证明，喜马拉雅山脉在第四纪冰期之后，又升高了1300～1500米。

喜马拉雅的构造运动，至今尚未结束。喜马拉雅山脉，还在缓缓地上升之中。

第三章　灵　氲

从石器时代到 21 世纪的今天，珠穆朗玛的灵山雪域，一直笼罩在悠远而神秘的氤氲之中。

珠峰地区，大体上相当于今日西藏自治区境内的珠穆朗玛峰自然保护区，再加上尼泊尔境内的珠峰南坡地带。

神灵的珠穆朗玛峰

珠穆朗玛峰自然保护区，是世界上海拔最高的自然保护区，它于 1989 年 3 月 18 日成立，1994 年被中国国务院正式批准为国家级自然保护区。珠峰自然保护区的范围包括西藏日喀则市的吉隆县、聂拉木县、定日县和定结县，珠峰保护区总面积为 34480 平方千米，居民人口约 82000 人，主要是藏族，还有少数夏尔巴人。

珠峰地区风光壮阔瑰丽，人文遗产也丰富多彩。

早在远古时代，珠峰地区就有古人类生息繁衍。1990年6月，西藏自治区文管会文物普查队在吉隆雅鲁藏布江东岸第二级阶地，发现两处旧石器地点，共采集旧石器与石制品80余件，石器多为砾石工具，种类有刮削器、砍砸器等。时代约为旧石器时代的中晚期。考古工作者还发现了大面积介于旧石器时代文化与新石器时代文化之间的一种史前文化遗存。考古发现以确凿无疑的实物表明，距今数万年前，珠峰地区的吉隆盆地，就有远古人类的生产与生存活动。

在距珠峰不远的定日县岗嘎乡苏热山南麓，聂拉木县北部的亚来、羊圈，吉隆县的戳借龙湖畔，也都先后发现有大量细石器和灰烬层。考古发掘表明，早在七千年以前，珠峰这一带就存在人类活动。

珠峰地区是古老的象雄文明与吐蕃文化融合之地，是吐蕃乃至大唐通往南亚各国的主要通道之一。

公元7世纪吐蕃统一青藏高原之前，珠峰地区曾属于古象雄势力范围。公元7世纪中叶，吐蕃统一青藏高原，其疆域分成五大行政区，称为五大茹，即吾茹、悦茹、叶茹、茹拉和松巴茹。珠峰地区属于叶茹和茹拉区域。今天的吉隆一带，当时叫芒域，是尼泊尔通向吐蕃腹地的必经之路。松赞干布迎请尼泊尔公主，就是经过这条道路。吐蕃时期，珠峰成为吐蕃通往南亚各国的主要通道。唐代遗留的摩崖石刻，残存的古宗建筑遗址和商贸市场等，都充分证明了这里曾经辉煌的历史。

公元9世纪，吐蕃政权崩溃后，珠峰地区形成了两大地区，以吉隆为核心的阿里贡塘地区和以定日为核心的南拉堆地区。这两个地区，曾建立了各自的地方政权，在珠峰地区的历史舞台上扮演了重要角色。

1642年，五世达赖建立了西藏地方政权之后，珠峰地区逐步纳入噶厦政府和扎什伦布寺的管理范围。

在珠峰地区广袤壮阔的土地上，古老的考古和历史遗迹比比皆是。有定日、吉隆、聂拉木的石器遗存，吉隆从唐朝至清朝时期的摩崖石刻遗址，公元 8 世纪吐蕃王朝的古墓葬群，9 至 11 世纪割据时期的古堡，18 世纪中尼战争时期的城碉残垣，以及莲花生、米拉日巴等众多高僧传法修行的洞舍、寺庙等。这些考古遗存和人文遗迹，与藏地流传的神话传说、宗教典籍、史诗故事汇合在一起，展示了珠峰儿女在这块神奇土地上留下的历史足迹和灿烂文化。

石器时代

栖居在"世界屋脊"的藏人从何而来？珠峰地区何时开始有了人类的踪迹？回答这些问题，主要依靠对于考古遗址的发掘和分析。而各种考古遗存，由于缺乏层位关系，影响了研究的深入。传统的地层学和类型学，对这些采集的石制品无法进行相对年代的排序，也缺乏绝对年代测定的多样化手段。青藏高原旧石器晚期以来的早期人类历史，至今仍处在重重迷雾之中。

科学家们不得不另辟蹊径，除了加强田野工作外，还采用多学科不同的理论和方法论，以期取得突破。

美国著名考古学家宾福德于20世纪60年代末提出，人与自然资源之间的均衡被打破后，只有寻找新的资源或强化利用资源，即寻找和开辟新的生存空间或对动植物的扩大利用和驯养，这就是考古界旧石器时代末期的"广谱革命"的理论。学者们依据"广谱革命"理论，研究远古时代人类怎样进入青藏高原。

分子生物学家对汉藏语系不同群体遗传学研究的最新成果表明：距今六万年前，一个来源于东亚南部携带Y染色体D-M 174的人群，最初向东亚北部迁徙，其中一个带M 122突变染色体的群体，于距今两万年前，最终到达了黄河中上游盆地，这便是汉、藏语系群体的共同祖先。

汤惠生曾在《青藏高原旧石器若干问题的讨论》一文中提及，人口的增长，使群体必须扩增新的居住地，于是便出现了两个语族的分野。其中一个亚群，被称为前藏缅语族群体，离开黄河流域，向西及向南迁移，最后在喜马拉雅山脉南北居住下来。这次迁移就是沿着著名的"藏缅走廊"进行的，这条通道始于黄河上游地区，向西到达青海省，向南到达喜马拉雅山脉。另一路景颇语支一直向南，穿过喜马拉雅山脉，到达今天的缅甸、不丹、尼泊尔、印度东北及云南省的北部。在与一支来自中亚或西南西伯利亚、带有YAP突变的群体发生大范围混合后，藏语支向喜马拉雅进发，并最终扩散到整个西藏。缅彝及克伦语支向南到达云南的西北部，最后到达越南、老挝及泰国等地。

美国著名高原考古学家马克·阿尔丹德弗认为，文化从周边低海拔地区向青藏高原腹地高海拔地区传播时，由于海拔问题会产生种种限制，传播过程中也会出现像生物一样的"高原反应"，这必须经过一个长期的高原适应过程。这就是所谓的"新石器包裹"的限制。

针对这种限制，布兰廷汉等人提出"三步曲"的青藏高原早期人类的移居模式，即从低海拔地区到高原腹地的高海拔地区的人类移居和文化传播，是通过三级跳一样的方式逐步和缓慢实现的。

已有的考古发现表明，青藏高原早在数万年前的更新世就已有人类生存活动，早期的高原人类以狩猎采集为主要的生存手段，使用打制的石质工具。

进入全新世以后，以农耕、制陶、磨制石器和饲养家畜为标志的新石器文化在河谷地山地带发展起来，而生存在高海拔荒漠湖盆地带的人们则以狩猎生产为主，他们的主要工具是制作精致的细石器。

从旧石器时代晚期到新石器时代早期，是青藏高原的石器时代。在距今3000年左右，高原先民开始使用铜质工具，出现了猎牧经济、农牧经济、农耕经济并行发展的高原文化，西藏历史由此进入了文明社会的前夜。

在西藏，古人类活动的遗迹分布很广，几乎遍及全境。这些遗存主要是各种石器，可分为石片石器、细石器和新石器三类。通过对石器类型的比较和对采集点所处环境的地质地貌特征等进行分析断代，专家认为西藏旧石器时代的石制品年代，至少应在距今5万年的旧石器时代的晚期。

现代科学技术手段的年代测定表明，青藏高原细小石器的绝对年代大致在距今23000～7000年之间；而细石器的年代，则从距今7000年前一直持续到青铜时代。

西藏石片石器位于海拔较低的地区，当时环境条件较差，虽有人类活动，但并不普遍。石片石器的三处遗址，海拔都在 4500 米左右：定日的热苏，位于喜马拉雅山北坡；申扎的奇林和多格，则位于班公错—色林错低洼带内。这三个地点的石器共有 110 件，其中有石核、石片、刮削器、长刮器、圆头刮器等，它们都有固定的类型，可见在用途上有明确划分，但制作工艺上有共同之处，应属于旧石器时代晚期或中晚期。

西藏细石器发现 270 件，分布在 31 个地点，多数都在海拔 4800 米左右。聂拉木的亚来和普兰的霍尔区位于西藏南部，其余均发现于藏北，大部分分布在色林错南方申扎县境内，也有相当一部分位于藏北北部的无人居住区玛尼、错尼、雅曲亚吐、阿木岗绥沼拉西侧等地。

西藏细石器出现较晚，又缺乏更原始的器形，都没有陶器共存，应属中石器或新石器早期。细石器时期与全新世早中期相当。细石器，在目前无人居住的藏北高原北部地区，以及现在很少有人类活动的干枯河旁和咸水湖边都有分布。由此可知，当时西藏地区的气候条件，即使在藏北北部地区，也比较温和湿润，适于古人类狩猎活动，反映了中全新世气候最宜期的特点。

分布于东南部昌都的卡诺和林芝（海拔 3100 米），还有墨脱（海拔 700～1100 米），三个西藏新石器地点，有石核、石片、磨光石斧、石锛、石锤等，还有陶片或骨器共存，属新石器时代的遗存，相当于仰韶—龙山文化，卡诺文化层碳 14 测年为距今 4690±150 年。

新石器时代的文化遗存，很少见细石器共存，而是分布于海拔较低的藏东南河谷地区，可见，晚全新世以来，高原环境恶化使古人类向更低的地区迁移。

在约距今一万年前后，由于粟谷农业的出现，新石器文化开始在青藏高原发展起来。

石器时代的西藏，在珠峰地区留下了鲜明的痕迹。20 世纪 50 年代末到90年代，西藏境内发现的旧石器遗存，包括珠峰脚下的几处：定日的苏热，吉隆的哈东淌和却得淌，聂拉木的亚里和羊圈。

定日苏热山

1966年至1968年，在距西藏定日县城协格尔东南10千米、海拔4500米的苏热山南坡第二阶地上，中国科学院西藏综合考察队发掘出土石器40件，原料主要是片磨岩，也有一定数量的石英砂岩及少量的石英岩。石片的台面较小，呈三角形或月牙形，石片角平均116°。石器15件，器形有刮削器和尖状器；刮削器13件；单刃6件，复刃7件；尖状器2件，由劈裂面向背面加工而成。苏热遗址属于旧石器时代的中晚期，大约距今五万年。

吉隆县的哈东淌遗址和却得淌遗址，都形成于旧石器时代。从遗址中石器的数量和打造的精美程度看，日喀则地区的古人类过着游猎采撷的生活，正从旧石器时代的中期向晚期过渡。位于吉隆县宗嘎镇哈东沟的哈东淌遗址，标本采集范围约2000平方米，采集砍砸器、砍斫器、刮削器等旧石器标本近百件，原料绝大部分为黑色板岩，均由扁平砾石加工而成。位于吉隆县宗嘎镇北侧的却得淌遗址，标本采集范围约1000平方米，采集标本共11件，种类包括刮削器、切割器、砍器等。石器多用砾石直接打制而成，不见石片石器。其原料绝大部分为砾石，岩性为黑色板岩、青灰色花岗岩及火成岩。这两个地点采集到的石器标本器形较大，有不少接近或超过10厘米。

1966年7月至8月间，中国珠穆朗玛峰地区综合考察队在西藏聂拉木发现了两个石器地点。

第一个地点位于喜马拉雅山南坡聂拉木县亚里村南约1.5千米，在中尼公路和波曲河的东侧，海拔约4300米，波曲河第一级阶地上，全新世石灰华堆积形成南北长约2千米、东西宽数百米、厚约2米的石灰华壳。在石灰华顶层中，发现石器一件，另在地表捡到26件，共27件。标本大部分是细石器，计石核6件，小石叶12件，石片8件，石器1件，原料为燧石、玉髓、水晶等。大致属于中石器时代或稍晚。亚里村石器绝大部分属细石器系统，并且是比较成熟的细石器，同时有一些较大的打制石片石器，推测属中石器时代或新石器时代早期。据此判断，在距今约7000年前，亚里地区已有人类活动。

第二个地点位于聂聂雄拉冰碛平台北侧、羊圈（现第九道班）东南约1千米，在朗弄曲河左侧阶地上，海拔约4900米。捡到石器3件，原料为燧石。石核1件，系利用一厚石片，在其劈裂面上剥落石片，留下一个小石片疤痕；石片1件，小而薄，呈三角形叶片状；石器1件，由一小石片制成，两侧边缘都有垂直错向加工的痕迹。

远古的人类，在珠峰地区给我们留下了石头凿成的遗迹。

大唐天竺使出铭

在珠峰地区吉隆县北部崖壁上，遗存一处公元658年唐高宗时期崖刻题铭《大唐天竺使出铭》，当地人称为阿瓦呷英摩崖题铭。

1990年，四川大学教师霍巍、李永宪在西藏吉隆县普查文物，宗喀乡乡长罗桑说有一块"神石"，马拉山口修水渠时正要炸毁，上面还有一些汉字。县委书记证实了此事，说那碑大概是清代曾驻扎、屯垦过的赵尔丰所刻,并让他们看一下有没有保存价值。

石碑位于西藏自治区日喀则地区吉隆县县城(旧称"宗喀")以北大约4.5千米处的阿瓦呷英山嘴。石碑所在的位置北面为宗喀山口,系过去进入吉隆盆地的古道入口,其东、西两面为起伏的群山环抱,南面为通向县城所在地宗喀的公路。由宗喀再向南行约70千米,即可达今中尼边境界桥——热索桥,由此出境至尼泊尔。

霍巍等人立即赶到马拉山口。一通碑文依巨大的山壁而刻。因为碑上涂满厚厚的酥油,上千年来经过无数只手的涂抹,很难看出上面的字。考察人员凑近后,隐隐约约看到一些竖书的汉文,每个字约2厘米见方。随后,他们拿来喷灯烧起热水,加一袋洗衣粉开始洗刷。石刻上的字渐渐显现出来:维大唐显庆三年,大唐驭天下之……

接下来,在清洗干净的石刻额题上,显露出一排每字约5厘米见方的篆书,虽然字迹有些模糊不清,但却可以准确地识读出"大唐天竺使出铭"7个左书大字。

这通下半部已残的摩崖石刻,从碑铭内容、书体、行文格式,都确凿无误地证明了其确是一通唐代碑铭。

石碑镌刻在山口处一呈西北—东南走向的崖壁之上,宽81.5厘米、残高53厘米,其下端因当地修筑现代水渠已损毁残缺,现仅残存阴刻楷书24行,满行估计原为30~40字左右,上端无缺字,下端因损毁严重,现残存约311字,其中多已损泐,漫漶不清。行、字间阴刻细线方格,每字间亦有阴线方格相间,碑铭的正中为篆刻阳文一行7字"大唐天竺使出铭"。

石碑正文因损泐过甚,文意多不能连贯,但仍有一些关键性的词句清晰可识。如第三行有"维显庆三年六月大唐驭天下之(下缺)"等语;第九行文字中有"大□□左骁卫长史王玄策(下缺)"等语。

霍巍依据有关的文献材料考证,认为此通石碑是唐显庆三年(唐高宗李治在位时期,658)唐使节王玄策第三次奉旨出使天竺时途经吐蕃西南边境,勒石记功之遗物。也就是说吉隆县境内的《大唐天竺使出铭》汉文摩崖碑铭，记载了唐显庆年间著名旅行家王玄策通过吉隆出山口，取道尼婆罗，去往北印度的事迹。

根据《大唐天竺使出铭》的发现及其所在位置判断，吉隆当系吐蕃—泥婆罗道南段的主要路线，也是唐代中印交通的重要出口。王玄策出使天竺，当出吉隆而非聂拉木。

大唐天竺使，就是王玄策。王玄策，生殁年不明，汉族，生于河南洛阳，与高僧玄奘同乡。唐初贞观十七年至龙朔元年（643～661）间，他三次出使印度（一说四赴印度），促进了中印文化的交流。

王玄策关于其印度旅行的事迹，著有《中天竺行记》一书，可惜完本早已失却，只余下《法苑珠林》《解迦方志》等散佚残篇。

公元647年，王玄策受唐太宗之命，第二次拜访印度摩揭陀国的国王戒日王。到了印度之后，发现戒日王已死，王位被一个叫作阿罗那顺的人所篡夺。王玄策一行人受到阿罗那顺部下的袭击，身陷牢狱之中。后来王玄策安然脱险，设法逃离了摩揭陀。

王玄策像

他策马自印度北上，渡过了恒河和印度河—恒河大平原，以喜马拉雅山脉为目标，一路来到了泥婆罗国（今尼泊尔）。

王玄策与泥婆罗的那陵提婆王谈判，以迎娶唐太宗养女文成公主及与唐具有友好关系的吐蕃（即今之西藏）的松赞干布的名义，借用了七千骑兵，回到摩揭陀国向篡夺者阿罗那顺挑战。

在恒河畔的决战中，王玄策军击毙阿罗那顺军三千，而被追落至水中溺毙的则有一万之数，被俘虏者至少一万一千人，阿罗那顺被俘。王玄策率军回到泥婆罗国，并于公元648年回到大唐。

大唐天竺使出铭是王玄策经过吉隆时所题，崖壁面阔约1.5米，其上有崖棚遮盖，崖脚有水渠环绕而过，崖面距地表约5米。

大唐天竺使出铭拓片

这一珍贵题铭对于研究珠峰一带古代唐蕃、中外关系等问题，具有极为重要的意义和价值。2001年6月25日，大唐天竺使出铭作为公元658年的古建筑，被国务院批准列为全国重点文物保护单位。

松赞干布·尺尊公主

公元7世纪初，松赞干布东征北伐，统一了西藏各部落，建立了以卫藏（雅鲁藏布江流域南部）为本土的吐蕃王朝。

松赞干布（617～650）西藏吐蕃王朝第33任赞普，是实际上吐蕃王朝的立国之君。他在位期间（629～650），平定了吐蕃内乱，扩张了吐蕃王朝的版图，确立了吐蕃的政治、文化、军事、经济、法律等制度，从唐朝和天竺引入佛教，从唐朝引入科学技术以及历法。松赞干布与其王妃尺尊公主、文成公主三人，至今仍受藏族人尊崇。

松赞干布像　　　　　　　　　　尺尊公主像

松赞干布曾先后与尼泊尔和大唐联姻。那时尼泊尔叫泥婆罗，为了加强与泥婆罗的友好关系，松赞干布迎娶泥婆罗的尺尊公主为妃。

尺尊公主（？～649），在西藏神话宗教书籍中，她的梵文名字是 Bhrkuti Devi，藏文为 Bal‑mo‑bza'Khri‑btsun，即"拜木萨尺尊"，意为"来自尼婆罗的女神尺尊"。又译为墀尊公主、赤尊公主、赤真公主、赤贞公主，或按梵文译为波利库姬、布里库提、毗俱胝。吐蕃神话传说中的尼婆罗（吐蕃的附属国，在现在的尼泊尔境内的一个古国）国的公主，远嫁吐蕃赞普松赞干布。

现今留存的历史文献对尺尊公主的记载，主要来自巴·赛囊所著的史书《巴协》（dba'bzhed）、索南坚赞所著的《西藏王统记》以及布顿所著的《布顿佛教史》中。

尺尊公主出身尼泊尔塔库里王朝，父亲名为鸯输伐摩（光胄王）。当时松赞干布统一吐蕃，国势强盛，派禄东赞向光胄王提出和亲。光胄王为了求取边境和平，将他的女儿远嫁至西藏。

尺尊公主入藏的时间，各史书记载不同，但都认同松赞干布是16岁时正式迎娶的尺尊公主。松赞干布的生年不详，有569年、593年、617年、629年等不同的说法。如果以被普遍接受的617年来推算，尺尊公主应是于公元633年入藏与松赞干布结婚的。

《旧唐书》卷一九八《泥婆罗国》载："那陵提婆之父，为其叔父所篡，那陵提婆逃难于外，吐蕃因而纳焉，克复其位，遂羁属吐蕃。"鸯输伐摩王过世后，他的弟弟取得王位，其子那陵提婆逃至吐蕃，在公元641年借助吐蕃之力回国即位，此后泥婆罗成为吐蕃的藩属。根据西藏传说，尺尊公主跟那陵提婆为兄弟姐妹关系。因此，尺尊公主也可能是在这场内乱中，随那陵提婆至西藏，后与松赞干布结婚。

今日西藏珠峰地区的吉隆一带，吐蕃时叫芒域，是泥婆罗通向吐蕃腹地的必经之路。据文献记载，松赞干布迎请泥婆罗尺尊公主，就是从吉隆谷地，徒步行至芒域（今吉隆镇一带），后松赞干布派来牦牛群、骡子队，从芒域将尺尊公主接送到拉萨。

尺尊公主笃信佛教，她带着佛经及佛像进入西藏，成为佛教输入西藏的开端。布顿著的《布顿佛教史》第五章"藏地佛教"载："此后，松赞干布派人从印度请来自然生成的蛇心旃檀十一面观音像。与泥婆罗光铠王之公主赤尊成婚，公主带来不动金刚佛像（即佛陀八岁等身像）、弥勒像、旃檀度母像。与汉王（即唐太宗）狮子王之汉公主（即文成公主）成婚，公主请来幻现的觉卧像（即佛陀十二岁等身像）。"

尺尊公主还带来大量泥婆罗工匠艺人，参与设计、修筑布达拉宫。松赞干布为文成公主与尺尊公主修建了大昭寺与小昭寺，并且开始了布达拉宫的兴建。尺尊公主携带至西藏的释迦牟尼8岁等身木制佛像与铜制弥勒佛像，后来被供奉在大昭寺之中。

因为瘟疫流行，据说松赞干布与尺尊公主在公元649年过世，松赞干布死后，成为一道光芒，进入大昭寺的木制佛像之中。

西藏人尊奉尺尊公主与文成公主，相传观世音菩萨见到西藏人民的痛苦后，流下两滴眼泪，眼泪成为度母，化身为两位公主，到西藏来解除人民的苦难：其中绿度母变身为尺尊公主，而白度母化身为文成公主。

贡塘王城

珠峰地区吉隆县城的东南方，沿着山体顶部修筑有一座高大的土城，城墙依山势起伏高低错落，土黄色的墙体和土黄色的山崖融为一体。这就是建于公元11世纪前后的贡塘王城遗址。

贡塘王城遗址

城址现存：西南角楼，南垣西段，南垣东段及角一楼、东垣、夯土城墙，卵石勒脚，四角筑有角楼，城垣中段筑有碉堡。另有内城垣，城内有古寺卓玛拉康，位于贡塘王城遗址的中部，海拔4160米，坐北朝南，建筑面积200平方米，原为两层建筑，现在上层已坍塌，底层建筑遗址由门廷、中廷及后殿三部分组成。墙体有的是夯土而成、有的是由土坯石块砌建。卓玛拉康的始建年代，据文献记载，"该庙宇竣工于藏俗第5绕迥之庚午"，即公元1274年。贡塘王城遗址约分为5个建筑时期，始建于第6代贡塘王拉觉德时期，于第17代贡塘王赤拉旺坚时期完成。

贡塘王城，构造坚固，结构精妙。城堡的墙体都是由人工夯筑而成，城墙的基础则是用天然的大石头垒砌，中间填以泥土，原料都是就地取材——利用当地的黄土掺杂以小砾石。夯层厚度每层在40～60厘米，墙体厚达2米以上，墙体的局部夹夯有木板。这种筑城的方法，从中亚到中原唐代城市都曾经十分流行。

从残垣断壁可以清楚地观察到这座古城的布局：城堡分为内外两重城墙，外墙的厚度达2米以上，可以沿着城墙绕城巡逻。外墙的正中和四个角上都建有城楼和角楼。城楼和角楼之间最长的距离不超过90米，这正是古代弓弩手们最佳的射程。城垣中央的城楼长约15米，最宽处约10米，凸出于城墙之外，沿着城楼的内部有夯土筑成的阶梯，可沿壁盘旋而上。城楼内的建筑物现在已经全部倒塌，但是壁面上一残存的木椽痕迹还清晰可见，由此可以推测出当时的城楼内部，原应有楼层之分，每层楼的高度约2～3米。在城楼的四面墙体上，都向外分层开设有射击孔和瞭望孔，其形状有梯形和长方形，都是内宏外狭，上下楼层之间的射击孔都相互错位，可从不同的层面形成密集的防御网。

与城楼互为掎角之势的是建在城堡四角上的角楼。其中，保存得最好的一座是城堡南墙的东南角楼，角楼的平面略呈一"日"字形，边长约10米×10米，门道仅可容一人通行，进门后在墙体上夯筑有阶梯，可以拾阶而上直达城顶。原来的楼层也是三层，每层高度也在2～3米，墙体上的射击孔和瞭望孔一如城楼，也进行过精心布置，交叉错落的射击线路可将死角消灭殆尽。登上角楼，四周方圆十几里以内的道路形势尽收眼底。

"贡塘"这个地名，在藏文史书中多有述及，《卫藏道藏胜迹志》中曾记载西藏佛教后弘期噶举派著名高僧米拉日巴的诞生地就在"芒域贡塘"。已故藏学家刘立千先生也曾记载："芒域古时属阿里三围之一，范围在今从普兰宗北到后藏昂仁宗，南到吉隆宗及接近尼泊尔边界，贡塘属日喀则专区吉隆县治所在地的宗喀南面，原吉隆宗的西北，贡塘拉大山的南面。"这里所说的地理位置，正是吉隆这座古城所在的位置。

公元869年，吐蕃王国发生了"臣民反上"的暴动，吐蕃王室内部为了争夺王位继承权出现了长期的争斗，吐蕃王国开始走向崩溃。吐蕃末代赞普朗达玛之子维颂的后裔吉德尼玛衮，不得不逃往阿里。他的子孙后来在阿里先后建立起拉达克王朝、古格王朝、普兰王朝、亚泽王朝等"阿里小朝"。

在藏文史书《汉藏史集》中，曾记载吉德尼玛衮有一个同父异母的弟弟名叫赤扎西则巴贝，是他的父亲贝考赞同其次妃帕萨彭杰所生。当年哥哥吉德尼玛衮远逃阿里时，同父异母的弟弟赤扎西则巴贝也向西逃亡，史书中记载他"占据了阿里贡塘以下的地方，他的儿子是贝德、沃德、吉德，他们被称为下部的三德"。这说明，赤扎西则巴贝所占据的地方即叫作"阿里贡塘"，也被称为"下部阿里"，就是今天的吉隆一带。

藏文版《贡塘世系源流》记载，赤扎西则巴贝在吉隆一带所建立的"贡塘王朝"，一共传了32代，经历了数百年。在贡塘王朝第6代王拉觉德时期，"在形似巨幅帷帘之西山脚兴建宫堡，并在周围砌以围墙及修筑壕沟"，这应当是贡塘王城初建之时。到了第11代王朋德衮时期，不仅有了宫殿的四大门，修筑了城墙、碉楼，还在城内建造了中央王宫、王妃殿、神殿及如来佛灵塔等建筑。由于朋德衮在大修城堡前，曾前往萨迦会见过八思巴，所以可以推知这个时期大约是公元13世纪。第14代贡塘王赤扎西德时期，动工修建了大围墙。第16代贡塘王赤杰索朗时期和第17代贡塘王赤拉旺坚才时期，在城内先后修建过大寺院、北王宫、密宗殿等建筑物。

根据文献史料可以肯定，吉隆古城，正是历史上吐蕃王朝后裔所建立的"贡塘王朝"的都城遗址——贡塘王城的外城廓废墟。再结合文献所记的贡塘王系，可知贡塘王城的始建年代大约在公元 11 世纪；13 世纪，这座古城有过较大的扩建工程；城堡大体上定格成形于 14 至 15 世纪，至今已有九百多年的历史。

寺 庙

1300 多年前的吐蕃王朝时代，松赞干布从汉地及尼泊尔分别迎娶文成公主、尺尊公主入藏之后，按照文成公主的"五行算图"，修建佛寺 12 座，以镇压"罗刹魔女"及其他魔怪。从那以后，珠峰地区陆续兴建多所寺庙，其中一些庙宇至今仍香火延续。

强准寺

强准寺

强准寺，一座历史悠久的格鲁派古寺，坐落于吉隆县邦兴村，亦称"绛真格杰寺""降振格吉寺"，是松赞干布为镇伏四面魔而建的 12 座佛寺之一，距今已有 1300 余年，是珠峰地区现存最古老的建筑之一。

据《西藏王臣记》载："在魔女的右肩上建察珠寺，在右足上建章丈寺，在左肩上建噶察寺，在左足上建仲巴寺等，这是镇压四边的四大寺。又在魔女的右肘上建贡波布曲寺，在左肘上建脱扎空厅寺，在右膝上建绛真格杰寺，在左膝上建江扎东哲寺等，这是再镇压的四大寺。"

强准寺为木结构的楼阁式建筑，塔身方形，高四层，塔内设有木梯可达顶层。各层建有挑檐及门窗，第三层墙面设有三座桃形壶门，顶层四角以铜套饰挑出冰檐，其上为塔刹，刹顶饰火焰宝珠。底层四周以木栏杆环绕成外环廊，廊周设有转经玛尼筒108个。塔高约15米，底层最大宽度为22米。寺庙主要建筑分布于底层、二层和三层。底层西面为门廊，面积57平方米（长19米，宽3米），门廊东侧有内、外回廊两重，其中外回廊为明廊可直通塔顶，内回廊为暗廊高约两米。回廊中心有密室六间，每间面积3～4平方米，高1.8米，大部分为仓库。底层东南角密室内有一口水井，直径0.6～0.7米。第二层平面结构与底层相同，其中五间密室为喇嘛修行室，一间为护法神殿，其外绕以回廊。第三层佛殿面积182平方米（长14米，宽13米）有柱四根，面阔三间进深三间。佛殿六向东，东壁为旨橱，主供强巴佛镀金铜像，高约1.2米，其左右置18个佛龛，内供镀金铜佛像数尊，北、南两壁经橱藏有《甘珠尔》《丹珠尔》各一套。殿外绕以回廊。

强准寺各层建筑的壁面上多绘有壁画，至今大部分保存完好。门廊及底层回廊壁画，满绘释迦牟尼佛结跏趺坐像及立像，共有一千余尊。第二层四壁遍绘护法神像。第三层主殿门楣上方绘有次巴麦、莲花生、第五世达赖（阿旺·罗桑嘉措）等各世达赖像；其左侧至外回廊绘制有次巴麦及化佛像一千尊，以及钦布娃、古玛热、莲花生、墀松德赞、阿底峡、罗珠宁布等高僧大德法像；其右侧至外回廊绘制有次巴麦与"化佛"，以及协尊称、通麦、拉罗希、朵给次哇、巴扎哇、桑嘉益西等高僧活佛的法像。主殿内北壁为《西方净土变》壁画，高约4米，宽约2.5米，分为上、中、下三个层次。主殿西壁中央绘三尊度母像、观音像及日松贡布，下绘四大金刚和该寺保护神贝慧勒。西壁之左段绘有次巴麦、米拉日巴像。主殿南壁中央绘有一尊护法神及药师佛像，周围有十六罗汉像。

强准寺珍藏有檀香木雕佛像、密宗护法神铜像、镶嵌绿石铜像、鎏金观音铜像。强准寺在16世纪后势力渐衰，一度为桑丹林寺所辖，寺主亦由桑丹林寺委派。桑丹林寺活佛嘎金益西坚赞曾任过该寺寺主。"文革"时期寺庙被毁。1986年后吉隆县政府批准予以恢复重建，现编制喇嘛四人。

协格尔曲德寺

协格尔曲德寺，建于1385年。相传，建寺之前在山上有一个修行洞，邦·洛追登也大师（出生于1276年）和他儿子在洞中修炼时预言，在此山上将会有个讲经院。到了罗达·司徒曲述仁钦（1354～？，帕摩竹巴掌权时期人），山顶修建了宗政府和一座时轮小庙。当强孜译师和扎巴坚赞译师在洞中修炼期间，他们先后鼓动罗达在山上修建一座寺庙，于是，1385年罗达修建了协格尔曲德寺。

协格尔曲德寺

协格尔曲德寺位于协格尔金刚山（也称孜加山）山上，寺庙依山而建。协格尔金刚山形如度母跏趺姿态，墙体采用石块与土坯砌筑，有过4次不同规模的复修、扩建。

协格尔曲德寺建造后，不断扩大建筑规模，最多时有近800名住寺僧人。各种教派共存一寺，萨迦教派、夏鲁教派、格鲁教派各拥有7个扎仓。寺院有15个殿堂，主供佛为释迦牟尼（高9米）镀金佛像。

1643年，五世达赖委派列杯顿珠到协格尔曲德寺担任堪布，并且由他把该寺转化为纯黄教寺院。1645年，协格尔曲德寺统一信奉格鲁教派。从此，协格尔曲德寺正式立为官方寺庙，在五世达赖的扶持下，协格尔曲德寺的权限范围，从定日扩张到聂拉木。该寺先后任了28位堪布，后又划归为拉萨色拉寺的下属寺，授权管理拉萨色拉寺在这里的领地，代理收租、派役等事宜。阿旺噶丹嘉措是协格尔曲德寺第12任格鲁派堪布，在1730～1731年间，搜集所有当时他能看到的当地文献资料，撰写了著名的《协格尔宗教源流》。

协格尔曲德寺印制的藏经曾闻名后藏，该寺现保存有较珍贵的文物一百多件，其中手印经、经板、唐卡、协格尔志、绸缎、佛像、法器等文物，对历史考证、科研都具有较高的价值。

1985年，协格尔曲德寺进行了修复，现有4个殿堂，40名僧人，主供佛为手持金刚菩萨。

绒布寺

绒布寺，世界上海拔最高的寺庙。

珠穆朗玛峰北坡下面，有一条南北向的绒布沟，绒布沟是绒布河水冲刷而成的。绒布河，由珠穆朗玛峰北坡的东绒布冰川、中绒布冰川、西绒布冰川的部分融水汇成。绒布沟东侧的"卓玛"（度母）山顶，坐落着世界上海拔最高的寺庙——绒布寺。绒布寺位于珠峰北麓的绒布冰川末端，海拔5154米，距珠峰峰顶约20千米。

全称为"拉堆查绒布冬阿曲林寺"的绒布寺，由红教喇嘛阿旺丹增罗布于1899年创建。据《藏边人家》记载："他（阿旺丹增罗布）以不寻常的力量，首先建起了他的私邸拉让，并建起一座寺庙，接着为不断增加的弟子们盖起房屋。"

阿旺丹增罗布将绒布寺发展成名扬四海的有相当规模的宁玛派寺院，并有了自己的属寺，包括尼泊尔境内4个夏尔巴人的小寺和定日境内的5座尼姑庙。当时绒布寺不仅有来自定日一带的修行者，而且也有很多来自喜马拉雅山南边夏康布一带的僧尼，他们翻越喜马拉雅山脉来此求学。当时在绒布寺举行冬夏两季研习佛学活动，夏季两个月，冬季三个月。来此参加冬夏两季佛学活动的僧尼人数，高达300余人。这个数字，对一个创建不久、地处偏僻山沟里的小寺来说，是一个奇迹般的成功。

绒布寺

绒布寺属宁玛派寺庙，僧尼混居。寺院有新旧两处，旧寺在新寺以南3千米处，更靠近珠穆朗玛峰，这里还保留着莲花生大师当年的修行洞，以及印有莲花生手足印的石头和石塔等。新寺建成于1902年。1983年寺庙进行了大规模的修建。

绒布寺一度规模较大，曾有十几座属寺，有的还在尼泊尔境内，后因历史原因被毁。现在主寺下面有八个附属小寺，包括一个尼姑庵。绒布寺依山而建，一共五层，使用的只有两层。

绒布寺主殿正面供有释迦牟尼像、莲花生像等佛像。僧尼同住一个寺庙开展佛事活动，兴盛时曾拥有僧人三百多名和比丘尼三百多名，二十多个殿堂；有僧人十一名、比丘尼八名，设有一个诵经殿和一个殿堂。

相传藏历4月15日，是佛祖释迦牟尼降生、成道、圆寂的日子。绒布寺每年的这一天，要举行三天的跳神活动。"羌姆"表演通常在第二天举行。当天，绒布寺下面会驻扎许多帐篷，因为来看羌姆舞的乡民会带着酥油茶和糌粑提前一天住在这里。山上新的绿色经幡迎风飘动，寺庙到处都挂起了彩色的旗子、经幡和装饰物。上午十点钟，要跳一天的羌姆舞正式开始。先由带黄色鸡冠形法帽的僧人们拉开了序曲，第一个出场的僧人，缓缓地沿着院子左侧的木楼梯向下转身，在院子中站定后会敲起法钹迎接从楼梯上下来的一个又一个僧人。除了堪布，他们按照年纪的大小出场。僧人们身穿华美的法衣，两个一组，陆续跳到院子四周，院中立根高高的柱子，挂有黄红蓝三色经幡，他们就围绕它不急不慢地跳。八位僧人头戴高帽，他们汇在一起漫步。第三场的僧人打扮得带些卡通味儿：短裙、细裤、各色面具和头上的三色旗。约一半的人手拿绿色的圆鼓，边敲边跳。在长长的法号、唢呐和法钹声中，绒布寺的僧人沉浸在自己每一个手势和舞步中，引来人群的欢呼。此外，在每年藏历11月29日，绒布寺要举行隆重的驱鬼仪式。

绒布寺距珠穆朗玛峰峰顶二十余千米，从这里向南眺望，可以看到珠峰山体像一座巨大的金字塔，巍然屹立在群峰之间。从绒布寺到从北坡攀登珠峰的大本营，大约还有8千米的路程。

珠峰大本营附近，唯一能够提供游客住宿的地方就是绒布寺。绒布寺每年12月至来年3月，早晚会刮大风，温度降至零下20°～15°。在4月至10月间，从绒布寺向南一直到珠峰大本营，都搭建有可住宿的帐篷。旅游旺季的5月至8月，还会出现一位难求的现象。

天波切寺

天波切寺（Tengboche），是尼泊尔最大的佛教寺院，位于珠峰南麓昆布（Kumbu）地区东北海拔3867米的昆琼村，那里也是通往珠峰的一个宿营地。

约 350 年前，在昆布地区的夏尔巴人就虔诚地信仰藏传佛教。喇嘛多吉桑娃最先提出了修建佛寺的创意，他也被称为是昆布最古老的寺院天波切寺的创始人。

1916 年，来自昆琼村的谷鲁喇嘛开始兴建天波切寺，1923 年建成这座藏传佛教宁玛派传承下的珠峰南麓第一个大型寺院。当地夏尔巴人社区的三个富有的居民，资助了寺院的建设。

珠峰南麓昆布地区的天波切寺，摄于 1974 年。

1934 年，一次地震摧毁了这个寺庙，谷鲁喇嘛也在地震中遇难。谷鲁的继任者 Umze Gelden 承担起重建寺院的任务，得到僧侣们和当地社区居民以及从拉萨来的一个熟练木匠的大力支持，几年后，寺庙得以重建。

1989 年 1 月 19 日，天波切寺又毁于电线短路引发的大火。1993 年，在志愿者和登顶珠峰第一人希拉里组建的希拉里基金会的帮助下，天波切寺再次得以重建。

如今，天波切寺每天下午四点半，都会进行佛教仪式，游客可以参观。

天坡切寺的壁画

传闻天波切寺里还收藏有一幅雪人（Yati）的唐卡。每年11月前后满月的日子，寺庙都会举行两天的嘛呢仁度祭（Mani Rimdu Festival），四面八方涌来的夏尔巴人戴着面具通宵达旦地唱歌跳舞，纪念活佛驱走了邪灵。

莲花生

世界第一高峰珠穆朗玛峰位于西藏定日县正南方、喜马拉雅中段的中尼边境处。"珠穆朗玛"在藏语里面要论排行，是"第三"。"珠穆"是"女神"的意思，而"朗玛"则是"第三"。"珠穆朗玛峰"就是"第三女神"。

珠穆朗玛峰古称"绒布冈"。《绒布杂圣志》说，莲花生大师到雪域高原时，珠穆朗玛峰一带称作"帕竹嘉莫绒"，那里满山遍野都是森林，到处都是野禽猛兽，莲花生大师在此将珠穆朗玛峰开光为神山，取名为"次仁玛"，同时给珠峰周围的四座山峰取名，并将五座神峰命名为"长寿五姊妹神山"。

莲花生大士法相

　　莲花生（梵文 Padmasambhava），印度佛教史上最伟大的大成就者之一。他是印度乌仗那国人，是建立藏传佛教前弘期传承的重要人物，藏传佛教宁玛派祖师，无上密乘大圆满教法的传承祖师。据多罗那他于1610年所著的《莲花生传》记载，莲花生约于摩揭陀国天护王时出生于乌仗那王族，他曾周游印度，广访密法大师，成为佛吉祥智的四个证得现法涅槃的弟子之一。他又从吉禅师子学法，并曾到中国的五台山学习天文历数。他于750年由印度启行至尼泊尔，752年至拉萨，秋季开始建桑耶寺，754年建成。

　　1258年，从西藏山南乃东县雅龙山谷西侧山坡上的雅龙玻璃洞，发掘出土《莲花生大师本生传》，也称《莲花遗教》，藏语称为《班玛瓜唐》，是由莲花生大师授记、其主要弟子益西措嘉撰写的莲花生大师传记。《莲花遗教》把珠穆朗玛峰地区称作"拉齐"，把珠峰主峰称为"拉齐次仁"（即"拉齐地区的长寿女神"）。以"拉齐雪山"称之，这是在西藏本土文献中最早出现的对珠峰有记载的文字。

藏文佛教史籍《红史》，为藏传佛教蔡巴噶举派学者蔡巴·贡噶多吉著，成书于元至正六年（1346），以手抄本传世。全书介绍印度古代王统及释迦牟尼事迹，中原各王朝历史，直至元末的蒙古王统、帝系，吐蕃王朝至萨迦派掌权的藏族历史。

《红史》书中亦称珠峰地区为"拉齐"，称这一地区的雪山为"拉齐岗"。"岗"在藏语里是"雪"的意思，这里即意味着雪山，所以"拉齐岗"意即"拉齐雪山"。书里还把以珠峰为主的五座雪山称作"次仁玛宾阿"。"次仁玛"藏语意为"长寿女神"，即指珠穆朗玛的主峰；"宾阿"意为"五姐妹"，所以"次仁玛宾阿"译成汉语就是"长寿女神五姐妹"。

《西藏人文地理》2010年第2期发表了房建昌先生的《福地追寻和圣地导引》一文，文章指出："传统中，西藏人的地理概念在很大程度上可以说是宗教地理，即以神山圣湖或著名寺庙作为地理的参照和表达。这种现象在吐蕃王朝灭亡后逐渐发轫，以噶举派的实地修行为主要角色，宁玛派以伏藏（出土文献）辅之，配合圣地巡礼，反映在文献上，就是佛教朝圣指南书的撰写。明代，西藏的佛教朝圣指南书的撰写逐渐成熟，清以降，西藏的佛教朝圣指南书的撰写达到了鼎盛时期，一直到十三世达赖喇嘛后期，由于社会生活的稳定、格鲁派的限制、噶举派的衰落和帝国主义对边境地区的侵略等原因而逐渐式微。"

房建昌在文章中专门提到"聂拉木以东拉齐雪山巡礼书"，目前能够见到的拉齐雪山朝圣书只有一种，就是第34世直贡派座主却吉洛卓所著的《卓地拉齐雪山朝圣指南》，传有不同的版本，大概几十页不等。

人们对拉齐雪山的认识始于宋代。据藏人蔡巴·贡噶多吉所著的以手抄本传世的藏文史籍《红史》记载，西藏佛教噶举派高僧米拉日巴，曾在拉齐雪山一带山中修行9年，那时尚无珠穆朗玛峰之称。

《莲花遗教》是于公元1258年从地下出土的有关莲花生的传记。该传记在记载珠穆朗玛地区时，仍然继续以"拉齐"称之。15世纪，噶举派僧人桑吉坚赞所集录的《米拉日巴道歌集》，对拉齐雪山地区记载尤其具体、形象，而称珠穆朗玛峰所在地为"顶多雪"。

米拉日巴

米拉日巴，出生于公元1052年，1135年85岁时圆寂，藏传佛教噶举派第二代祖师，著名高僧、密宗修行大师。他出生于芒域贡塘地区（今日喀则市吉隆县）。本名米拉日巴·脱巴噶，法名协巴多吉。原属琼波家族，自祖父定居贡塘后，称米拉家族，先祖为宁玛派信徒。

米拉日巴幼年丧父，1077年赴藏绒的拉尔地方（今仁布县境内），向宁玛派荣敦拉迦大师求法，习"大圆满正法"。后经引荐到洛扎向玛尔巴译师求法，七年后学得玛尔巴的全部教法。1084年返乡，隐居吉隆、聂拉木附近拉齐雪山即今珠穆朗玛峰，在深山洞穴坐静，潜心苦修那若巴密宗教义及瑜伽的"拙火定"等秘密真言九年，最后获得"正果"。

米拉日巴曾在冈底斯山与苯教首领"斗法"获胜。晚年声望很高，施主与追随弟子更多。他的传教方法独特，常以歌唱教授门徒。

15世纪噶举派高僧桑结坚赞编辑完成了《米拉日巴道歌集》，共五百余首，雕版印刷，流传于世。"道歌"虽属佛教内容，但写人叙事多采取比喻手法，文字清新流畅，对话生动隽永，对后世藏族诗歌发展产生过影响，在藏族文学史上是较早的一部作家诗集。此外，桑结坚赞还著有《米拉日巴传》，在藏族地区广为流传。

《米拉日巴道歌集》又名《十万道歌集》，全书分为三部分：降服来犯鬼神使受佛法的约束、引导具缘弟子走入成熟解脱、成佛道路。共五十八节，约五百首诗歌。在思想内容上有对剥削者和统治者残暴、贪婪的揭露和批判，对某些上层喇嘛不守戒律、欺世盗名行为的抨击；深感社会的不平，对弱小者和受苦难的人寄予同情；赞美高原优美风光，对雪山、幽泉、飞雀都进行了传神描写；宣扬佛教的出世观。艺术风格上采用了民歌的形式，散韵结合而自成流派；多段体的诗歌格律更有助于表达作者的思想感情；文字清新流畅，对话生动隽永，语言通俗质朴；写人叙事多采取比喻手法。由于贴近生活，受到人们的喜爱，流传甚广。

米拉日巴尊者

《米拉日巴道歌集》中有对珠峰一带的形象记载，称珠穆朗玛峰所在地为"拉齐雪山"和"顶多雪"。认为这个雪山连绵之地，是"在西藏和尼泊尔交界处的最为罕见和稀有的地区"，是"浑然天成的财宝之地"，其冰川雪峰之多，就好似"被水晶围墙所环绕一样"。

对"拉齐雪山"与"顶多雪"地区包括珠峰在内的五座山峰,《道歌集》中有详细记述。

张澄基译注的《米拉日巴道歌集》第四六篇《笨波山的故事》写到：尊者连同弟子一共八人步行到笨波山的顶峰处去散放身心。几个朝圣的弟子看见了长寿神女雪峰就问道："尊者啊！您看，那边那一个雪山叫什么名字呀？"

尊者答道："那就是碧天王母大雪山啊。"随即歌曰：

面前耸立大雪山，汝等亦知其由耶？此山本属长寿女，吉祥药母是其名，山腰以上三尖峰，极似海螺盛食子。山颈银河似网织，曦阳反照光万丈，灿烂捷先胜余峰，山顶发髻水晶上，如絮白云冉冉飘，山腰以下草茂盛，蒸雾芬芬终年绕，微微细雨雾中降，时见虹彩似天桥。此乃牲畜好牧地，百兽千禽之乐园。草原百花齐竞放，神效奇药咸胜集。是故此山另有名：妙善天药大雪山。老密习禅有多处，特于此山最长久。为答惹巴徒儿问，特歌此曲为汝说。

徒众们听了都欢喜雀跃，问尊者道："住在这雪山上面的天神，她的威力如何？是善神呢？还是恶神？"

尊者以歌答曰：

善神长寿五姊妹，十二天妃之主母，世间空行具神变，能说尼藏二语言，去巴布仁之地神。若于彼等兴供养，能为助缘作依怙。普助一切学佛者，特于老密之训敕，无不遵办如命行，汝等徒儿之左右，恒常围绕作佑护。此诸女神与老密，因缘特深胜其他。普令西藏入白法，特于我之修传派，光大种种之成就。

徒众们说："这实在是稀有可贵啊。这些天神现在都已经成为尊者的徒仆，不知尊者对她们说了些什么？她们如何侍奉尊者呢？"

尊者以歌答道：

于此雪山之颈处，密勒日巴曾说法，山神眷属大众前，曾说善恶业报理，阐述共乘因果教。嗔恨凶恶诸猛兽，以及四姓天龙众，残狠五亲诸山神，皆来听我说法要。性厉冶乐五姊妹，特为此会作施主。宾客万众齐围绕。天人鬼众咸受供，皆得满足无有余。此境近邻成善地，神鬼皆皈趋佛法。此非我之咒力大，乃由深习慈悲故，以柔和语而说法，百千无形天鬼众，善巧方便皆调伏。过去所为我无悔，如今已老心无憾，死来无惧惟雀跃。散心来此诸徒儿，应持坚忍精进修，方能死时得快乐！

在这个诗篇中，米拉日巴生动歌颂了"山腰以上三尖峰，极似海螺盛食子。山颈银河似网织，曦阳反照光万丈，灿烂捷先胜余峰，山顶发髻水晶上"的大雪山，这座雪山后人认为就是珠穆朗玛峰。

此诗的另一译本是这样的：

直入天空的三角形雪山巍峨高耸，她那像鹏鸟的头部，装饰着水晶饰物，这些水晶饰物闪耀着日月般的熠熠光辉；她的上方飘浮着洁白的流云，她的头部还在云中轻轻飘动；她的下方则镶着五色斑斓的彩虹；其中部的山崖岩石摇曳着碧玉般的眉毛；在她的脚下，则遮盖着雾气烟云。

格萨尔王

传唱千年的史诗《格萨尔王传》，滥觞于青藏高原，主要流传于藏族、蒙古族、土族、裕固族、纳西族、普米族等民族中，以口耳相传的方式讲述了格萨尔王降临下界后降妖除魔、抑强扶弱、统一各部，最后回归天国的英雄业绩。《格萨尔王传》在青藏高原广泛流传，是在藏族古代神话传说、诗歌和谚语等民间文学的丰厚基础上产生和发展起来的，是一部形象化的古代藏族历史。

《格萨尔王传》有120多卷、100多万诗行、2000多万字，是世界上最长的一部史诗。"格萨尔学"已成为国际藏学研究和国际史诗学研究中的一个重要分支。

格萨尔王

长期以来,《格萨尔王传》在西藏南部以及尼泊尔东部的喜马拉雅山脉地区,即广义的珠穆朗玛峰周边地区,尤其是那一带的定日以及卡塔的藏人、阿龙河谷的昆波人和夏尔巴人中间传诵。

珠峰北坡的彭曲河盆地地区,过去曾叫拉堆洛,有一条重要的尼藏商路从这里经过,还有几条次要商道。在古藏王时期,人们就已知这条商道。《红史》首先提及这一地区的政治地位,在《红史》中提到拉堆洛时称作 myriarchy（trikhor）,当时是在萨迦统治之下。米拉日巴、帕丹巴桑杰、马吉拉珍、郭仓巴等是这一地区著名的佛教圣人和瑜伽论者。在米拉日巴的《道歌》第二十八章也提到过格萨尔。

在这个地方,格萨尔史诗广为传诵。每逢大的节庆,人们总是要说唱格萨尔史诗;在更多的非正式场合,也要说唱格萨尔。说唱者中有艺人、当地喇嘛,而更为常见的就是当地有学问的人。那些背诵史诗的人们,吟诵说唱的依据是记载《格萨尔王传》的书籍。

格萨尔史诗在农区和牧区的民众中同样广为流传，定日有位1959年离开西藏的艺人，专攻格萨尔说唱，造诣颇深。据他说，那时从藏东前往冈底斯山的长途跋涉的香客，也说唱格萨尔。他们随身带了格萨尔唱本，只要歇脚，都要说唱格萨尔史诗。

受人喜爱的格萨尔史诗，在珠峰地区远超举行仪式时说唱的范围，成了人们日常文化生活的一个重要组成部分。男女均可说唱，有时分别扮演各个角色的几个人同时说唱，有时则是母亲在给自己的孩子讲格萨尔王的神话故事。

不断整理更新的格萨尔各种版本，其中有一部分风光景物描写，与珠穆朗玛峰周边地方的风物对应。米拉日巴在珠峰一带创作的诗歌表明，那时格萨尔已为人知晓。

据那位定日的格萨尔说唱艺人说，格萨尔曾来过珠峰一带，并在那一地区的许多圣地留下了他的印迹。所以，格萨尔又被称为"莲花生大师二世"，并在颇负盛名的圣地赤布里留下了许多脚印和手印。

传说在定日浪廓西面，有一座小山，名叫无头山，格萨尔将它征服后，就用自己的剑将山头削平了。在协尔卡至措果的路途中，沿河边的巨石，也被格萨尔一刀劈开，一分为二。在定日甘嘎，曾经有座山头寺院，寺名叫嘉措贡巴，里面有大型格萨尔塑像以及格萨尔史诗中其他各种人物的塑像。在这里，格萨尔预言得以实现借助的是有标记的竹棍和"预言书"。

史诗《格萨尔王传》和谐而又独特地表现了西藏文化。研究格萨尔的著名法国学者石泰安指出："崇拜山神是格萨尔史诗得以流传的背景。"格萨尔作为聂和鲁的儿子，受天神梵天的派遣，被公认为英雄与国王，要在莲花生大师以及山神玛杰绷拉的支持下统一全球。这一重要的宇宙以及宗教仪式因素，将格萨尔史诗与西藏宗教背景调和为一体。而发挥着中枢作用的山神，通过莲花生大师，融入藏传佛教经典，《格萨尔王传》由此与珠峰地区大多数人群的宗教生活联系起来了。

在西藏以及中亚腹心地带广为流传的格萨尔史诗，在西藏地区统一诸部落领地的特殊的政治环境里，鲜明地表现了英雄人物格萨尔，并与当地特定的宗教仪式环境及宇宙论交织融合。

格萨尔史诗包含着古西藏文化与宗教背景的诸多要素，完美而又从容地与喜马拉雅山脉、谷地的地理环境融为一体。

第四章 风起云涌

青藏高原，地理位置特殊，地形地貌复杂，气候变化万千。

珠穆朗玛峰海拔8844.43米，号称"世界的第三极"，其气候也是变化莫测，跌宕奇诡。

珠峰东绒布冰川自动气象观测站（2005）

纬度低、地势高、空气密度小、太阳辐射强、日照时间长、体积偏大，青藏高原形成了冬季不太寒冷，夏季温凉，气温年较差不大、日较差大的高原季风气候特点。

喜马拉雅山脉的珠穆朗玛峰地区，因为其脆弱而敏感的环境，成为研究全球气候变化条件下生态环境格局与过程变化以及地气系统水分和能量循环的理想场所。

自20世纪60年代开始,中国气象工作者们展开了珠峰地区的研究,其中包括1966年、1968年、1975年和2005年的4次珠峰地区科学考察试验以及相关的气象、水文观测研究。2005年以后,基于中国科学院珠穆朗玛大气与环境综合观测站的观测数据,做了大量的研究工作。

2010年10月,西藏气象局在海拔5170米的珠峰大本营和海拔4300米左右的中科院观象台旁边,新增了两个自动气象站。在海拔5040米的绒布寺自动气象站和定日气象站,增加了1层20米观测塔和全套辐射观测仪器。

2014年6月,中国科学院珠穆朗玛大气与环境综合观测研究站工作人员,经过4天的连续工作,在海拔5830米的东绒布冰川消融区,架设了自动气象观测系统(AWS)。该系统包括两层的风速、风向、空气温湿度和气压,一套四分量辐射,10厘米、20厘米和40厘米的土壤温湿探头。

珠峰北坡地区,已设有定日和聂拉木两个常规气象站、中国科学院珠峰大气与环境综合观测研究站、西藏自治区气象局绒布寺自动气象观测站及中国科学院寒旱所的东绒布自动气象观测站。这意味着,珠峰北坡在海拔4276米、5190米和5830米的高度地带,均有气象观测,形成了一个较完整的不同海拔梯度观测段面。

科学家们的研究表明,珠穆朗玛峰地区,极端最低气温在-34℃～-20℃之间,极端最高气温在19℃～30℃,年平均气温在-0.3℃～5℃,夏季平均最高气温8℃～15℃,具有寒温带的气候特征。

珠峰地区气候复杂多变,一年四季,翻云覆雨。即使在一天之内,也往往变化莫测。

珠穆朗玛峰南、北坡气候差异很大,南坡降水丰沛,具有海洋性季风气候特征;北坡降水少,呈大陆性高原气候特征。

珠穆朗玛峰气候具有明显季风特征。每年3月初～5月末,珠峰地区为风季过渡到雨季的春季,而9月初～10月末是雨季过渡至风季的秋季，这两段时间海拔8000多米高处的风速较小，少有雨雪，有可能出现较好的天气，是登山的最佳季节。

珠峰地区范围较大，因所处地域不同，受复杂地形影响严重，设置在该地区不同气象站点的温度、降水、蒸发、气压等气象条件，差异非常大。

珠峰正在变暖。有资料显示，珠峰地区由于其特殊的冰川地貌，在全球变暖的背景下，最近几十年来，气温以0.23℃/年的速率上升，冬季较夏季更为剧烈。20世纪70～90年代气温呈加速上升趋势，升温速率从0.42℃/年增加到0.88℃/年。21世纪前10年基本与20世纪90年代接近。

飘扬的云

珠峰的云，色彩斑斓，千变万化；珠峰的云，迎风猎猎，如旗飘扬。

藏族同胞将珠峰，视为第三女神，每年都要来到珠峰北坡绒布寺朝拜，并献上心爱的哈达，乞求女神降福人间。传说每当月明之夜，在献给女神的哈达中，只有最真诚奉献者的哈达会冉冉升起，慢慢飘向珠峰的顶部，系在女神的头顶，随风飘动，像挂在顶峰的一面旗帜，故曰"旗云"。

只有在太阳升起、人们开始登山活动时，第三女神才会"扬起哈达"，以不同的"舞姿"向朝山者暗示珠峰山上风云的变化。

珠峰旗云

若朝山者心诚意善，聪明睿智，便能从"旗云"的千姿百态中领悟到风云的变化，遵循第三女神的示意，审时度势，到达峰顶，与第三女神亲近。否则，不能接近峰顶。

神话固然玄妙，其中却暗藏着科学真谛。所谓"旗云"，那是在珠峰顶上不断生成的对流性的"积状云"，受高空强风的影响，随风飘动，波涛起伏。观测研究表明，珠峰顶出现的"旗云"绝大部分是自西向东飘动的，但当特殊天气系统来临时，"旗云"也会自东向西飘动。

在我国，最早在书面上提出珠穆朗玛峰"旗云"概念的人，是地理学家徐近之先生。他在一本内部出版物中指出，"旗云"是"从珠穆朗玛峰东南面上升的潮湿气流和强烈的西风相遇时，山头遂有向东伸出的旗状云"。

中国科学院高登义研究员，曾八赴珠峰，作为一个以科学为"神器"的观天者，他对"旗云"这种特殊的气象，进行了仔细观测和详细研究，记录和拍摄下珠峰"旗云"的变化发现了"旗云"变化所蕴藏的科学奥秘。从多次制作攀登珠峰的登顶天气预告中，高登义等科学家认识到，珠峰顶上的"旗云"的确可称作"世界最高的风标"。

研究成果表明，在高山地区，云与天气变化有一定关系。有经验的登山者，可以通过云的形态变化来推测短期天气的变化，尤其是在珠峰北侧地区登山时，珠峰特有的"旗云"变化与天气变化联系紧密。通过珠峰"旗云"飘动的方向，可以判断海拔8000米以上珠峰峰顶附近的风向；通过"旗云"顶部起伏波涛的形态，可以推测高空风速的级别大小。

而且从珠峰"旗云"的状态，还可以预测未来1～2天内珠峰地区的天气状况。

若"旗云"自西向东飘动，云的顶部平而光滑，并在离开峰顶后云顶高度逐渐下降时，高空西风风速在每秒17米以上，当日不宜进行7000米以上的登山活动。

若"旗云"自西南向东北飘动，云顶起伏波动大，且其在离开峰顶后云顶高度逐渐上升，表明高空风速不超过15米/秒，当日可以在7000米以上进行登山活动。但一天后会有高空西风槽来临，大风伴随降雪发生，2～3天内不宜于有7000米以上的登山活动。

如果"旗云"自东向西飘动，表明高空有偏东风气流，未来1～3天内会有印度低压来临，带来大雪伴随小风的天气，一般不宜7000米以上的登山活动。然而，在珠峰北坡，对于熟悉登山地形和路径的登山家，也可利用这种小风而气温高的天气，在8500米以下从事登山活动，因为从北坡攀登顶峰的主要威胁是大风。

如果在珠峰顶部的云很少，没有形成"旗云"时，有两种情况都表示当日和未来1～3天内宜于7000米以上的登山活动。第一，若在珠峰顶部的云慢慢向东南方移动，表示高空有弱的西北气流，珠峰地区受西风带高压脊控制；第二，峰顶及其附近的云直直上升，宛如炊烟袅袅，表明高空风速极小，珠峰地区受副热带高压控制。这两种情况都宜于在7000米以上进行登山活动。如果在珠峰顶部附近有荚状高积云，表明峰顶附近大气层结构稳定，高空风不大，也宜于7400米以上的登山活动。

罡风强劲

2005年4月11日上午10点，2005珠峰测量队的车队从西藏定日县城出发，3个多小时后，即中午1时许，到达珠峰北坡大本营，开始建营驻扎。

到了营地后，以前选好的营址被一支先期到达的外国登山队占据，测绘队只好另行选址，准备搭建帐篷。这时，珠峰地区的风力达到9级，建营异常困难。

狂风大作，人都站不稳，珠峰山尖则隐没在一片云海中，若隐若现。有经验的队员说恐怕要下雪，所以要尽快建营。但要把巨大的帆布帐篷撑起来异常困难，往往十多人一起用力还拽不稳帐篷。

经过大家的努力，晚7时许，大小几顶帐篷终于搭建好了。意外的是，由于从西安来的《华商报》记者的小帐篷分量太轻，一不留神就被大风刮跑了，人们开着一辆吉普车追出去5千米才追上。珠峰强劲的罡风，给了初来乍到的人们一个"下马威"。

第四章 风起云涌

2005年4月11日，珠峰北坡大本营，2005珠峰测量队在9级狂风中搭帐篷。

在珠峰一带的山区，只要是晴天，没有大风，山谷里的风向每天都会发生有规律的日变化，即白天气流沿谷坡上升，夜晚沿谷坡下沉。一般来说，上山风又叫谷风，空气由山谷向山坡流动；下山风又叫山风，空气由山坡向山谷流动，谷风和山风合称山谷风。

山谷风是因为白天太阳晒热了坡面，夜晚山坡面向宇宙空间辐射失热而冷却，使山谷同一高度上自由大气和坡上空气温度有了差异所引起的。这种风和海滨的海陆风、湖滨的湖陆风一样，都是由于热力不均匀所引起的以24小时为周期的地方性风。天气越好，地方性风就越明显。

在一般山区，往往盛行日变化显著的山谷风。在一昼夜中，下山风和上山风交替出现。可是，在珠峰这样海拔很高的地方，当山谷里积满了雪，或者充溢山谷的不是水，而是冰川，情况就完全不一样了。

1960年春季，中国登山队首次攀登珠峰时，就发现珠峰北坡的许多冰川谷里，在长达20千米的绒布冰川上，夜间是吹下山的南风，而白天也多是吹下山的南风，这就是"冰川风"。

这是珠峰北侧的特殊天气现象。在珠峰北侧，由于在海拔5300米

91

至 7000 米主要为冰雪表面，日出后的冰雪表面气温，仍然低于山谷中同高度的大气温度，因而几乎昼夜盛行下山风。由于冰川上的气温永远比同高度上的自由大气冷的缘故，珠峰北坡冰川风十分强劲，在冰川中部，平均风速可达每秒 3 米以上，最大可达每秒 10 米左右。珠峰科学考察队在 1966 年 3 月至 5 月的考察记载中说："尤其在晴朗的下午，强劲的冰川风有时会扬起沙石，掀起帐篷。"

统计分析表明，山区地面风速变化比平原地区的大，而且海拔高度越高风速日变化越大。例如，春季和夏初在青藏高原上，海拔 4500 米高度地面风速的日变化为海拔 1000 米高度的 4.5 倍，在这一高度上当地时间下午 2 点至 6 点的冰川风最强，风速比夜间和上午的风速平均大 5.5 米/秒，在离地 1000 米以下的风速平均可达 10 米/秒，阵风达到 7 至 8 级。

由此推测，在珠峰地区海拔 6000～8000 米高度地面，风速日变化约为海拔 1000 米高度的 6 至 8 倍，即下午风速约比夜间和上午的风速大 7.3～9.8 米/秒。笔者 2005 年在珠峰北坡大本营驻扎了将近一个月，也每每感觉到，大风往往从下午刮起。

在珠峰地区的夏季，近地面的西风急流北移，其南支气流会因在近地面受到青藏高原的阻挡势力减弱，使喜马拉雅山南缘一些地区风力最小，天气最稳定。其北支气流则刚好相反。

珠峰北坡地区的风速变化相对复杂，在定日，是晚上八点时风速最大；在珠峰北坡大本营、绒布寺和聂拉木，都是下午两点时最大。这四个地方的最小风速，都出现在每天早上的八点。珠峰北坡的定日，年平均风速为 58.4 米/秒。定日在每年 5 月下旬至 9 月底的风速，比其他时间稍小。珠峰北坡大本营、绒布寺和聂拉木全年风速较为平均，年内没有特别明显的峰值。风向分布表明，绒布寺和珠峰北坡大本营，都以偏东南风为主，珠峰北坡大本营更为明显。

对登山者而言，攀登过程中所处的时间和位置不同，风速的大小和方向也有差异。一般情况下，白天由于太阳辐射，地面受热不均引起空气不稳定，午后发展到最强。因此，一天内的风速午后最大，夜间和清晨较小，如珠峰北坡大本营、绒布寺和聂拉木的风速变化，基本上符合这一规律。

风速的变化与天气系统关系密切，同时影响风速变化的因子很多，而且是诸因子综合作用的结果。影响登山较大的是近距离的风速和瞬时极大风。

珠峰北坡大本营一天的风速差异不大，一年中变化也较小，而绒布寺下午两点的风速远大于早上八点，而且每日的变化幅度很大。这两个时间段，每年 5～9 月的风速相对小一些。早上八点时，珠峰北坡大本营的风速高于绒布寺，而下午两点时相反。绒布寺站离珠峰山体较远，位于绒布河谷，下垫面为裸露的石砾，正午受太阳辐射影响，地面升温较快，空气扰动大，风速较大，且十分不稳定。极大风速表明，珠峰北坡大本营、绒布寺和聂拉木这几个地方，下午两点的极大风速，都远大于早上八点。

另外一个明显的特点，是极大风速与观测站的位置有很大关系。因此，登山攀登过程中所处的位置，对判断风速大小非常重要。

定日、聂拉木距珠峰较远，聂拉木站位于山谷风道上，各时次的极大风速都要比定日站高，距离珠峰较近的珠峰北坡大本营和绒布寺具有同样的特点。绒布寺站位于河谷，地形的狭管效应使得该站的风速大于海拔更高的珠峰北坡大本营。

1980 年，中国科学家高登义在考察中观测到"背风波动"效应。所谓背风波动，是指当风漫过山顶，在山的另一侧气流必然下沉。如果飞行员不具备这一常识，不小心接近了背风波动位置，后果将不堪设想。

比如，20 世纪 90 年代中期在珠峰附近，一架"黑鹰"直升机不幸失事，机上人员全部罹难。事后高登义奉命调查失事原因，他查阅过当天气象记录，发现是偏西北气流经过，飞机当时正处在背风波动中。驾驶飞机的虽然是一个非常优秀的驾驶员，但由于缺乏这类特殊经验，当他感到气流压力时，按常规操作，结果未能拉起飞机，撞在山上了。

另一次教训发生在 1990 年。当时，日本人乘热气球横穿喜马拉雅，并特邀高登义做气象预报。日本人把希夏邦马峰东南方向作为起飞地点，高登义赶忙劝阻这正是背风波动下沉地区，应把地点改在希峰西北。那位曾保持了世界热气球飞行最高最远纪录的日本探险家却自信地说："高先生，气象你负责，选点我负责。"结果按正常情况几分钟内热气球便可升到珠峰的高度，但这一次处在下降风中，足足花了 45 分钟、耗用了一罐燃料才升了起来。这就注定了燃料与风速都不能使他按原计划到达目的地，最终飞行 400 千米后被迫下降。因过分加热，气球被烧坏，人被摔伤。高登义他们于是立即与总参和外交部联系，从尼泊尔联系了两架飞机，用了七个小时，才把日本探险家们救到了尼泊尔。

寒锁高峰

全球最高峰的珠穆朗玛峰，极端最低气温可以达到 –34℃～–20℃之间。

珠穆朗玛峰北坡地区的温度，在海拔 4300 米处，年平均温度 0.7℃。全年最热的月平均温度 10.9℃，最冷的月平均温度 –11.2℃。全年日平均温度超过 5℃的天数，为 137 天。

珠峰北坡的定日，属于高原温带半干旱季风气候区，昼夜温差大，气温偏低，年平均气温 0.7℃。定日 1 月最冷，平均气温 –7.4℃。7 月最热，平均气温 12℃。极端最高气温 24.8℃，极端最低气温 –27.7℃。

科学家在珠峰东西方向 600 千米处，各选一监测站，将各站五年的自地面到高空所积累的资料进行比较，发现每当春季西风在 9000 米高空盛行时，东面的站比西面的站温度平均高出 3℃。而在夏季，东风吹起时，西面的站则比东面的站高出近 1℃。原因就是东风弱于西风。高空气温直接影响地面温度，青藏高原较之两侧同纬度低山平原地区，气温也要高出 0.5℃～1℃。

严寒的珠峰

科学家利用珠穆朗玛峰地区北部定日站和西部聂拉木站1971～2009年的月平均气温、月平均最高及最低气温、月降水量、月蒸发量资料，对珠峰地区1971～2009年近39年来气候变化的时空分布特征进行了分析。同时，利用该区域5个自动气象观测站2009年的资料进行了温、压、湿、风等分析。结果表明：1971～2009年珠峰地区气温呈现出明显的上升趋势，该区域内年平均温度、最高气温、最低气温都呈上升趋势，其中最低温度上升的幅度最大。

这与其他学者研究认为的位于亚洲腹地的青藏高原有着与全球变化一致的增温过程相符。尤其是进入21世纪后，增温更为显著，高于同期全球平均温度变化幅度。定日站增幅较聂拉木站明显，且以冬、春两季的气温增长幅度大。

从年温度距平可以明显看出，年平均温度、最高气温、最低气温的距平值的变化，大致可分成3个阶段：1971～1988年以负距平为主；1989～1997在正负距平间振荡；1998年起均为正距平，且值较高，其中,极端最高温度的距平振幅最大,平均温度的距平振幅最小。

从季节平均温度距平来看,该区域内每个季节的温度都呈上升趋势。其中,冬季上升的幅度最大(聂拉木站的极端最低温度表现不是太明显),在0.449℃～0.661℃之间,其次是春季,夏季、秋季相对小一些。

平均温度、极端最高温度、极端最低温度相比,极端最低温度上升幅度最大。1998年前,春、夏、秋、冬4个季节的温度距平在正负间振荡,而1998年之后,4个季节的平均温度距平值基本上都为正值,其中春、冬两季距平值更高,且振荡幅度较大。

珠峰地区年平均气温的年代际变化表明,珠峰地区20世纪70年代到21世纪,仅定日站20世纪80年代的平均气温和平均最低气温,分别比70年代降低了0.029℃和0.088℃,下降幅度非常小。聂拉木站20世纪90年代的最高温度比80年代降低了0.256℃,其他各年代际的平均温度、平均最高温度和平均最低温度的变化都以增温为主,但变化幅度相对较小。变幅最大的为定日站,20世纪90年代平均温度比上一个10a增加了0.479℃。

进入21世纪后,温度有了更为显著的上升趋势,最小的上升幅度也达到了0.633℃/10a-1℃,其中,聂拉木站21世纪初的10年的平均最高气温,比20世纪90年代竟高出了1.256℃/10a-1℃。与20世纪90年代相比,两站的平均温度上升幅度相当。

2009年的资料显示,珠峰地区5个站的气温、气压、相对湿度具有一定的相似性。其中,最高气温都出现在7～8月之间,最低气温在2月,期间温度的一些小波动变化比较一致。相对湿度均为冬季低、夏季高,最高相对湿度出现在8月。

珠峰地区各站的气压与海拔高度成正相关,海拔越高,气压越低。每个站的逐日气压变化非常一致,全年气压变化均在16hPa以内。

珠峰地区涵盖区域较大,虽然定日、聂拉木这两个站距离珠峰都不远,但由于所处位置的地形、海拔、经纬度等方面的原因,两站温度与降水、蒸发量的差异是很大的。只能概括地说明该地区的气候背景特点，要想真正了解珠峰的天气气候，还需要对更近站点资料的研究。

从 2009 年珠峰地区各站日平均温度变化可以看出，这 5 个站的温度变化有一定的相似性，最高气温都出现在 7～8 月之间，最低气温在 2 月，期间温度的一些小波动变化也非常一致。

另一个比较明显的特点是，靠近珠峰的 3 个站的温度与站所在的位置有很大关系，离峰顶越近，海拔越高，温度越低。绒布寺站和大本营站相距 8 千米，海拔高度相差约 180 米，两站的温度相差不太大。海拔 5800 米站与这两个站相距较远，海拔相差约 600 米，温度相差较大。远离峰顶的定日和聂拉木站与此不同，夏半年（5～9 月），定日站的温度高于聂拉木站，而冬半年（10 月至次年 4 月）相反，这一特点与这两个站的长期温度变化相同。

峥嵘雨，寥廓雪

每年 6 月中旬至 9 月中旬，是珠峰北侧地区的雨季。7 月至 8 月，是降水量最大的时候。

强烈的西南季风，造成暴雨频繁、云雾弥漫、冰雪肆虐的恶劣气候。

珠峰北坡的定日，属于高原温带半干旱季风气候区，年降雨量少，蒸发量大。年降水量为 319 毫米，年最高降水量为 474.3 毫米，最少降水量为 104.9 毫米，降水量 95% 分布在 6～10 月份，年平均蒸发量 2527.3 毫米。

从大范围比较，珠穆朗玛峰北侧降水较多的日喀则，年降水量不超过 800 毫米。

根据国外资料，在珠峰南侧海拔 2300 米处，出现过年降水量达 2800 毫米的最大降水带。

从小范围比较，珠穆朗玛峰北坡海拔 5000 米的绒布寺，年降水仅

335毫米。而南坡尼泊尔海拔3355米的南遮巴沙尔，年降水达939毫米。两地直线相距仅50千米左右，一山之隔，年降水量竟相差2～3倍。

2014年5月26日，雪漫珠峰北坡大本营。

珠穆朗玛峰北坡每年雨季开始日期在6月末或7月初，较南坡迟一个月。气象和冰川考察资料表明，在珠穆朗玛峰北坡和南坡雪线附近，存在着一个第二最大降水带。珠穆朗玛峰北坡海拔六七千米左右地带的年降水量在600毫米以上，珠峰南坡海拔六七千米左右地带的年降水量在1000毫米以上，均超过海拔5000米处年降水量一倍。

这种特殊的高山降水现象，可能是由冰川对局部气候的影响所致。绵延高耸的喜马拉雅山脉，对来自其南部的暖湿气流有很大的屏障作用。所以，珠峰的北侧，相对珠峰南翼而言，降水量有较大的差异。

珠峰地区定日、聂拉木等地，位于喜马拉雅山脉北侧，具有典型的高山气候，也有亚寒带湿润气候。这一带的气候，由于山峦叠嶂、群峰林立，各地降水分布极不均匀，年平均降水量最少的地区为隆子280毫米，最大在聂拉木，年平均降水量665.5毫米，年降水最多为1348.8毫米（1995年）。

定日海拔4300米，基本上位于珠峰的正北边，距离珠峰的直线距离约为100千米，高大的山脉阻碍了水汽的输入，以半干旱型气候为主。而海拔只有3810千米的聂拉木，位于珠峰西边略偏北，由于该站迎向暖湿气流，属于半湿润气候。1971～2009年，定日和聂拉木的平均降水量，分别为294.359毫米和654.741毫米，聂拉木的降水量比定日高出了360.382毫米。

这两处的年平均蒸发量也存在较大的差别，定日要远高于聂拉木，近39年平均年蒸发量分别为2510.844毫米和1600.408毫米，定日比聂拉木高出910.436毫米。

气象学的距平值，主要是用来确定某个时段或时次的数据，相对于该数据的某个长期平均值是高还是低。

从近39年聂拉木和定日降水、蒸发量年际变化看，定日站的年降水量变化呈略微上升的趋势，蒸发量呈略微下降的变化趋势，这两者的变化趋势都不是太明显；聂拉木站的降水量下降趋势比定日站明显，但蒸发量变化上升趋势不明显，这与同处西部的西藏阿里地区的变化基本上一致。

从聂拉木和定日的降水距平（与多年平均值相比）看，定日降水变量相对较小，时段性的多雨、少雨特征不明显。聂拉木的降水变化较大，并大致可分为4个阶段：1971～1979年，降水距平在正负间振荡；1980～1989年基本为正距平（除1984年外）多雨年，且距平值较大，最高达到281毫米；1990～1994年为负距平少雨年；1995～2009年降水距平又在正负间振荡，但负距平值相对较大，这15年期间的平均距平为-40.11毫米。

聂拉木和定日的蒸发量距平变化，除个别年份外变化不是特别明显，距平值大多在±25毫米之间变化。与降水距平变化类似，定日站蒸发量距平的阶段性特点不明显，而聂拉木站大致可以分成3个阶段：1971～1989年大多为负距平（仅1979年和1984年分别为1.96毫米、0.19毫米），1990～2000年为正距平（除1997年为-7.29毫米外），

2001～2009年又均为负距平。

定日和聂拉木降水的季节特征有较大差异。定日站39年春、夏、秋、冬四季平均降水量分别为3.65毫米、83.34毫米、10.43毫米和0.71毫米，降水主要集中在夏季，占到了全年降水的84.93%，而冬季仅占全年降水的0.73%。聂拉木降水的季节差异不大，分配比较均匀，春、夏、秋、冬四季平均降水量为50.97毫米、73.05毫米、52.67毫米和42.16毫米，对全年降水贡献率分别为23.29%、33.38%、24.07%和19.26%，最大的夏季与最小的冬季仅差14.12%。

降水和蒸发量的月际变化同样显示了定日与聂拉木站的不同。定日降水量为单峰型，降水集中在6～9月，最大出现在8月，最小为2月，这两个月的降水量之差达到117.4毫米。干、湿季分明，在干、湿季交替的月份，降水量有猛增、突降的特点。而聂拉木的月降水呈双峰型，最大峰值出现在9月，次峰值为3月，最小值出现在11月，最大、最小月降水之差为70.91毫米，各月降水较为均匀，没有明显的干、湿季之分。

位于珠峰的西边略偏北的聂拉木，迎向暖湿气流，降水丰富，而季节差异很小。定日站位于喜马拉雅山脉北坡雨影区，年降水量较少，还不到聂拉木的一半，且夏季降水占到了全年的85%。

珠穆朗玛峰北坡雪线平均为6000米，远高于根据国外资料平均5000米的南坡雪线。在珠穆朗玛峰东北坡较闭塞的东绒布冰川上，测得了北半球已知雪线的最高值6200米。

珠峰南、北两翼降雪量不同。北翼是海拔平均4000米高的青藏高原，受海洋气流的影响小，大部分处在非季风区，加上地势高峻，水汽难以越过，故降水量较小。又因为影响该地区的水汽，主要来自印度洋的西南季风，而青藏高原正好处于高大的喜马拉雅山的背风坡，降水稀少，整个高原面大部分地区年降水量在500毫米以下，只有高原的东南边缘地区降水量稍多。珠峰南翼地势起伏和缓，对湿润的西南季风有缓慢的抬升作用，易形成地形雨，故降水丰富，年降水量在1000毫米以上。

由于南翼降水量比北翼大得多，而雪线是降雪量与融雪量相等的位置，对于南翼来说，要使二者相等，必须加快降雪融化的速度，故雪线位置比北翼低一些。

根据从珠穆朗玛峰北坡5800米到7450米处雪层剖面观测资料，珠峰积雪融化现象和渗浸冻结冰广泛出现。珠峰7450米以上积雪不连续，有小片冰坡，顶部雪厚也是相当薄的。这些都表明，珠穆朗玛峰是渗浸冻结成冰作用非常发育的地点，垂直宽度达3000米以上，不存在如fl.A.舒姆斯基等所推测的喜马拉雅山的高峰上具有类似南极冰盖上的深厚积雪无融化现象的重结晶成冰带。

这是由于珠穆朗玛峰地形陡峻、风大、积雪薄，虽然珠穆朗玛峰顶部年平均温度可能低至－27℃左右，而在强烈太阳辐射下，可以使雪面短时出现较高温度，导致冰雪面吸热融化，融水下渗以后辐射散热又迅速冻结。

1968年，科学家高登义在珠峰住了六个月，发现了来自南方的一个强天气系统，名之为"孟加拉湾风暴"。那年十月间，浓重云团翻越喜马拉雅，东西长达上千千米的山脉地带普降大雪，喜马拉雅各山口提前两个月封山，并在山脉南北侧的聂拉木、定日、帕里和措那带来了百年最大降水。

这一现象引起了高登义的格外注意，返回北京后，他查阅了相关资料，特别是来自印度的百年数据（西藏地区自1958年后方才建起正式的气象资料），发现此为百年以来第二大降水系统。20世纪20年代，这一地区出现过大降水，三天内降水200毫米，而在印度，三天内降水600多毫米。分析原因，珠峰的屏障作用通常可将南来印度洋暖湿气流阻挡在南坡，南北坡气候条件的显著差异由此造成。但在一定的气候条件作用下，具有相当强度的云团借助风暴之力，照样可以翻越屏障，在北坡降落。

高登义的发现，对于西藏的气象预报具有直接的指导意义。那之前，西藏的气象工作人员注意到西藏南部地区时常原因不明地在秋季降雪，高登义的观点发表之后，他们才搞清原来是孟加拉湾风暴作祟——只要孟加拉湾风暴向北移来，喜马拉雅山南北必有大降雪。这一发现，大大提高了珠峰地区降雪预报的准确性。

2005年4月28日，珠峰登山测量队的张建华和两名藏族民工在西绒布冰川遭遇了一场暴雪。他们早晨6点多钟出发，中午2点左右，终于到达了西绒布。这时，天气突然变化，浓云密布，狂风大作，气温急剧下降，大雪纷飞，狂风夹着雪片迎面扑来。大风凛冽，寒风刺骨，风雪已把整个西绒布冰川变成了雪的世界，能见度非常低。张建华和两位藏族同胞行走在西绒布冰川，手套上、裤腿上及胡子上结出了一寸多长的冰棍子，因为好多地方要爬着行走，手套上、裤腿上的冰棍子不时地与手脚下的石头撞出清脆的响声。爬过一座座冰塔林后，他们终于来到了中绒布测量二本营，这时是下午六点多钟。在中绒布点上三人稍微歇了歇，雪下得小了，但风还在怒吼着，珠峰悄悄地从密云中显现出来。张建华望着露出的珠峰，眼泪止不住地直往下流，全身的冰雪开始融化，身上打着寒战，心中有说不出的酸甜苦辣。

透明的阳光

在珠峰科学考察中，科学家高登义完善了对于珠峰—青藏"热岛"效应的理论。

由于高海拔地区太阳辐射强烈，山地加热反馈到大气圈中，形成热岛。这一加热作用在春、夏季表现得更为强烈。

由于太阳辐射强，珠峰地区日照丰富，全年超过3000小时。因此，在海拔4500米以上地方，仍有农业生产。

值得注意的是，喜马拉雅山北侧温度，常较南侧同高度的地点高。如帕里与定日同高，年平均温度低0.8℃。再加上北侧较干燥的条件，造成了相同的自然带呈现北坡温度高于南坡的图景。

艳阳珠峰

定日的年平均日照时间达 3393.3 小时，日照百分率达 77%，太阳总辐射 202.9 千卡/平方厘米·年，高原紫外线强烈。

1959～1960 年，科学家在绒布寺观测到太阳辐射的年总量达 199.9 千卡/厘米。1966 年 4 月 29 日至 5 月 4 日，科学家曾在珠峰东绒布冰川海拔 6325 米处，多次测到 1.79 卡/平方厘米·分的直接辐射值（订正到日地平均距离为 1.82 卡/平方厘米·分）。

珠峰高山地区新雪降后，下垫面的反射辐射显著增强，反射率可达 80%～90% 多，导致天空散射辐射增强 60% 以上。

根据对吸收辐射和有效辐射的计算，在以砾石为下垫面的绒布寺观测场，辐射平衡年总量达 82.3 千卡/平方厘米，且全年各月均形态上已发生变异的种类。

阳光影响冰川的融化与河水的流量。一般来说，高山地区河水流量的日变化，主要取决于冰川融水量的日变化，而冰川融水量的日变化，又主要取决于气温的日变化。在珠峰地区，春、夏、秋三个季节日出后，在阳光照射下，冰川逐渐消融，流水汇入河谷后增大了河水流量。在珠峰绒布河水流量中，67%左右来源于冰川融水。因此，珠峰一带，日照产生的融冰效应，使得高山河流的河水流量，在正午前比较小，午后至傍晚最大。

由于珠峰地区的海拔高，空气稀薄，因此紫外线十分强烈，直接照射很快就会灼伤皮肤。当人行进在冰原上，雪对紫外线的反射在86%以上，这时人的皮肤暴露在雪原上，也会被灼伤。

2005年，33岁的国家发改委投资司的处长陈杰成为珠峰登山测量队的一名队员。留了一脸络腮胡子的陈杰，在2005年珠峰测量中创造了中国专业测绘工作者8200米的登高纪录。他为此也付出了代价，从7790米营地下撤后，发现两颊被高山的阳光灼伤。

观天预测

攀登珠峰作为顶级的极限运动，是对人类自身的巨大挑战。对珠峰的每一次攀登，都是因时而异、因势而异、因天而异、因事而异、因地而异、因境而异、因人而异。

珠峰登山中最重要的因素，是珠峰地区的气候。

需要着重考虑的气候因素，是雨季的起始与结束时间，还有7000米以上的高空风变化情况，以及不同海拔高度的地面风速的日变化情况。

对珠峰雨季始末时间的了解，有

2008年5月8日凌晨，中国气象局观测人员在释放探空气球。

助于安排珠峰登山计划，登山时间应尽力避开雨季，选择旱季。

从北侧攀登，了解珠峰7000米以上的高空风变化情况更为重要。根据中国登山家的经验，一年中只有两段时间是登山的最佳季节：一是3月初至5月末，一是9月初至10月末。但是考虑到各种不确定因素，实际上的好天气加起来也不过20天的时间。在这两段时间里，海拔8000多米高处的风速较小，而且很少有雨雪。

曾先后于1966年、1975年、1980年和1984年为国家登山队攀登珠峰和南迦巴瓦峰主持天气预报工作的中国科学院大气物理所高登义研究员认为，珠穆朗玛峰顶常年积雪，4~6月气候最佳，是登山的黄金时节。事实也正是如此，每年5月是珠峰冲顶成功率最高的季节，绝大部分珠峰登山者登顶成功都是在5月。

珠峰地区地形十分复杂，喜马拉雅山脉横贯青藏高原南侧，北边紧临雅鲁藏布江河谷，该区域天气复杂多变，而观测资料又十分稀少，人们对其局地气候特点、天气系统演变规律缺乏足够的认识和理解，预报技术手段更为缺乏。

珠峰因其位居世界第一的高度、独特而多样的人文景观及自然条件，吸引着国内外越来越多的探险者、登山爱好者和普通游客。为达到各自的出行目的和安全保障，人们对该区域的天气、天气预报有了更多的需求。

自1959年以来，中国科学家就在珠峰北坡进行过4次较大规模的综合考察，近年来又开展了以大气、冰川、生态环境以及地质为主体的大型综合科学考察和实验，获得了大量观测资料，同时进行了各项专题研究。

近年来，在珠峰地区不同海拔高度逐步建立了一些自动气象站，这些原始观测资料为研究珠峰地区天气气候特点及天气系统演变规律提供了较好的基础。

高登义在为国家登山队攀登珠峰和南迦巴瓦峰主持天气预报的工作中，把在山地气象方面考察研究的成果应用在登山活动中，制作了长（3个月）、中（10天）、短（1天）期和临近（30分钟~2小时）天气预报，并发表了三篇关于攀登珠峰和南迦巴瓦峰的气象条件和预报的论文。

高登义1975年向中国登山队建议，在高海拔地区登山应"早出发，早宿营"。此后，中国登山队就把"早出发，早宿营"作为登山行动准则之一，并规定登山要在当地时间凌晨2点出发，下午2点宿营。当然登山爱好者可根据不同季节和不同海拔高度，自己确定"早出发，早宿营"的时间。

但从原则上讲，海拔越高，出发和宿营的时间越早。具体为：春季和秋季的地面风速日变化较大，应尽可能提早，夏季地面风日变化小，可以少提早一些时间。

第五章 初 绘

人类对珠穆朗玛峰的认识，一个重要的切入角度，是对其地貌、山高等地理数据的测绘。

应该说，珠峰的测绘史，从一个侧面反映了人类对世界最高峰的认识过程。

在几百年的时间里，随着科技水平不断提高，人类不断探索珠峰，进行了大大小小数十次的测绘。因此，人类认知珠峰的历史，从某种意义上说就是一部测绘史。

对于珠峰的首次测绘，始于何年？珠峰的这次处女测，由何人主导？

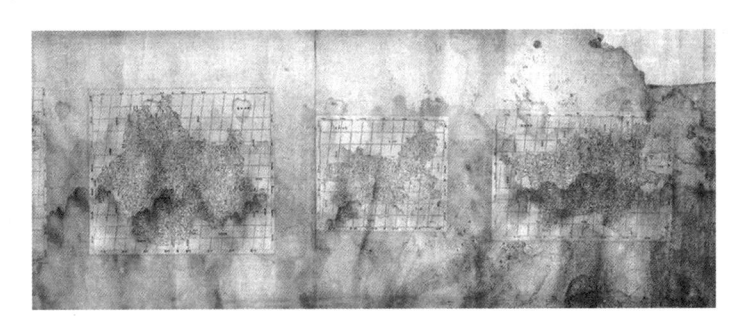

《皇舆全览图》

1708～1717年，由清朝康熙皇帝亲自主持、策划，以当时在华的西洋传教士为科技主体，中国采用当时世界上最先进的测绘技术，开展了遍及全国的大地测量，最终绘制完成皇皇地理巨制、全国性地图《皇舆全览图》。在这次全国大测量的背景下，中国人开展了有史以来对珠穆朗玛峰的第一次实地测量，最早的珠穆朗玛峰地图由此诞生。

让我们从三百多年前说起。

滥觞 18 世纪

明末清初，意大利传教士利玛窦等欧洲传教士陆续来华，这些传教士们来华，主要是为了传播和发展天主教。与此同时，他们也把当时欧洲的天文学、地理学、数学、医药、生理解剖学、机械学以及各种技艺带到中国。西方传教士传播了先进天文、地理观念，也引入了先进的测绘制图方法。

他们通晓天文、历算、地学等科学知识，擅长测绘技术，参与制造仪器，编译测量、制图书籍，传播了西方地理知识。

徐光启与利玛窦合译了《测量法义》，撰写了《测量异同》。1631 年，传教士罗雅谷与汤若望撰订《测量全义》，收入《崇祯历书》。到清初，西方测量学的传入，为中国开展全国性经纬度和三角测量奠定了理论基础。《同文算指》《灵台仪象志》和《测量高远仪器用法》等著作，包括了同时期欧洲测量科学技术的主要内容。

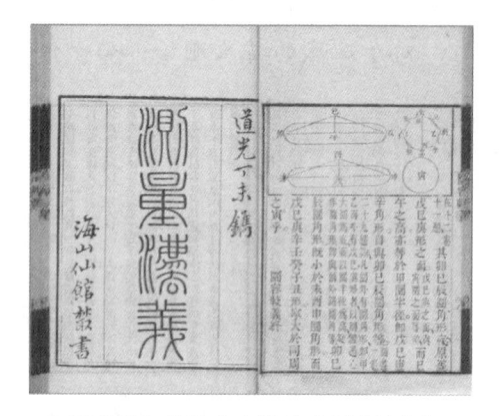

利玛窦与徐光启合译的《测量法义》

到 18 世纪，来到中国的西方传教士，仍旧络绎不绝。当政的康熙皇帝，是一位思想开明、敢作敢为的君主。他亲自学习并且接受了西方的天文地理观念与知识。康熙喜欢通过地理知识了解世界形势。他曾经在传教士的指导下，研究过利玛窦的世界地图，系统地学习过艾儒略的《坤舆图论》《职方外纪》、南怀仁的《坤舆外纪》等地理著作。

传教士白晋说，康熙"皇上亲自向我们垂询有关西洋科学、风俗习惯与欧洲诸王国及世界其他国家的新闻，还有其他各种问题"。

传教士张诚说，康熙"还在讲课之后，垂询我们一些有关欧洲风俗、礼貌的问题和欧洲各国的国情"。

传教士陈复光说，伊兹玛依洛夫使华时，康熙向他"询及当时欧陆各国之状况，俄国之政治制度及新京圣彼得堡较胜于旧京莫斯科者何在？"并且康熙还"询问使臣（伊兹玛依洛夫）是否到过许多国家，随后又让使臣看一幅地图，他们在一起看了很久，并交谈了欧洲各国的情况"。

英国人卡兹拉夫则说："康熙自己了解欧洲的状况，发现欧洲有不少地方值得赞美，但是也有很多地方需要谴责。"

1692年来华的俄国使者义杰斯，记载了康熙向他询问欧洲列强的情况："皇上再次询问，我旅途用了多少时间，怎么走的，莫斯科的气温是多少度，波兰、法国、意大利、葡萄牙、荷兰等国离莫斯科有多远。对这些问题我尽可能做了使他充分满意的回答。"

康熙丰富的地理知识和对世界形势的了解，对他平定三藩之乱、抗击沙俄入侵、粉碎噶尔丹与策妄阿拉布坦阴谋的战役，起了很大的作用。

康熙亲自学习西洋的测绘技术。他经常用测量仪器进行实地观测和测量。白晋描述道："他有时用照准仪测定太阳子午线的高度，用大型子午环测定时分，并推算所测地点的地极高度。他也时常测定塔和山的高度，或者是他感到有兴趣的两个地点之间的距离。"

耶稣会士洪若翰在致法国国王路易十四的忏悔师拉雪兹神父的信

《康熙实录》书影

中，生动叙述了康熙的测量活动："皇帝曾亲自平整了三或四法里的河坡地。他有时用几何方法测量距离、山的高度、河流与池塘的宽度。他自己定位，对仪器进行各种各样的调整并精确地计算。随后，他再让人测量距离，当他看到他计算的结果和别人测量的结果完全相符时，就兴高采烈。"

18世纪对于西藏的测绘，就是在这样的背景下发生的。

1731年（雍正九年），刚刚修编完成的《大清圣祖合天弘运文武睿哲恭俭宽裕孝敬诚信中和功德大成仁皇帝实录》，即《康熙实录》，多处记载了康熙皇帝关于18世纪全国测绘、西藏测绘的言行。

1735年，法国神父、汉学家杜赫德（Jean‐Baptiste Du Halde，1674～1743）出版了《中华帝国及其所属鞑靼地区的地理、历史、编年纪、政治和博物》，即《中华帝国全志》，翔实介绍了中国地理、历史、文化、风土人情。在这本轰动了欧洲的《中华帝国全志》序言和第四卷中，杜赫德根据他在中国传教士朋友们的来信与叙述，详细记述了18世纪中国开展全国测绘包括西藏测绘的情形。

杜赫德

1842年完成的《嘉庆重修一统志》卷五百四十七《西藏·山川》篇《冈底斯山》条，专门记载了18世纪西藏测绘的情形。

1930年9月，北平中国地学会会刊《地学杂志》第18卷第3期，发表了翁文灏（1889～1971，清末留学比利时，专攻地质学，获理学博士学位，是中国早期最著名的地质学家）的《清初测绘地图考》。这篇文章根据《中华帝国全志》的相关记述，以相当篇幅谈到了西藏测绘，并涉及西藏测绘背景下的珠穆朗玛峰测绘。

著名历史学家方豪（1910～1980）所著《中西交通史》（1954年

出版前三册，至1959年出齐全书五册，国内有上海人民出版社2008年版）的第四篇为《明清之际中西文化交流史》，在第七章《地理学（下）》中，也引述《中华帝国全志》有关材料，介绍了清朝18世纪西藏测绘的情况。

1954年，北京大学地理系教授林超撰写了《珠穆朗玛的发现与名称》（发表在《北京大学学报》1958年第4期）一文，其中第三节"关于珠穆朗玛最早的地图和记载"也专门介绍了18世纪珠峰测绘的情况。

翁文灏 　　　　　　　　　　方豪

这些历史文献和中外专家的文章，揭开了岁月的帷幕，十分清楚地表明：历史上第一次对"世界屋脊"珠穆朗玛峰开展实地测量和绘制地图，是在18世纪的中国。

早在三百多年前，在清朝康熙皇帝的直接策划、指挥下，清朝驻藏官员、喇嘛实测于青藏高原，西洋传教士集成于皇都北京，欧洲地理学家加工于法国巴黎，共同完成了第一批现代意义上的西藏地图。就在这批以现代测量方法绘制的地图当中，第一次标绘了珠穆朗玛峰。

全国大测量

18世纪，在康熙皇帝亲自主持、策划下，开展了全国性的大地测量，这次大测绘的主要动因，是西方测绘技术传入中国和政治、军事对于测绘的需求。

清兵入主中原后，旧有舆图明显不适合新的情势。尤其是东北、蒙古、新疆、西藏的地志地图，更亟待补充或更正。18世纪康熙年间地图测绘的准备工作，开始于《中俄尼布楚条约》签订前后。

1690年（康熙二十八年）1月，康熙曾向在中俄谈判中当译员的法籍教士张诚询问尼布楚及东北地区各重要地点的经纬度，并向其透露他曾派人去黑龙江入海口一带调查。张诚指出现成的地图上东北地区画得简略不详、标绘粗漏，这引起了康熙的重视。

在尼布楚中俄交涉时，译员徐日升（葡萄牙）、张诚（法国）两位神父，携有详明的亚洲地图向康熙帝进呈，并在交涉中发挥了积极作用，为《中俄尼布楚条约》的签订做出了重要的贡献。康熙对他们二人予以高度赞扬："在这件事上，事情做得合乎我的心愿。"

后来，康熙亲自学习数学及测量知识，并派专人去广州购买仪器，在亲征噶尔丹及巡游江南、东北时，都命张诚等随行，随地测量各地经纬度。

康熙三十七年（1698），法国传教士巴多明来华传教，沿途细察各省地图，发现府县城镇的位置与实地不符者甚多，他将此事上奏康熙皇帝，再次建议重新测绘全国各省地图，这就更加坚定了康熙测绘全国新图的决心。此后，康熙便开始酝酿一个依靠西洋教士测绘全国地图的计划。

这次全国大测绘，所使用的测量仪器，大部分是利用西方技术制造的国产仪器。《圣祖实录》载，1714年礼部曾言："近差官员人等，用御制新仪，测量各省及口外北极高低、经纬度数，精详更胜旧图。"

第五章 初绘

1707年12月10日，康熙令西洋传教士绘制北京地图，始测量京城所在地区北直隶，至1708年6月29日完工。该图测绘完毕，康熙亲自勘验之后，十分满意，认为新图远胜旧图，于是决意以同样方法大规模测绘全国各省地图。

法国地理学家、汉学家杜赫德后来在《中华帝国全志》回溯说："从教士根据他（指康熙帝）的旨意绘成的北京地区地图中，皇上发觉欧洲的测绘方法精度很高，乃决议以同样方法测全国各省包括所属之全部鞑靼地区。"

因为此次测绘要采用欧洲的测绘方法，这项工作就自然少不了来华西方传教士的参与。测绘工作从1708年开始，前后参与测量和制图工作的传教士有：雷孝思（Jean Baptiste Regis，法国）、白晋（Joachim Bouvet，法国）、杜德美（Petrus Jartoux，法国）、费隐（Xavier Fridelli，奥地利）、山遥瞻（Fabre Bonjour，法国）、汤尚贤（De Tartre，法国）、麦大成（Joannes Fr. Cardoso，葡萄牙）、德玛诺（Rom. Hinderer，法国）、冯秉正（Joseph‐Francois‐Marie‐Anne de Moyriac de Mailla，法国）、张诚（Jean‐François Gerbillon，法国）、马国贤（Matteo Ripa，意大利）。

中国方面参加测绘这些地区的有何国栋、李英、照海、那海、白映棠，以及去西藏测图的喇嘛楚儿沁藏布兰木占巴、理藩院主事胜住等人。

据黄伯禄《正教奉褒》载，康熙下令测绘，始于康熙四十七年四月十六日（1708年7月4日）："康熙四十七年（1708），上谕传教西士分赴蒙古各部、中国各省，遍览山水城郭，用西学量法绘画地图。并谕部臣选派干员随往照料，并咨各省督抚将军，札行各地方官，供应一切要需。四月十六日（公历7月4日），白晋（即Bouvet）、费隐（即Fridelli）、雷孝思（即Regis）、杜德美（Jar‐toux）奉派往蒙古绘图。"

白晋、雷孝思、杜德美等人先从长城测起，从1708年7月4日直到1709年1月10日，教士绘成长一丈二尺的总图，举凡长城各门（共300余处）各堡以及附近之城寨、河谷、水流，均行绘入。

珠峰简史

　　1709年5月18日，雷孝思、杜德美、费隐诸人开始奉命测绘清廷的发祥之地满洲。当时，各教士将满洲称为"东鞑靼"（Tar‐tarie Oreientale）。他们先从辽东入手，东南至朝鲜边境图们江，东北至松花江赫哲族居住地区。1710年7月22日，康熙更命进至黑龙江进行测绘，12月14日图成。

　　1711年，测绘工作加紧进行，由雷孝思、麦大成到山东，杜德美、费隐、山遥瞻出长城至哈密，测绘喀尔喀蒙古和陕西、山西，其时陕西包括甘肃。在山东完成测绘工作的麦大成等人，后来也参加了对山西、陕西的测绘。图成之后，汤尚贤亲为康熙帝说明，颇蒙奖许。

　　在河南、江苏、安徽、浙江、福建，则由冯秉正、雷孝思测绘，其中福建省台湾府西部地图于1714年4月至5月测绘。

　　麦大成、汤尚贤完成了在山西、陕西的测绘后，又转到江西、广东、广西工作。

　　费隐、山遥瞻负责四川、云南。山遥瞻后积劳成疾逝于云南孟定，费隐又患病在身，1715年3月雷孝思到云南继续测绘，后又测定贵州、湖北、湖南三省。1717年1月完成后返京。

参加18世纪中国全国性测绘的西洋教士雷孝思（1663～1738）

　　1717年元旦，最后一批外出测量的传教士和中国官员回到北京，至此，除哈密以西因准噶尔动乱未平无法测量外，全国测绘已告完成。以统一的比例和投影绘成的分省图由因病留在京城的杜德美神父合辑成总图，汇成全国地图一张、分省地图各一张。

　　1718年，这份康熙自称耗费30余年心力的《皇舆全图》终于绘成进呈。这样，关内各省及关外满蒙各地，皆已测绘成图，为中国地理测绘亘古未有之壮举。

1718 年，这部被康熙命名为《皇舆全览图》的地图集大功告成。此图采用经纬线都为斜交直线的梯形投影法，以经过北京的经线为本初子午线，按 1∶1 500 000～1∶1 400 000 比例尺绘制。图幅的范围包括东北、蒙古、关内各省等以及哈密以东地区，西至西经 40 多度，北至北纬 55 度。全图由 28 幅分图拼接而成。其中东北地区 5 幅，蒙古 3 幅，关内 15 幅，黄河上游 1 幅，长江上游 1 幅，雅鲁藏布江流域 1 幅，哈密以东 1 幅，高丽（今朝鲜）1 幅。

《皇舆全览图》从康熙四十七年（1708）正式开测，到康熙五十七年（1718）完工，历时 10 年。所反映的疆域为东北至库页岛（萨哈连岛），东南至台湾，西至伊犁河，北至贝加尔湖，南至崖州（海南岛）。在 18 世纪初叶，进行如此全国范围、大面积的实地测绘图工作，这在中国历史上是第一次，在亚洲乃至世界也属创举。

康熙五十八年（1719）阴历二月十二日，康熙看过《皇舆全览图》之后，谕示阁学士蒋廷锡："皇舆全览图，朕费三十余年心力，始得告成。山脉水道，俱与禹贡相合。尔将此全图、并分省之图，与九卿细看。倘有不合之处，九卿有知者，即便指出。看过后面奏。"

《皇舆全览图》是当时世界上工程最大、最为精确的地图，是中西人士合作的一大结晶。当时经纬度的测量，因受仪器设备的限制，多用实地丈量以弥不足，作图时多利用三角测量来推定经纬度，反倒使各地的相对位置较为精确。

《皇舆全览图》完成了全国性的经纬度测量，测得经纬点 641 个。主要的工作是测定全国的三角网和经纬度。受到仪器的限制，少数部分用天文测量，大部分仍用绳丈办法。所谓天文测量，即观测太阳及月食，与木星等。丈量时则画一尺度，并用测镜测定坡度，对准方向，先量定准确的基础，再用三角法递推互校，由近而远，更由已知之处加以反测。

当时欧洲尚未举行如此大规模的测量，雷孝思与杜德美在实测中，发现经度长度上下不同，由此证实地球是扁圆形的学说。

《皇舆全览图》在康熙五十八年（1719）就有了手绘本32幅。后由传教士马国贤在北京宫内制成铜板41幅，这些铜版1929年被发现于沈阳故宫。

《皇舆全览图》有多种版本，其中产生重要影响的是最初印制的三种版本，即1718年木刻本、1719年铜版本和1721年木刻本。1718年木刻初印本，包含1幅中国总图和28幅各省及区域专图，地名用汉字标注。1719年的铜版本由41块铜版印制，增加了有关西藏的内容，中国内地各省地名用汉字标注，东北地区、蒙古族地区和藏族地区的地名用满文标注。1721年的木刻本地图由1718年木刻本改进而成，原来的3幅西藏地图被替换为7幅更新、更详细的地图，分省图和区域专图由原来的28幅变成了32幅，图上各地用汉字标注地名。

随后法国学者、耶稣会士杜赫德1735年在巴黎出版了《中华帝国及中国鞑靼之地理、历史、编年、政治、自然的记述》，世称《中华帝国全志》。《全志》共4卷，收入了27名传教士（其中法国人23名）所写或所译的有关中国的报告、信札等。

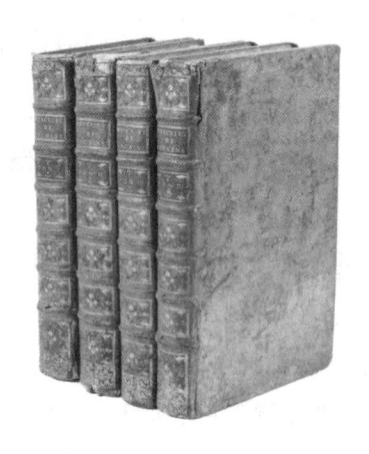

法文版《中华帝国全志》

1735年《中华帝国全志》的法文初版，包含了总图4幅（中国全图、中国内地全图、鞑靼地区全图以及西藏全图)、中国内地分省图15幅、鞑靼地区分图12幅、西藏分图9幅以及朝鲜图1幅。此外，还有7幅城市图，共包含38个城市。

杜赫德在序言中对这些地图的母本《皇舆全览图》的编绘过程进行了说明，还特别摘录了雷孝思神父对地图测绘工作的记录。《中华帝国全志》第4卷还载有1710年至1716年作图所用之经纬度。

《中华帝国全志》的地图，由法国的制图家唐维尔依照《皇舆全览图》制作加工，这就是由唐维尔及其学生制成的《中国新图册》。这部地图集先后两次在法国巴黎出版，又在荷兰海牙印行。从1729年起，唐维尔又开始出版中国15行省地图，以后逐年扩充，至1734年出版了中国鞑靼西藏全图，包括15行省、蒙古、新疆、青海、西藏和当时属于清朝的藩属国不丹，成为在欧洲影响巨大的一部皇皇地图巨著。

康熙谕令

康熙五十六年至五十七年（1717～1718），《皇舆全览图》最早的铜版和木版的两种版本，缺少西藏和哈密以西、天山南北的部分。但是，康熙五十八年（1719），清朝很快就把西藏地区的地图补入这部全国地图。

康熙皇帝非常重视科学技术，并且身体力行地学习科技知识，亲自进行科学实验。从16岁亲政那年起，经过多年激烈的南征北战，康熙逐渐

康熙皇帝读书图

认识到地图作为重要工具在战事中的作用以及测绘新地图的迫切性与必要性。

康熙投入很大精力处理西藏事务，他也非常重视西藏地区的地图测绘，亲身实行、直接指挥清初的西藏地图绘制，并多次部署，详细指示，反复叮嘱。

翁文灏在《清初测绘地图考·西藏地图之测量》中指出："康熙时测量地图之天主教士，皆未亲至西藏。但康熙帝于派兵入藏时，已派人注意绘图。"康熙四十八年（1709），全国性测图在各地正式开始后不久，康熙就命当时驻藏大臣派人测绘西藏地图。1714年至1715年，康熙再派曾跟从西洋教士学习数学、测量的喇嘛和官员二人，专赴西宁、拉萨、珠峰、阿里等地测绘地图。这两位还带有康熙交代的重要测绘任务——探河源，即恒河河源。康熙熟读佛经，特别注意恒河源，特命他们取恒河水回京。

他们从西宁到拉萨，再由拉萨至恒河发源的地方，他们认为是冈底斯山，在今阿里一带。从拉萨去阿里，珠峰地区是必经之路。所以他们1717年回京交给传教士的测绘成果中包括珠穆朗玛峰一带地域的地图，也就不足为奇了。

关于康熙探河源，《嘉庆重修一统志》卷五百四十七《西藏·山川·冈底斯山》对此有专门记述：

> 本朝康熙五十六年，遣喇嘛楚儿沁藏布兰木占巴，理藩院主事胜住等，绘画西海、西藏舆图，测量地形。以此处为天下之脊，众山之脉，皆由此起云。

> 圣祖威德广被，薄海内外，罔不臣服。西南徼外，穷荒不毛之土，尽录版图。使臣测量地形，蹈河源，涉万里，如履阶闼。一山一水，悉入图志。四十九年，谕大学士九卿等曰：梵书言四大水出乎阿耨山下，有阿耨达池。以今考之，意即冈底斯是。唐主持言冈底斯者，犹言众山水之根，与释典之言相合。

> 圣言煌煌，始知宇内众山水，皆导源于冈底斯山。自是而载籍

所传，皆可以按图以辨，狫与盛已。

康熙五十二年（1713年癸巳）六月二日，康熙发布圣谕，于畅春园蒙养斋设立"算学馆"，由钦天监洋人教授西方数学，蒙养斋也教授测绘学，教材有《测量高远仪器用法》，仪器有绘图仪、御制简平地平合璧仪。

康熙五十七年（1718），徐葆光任琉球副使赴琉球册封，他在《琉球三十六岛歌》(见《奉旨琉球诗》卷二《舶中集》)写道："圣人声教弥六合，河源佛国归堂皇；天下全图成一览，朱书墨界穷毫芒。（原注曰：上近遣使探河源，历乌斯藏；又遣官四出，测量道里，绘天下全图，新成。）"这里的"天下全图"即《皇舆全览图》，注释提到的"上近遣使探河源，历乌斯藏"，指为绘新图，康熙派人远赴藏区，探河源。

康熙五十八年（1719），康熙要大臣对新完成的《皇舆全览图》提意见，在九卿回奏的文中，提及"东南东北，皆际海为界，西南西北，直达番回诸部，以至瑶海阿耨绝域之国"。可见1719年呈送康熙审阅的《皇舆全览图》，已把西藏包括在内。

《清史稿》称"五十八年图成，为全图一，离合凡三十二帧""乃铸以铜版藏内府"。1719年的铜版《皇舆全览图》增加了西藏图，图中西藏与满蒙地区的地名为满文。

1720年12月（康熙五十九年十一月辛巳），康熙"谕大学士，学士、九卿等，朕于地理，从幼留心，凡古今山川名号，无论边徼遐荒，必详考图籍，广询方言，务得其正。故遣使至昆仑西番诸处，凡大江黄河黑水金沙澜沧诸水发源之地，皆目击详求，载入舆图。今大兵得藏，边外诸番，悉心归化。三藏阿里之地，具入版图。其山川名号，番汉异同，当于此时考证明核，庶可传信于后。……尔等将山川地名，详细考明具奏"。

官员·喇嘛

康熙四十八年（1709）和康熙五十六年（1717），康熙皇帝两次派遣朝廷官员前往西藏实地测图，这两次赴藏测绘，有关人员都到了珠峰地区，并且第一次在地图上使用珠穆朗玛（满文）的地名。

可能是出于地域偏僻、道路艰难以及人身安全方面的考量，两次西藏地图的实地测量，都没有西洋传教士参加。

方豪先生在《中西交通史》一书里，讲述了清廷派员测绘西藏地图的经过。他引述杜赫德的文章（见《中华帝国全志》(Description G`eographique, Historique, Htsbrjque, Chronologique, Politique et Physjque de L`Empire de La Chine et de La Tartaric Chinoise, Paris, 1735）第四册，第459页，《西藏图地理的及历史的观察》）：

  已故康熙皇帝曾派一大员前往统一，俾有利于中国。大员带去其主管机关之若干人员；留藏年余，皇上并命其作一地图，包括直隶喇嘛之地区。1711年（康熙五十年）乃以图示雷孝思，俾加入《皇舆全图》，雷孝思审阅后，向绘图人提出若干问题，即表示不能接受此任，因绘图时并一无固定基点，各地距离仅凭土人口说，从未丈量。唯其图纵极不完备，然而窥其面积甚广，且充满可注意之事物；况吾人所有亚洲最优越之地图，亦仅记录甚少事物，且不详尽。皇帝曾声明此图仅足认识若干城市及经过之水道，决重绘一图，爰选喇嘛二人，乃曾在 Académie de Mathématqae（按即指设于蒙养斋之算学馆）攻读几何及算术者，命绘一自西宁至拉萨图，并由拉萨至恒河河源，且须取该河之水而返。喇嘛一一如命而行，1717年（康熙五十六年）此奉旨绘成之图已入教士之手，命作审核。教士认为较前进步，且因出于曾经蒙养斋训练之喇嘛，不敢过于挑剔，即据以成图。

第一次赴藏测图，时为康熙四十八年（1709）。那一年，全国性测图在各地正式开始后不久，康熙命当时驻藏大臣派人测绘西藏地图。康熙派到西藏并负责绘图的这位大臣，就是管理西藏事务的吏部左侍郎赫寿。

赫寿（？～1718），姓舒穆禄氏，满洲正黄旗人。康熙四十三年，迁内阁侍读学士，不久授内阁学士。康熙四十五年四月，兼管太仆寺。十二月，授礼部右侍郎，兼内阁行走。康熙四十七年，迁户部左侍郎。不久调吏部左侍郎。

赫寿至少从任内阁学士起，便负责管理西藏事务。康熙四十四年（1705），统治全藏的蒙古和硕部拉藏汗诛杀第巴（西藏地方官员）巴桑结嘉错，西藏局势动荡。康熙帝派遣侍郎赫寿作为钦差大臣，带着金印，入藏到拉萨。据《嘉庆重修一统志》卷五百四十七《西藏》载，康熙四十四年（1705），西藏内乱，"遣侍郎赫寿等安抚其地"。

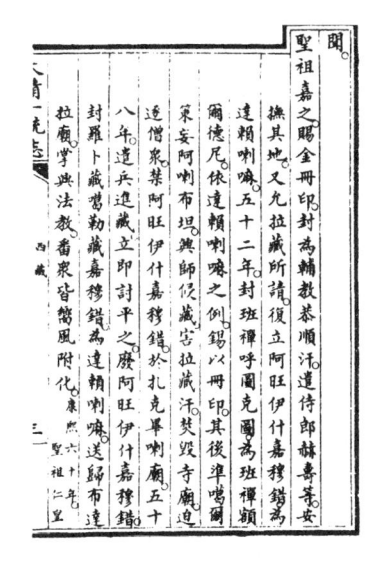

《嘉庆重修一统志》卷五百四十七《西藏》

四年之后，赫寿再赴西藏。《清实录》康熙四十八年（1709）正月己亥条说："寻议：'……青海众台吉等与拉藏不睦，西藏事务不便令拉藏独理，应遣官一员前往西藏协同拉藏办理事务。'得旨：'依议。其管理西藏事务著侍郎赫寿去。'"康熙帝派户部侍郎赫寿到西藏，协同拉藏汗处理西藏政务，此为设置驻藏大臣之始，但仅为临时派员，未成定制。

《清实录》康熙四十九年（1710）三月戊寅条说："议政大臣等议：'拉藏及班禅胡土克图、西藏诸寺喇嘛等，会同管理西藏事务侍郎赫寿，疏请颁赐波克塔胡必尔汗以达赖喇嘛之封号。查波克塔胡必尔汗因年幼，奉旨俟数年后授封，今既熟谙经典，为青海诸众所重，应如所请，给以印册，封为六世达赖喇嘛。'从之。"

拉萨驻藏大臣衙门址

可见，康熙四十八年至五十年（1709～1711）的第一次西藏测图，正是当时在藏的大臣赫寿受命组织实施的。

康熙四十八年至五十年（1709～1711），随赫寿入藏的测绘人员，经过两年多的努力，勘察西藏地形，绘成一幅地图。他们于1711年返回北京，将所绘地图交主持《皇舆全览图》的法国耶稣会会士雷孝思（1663～1738）审阅，以便编入《皇舆全览图》。

雷孝思认为，这次从西藏测绘回来的地图，缺乏天文位置，距离亦未经实测，没有采用经纬度，绘成的地图与内地用经纬度绘成的其他各图，难以衔接。但雷孝思也肯定这幅地图记载详细，较之同时代的其他地图，已胜一筹。

1711年测绘的西藏地图，可以说是文献记载的关于西藏最早的一幅地图。由于该图未能流传下来，不知图上是否绘有珠穆朗玛峰。但是看过此图的雷孝思，也认为该图"面积甚广"，而主持测绘的赫寿，当时统管前藏、后藏事务，因此可以推测，测绘人员当时应是到达了后藏地区珠峰一带的。

鉴于雷孝思认为1711年的西藏地图不合标准，康熙"决重绘一图"。康熙五十三年（1714），康熙再次派人入藏测量。根据《大清一统志》记载，其中一个是喇嘛楚儿沁藏布兰本占巴，另一个是理藩院主事胜住，二人都在钦天监（皇家天文台）学过数学与测量，均通藏语。《大清一统志》五百四十七卷《西藏》条："本朝康熙五十三年，遣喇嘛楚儿沁藏布兰木占巴、理藩院主事胜住等绘画西海舆图，测量地形，以此为天下之脊，群山之脉，皆由此处起去。"

喇嘛楚儿沁藏布兰木占巴，藏族大喇嘛，是康熙派到拉萨的特使。藏语楚儿沁意为戒，藏布意为贤，合起来的意思是戒贤。兰木占巴，为藏传佛教的高级学位称号。

1722年康熙帝的御旨曾谈及"西藏驻扎之喇嘛楚尔齐木减布"，让他经西宁返京。《五世达赖传》也提到，这位大喇嘛1722年春天入藏，给公策妄阿喇布坦送将军印。《五世达赖传》1723年藏历正月初的一条，称当时在拉萨的这位喇嘛为"皇帝的使者"。

胜住是理藩院主事，中央政府主管民族事务的官员。理藩院是清代管理蒙古、回部及西藏等少数民族事务的最高权力机构。理藩院所辖，先后有内馆、外馆、蒙古学、唐古特学、托忒学、俄罗斯学、木兰围场、喇嘛印务处、则例馆等机构。此外还派司员、笔帖式等常驻少数民族地方，处理特定事务，定期轮换。可见，胜住也是理藩院派往西藏的常驻官员。

1714年，楚儿沁藏布、胜住从北京出发，经西宁至拉萨，又经过后藏珠峰一带，去冈底斯山和恒河源。

但是，这一年正逢西藏大乱，准噶尔部的策妄阿喇布坦入侵西藏，对于藏传佛教的寺院破坏得很厉害，喇嘛亦多遭害，所以喇嘛楚儿沁藏布等人到了恒河源后，就受阻不能西进，他们二人至冈底斯山而返，来不及测量、订正经纬度，所绘地图虽经实测，但也不乏取之于传闻的材料。

因此，欧洲传教士在其后编制西藏地图时，既利用了二人实测、采访的资料，又以当时业已测定的西宁、打箭炉、丽江三处为起点，根据它们与拉萨的距离，将拉萨定位于西经26°、北纬29°6′。编成的西藏地图于康熙五十八年（1719）被绘入铜版的《皇舆全览图》中，从而填补了西藏在全国舆图中的空缺。

楚儿沁藏布、胜住等测绘人员，据雷孝思的记载，于康熙五十六年（1717）自西藏回到北京。从1714年至1717年，第二次西藏测绘历时约三年。他们测绘的结果和收集到的资料得到了传教士们的认可，被补入全国地图。

在故宫博物院档案馆，还藏有这一时期的一幅满汉对照彩绘纸本的《三藏分界图》，不著制者名，纵3.7尺，横6.9尺。另有一幅尺寸与前者相同的彩绘布本《三藏卡伦图》，亦不著制者名。这些显然出于入藏官员之手。林超先生在《珠穆朗玛的发现与名称》中说："在这些地图中，都可以见到满文的珠穆朗玛。"

由于实测地区有限，清初西藏地图测绘的不足，正如翁文灏所说："康熙所用测图喇嘛，虽曾略受训练，但因阻于战乱，亦仅亲勘西宁、拉萨、恒河一段，其余亦得之藏寺旧闻，加以编制。可见康熙时代西藏地图，殊不及内地及满蒙之详密。而于藏地西部，尤未详勘，故多错误。"

1717年纳入《皇舆全览图》的西藏地图，是现在能看到实物的最早的西藏地图。康熙五十六年（1718）首次木刻版刊印《皇舆全览图》，有总图1幅，分省图和地区图28幅，但缺少西藏全部及蒙古西部。康熙五十八年（1719）印行铜版图，在西藏边境标注出朱母郎马阿林（珠穆朗玛峰）。1721年木刻版满汉文康熙《皇舆全览图》，西藏地名为汉文。

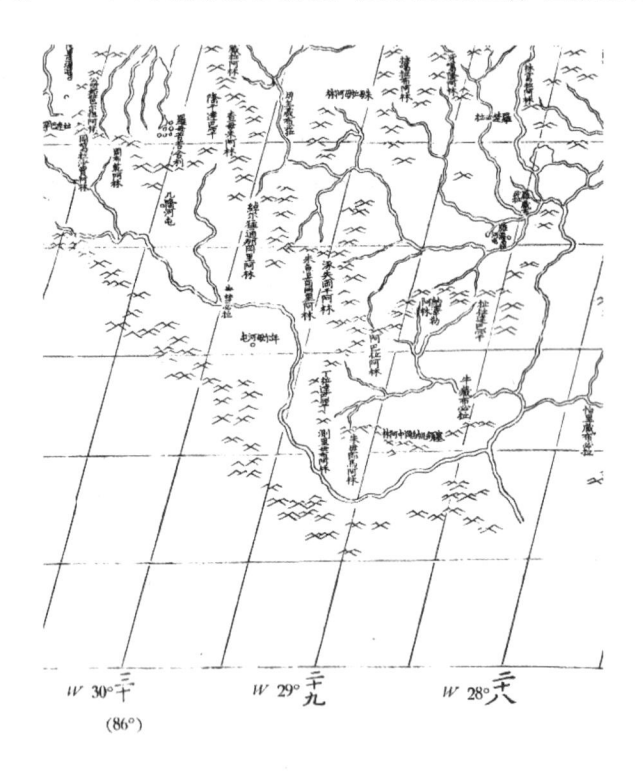

1721年木刻版《皇舆全览图》之《牙鲁藏布江图》，标绘"朱母郎马阿林"。

1721年木刻版的《皇舆全览图》，在《牙鲁藏布江图》上，标绘"朱母郎马阿林"，为珠穆朗玛峰最早的汉字译名。

第六章　垂直与震荡

珠穆朗玛峰，垂直而又繁复，鲜明而又复杂，壮阔而又幽秘，朴素而又暴烈，肃穆而又惊骇。

地球高山无数，但是，并非所有的山地都有明显的自然带的垂直分布。一般情况下，只有海拔高度超过3000米，山地的海拔高度引起从山麓到山顶的水分、温度、土壤状况的变化，才会导致山地垂直地带自然景观带的明显变化，并呈现出明显的垂直地带性特征。

尼泊尔境内珠峰南坡景色

高大遥远的喜马拉雅山脉，其植被根据海拔和雨量划分，可以大体分为4带：热带、亚热带、温带及高山带。

地方、地形和气候，以及光照和风吹的差别，使得每一带内，植被构成有相当大的变化。热带常绿雨林，局限于东喜马拉雅山脉和中喜马拉雅山脉潮湿的丘陵地带。常年常绿的龙脑香科森林，是一种可产木材和树脂的树群。在不同的土壤上和陡峭程度互异的山坡上，生长着铁木、竹子、栎树、栗树、桤木。在更高处，山地森林典型的常绿树是露兜树。东喜马拉雅山脉，约有4000种开花植物，其中20种是棕榈。娑罗双树在海拔914米的高原及高达1372米的高原生长繁茂。

再往西，草原森林、草原、亚热带棘草原及亚热带、半沙漠植被次第出现。温带森林从大约海拔1372米延伸到大约海拔3353米，包括针叶树和温带阔叶树。

喜马拉雅山脉中段的珠穆朗玛峰地区，位于青藏高原南部，重峦叠嶂，冰川奇崛，雪峰巍巍。

珠峰地区发育着比较完整的垂直自然带，层层叠叠，结构复杂。珠穆朗玛峰地区南翼，属半湿润森林生态系统。珠穆朗玛峰地区北翼无森林，属半干旱高原灌丛草原生态系统。仰望高处，珠峰海拔5000米以上的高山地区，为冰雪常年覆盖的区域。

透视地壳，珠峰地区是地震活动活跃、高发的地带。喜马拉雅构造带是一条强烈活动带，历史上，沿这条长达2500千米的喜马拉雅构造带，发生过多次8级及8级以上巨大地震。珠穆朗玛峰未能幸免。地震引发的雪崩惊心动魄，给恰逢现场的登山者和夏尔巴人带来灭顶之灾。

南北翼

珠穆朗玛峰地区恰好位于喜马拉雅山脉的中段，地势最高，地形的屏障作用极为突出，它的南北翼分属截然不同的两大自然带系统。南翼，发育着以亚热带常绿阔叶林为基带的自然分带。北翼，一派青藏高原景色。

珠穆朗玛峰地区的自然分带，由南至北，自高而低，形成一系列自然分带。从永久冰雪带开始的三个高山自然带，经过以多种杜鹃为优势的亚高山灌丛草甸带，下到以西藏冷杉为主的针叶林带，以铁杉和高山栎为主的针阔叶混交林带，以铁稠、桢楠、红木荷等亚热带树种为主的常绿阔叶林带，最终下接尼泊尔境内的热带低山季雨林。各个带中，均有自己的动物群，构成完整的低纬海洋性高山自然带谱和生物链。

19世纪时的喜马拉雅山脉景色

珠峰南北两翼有显著差异。它们的生物区系，分属不同的起源。比如，南翼植物的几乎全部科属，都能在云南至长江流域一带找到，在海拔较低的地方，更具有印度、马来亚植物区系的特征。北翼则显示出与中亚植物区系成分的相似性。

郑度等中国科学家经过实地考察以后，对珠峰自然带进行了细致的划分。

珠峰南翼属于半湿润地区：位于尼泊尔境内的低山热带雨林带；海拔1600～2500米的亚热带常绿阔叶林带；海拔2500～3100米的山地温带针阔叶混交林带；海拔3100～3900米的山地寒温带针叶林带；海拔3900～4700米的亚高山寒带灌丛草甸带；海拔4700～5200米的高山寒冻草甸垫状植被带；海拔5200～5500米的高山冻冰碛地衣带；5500米以上的高山冰雪带。

珠峰地区南翼，主要指喜马拉雅山脉主脊线以南。在高差达6000～7000米的空间内，包括了从亚热带常绿阔叶林带到高山冰雪带的七个自然分带，堪称一个活生生的巨型自然博物馆。

珠峰南翼迎向印度洋暖湿气流，承受丰沛的雨水，发育、分布着多种类型的森林和土壤，具有湿润的海洋性的自然带谱特征，其低海拔部分，与尼泊尔、印度低山平地上由娑罗双树组成的热带雨林带相接，成为珠峰南翼垂直自然带的基带。7000米以上的高海拔地区的自然带，则与珠峰北翼相似。

珠峰北翼属于半干旱地区：海拔4000～5000米的高原寒冷半干旱草原带；海拔5000～5600米的高山寒冻草甸垫状植被带；海拔5600～6000米的高山冻冰碛地衣带；海拔6000米以上的高山冰雪带。

珠峰地区北翼，主要指喜马拉雅山脉主脊线以北，包括从海拔4000米的高原寒冷半干旱草原带到海拔6000米以上的高山冰雪带共四个自然分带。这里没有森林分布，而草原带的出现显示着最鲜明的特色，高山自然带和南翼基本相同。

由于喜马拉雅山脉巨大海拔高度的地形屏障作用，珠峰北翼输入的水汽甚少，寒冷干燥，具有大陆性高原气候特征。这里地域面积广大，是高原农牧业生产活动集中的地区。在局部土壤和水热条件有利的地方，农业生产的上限，可达海拔4750米的高程。

在北翼海拔约5000～6000米以上的高山环境中，下部是以小蒿草和冰川苔草为主的高山草甸带。在这一高山带中，有多种适应高山生态条件的双子叶植物，具有垫状的外貌，如多毛蚤缀、垫状蚤缀、毛点地梅、垫状点地梅和垫状紫云英等。这些美丽的花朵，点缀着草甸。

珠峰是喜马拉雅山的主峰，喜马拉雅山位于低、中纬度之间，呈近似东—西走向，因此珠峰南、北两翼的地理要素出现了很大差异。

南、北两翼的热量多少不同。南翼纬度偏低，从温度带上来说是亚热带、热带，太阳辐射强度大，单位面积获得的太阳光热多。而北翼地形偏高，单位面积获得的太阳光热偏少一些。

南、北两坡的地形、地势不同，高差有很大差别，气温差别也很大。南翼由低山、丘陵组成，起伏和缓，坡度变化较小，气温变化幅度沿坡面较小。北翼主要由世界上海拔最高的高原——青藏高原组成，青藏高原的平均海拔为4000米，面积广大，受地形、地势影响，北翼气温比南翼气温沿坡面变化快，导致南、北两翼的气温有很大差别，南翼比北翼高一些，南翼的气温变化也比北翼更为复杂。

南、北两翼的降水量有很大差别。珠峰南、北两翼受地形、地势的影响，海洋气流对其影响程度不同，降水量不同。从世界年降水量分布图上可知，南翼的年降水量大多在1000毫米以上，而北坡的年降水量一般在200毫米左右。只有青藏高原的东部和东南边缘年降水量在500毫米以上。南翼的年降水量远多于北翼。

从珠峰南、北两翼的积雪冰川带位置来看，南翼偏低。喜马拉雅山脉的雪线，北翼大约6000米左右，南翼约为5500米，北翼比南翼约高500米。从气温分布分析，南翼暖于北坡，为什么南翼的雪线反而比北翼低了呢？这是因为，雪线高度是由温度和降雪两个方面共同决定的。南面迎风接受从印度洋来的潮湿西南季风，空气温和湿润，降雪比背风的北面要多得多；北翼雪少，加上空气干燥，蒸发大。到了夏季，在阳光照耀下积雪容易融化，于是，就出现了北翼雪线比南翼高的现象。

另外，从卫星云图上我们也可以发现，喜马拉雅山脉的雪线以上，不是所有地方天天都有雪的，因为在一些较陡的山坡上积雪薄、容易融化。此外，还有风的影响，珠穆朗玛峰地区冬春季节西风特别强劲，高山积雪常被吹落后岩石裸露。

珠穆朗玛峰南坡积雪冰川带出现高度比北坡低，其主要原因是南坡朝阳，北坡是背阴面，而且北坡的降水量比南坡少。

冰川姿态

珠穆朗玛峰附近周围大约5000平方千米内，常年积雪和冰川覆盖面积达1600平方千米。

根据2010年的数据，珠峰冰川总面积为1384.13平方千米，北坡为635.66平方千米，南坡为748.47平方千米。珠峰共有冰川707条，北坡328条，南坡379条。构成一个宏伟的山岳冰川中心。

从高处看昆布冰川

珠穆朗玛峰附近不同地点的冰川，发育条件差异很大，存在北坡雪线（平均为6000米）远高于南坡雪线（根据国外资料平均为5000米）

的现象。

珠穆朗玛峰地区的现代冰川，大多数属于大陆性山岳冰川类型。冰川的补给量较小，运动速度中等，消融量不大，物质平衡水平较低，进退变化较轻微。

Fl. A. 舒姆斯基在论述成冰带分布规律时说："目前属于重结晶带的，有南极大陆，格陵兰中央区的大部，大概还有各纬度的最高山峰"，"在喜马拉雅山，估计粒雪界以上1000米，即5750米，积雪停止消融。这个估计看来偏低，然而这个高度以上3千米多的地方应当达到重结晶带"。

在珠峰的冰川中，最大者为北坡的绒布冰川，全长22.2千米，宽9.4千米。这里的雪线高达6000米以上，因而也是世界山地冰川中冰川位置最高的所在。绒布冰川末端，就是冰川永冻的最边缘，冰川没有消融的最低海拔高度，比欧洲最高峰——阿尔卑斯山脉的勃朗峰还要高几百米。因此，这里是典型的大陆性高位山地冰川区。

在珠穆朗玛峰地区多数的大冰川上，发育着琳琅满目、奇异多姿、延长数千米的冰塔林，相对高度为20～60米。西藏珠穆朗玛峰麓冰塔林，位于珠峰脚下海拔5300米到6300米的地带，它是世界上发育最充分、保存最完好的特有冰川形态。这种壮观的景象，只存在于中、低纬度的喜马拉雅和喀喇昆仑山区。

在海拔5800米左右的冰川上，举目所及，洁白无暇。宛如古代城堡般的悬岩，层次分明；风化岩石形成的高大石柱、石笋、石剑、石塔，成群结队，风情万种。海拔高、景色奇使这里被登山探险者们誉为世界上最大的"高山上的公园"。

"冰蘑菇"，指的是大石块被细细的冰柱所支撑，有的可高达5米。冰桥像条晶莹的纽带，连接着两个陡坎，像是有意为两个陡坎"保媒搭线"。冰墙陡峭直立，像座巨大的屏风，让人生畏。冰芽、冰针则作为奇异美景的点缀，处处可见。最令人称奇的还要数那千姿百态的冰塔林了。在海拔5700米到6300米的地段，处处是"水晶宝塔"——冰塔林的世界。珠峰北坡绒布冰川上，发育有 5.5 千米长的冰塔林带。乳白色的冰塔拔地而起，一座接一座，高达数十米。

绒布冰川的冰塔林

无数因差异消融而形成的冰塔郁密成林。有的像雄伟壮观的金字塔，高逾 50 米；有的则高不足 1 米，密密排列于地表，宛如雨后春笋；有的如同利剑，直插蓝天；有的却似长城，数里蜿蜒。冰塔融水，结成冰帘，涓涓细流，汇成冰河，冰河在冰塔间融蚀成幽深的涧谷，融水在冰下流淌，如撞击钟磬，不时发出清脆悦耳的叮咚声。时而可见几座冰桥，几丛冰蘑菇；时而又似为你摆上几张冰桌，放下几只冰凳，犹如一个水晶宫般的世界。恰似神话传说中的琼楼玉宇，琪花瑶草中的广寒仙境。

冰塔林是珠峰冰雪世界的代表，也是珠峰地区和喜马拉雅山脉北侧冰川的特色。因为只有在低纬度气候干燥的高海拔地区，由于太阳入射角度大，太阳辐射从冰川上面直射冰川裂隙，引起从上到下的消融，才能使冰塔林个体高耸、陡峭，冰塔才能成林。如果缺少任何一个条件，譬如：纬度偏高、太阳入射角偏小、冰川面从侧面开始融化，则形成的冰塔林就不会高而陡峭。只有珠峰北侧才具备前面提到的各种条件，所以这里的冰塔林又高又美。

近40年来，珠峰冰川的退缩是个不争的事实。中国冰川科学家多次到珠峰观测，仅凭眼睛看到的，就能得出珠峰冰川加速退缩和融化的结论。

冰川资源作为一种动态资源，是随气候变化而不断变化的。20世纪以来，全球范围内的冰川随着气候变暖开始退缩。中国西部的冰川及其物质平衡出现亏损而退缩加剧。20世纪90年代以来，冰川的退缩幅度急剧增加，强于20世纪的任何一个时期。珠峰地区同样受全球气候变暖影响，其冰川也出现了巨大变化。

2005年珠峰综合科考队队长、中国科学院青藏高原研究所康世昌研究员说，中国珠峰综合科考队在珠峰北坡对绒布冰川进行考察时发现，珠峰北坡冰川退缩严重，与2002年相比，东绒布冰川的消融区上限3年内上升了50米，即从6350米上升到了6400米。

冰川退缩对人类有何影响？科学家们指出，短期内，冰川退缩会使本地区的河流水量明显增加，但是长此以往，冰川平衡的打破会带来难以估量的生态灾难。康世昌担忧地说："包括珠峰冰川在内的高亚洲冰川的全面退缩，会导致冰川储量的巨额透支，这种巨额透支在短期内提高了对河流的补给程度。研究表明，在整个西北地区，20世纪90年代以来冰川储量减少导致的冰川径流增加大于5.5%。但是，如果全球变暖继续以目前速率发展，估计到2100年，大部分冰川将消亡，一些冰川下游的河流也将干涸。"

据了解，冰川是一种具有一定形状和运动着的、较长时间存在于地球寒冷地区的天然冰体，由多年降雪不断积累变质形成。冰川与人类息息相关，对全球水资源影响深远，冰川如果全部融化，将使世界海平面上升60多米。

青藏高原的冰川是亚洲七大河流恒河、印度河、雅鲁藏布江、萨尔温江（中国境内称怒江）、湄公河、长江和黄河的源头，居住在印度次大陆和中国的数亿民众都依靠着这些河流供给水源。当喜马拉雅冰川融水减少时，水力发电能力也会随之减弱，这会使工业生产受到影响。水量减少还会影响农田灌溉，导致庄稼减产。研究发现，如果人类再不采取措施，那么最短只要20年，气候变化就会达到一个危险的程度。在2026年至2060年之间，全球平均气温将会上升2℃。摩根说："所有国家必须明白，气温上升超过2℃这个极限量是非常危险的。"

欧洲地球科学联盟科学杂志《冰冻圈》（The Cryosphere）2015年5月刊登的尼泊尔、荷兰和法国学者的共同研究报告称，世界最高峰珠穆朗玛峰地区的冰川可能在2100年前融化96%。这份题为《尼泊尔喜马拉雅山珠穆朗玛峰地区冰川变化模拟》的研究报告称，根据未来的气候变化趋势预计，珠峰地区的冰川将在21世纪的一百年间继续融化。2050年前融化量可能达到冰川总量的35%至62%，与此同时，气温稳步上升可能导致2100年前融化量达到冰川总量的73%至96%。

1959～1960年，中国科学家的考察结果认为，绒布冰川处于退缩状态。

1966～1968年的考察中，对比1921年和1959年所测地形图发现，中绒布冰川末端处于稳定状态，只是冰塔区不断上移，其平均速度为6米/年，而东绒布冰川冰塔林下限在1959～1966年平均每年上移78米。实际上该冰川接近末端的一段区域为表碛覆盖区，表碛的不断增厚抑制了下伏冰的消融，特别是末端处表碛厚度可达数米，表碛之下的冰得到很好的保护。上游冰体则因消融增大而持续减薄，最后冰碛覆盖区与上游断开成为死冰。因此，这是气候持续变暖、冰川不断退缩的反映，并非冰川真的处于稳定状态。

1997年中美联合考察队在珠峰绒布冰川考察期间采用GPS技术对冰川末端位置进行了测量，同1966～1968年考察时的地形测绘结果对比，得出绒布冰川末端30年来的变化趋势：中绒布冰川冰塔林下限退缩270米，东绒布冰川退缩170米，远东绒布冰川退缩230米，年平均退缩量分别为8.7米、5.5米和7.4米。

研究表明，我国冰川的全面退缩与近年来的冰川物质强烈负平衡密切相关。冰川每年收支余额的变化直接引起冰川运动特征的变化，进而导致冰川末端位置、面积和冰川储量的变化。冰川的动态变化，就是冰川物质平衡变化的直接结果。因此，对珠峰地区典型冰川物质平衡的长时间观测，研究冰川物质平衡的变化，是认识未来冰川变化趋势的基础。

在珠峰地区展开进一步的雪冰现代过程研究，将是通过该地区冰芯记录准确重建气候环境变化的基础。现在已经在珠峰和希夏邦玛峰地区，开展了雪冰和大气气溶胶化学以及冰芯记录的研究工作。该地区的冰芯记录，揭示了近2000年来气候环境变化和南亚季风的演化规律。该地区冰芯记录与太阳活动、大气环流等关系密切。同时，冰芯积累量反映出20世纪60年代以来，该地区降水的迅速减少。

即使在这些高海拔地区，雪冰化学的研究也检测到人类活动对大气环境的污染。

山的那一边

从海拔仅2000多米的河谷，上升到8000多米的山峰，河谷的水平距离不过几十千米，自然景象却迅速更替：低处温暖湿润，常绿阔叶林生长得郁郁葱葱，形成常绿阔叶林带；海拔升高，气温递减，喜温的常绿阔叶树逐渐减少，以至消失，而耐寒的针叶树则渐增加，在2000米以上为针叶林带；再往高处，热量不足，树木生长困难，由灌丛代替森林，出现灌丛带；在4500米以上为高山草甸带；5300米以上为高山寒漠带；更高处为高山永久积雪带。

这是珠穆朗玛峰尼泊尔一翼的喜马拉雅山区。

著名的旅游胜地萨加玛塔国家公园（Sagarmatha National Park），位于尼泊尔首都加德满都东北的索洛—昆布地区，其北部与中国西藏珠穆朗玛自然保护区接壤。

萨加玛塔国家公园总面积1113平方千米，是联合国教科文组织公布的首批文化遗产和自然遗产之一。

南坡珠峰

珠穆朗玛峰，尼泊尔语称"萨加玛塔"，意思是"摩天岭"或"世界之顶"。萨加玛塔国家公园包括珠穆朗玛峰在内共有7座山峰，其余6座山峰海拔高度也都在7000米以上，还有众多的冰川深谷。由于地处山区，海拔高度差又很大，那里形成了丰富的生态环境，适于多种动植物生长。

萨加玛塔国家公园园内提供了海拔高度从入口处2805米至8844.43米的完整而层次分明的生态系统。

这里分布着三个植被带：由橡树、松树、桦树和杜鹃构成的较低的森林带；以矮小的杜鹃和刺柏丛林为主的高山中间带；高处森林带则是苔藓和地衣的天下。园内动物种类繁多，生存着麋鹿、雪豹等珍稀动物。这里的鸟类品种多达118种，蝴蝶30种。公园地处低纬带，所以高海拔地区也有生物存在，甚至在海拔5500米地区，都有一些草本植物生长。植物以喜马拉雅雪松和尼泊尔国花杜鹃为代表，还有银枞、杜松、银桦等名贵植物。低处的河谷一带鲜花怒放，尼泊尔的国花杜鹃花漫山遍野，红色、玫瑰色以及罕见的白色杜鹃花，千姿百态，娇艳可爱，和山上的皑皑白雪交相辉映，显得格外艳丽夺目。

萨加玛塔国家公园气候宜人，夏无酷暑，冬无严寒，这里一年之中最冷的月份是1月，平均温度在-9～3℃之间；一年之中最暖和的月份是7月，平均温度在4～14℃之间。年均降水量为1078毫米，6月到9月间降水量为845毫米。

萨加玛塔属于一个特殊的地区，全区遍布形态各异的山脉、冰河和深谷。舍帕斯部落及其独特的文化为这一地区增添了吸引力。萨加玛塔国家公园终年阳光灿烂，四季如春。四周群山巍峨壮美，冰峰林立，山上有终年不化的积雪，山下是四季常青的花草，园内还有代表藏传佛教宁玛派的夏尔巴人文化的寺院庙宇。

萨加玛塔国家公园居住着夏尔巴人，他们常年生活在山区，不杀生。他们体力充沛，有着良好的适应能力，能在高原上负重并疾步行走。夏尔巴人原是西藏的一个种族，四五百年前从西藏迁移到这里经商或者务农。如今萨加玛塔国家公园旅游事业的兴起极大地改变了夏尔巴人的生活方式，旅游业已成为当地主要的经济来源，平均每户人家都有一人从事着和旅游相关的行业。尽管旅游业为这一地区带来了可观的收入和无限的发展机遇（甚至有些地区还通上了电），但也带来了一些消极影响。旅游直接或间接地导致了森林储备的缩减和物价的上涨，也使人们更加依赖于金钱和食物的进口。更令人惋惜的是，夏尔巴人的民族文化特色，如方言、庆典、民歌和民族舞蹈已经急剧衰落。尽管如此，夏尔巴人仍被公认为不仅拥有丰富文化，而且也是人与环境之间相互影响的典范。

萨加玛塔国家公园旅游业发展迅猛，1964年来昆布地区旅游观光的只有20个人，但1993年7月到1994年7月间却达到了12824人。每年的9月到11月和3月到5月是一年中的旅游旺季，绝大多数游人是通过边防检查站进入这里的，过境时须交纳13美元的入境费。游人们一般在公园里要待上14天，其中53%的人跟随旅游团而来，而且会有尼泊尔人当向导和搬运工。飞往昆布的航班和南部略低些海拔的索卢地区吸引了更多游客的到来。一天有时超过12次航班，而且还引进了直升机，每天起降，不仅承载游客，而且每班可运送3吨货物。

　　萨加玛塔国家公园里的第一批旅店建于20世纪70年代，但当时只是夏尔巴人在自家门前竖个招牌而已。1973年到1991年间，旅店的数量从7个增加到82个，其中很多都是外资赞助的。在距珠峰24千米的海拔为3962米的香波其建有一所现代化的旅馆，是世界上海拔最高的旅馆。这里是观赏喜马拉雅山区绮丽风光的好场所。海拔2860米的卢卡拉机场位于尼泊尔东部卢卡拉镇，是连接加德满都和卢卡拉的唯一飞行航线。

从南坡看珠峰

　　尼泊尔被誉为"徒步者的天堂"，珠峰地区徒步路线，是其中著名的一条。这条线路的起点是卢卡拉（lukla），海拔2840米。从卢卡拉到Namche Bazar只有一条沟，比较平坦，只是在快到Namche Bazar的时候要爬一个600米的坡。过了Kyangjuma之后，就分成两条沟（路）了，一条通往珠峰大本营（EBC），一条通往Gokyo。

第六章 垂直与震荡

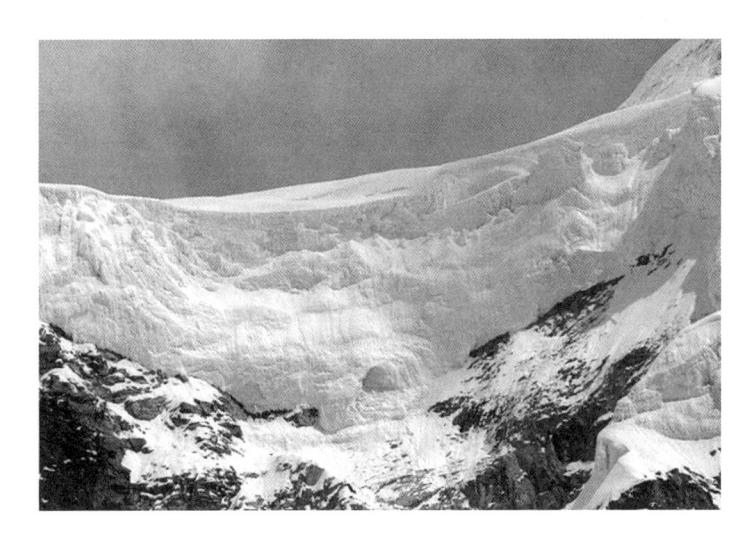

珠峰南坡大本营附近的冰川

珠峰的英文名字叫 Everest，因而在尼泊尔境内的珠峰南坡大本营被称为 EBC。昆布地区位于喜马拉雅山脉珠峰地区的南侧，这里拥有最负盛名的 EBC 徒步路线，被誉为徒步者的终极路线。徒步在 3000～6000 米的高海拔地区，每天与雪山为伴，世界六大高峰这里能瞻仰到 4 座：珠峰（8844.43 米）、洛子峰（8501 米）、马卡鲁峰（8436 米）、卓奥友峰（8201 米）。这里雪峰林立，途中还有一些相对不算太高的山峰供登山者攀登，如 Islang Peak（6189 米）、AmaDablam（6856 米）。

行程的起点是距离加德满都直线距离不到 200 千米、海拔 2840 米的卢卡拉，通常选择飞机往返，如果搭乘汽车，只能到最近的 Jiri，再翻山越岭走上四五天才能到。徒步路线包括三条不同的山谷，Gokyo，Kala Pathar，Chukung，走完全程一般需要 12～20 天，行程速度依据个人情况而定，15 天为适中的徒步强度，个别人用 9 天走完，有的甚至用了比 20 天更长的时间。

10 月和 11 月是最适宜的徒步季节。这条路线上徒步设施完善，沿途有客栈和餐厅，几乎你的每一站都会得到基本物资和休息的保障。

沿途风景绝美，每天与雪山为伴，可以看见的雪山多达几十座。还有高山峡谷，雪山环抱的村庄，闻名于世的夏尔巴背夫，天真可爱的儿童。线路标志非常清晰，路标随处可见，设施完善。基本上徒步 1～2 小时就会看到花园式的房子，可以一边喝着咖啡、奶茶，一边晒着太阳看雪山。沿途，主要的景点有 Kala Pathar、Gokyo‐ri、Chukung‐ri、EBC（珠峰大本营）、第 5 湖和 Cho La 垭口。

南坡珠峰大本营（EBC）

南坡珠峰大本营（EBC）海拔 5364 米，去 EBC 沿途都是走在昆布冰川的碎石路上。EBC 紧挨着冰塔林，扎了许多帐篷，有一些登山团队停留在此。

喜马拉雅地震带

地质学研究表明，世界上共有 3 条主要的地震带：环太平洋地震带、地中海—喜马拉雅地震带和海岭地震带。

2015 年尼泊尔地震示意图

（制图：《国家地理》制图部；数据来源：美国地质调查局）

地中海—喜马拉雅地震带，也叫欧亚地震带，它从印度尼西亚开始，经中南半岛西部和中国的云、贵、川、青、藏等地以及印度、巴基斯坦、尼泊尔、阿富汗、伊朗、土耳其等国家，直到地中海北岸，而且还延伸到大西洋上的亚速尔群岛。

地中海—喜马拉雅地震带的形成，可以归因于印度洋板块以每年 4～5 厘米的速度向北突进，与亚欧板块发生挤压和碰撞。全球有大约 15% 的地震发生于这一区域。2008 年，中国四川省发生 8.0 级的汶川大地震，虽然被地质学研究者判断为"板块内地震"，但仍然与这一地震带活动累积的能量有关。

这条地震带也是近代地壳运动活跃的地带，它又可分为几个段落，其中印度北部是重要一段，称"喜马拉雅地震带"，东西长约 2400 千米，2015 年尼泊尔大地震就发生在这个区域里。

从 1900 年以来，尼泊尔强震非常活跃，已经发生了多次强震。2015 年地震中被摧毁的比姆森塔，在 1934 年的尼泊尔大地震中也曾遭到严重破坏。

2015年4月25日2点11分，尼泊尔发生8.1级地震。地震发生在加德满都西北方向约82千米处，震中位置北纬28.2度、东经84.7度，震源深度20千米，位于尼泊尔著名旅游城市博卡拉。博卡拉距离中国西藏日喀则市吉隆县边境43千米，距离聂拉木县42千米。

4月25日下午5点17分，日喀则市定日县发生5.9级地震，震源深度20千米。26日1点42分，日喀则市聂拉木县又发生5.3级地震，震中位于北纬28.2度、东经85.9度，震源深度10千米。西藏地区有17人在本次地震中死亡，4人失踪，20多万人受灾。

若把世界地震的分布情况与全球板块的分布相比较，可以明显看出两者非常吻合。据统计，全球有85%的地震发生在板块边界上。这说明，板块运动过程中的相互作用，是引起地震的重要原因。

2015年4月25日，尼泊尔里氏8.1级大地震引发雪崩后，来自马来西亚科技大学的五名探险队成员，正在检查南坡珠峰大本营的损毁情况。

全球共有6大板块，其中亚欧板块与非洲板块、印度洋板块的交界区，便是地中海—喜马拉雅地震带所在地。这一地震带从印度尼西亚经缅甸到中国横断山脉、喜马拉雅山区，越过帕米尔高原，经中亚细亚到地中海及其附近地区，其地震活动释放的能量占全球地震释放总能量的24%。

2015年大地震，是尼泊尔81年来最强地震。首都加德满都等29个地区成为重灾区，截至4月28日12点，尼泊尔境内的遇难者人数已达4352人，另有8000多人受伤。受灾人数超过660万人。地震造成珠穆朗玛峰发生雪崩，珠峰两个营地被雪覆盖，多名登山者丧生。

尼泊尔8.1级地震，是由于印度洋板块与亚欧板块持续的南北向汇聚作用而产生的。是印度洋板块向北俯冲在亚欧板块之下而产生的逆冲断裂作用的结果，发震构造是主喜马拉雅逆冲断裂。

在这次地震的250千米范围内，过去的一个世纪只有四次6级以上或更大的地震事件发生。

尼泊尔位于印度和亚欧板块交界处，喜马拉雅山中段南麓，东西长度约830千米，南北宽140～230千米，跨越南部德赖平原与恒河平原、北部喜马拉雅山，地形起伏非常明显，分布有喜马拉雅主前缘逆冲断裂、主边界逆冲断裂、主中央逆冲断裂和西藏南部拆离断裂系。因此，尼泊尔地震活动非常活跃。

喜马拉雅山脉地区由大陆板块碰撞而成，属地震活跃带，平均约每75年就会发生大型地震。喜马拉雅构造带是一条强烈活动带，历史上，沿这条长达2500千米的喜马拉雅构造带，发生过多次8级及8级以上巨大地震：1255年，尼泊尔发生8.2级地震，令加德满都谷地1/3的人口，包括当时的尼泊尔国王遇难。

1505年，尼泊尔西部格尔纳利河发生8.2级地震。

1669年，巴基斯坦拉瓦尔品第发生8级地震。

1803年，印度库马翁发生8.1级地震。

1833年，尼泊尔加德满都北部发生8级地震。

1897年，印度阿萨姆邦发生8.7级地震。

1905年，印度发生8.0级地震。

1934年1月15日，尼泊尔边境再次发生8.1级地震，震中位于珠穆朗玛峰南面几十千米，这次地震是尼泊尔遭受的最严重的灾害性事件，造成约10600人死亡。

1950年8月15日西藏墨脱发生8.6级的地震，死亡近4000人，震中位于墨脱与日戛之间，这是20世纪第六强的地震。

1988年8月，在距2015年尼泊尔地震震中东南240千米的地方，一次6.9级地震造成近1500人死亡。

2015年6月15日，中国国家测绘地理信息局发布消息称，受4月25日尼泊尔强烈地震影响，珠峰地区向西南方向移动了3厘米，高程方向基本没变化。同时，2005年至2015年10年间，珠峰地区以每年约4厘米的速度向东北方向移动，以每年约0.3厘米的速度上升，10年位移了40厘米、上升了3厘米。

专家表示，位于中国和尼泊尔边境的珠穆朗玛峰处于亚欧板块和印度洋板块边缘的碰撞挤压带，这一地区的地壳运动一直非常活跃。珠峰地区是观察地壳运动的重要窗口，该地区地形形变对研究地壳运动具有重要意义。同时包括珠峰在内的青藏高原对东亚、南亚甚至整个北半球的气候、环境、生态等都有极其重大的影响，发生在那里的有关变化与人类生活息息相关。

2005年，国家测绘地理信息局在珠峰北侧布设了卫星大地控制网和水准网，完成了珠峰高程复测工作。10年间，中国测绘科技人员采用中国及周边的卫星导航定位基准站连续观测数据，获得了珠峰地区的年运动速率。

为更准确地掌握10年来该地区地形形变情况，国家测绘地理信息局组织国测一大队技术力量，开展珠峰地区地形形变外业监测。监测期间适逢尼泊尔地震，国家测绘地理信息局紧急部署，抽调正在西藏地区作业的国测一大队6个小组，于5月10日至13日对2005年珠峰高程测量时埋设的定日、大本营、东绒等6个点进行了观测。

外业结束后，国家测绘地理信息局大地测量数据处理中心第一时间对移交的观测数据、2005年珠峰高程测量相关数据、中国大陆构造环境监测网络工程14个卫星导航定位基准站、部分卫星大地控制点震前震后数据进行处理，形成了珠峰地区地形形变监测分析结果。

第七章　珠峰之战

西藏吉隆地处喜马拉雅山脉，南部与尼泊尔接壤，边境线长达162千米。

清乾隆年间，尼泊尔的廓尔喀人入侵西藏，清军与廓尔喀军在吉隆惨烈激战，100多名中国将士在此长眠。

位于吉隆镇至宗嘎镇山沟里的"招提壁垒"崖刻

从海拔4200米的县城宗嘎镇到海拔2800米的吉隆镇，有一条逶迤的山沟，那里，至今保存着"招提壁垒"崖刻，四个涂抹上了红漆的大字，每个约50厘米见方，字迹遒劲有力，据说是清军统帅福康安亲笔题写的。

从18世纪中叶一直到19世纪初，喜马拉雅山南北两麓，珠穆朗玛峰脚下，爆发了三场战争。战争双方，一边是尼泊尔的廓尔喀军队，一边是清朝军队及西藏地方当局武装。

廓尔喀（Gurkha），最初是分布在尼泊尔中西部山区的廓尔喀、帕尔帕和加德满都谷地的部落。廓尔喀人，是12世纪从印度移入的雅利安人与当地卡人的混血后裔，信仰印度教，其王朝的创立者是里什·拉吉·巴克拉塔。

18世纪中叶，廓尔喀崛起，战胜马拉王朝，迅速夺取了国家权力，统一了尼泊尔。于是，在那一段时期，人们便将尼泊尔称为廓尔喀，廓尔喀人也成为外国人对尼泊尔人的统称。

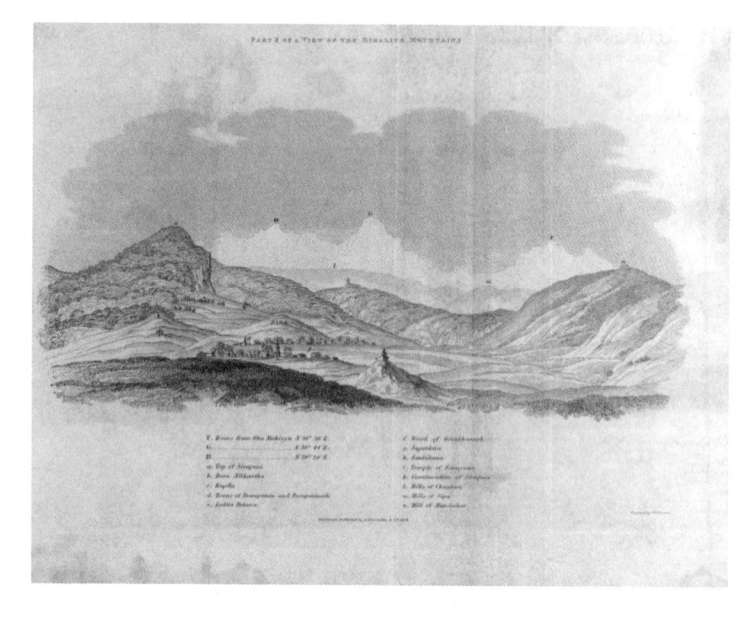

1802年的廓尔喀

清乾隆年间，廓尔喀人两度入侵西藏。

乾隆四十五年（1780）十一月，六世班禅巴登耶谢，在北京向乾隆皇祝寿时，感染天花而圆寂。班禅的哥哥仲巴呼图克图，得到乾隆皇帝慰问赏赐的大量财物。而仲巴呼图克图的弟弟，第十世夏玛巴确竹蒋措（1742～1792），也称红帽喇嘛夏玛巴，却没有分到这笔财宝。关于这笔财宝，班禅喇嘛的驻锡地扎什伦布寺的说法是，金子全部都是属于扎什伦布寺的。

第七章 珠峰之战

1784年，红帽喇嘛夏玛巴前往邻国廓尔喀，由此引发了廓尔喀与西藏的经济、政治冲突。几年后，冲突扩大为战争。乾隆五十三年（1788），廓尔喀以税重、食盐掺土等为理由，派兵2000余人入侵西藏，接连窜扰珠峰地区的吉隆、宗嘎、定日、定结等地。

清廷为安定边疆，派理藩院侍郎巴忠、成都将军鄂辉带兵进藏援助。是年冬天，清军集结于拉萨，廓尔喀请求和解。达赖喇嘛家族、噶厦得到当时驻藏大臣的默许，与廓尔喀私下议和，并自行许诺每年向廓尔喀赔偿元宝，为期三年，换取廓尔喀退兵。

乾隆五十六年（1791），因西藏方面在赔偿金问题上爽约，加之红帽喇嘛夏玛巴蛊惑廓尔喀人去争夺扎什伦布寺的财宝，廓尔喀军借索赔银之名，第二次大举入侵西藏，再次占据聂拉木、济咙等地，并派遣主力3000兵力偷袭日喀则，洗劫了扎什伦布寺。

1792年2月，清政府调集大量兵力和物资，派出以福康安为主帅的大军进藏。5月，清军收复全部西藏失地，将廓尔喀军赶回喜马拉雅山南麓。并且反攻到廓尔喀首都加德满都20公里外的热锁桥。廓尔喀向清军投降，廓尔喀向清朝五年朝贡一次，两国成为宗藩关系，一直持续到1908年尼泊尔彻底被英国侵占为止。

清咸丰年间，1855年至1856年，廓尔喀又一次入侵西藏，清廷因太平天国战事无暇旁顾。西藏地方武装与廓尔喀军交战失利。此役之后，西藏地方当局与廓尔喀签订不平等条约结束战争。

珠峰地区，至今还保存着反侵略战争的遗迹。吉隆"招提壁垒"摩崖石刻赫然入目，定日岗嘎乡清军修建的关帝庙、教武场，聂拉木中尼和谈旧址雪康大楼墙基至今犹存。更令人惊叹的是，在定日日屋扎西惹嘎，还完好地保留着一段为防止廓尔喀入侵的古长城，其建筑形式与我国北方明长城几乎无二样，但是垒砌的方法，却具有典型的藏族特色。

自18世纪中廓之战以后，清朝军队一直驻守在珠峰脚下，与当地藏族同胞共同守卫着祖国的边疆。这支部队的残余部分一直驻留到20世纪，如今在珠峰地区日屋、吉隆、定日等地，还能寻找到当时汉族士兵的后裔。

1788：第一战

乾隆五十三年七月二十七日（1788年8月28日），78岁的乾隆皇帝正在承德避暑山庄消暑度夏，忽然接到了来自两万里以外的喜马拉雅山区的紧急军情文报。

乾隆皇帝像

驻藏大臣庆林、雅满泰奏称：一个名叫巴勒布的小国发兵跨越喜马拉雅山，进攻西藏。

这一年六月，巴勒布的廓尔喀军队，突袭聂拉木宗（今西藏日喀则地区聂拉木县），侵入西藏。同时，廓尔喀还出兵西北，袭击了附属于西藏地方当局的作木朗部落（在今尼泊尔久姆拉区）。六月下旬，廓军攻占聂拉木宗、济咙宗（今吉隆县吉隆镇）的宗衙门，随后北上围攻宗喀宗（今吉隆县治所宗嘎镇）、胁噶尔宗（今定日县治所协格尔镇）。

巴勒布即是西藏以南的尼泊尔，该地是佛教创始人释迦牟尼的诞生地。

18世纪前期的尼泊尔，分为数十个互不统属的部族。居住在加德满都谷地的阳布（今加德满都）、廓库穆（巴德岗）、叶楞（帕坦）三部落，于雍正年间入贡中国，清人依藏语读音称之为巴勒布。

18世纪后期，居于巴勒布西北的廓尔喀部族兴起。廓尔喀人在沙阿王朝的首领博纳喇赤（今译"普利特维·纳拉扬·沙阿"）统治时期，趁巴勒布内乱，渐次将巴勒布三部落侵夺，全行占据周围二十余处部落。1769年，廓尔喀迁都至原属巴勒布的阳布，形成了统一的尼泊尔王国（又称廓尔喀王国）。

尼泊尔境内多高山，地狭人稠，"国内之民难于自给，亦必别觅出口"，迫切需要向周边扩张领土。1777年，沙阿王朝第三代国王年幼的喇纳巴都尔（拉纳·巴哈都尔·沙阿）继承王位，其叔父巴都尔萨野（Bahadur Shah，巴哈都尔·沙阿）摄政，将扩张矛头指向北方的中国西藏。

乾隆四十五年（1780），六世班禅额尔德尼在北京圆寂。班禅之兄仲巴呼图克图，因护送班禅灵柩返回日喀则札什伦布寺，得到乾隆皇帝赏赐及王公贵族供奉的大量金银宝物。

红帽喇嘛夏玛巴，是仲巴呼图克图同母异父之弟，素与信奉黄教的仲巴呼图克图不睦。夏玛巴没有分到清廷皇帝赏赐之财物，遂生怨怼，乃以朝拜佛塔为名，出走至尼泊尔。廓尔喀王族尊崇佛教，红帽喇嘛夏玛巴极言札什伦布寺所得财

1877年的廓尔喀军人

物之丰厚，又将藏兵虚实相告，唆使廓尔喀入藏劫掠。

第十世夏玛巴确竹蒋措（红帽喇嘛夏玛巴）像

乾隆时期西藏所用银钱，系巴勒布人委托铸成银币，再运回藏内使用。巴勒布人为谋取厚利，往往从中掺杂铜、铅，铸成后运回西藏换取纯银。廓尔喀兼并巴勒布各部之后铸造的新钱，成色较以往巴勒布钱为高，故要求西藏将廓尔喀新钱一圆折巴勒布旧钱二圆使用。西藏噶厦认为折价不公，未予应允。

乾隆五十三年（1788）五月，廓尔喀致书噶厦，声称："藏内所用钱文，皆我巴勒布镕铸。此后但用新铸钱文，旧钱不可使用。"还提出西藏与巴勒布接壤之"聂拉木、济咙二处，原系我巴勒布地方，仍应给还。倘有理论，可遣人来讲"。

噶厦回复廓尔喀称：新铸之钱数量甚少，不足以流通，仍将新旧银钱混用；聂拉木、济咙二处俱系西藏地方，并无疑议；现在天气炎热，待立冬时再派人前往与之理论。

但噶厦未向清朝驻藏大臣禀告此事。加之西藏官商经常对巴勒布货物"任意加收税项"，并向贩往巴勒布的食盐中掺土，廓尔喀怀怨，决意入侵藏地。乾隆五十三年（1788）六月，廓尔喀军队侵入西藏境内。

廓尔喀入侵西藏，震动清廷。乾隆当即命四川提督成德率绿管兵一千人，先行驰援。成德于七月二十二日赴打箭炉。成都将军鄂辉入觐热河，乾隆命他立即返回四川，率军进藏驰援。

聂拉木、济咙、宗喀在数日之内失陷，使清廷驻藏大臣恐慌万状。可是隔了半个月，前线又传来战报，说藏兵九百人在胁噶尔打退了廓军数千人。其实，廓尔喀军在胁噶尔留军不发，是因为正在和西藏地方当局的代表谈判议和。而议和之事，竟然隐瞒清廷，没有报告。

紧接而来的消息，是廓军增兵围攻胁噶尔。藏兵"年久未经战阵，不谙打仗情形，遇贼率多畏缩"，驻藏大臣庆林已带着年幼的七世班禅从后藏逃往拉萨。

十月初八，行军76天的成德所率先锋部队一千人，到达后藏札什伦布，随即分兵赶赴前线。十一月十二日，成都将军鄂辉、总兵张芝元率兵五百，到达札什伦布。年底，总兵穆克登阿所率绿营兵一千人，亦到达后藏。四川入藏的清军达二千五百人。

乾隆五十三年十二月初九日，

成都将军鄂辉

鄂辉抵达第哩郎古，与成德会师。清兵深入喜马拉雅山区，行走一个月，到达宗喀。此时，西藏当局派人赴廓尔喀私自议和。天寒雪深，廓尔喀兵怕遇大雪，困在藏境不能脱身，已撤退回国，故清兵未经交锋，即收复宗喀。

二月下旬，清兵未经战斗，收复边境村镇济咙，随即直抵聂拉木。至此西藏全境收复，第一次中廓之战结束。

早在廓尔喀入侵之初，因七世班禅年幼，掌握后藏实权的仲巴呼图克图，与宁玛派喇嘛萨迦呼图克图，就私下派人到前线与廓尔喀谈判。领兵首先入藏的提督成德，也曾派代表往前线议和。

鄂辉、巴忠等入藏后，从四川到达西藏喜马拉雅山区，紧急行军三个月，困在冰天雪地的喜马拉雅山上，担心交通断绝，粮饷不继，官兵上下都盼望赶快撤兵。

乾隆五十四年二月下旬，清兵已收复西藏边境，鄂辉、成德派了正式议和代表，前往廓尔喀议和。钦命大臣巴忠更再三催促，不惜代价，要达成协议。

西藏的谈判代表是丹津班珠尔，廓尔喀派出的代表却是从西藏出走的红帽喇嘛夏玛巴。双方谈判议定：廓尔喀撤出西藏的边界，而西藏许给三百个元宝，每个元宝五十两，计共银一万五千两。这三百个元宝是一次性付给，还是每年均须付三百元宝，谈判中没有明确议定。这一漏洞贻留祸根，成为廓尔喀第二次入侵的口实。而此事巴忠、鄂辉等"瞒天过海"，未向乾隆皇帝奏报。

巴忠等奏定了善后事宜十九条。其主要内容为：在后藏札什伦布驻清兵一百五十人；在胁噶尔、拉孜等边境地区驻藏兵二百人，加强操练，建仓屯粮，以为防御；驻藏大臣每年亲历后藏巡查；为了纠正藏官们的腐败勒索，今后噶布伦、戴绷以及重要第巴的任命，须由驻藏大臣督同拣选，商之达赖喇嘛。另外，为了安抚巴勒布，酌减边境贸易之税项，保证销售食盐之质量等。

第七章　珠峰之战

1791：第二战

乾隆五十六年至五十七年（1791～1792），廓尔喀第二次侵略西藏。从第一次廓藏战争结束到第二次战争再起，西藏只有将近两年的短暂和平时间。

乾隆五十五年（1790）十月初，廓尔喀派大头目一人、小头目二人来拉萨，欲索取依照廓藏密约藏方应付的年度赎银，遭到噶伦拒付。廓尔喀头目还请求朝廷，再赏给廓尔喀王喇纳巴都尔俸禄和土地，驻藏大臣普福答复，"天朝"无赏给俸禄地方之例。此时在拉萨的成都将军鄂辉与已被免职的普福都认为，廓方谢表，未派专使送至北京，且贡物只四样过少，皆非郑重其事，故表文贡品及信件等都未阅看，也不予接受。鄂辉即发谕告知廓尔喀须重新来过。廓尔喀头目一无所获，黯然回国。

乾隆五十六年（1791）七月，廓尔喀发兵，再次侵占聂拉木和济咙。之后，廓军兵分两路，一路由达莫达尔·潘德率领，自济咙进攻宗喀。一路由阿比曼·辛格率领，从聂拉木进攻定日。此外，还有一路廓军绕过定日，经萨迦直袭日喀则。

八月三日，廓军攻占定日。八月十六日，廓军攻陷萨迦。八月二十一日，廓军攻入日喀则的札什伦布寺，将金银佛像、供器、贮藏及灵塔镶嵌之珍珠珊瑚宝石等，尽行掠去。九月初，廓军进攻日喀则宗城，八昼夜后仍不能破城，遂携所掠财宝，退往边境。

这一年的五月十一日，奉八世达赖喇嘛之命，噶伦丹津班珠尔、噶伦玉托·扎什敦珠布、扎萨克喇嘛噶勒桑丹结等人，自拉萨起程，名为去聂拉木一带巡阅防军，修葺庙宇，实则应廓尔喀之约，至边境上继续谈判赎银之事。他们经过日喀则、协噶尔时，札什伦布寺代表、萨迦寺代表分别参加，而驻聂拉木当地的代本将结，也被指定参与谈判。

153

六月上旬，丹津班珠尔一行抵达聂拉木的冲堆。扎萨克喇嘛、扎什伦布寺和萨迦寺的代表，被红帽喇嘛夏玛巴诓诱，去了聂拉木的扎木（即今樟木）。

六月二十二日（1791年7月22日），丹津班珠尔、扎什端珠布、将结在冲堆遭到廓尔喀兵突袭，寡不敌众，死伤惨重。丹津等3人被俘，被押到樟木后，与在当地的扎萨克喇嘛噶勒桑丹结，扎什伦布寺代表碟窝扎甲巴、准西如巴，萨迦寺代表策勒车木、第巴博董、第巴汤玛，医生擦咙，还有聂拉木教习兵丁王刚、冯大成共12人，一起被廓尔喀军押送到巴勒布的都城阳布（即加德满都）。

乾隆五十六年七月二十二日，驻藏大臣保泰、雅满泰急报清廷，廓尔喀人占据聂拉木，围困噶伦代本。保泰称，他将带兵去后藏，倘军情紧急，拟护送班禅喇嘛来拉萨。

八月二十二日，正在热河避暑山庄赴围场途中的乾隆皇帝，接到保泰的奏折。已得到消息的成都将军成德和四川总督鄂辉，也上奏称：他们二人过去承办了西藏边事，若保泰不能妥办，成德愿去藏界剖断。乾隆皇帝责令鄂辉也带兵入藏。

成德和总兵穆克登阿于八月二十二日离成都。鄂辉与总兵张芝元也率军去打箭炉。成德、鄂辉所带兵士，共约3000人，三分之二是阿坝地区的藏族屯练。

八月三日，保泰驰抵日喀则。此时定日、济咙分别被廓军攻陷。宗喀被围。

八月十六日，萨迦陷落，战火逼近扎什伦布寺。保泰当日护送年方十岁的第七世班禅喇嘛离开扎什伦布寺逃往拉萨。

八月二十一日，廓尔喀军攻进扎什伦布寺。廓尔喀军将寺内金银佛像、供器、佛塔上镶嵌的珍珠珊瑚松石金银花、仓库贮藏的银器绸缎等种种宝物，肆行劫掠损坏。廓军将军玛木萨野，甚至还住进了班禅习静房。九月上旬，廓军进攻扎什伦布寺附近的日喀则营官寨，作战八昼夜而不克，即携所掠财物南去归国。据说，这一支廓军，回国过雪山时，被冻死 2300 余人。

1900 年的扎什伦布寺，贡博扎布·采别科维奇·崔比科夫（G.Ts. Tsybikov）、奥夫舍·诺尔祖诺夫（Ovshe Norzunov）摄。

八月二十五日，保泰护送班禅喇嘛到达拉萨。两位驻藏大臣请达赖喇嘛移居四川泰宁，被达赖拒绝。两位大臣因前藏兵力极薄，人心涣散，来援川军路远，形势危殆，断言"达赖喇嘛班禅断不可仍居此处"，再次奏请达赖、班禅移往泰宁或西宁。

九月二十日和十月十一日，乾隆两次下谕，严厉斥责保泰、雅满泰，将二人革职，留当地办事赎罪，另派奎林、舒濂分别自台湾、北京前往西藏取代保泰、雅满泰任职。

乾隆得知扎什伦布寺被掠以后，准确地预见廓军的主要目的是抢掠财宝，严冬迫近，必会撤军。为了解决廓尔喀之患，他决心在来年大举用兵，一劳永逸地解决问题。

九月二十五日，乾隆皇帝决定调两广总督福康安来京。十月，乾隆命福康安督办西藏军事，任命在平定林爽文起义的战役中任福康安副手的海兰察、台斐英阿等 5 人为参赞大臣，带军机处章京 4 员、巴图鲁侍卫章京百员，随福康安赴藏。福康安军6000余人，加上此前奉调的黑龙江索伦、达斡尔兵，此次进藏动用兵力8000余人。

乾隆五十六年冬天，天气偏暖，廓军仍盘踞济咙、聂拉木、绒辖（今定日县境）等地。成德军十月二十六日才到拉萨，鄂辉军九月十五日离打箭炉，十一月十四日方抵拉萨。乾隆认为军行迟滞，震怒之下，于十一月十日革去鄂辉的四川总督职务，以副都统衔任驻藏办事大臣（舒濂为帮办大臣），革去成德成都将军的职务，以副都统衔在领队大臣上行走，听候福康安差遣。以福康安的堂兄弟、福建水师提督奎林为成都将军（奎林在赴藏途上病死于江卡），山东巡抚惠龄补授四川总督，驰驿赴藏，协助福康安用兵。

鄂辉到达拉萨3天之后，成德即带兵1000余名去后藏，而鄂辉留拉萨办理驻藏大臣事务。之后，鄂辉同总兵张芝元带领屯兵500名去后藏。

十一月二十五日，成德军至江孜，得知定结经几度易手，廓军已于月初撤出，但济咙、聂拉木、绒辖尚未收复。十二月初一，成德军到达日喀则。而后，从胁噶尔（今定日县城）进抵第里朗古（今定日境），勘探地形及敌军分布。

乾隆五十六年十二月二十八日，成德军到距聂拉木30余里的拍甲岭，之后进抵聂拉木。初战攻下附近几座小寨，并包围廓军占据的原官寨。这是清军第一次同廓尔喀军交锋。

乾隆五十七年正月初二，成德军攻陷聂拉木官寨的东边寨房。不久，张芝元、鄂辉领兵来援，二十四日，在激烈的战斗后，轰毁廓军固守的西边寨房，全歼敌众，生擒玛木萨野之侄等5名头人。当时守此寨的廓军仅百名，成德等率500军士围攻，竟费时一个月攻下，可见廓尔喀人抵抗顽强。

福康安入藏

乾隆五十六年十二月十五日，福康安一行抵达西宁。

福康安（1754～1796），满洲镶黄旗人，大学士傅恒之子。历任云贵、四川、闽浙、两广总督，武英殿大学士兼军机大臣。

福康安抵达青海后，立即积极备战。勒保从属下甘肃绿营调出了1500匹马供官员使用，奎舒通过青海蒙古王公从各旗采购了3000多匹马，供索伦达斡尔兵骑用。

十二月二十日，福康安率军离开西宁。经过快速行军，于乾隆五十七年正月二十日（1792年2月12日）到达拉萨，全程近5000里，包括耽搁的天数在内，仅用时50天。

从青海陆续入藏的官兵，有福康安及其随员，海兰察及100名侍卫，乌什哈达、岱森保及所率1500名索伦达斡尔兵。陕甘总督勒保、青海办事大臣奎舒奉旨预为筹办乘骑、运畜、粮秣、柴薪、台站、向导等事宜。

福康安在拉萨停留了27天后，率部前往后藏。三月十五日，乾隆皇帝特授福康安为"大将军"，统辖清兵各路军马。

福康安檄谕廓尔喀国王："尔岂不思卫藏之地即天朝之地，岂容作践"，"尔等从前所议钱债细事，概不值理论"，"断不似从前与尔说和完事"。聂拉木失利后，廓军在济咙、绒辖等邻接聂拉木的地带，增强工事，准备决死抵抗。对于福康安的檄谕，廓尔喀国王迟迟不复。

福康安像

福康安在日喀则住了两个多月。闰四月十八日，福康安与海兰察、

珠峰简史

惠龄离开日喀则，驰赴拉孜，督促军粮运往宗喀。二十五日，福康安军自拉孜动身，二十七日（1792年6月16日），抵达第哩朗古，与成德兵汇合。对绒辖、聂拉木做了几天的地形察看以后，福康安议决先剿擦木、济咙。

福康安军雨夜抵辖布基，福康安即命令成德、岱森保等率兵3000名作为偏师，从聂拉木一路牵缀敌人。擦木地势险峻，两山夹峙，中亘山梁。五月初六（1792年6月24日），清军乘夜雨发兵，分五队，海兰察等居中，哲森保等由东西山奔袭廓军营寨，墨尔根保等绕道背后出击廓军。五月初七黎明时，清军在擦木的山隘，一举攻下廓军建筑在山梁上的两座石头碉堡，擒斩二百余敌兵，首战得胜。

《平定廓尔喀得胜图》之《攻克擦木之图》

注：《平定廓尔喀得胜图》由清贾士球、黎明、冯宁等绘，清乾隆六十年至嘉庆元年（1795～1796）内府铜版印本，册页装1函，图版8幅。图上端有乾隆皇帝御笔诗文。

五月初八，福康安主力军到玛噶尔辖尔甲地方，自济咙来迎战的300名廓军据山力拒，殊死抵抗，海兰察攻山时坐骑中枪，仍挥军奋击，全歼这股廓军。

在济咙的廓军，得知清军将至，他们在大营寨的山冈之下，修筑了三座大碉堡，扼山险要，互为掎角。福康安檄令巴彦泰、巴彦寨、萨宁阿、长春，攻击西北临河大碉堡；桑吉斯塔尔、克色保、等保、巴哈、张占魁，攻击东北石上大碉堡；哲森保、墨尔根保，攻击东南山梁上大碉堡；蒙兴保、绰尔浑等攻击山下喇嘛寺；阿满泰、额尔登保等攻击大营寨；惠龄为策应之军，海兰察率骑兵张两翼，截击逃逸廓军。

《平定廓尔喀得胜图》之《攻克玛噶尔辖尔甲之图》

经过一昼夜激战，哲森保等攻克山梁大碉堡，蒙兴保等攻克喇嘛寺，几路会师后，一起攻下临河及石上两大碉堡，拔下济咙。此战杀死廓军 600 余名，俘获 200 余人。福康安军，从进攻擦木至攻下济咙，前后仅用 5 天。至此，后藏失地全境收复。福康安等上书报捷，一个月后北京接到，乾隆皇帝嘉奖战功的同时，仍要求大军攻入廓尔喀境内。

克复济咙后第三天，大军出发。福康安等在后来的奏折里说："查济咙西南，山势愈窄，道路愈险，两山之间有藏地流出大河一道，各处溪河皆汇归下注，水势汹涌（此即今吉隆河）。通往贼境之路，唯热索桥（按：藏名 Ri‑sog‑zam‑pa 尼泊尔名 Rasua）为扼要之地。臣等于克复济咙后整顿兵力，五月十三日起程前进。两面高山夹峙，石崖壁立，俯临大河，缘山一线窄径，乱石崎岖，步步陡折，并有大石直勘高至丈余者。其两崖高峻不相连属处所，横架独木偏桥，攀藤而过，几无置足之地。是日正值大雨，泥泞滑溜，尤属难行，人马均有倾跌落崖者。道里甚长，名为七八十里，即有一百三四十里之遥，步行一昼夜，于十四日黎明始至摆吗奈撒地方，距热索桥尚有十余里。探得该处有大河一道，自东来会注正河，过河即系贼境。"

热索桥，横跨在自东注入吉隆河的一条支流之上，为中国尼泊尔分界之地。过此即为尼泊尔境。廓尔喀人在河面宽阔、水深流急的河流上搭木板浮桥，并于北岸三四里外索喇拉山上，砌石哨卡一座，南岸临河砌石哨卡二处，据险拒御。清军首先攻下北岸的石卡，而南岸的廓军撤去桥板，阻止清军过河，北岸山境极狭，无多兵驻足之地。清军暂撤。

五月十五日（1792年7月3日），清军以部分军士至河边，佯作欲进之势，而命四川的藏族兵丁，攀越两重大山，绕至上游距热索桥六七里处，伐树扎为木筏潜渡，沿南岸疾行，突袭廓军临河石卡。当廓军出卡抵御之际，北岸正路官兵乘势急速搭桥，一时并进，将南北三座石卡夺取，攻克热索桥。

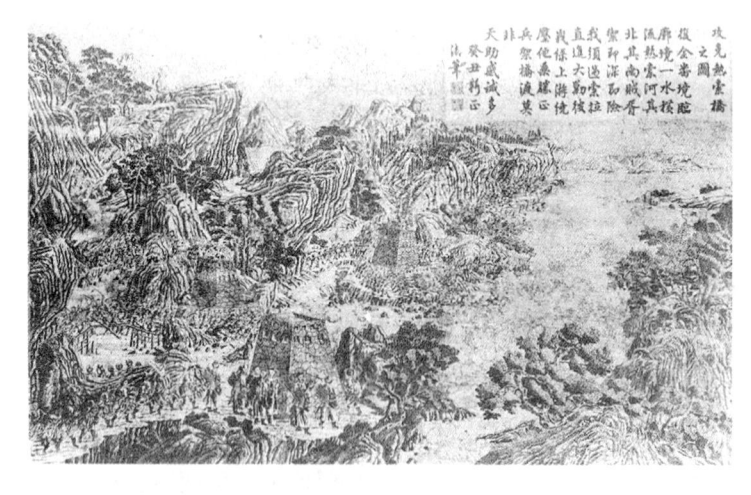

《平定廓尔喀得胜图》之《攻克热索桥之图》

清军夺下热索桥后，继续南进。所经山径逼仄，乱石丛集，越大山数重，无路可通，只能一边修路，一边前进。军行大河东岸，傍山几无驻足之地，官兵俱在石岩下露宿。清军深入尼境一百六七十里，未见敌踪。后发现在协布鲁地方，有廓军碉堡集聚，那里地形与热索桥相似，也有东来注入大河的一条支流，河道宽深，因连日大雨，山洪涨发，桥座已被拆毁。廓军俱在南岸抵御，枪弹如雨。

《平定廓尔喀得胜图》之《攻克协布鲁之图》

清军从北岸抢渡，福康安奏云："适见南岸有极大枯树一株，倒入河中，尚不能接至北岸，相离几近三丈，因督令各兵另伐大木接于枯树之杪，接搭为桥，我兵奋勇直前，无如枪声不断，无暇扎缚坚固，而河内多系巨石，横亘中流，旋涡急溜，激石奔腾，水力甚大，甫将大木接上，即被漂去，旋入石罅中折断，如此十余次，未能即渡。"

清军暂退，夜半乘廓军归寨，军士即赶紧接缚大木，缘木过河，分数路或顺山仰攻，或绕至敌后突袭，或抢登敌侧山梁夹击，于人迹不到之处，攀缘登陟，衣履皆穿。五月二十四日（1792年7月12日）黎明，各路清军合攻，廓军溃败。

清军既得协布鲁，南行130余里，接近廓军严守的东觉。廓军在山巅据险立营，半山以下筑有木城、石碉、石卡，直到一条东来西注的"横河"的河边。两山夹河对峙，壁立数千仞，下视"横河"，仅如一线。

六月初三日，清军在北岸分工：台斐英阿领队由正路用大炮昼夜轰击；海兰察取间道绕行，越山摧毁另外一处的据点七所；福康安则迂回到上游水浅处渡河。六月六日（1792年7月24日），战斗开始，经过激烈的肉搏，攻下对岸的石卡、木城。台斐英阿乘势从正路下山，搭桥过河仰攻，复登高山，尽克营寨十余处。海兰察也来会合。六月九日（1792年7月27日），清军追廓军至雍鸦。

这次战斗历经八个昼夜，6000名清军登山涉险，鞋袜磨损，跣足徒行，被石棱角擦伤及被蚂蟥咬伤者，双足肿痛。当地多阴雨天气，每天只清晨两个时辰稍晴，交午即云雾四合，大雨如注，山巅气寒，入夜雨冻成雪，兵丁昏夜登山，遇有高数丈巨石，须攀缘树枝，跳跃上下，地面一沾雨雪，滑溜难行，随身的弓箭多致损折，帐幕等难于携带，糌粑又已食完，后路没有接应，不得不稍事休息。

休整期间，六月十五日，上一年被廓尔喀从聂拉木掳走的兵士王刚、第巴塘迈、丹津班珠尔的侍从多尔济诺尔布、塘迈的侍者果戬4人，被释放归来，带来廓尔喀国王给福康安及官员军士的书信各一封，落款为五月二十八日。

廓尔喀国王在书信中说，实在抵敌不住，求大将军奏明大皇帝："照施与唐古特的恩典一样施与廓尔喀，如蒙大将军恩准，再具禀差大头人到军营来恳求"。福康安回复一檄，要求国王、王叔巴都尔萨野及红帽喇嘛夏玛巴等，亲身前来请罪，并将噶伦丹津、扎什及兵丁放回，若再游移，大将军定即统兵进剿。

与此同时，因清军逼近加德满都河谷，廓尔喀王拉特纳巴都尔逃避到毗邻印度的边境，留守国都的王叔巴都尔萨野一改傲态，召见丹津班珠尔，欲释放他们回国，请他代向福康安解释，要求谅解，停止前进。并称打算归还扎什伦布寺的财物，赔偿聂拉木冲堆事件中死去的汉藏官员的损失，今后每年按时向大皇帝、达赖班禅喇嘛敬献贡物。

六月二十五日，廓尔喀派遣大头人噶布党·普都尔帮里、噶箕·朗穆几尔帮里、达萨尔·乃尔兴（达萨尔，官名，管铸银钱）、小头人巴拉巴都尔哈瓦斯4人及从人20余人，并掳去的噶伦丹津班珠尔、扎什敦珠布、聂拉木营官聂堆、汉兵卢献麟、冯大成及随从、藏民24名，一行共约50人，到达雍鸦大营。

头人们带来廓尔喀王子给福康安、成德的禀文，大意是懊悔认错，悉听吩咐，并将往事诿罪于已病死的红帽喇嘛夏玛巴。国王、王叔表示，如蒙大将军转奏皇帝原宥，廓尔喀将永远遵奉约束，不再滋事，不但西藏许银的话不敢再提，且放弃济咙向来须给廓尔喀交鹰马的特权，归还聂拉木边上的扎木地方。

福康安面谕头人们，并发檄叫两名头人带回阳布，要求遵奉五条，如能办到，方准代奏投诚。这五条是：

（1）因雍鸦狭窄，不能容驻多兵，须将噶勒拉、堆补木、甲尔古拉、集木集各处山上据守人众全行撤回，将山梁让出；

（2）国王拉特纳巴都尔、王叔巴都尔萨野应率领大头人等亲自前来吁恳；

（3）红帽喇嘛夏玛巴既称已死，则应将其骨灰及眷属徒弟等全部送出，以凭究讯；

（4）所掠走的扎什伦布寺的金银珍宝等全行交还；

（5）交出前丹津班珠尔在诱骗胁迫下私立的合同，不得再提西藏须付银两之事。

清军遣去廓使后，六七天内，不得回音，廓军也拒不后退。至此，福康安军在雍鸦已休息了24天，考虑秋天即到，须在大雪封山之前结束战事，于是决定开始进攻。七月二日，福康安发动堆补木—帕朗古战役。这是最艰难的也是最后一场战役。因为在雍鸦山之南，还有噶勒拉（"拉"，藏语"山"）、堆补木、甲尔古拉—集木集三重大山，南北相向，陡峻非常，廓军据险死守。

七月初二日晨，清军主力越过雍鸦山，下至山沟，仰攻噶勒拉山巅上对方的据点，自辰至未，攻下木城石卡，乘胜追逐敌人到堆补木山口，复登山击败廓军。这时已是半夜，福康安不让稍息，率军士越山至堆补木山下的帕朗古地方，这是从东北向西南流入特尔苏里大河（济咙河下游）的一条急流，它流经堆补木山与甲尔古拉—集木集山之间，清人也习称之为"横河"。河上有桥，廓军据守桥座，并于北南两岸砌筑石卡，河南岸即甲尔古拉大山与集木集大山，两山相连，山梁自东（集木集山）至西（甲尔古拉山）横长七八十里，其上廓军排列木城碉堡、石卡数十座。

《平定廓尔喀得胜图》之《攻克帕朗古之图》

清军连夜分兵两路，一路由横河上游搭桥过河拟进攻集木集山；另一路主路由福康安督率，七月初三日晨至横河北岸，夺取桥座。自辰至午，战况极其惨烈，廓军不敌，拆桥未果，退至南岸，清军竞相过桥，攻下桥南碉卡。横河上游一路清军，也过河得手，两路会合，福康安即过河总领两路进攻。

适值大雨倾注，山崖险滑，直上 20 余里，将近木城，山势更陡，清军冒着枪林弹雨仰攻，无大石密林可以藏身，只好撤回山下。廓军下扑，集木集山梁上的另支廓军，也接应从旁抄下，欲夺回大桥断绝清军退路。而横河与大河汇合处的大河西岸又有一支廓军，隔河放枪助攻。这三支廓军，不下七八千人，福康安等陷入了重围，参赞台斐英阿中枪身亡。

第七章 珠峰之战

清军在攻夺甲尔古拉山一战中失利。越过甲尔古拉山，就是此山进据 Nayakot 的地方，前去廓京加德满都仅 32 千米。清军可谓功亏一篑。

七月八日，福康安接到廓国王的信，语气谦卑，答应交出从前私立的合同文件、抢走的扎什伦布寺财物，红帽喇嘛夏玛巴的骨殖及其徒弟、随从、财产，唯本人畏惧被拘押，不敢亲来大营。

七月十七日，廓小头人巴拉巴都尔哈瓦斯再来清营，呈交过去的大小合同两纸，红帽喇嘛夏玛巴骨殖及私物，随侍夏玛巴的男女喇嘛、跟役等数名，附呈廓王十四日的一信，说扎什伦布寺的物件正在逐一清点，即行交送。

七月二十七日，廓国王又遣头目塔曼萨野来营，携二十五日写的禀文称，抢来的扎什伦布寺的物件，沿途遗失了很多，又被头人兵丁私匿，虽经查惩交出，余数有限，元宝银两也部分融化为银钱流通使用了，现将剩余的物件银两查点交出，不敢隐瞒一件（交还物件中有第六辈班禅喇嘛的金册）。夏玛巴的妻室前于中途逃逸，现已缉获，一并送交。现已备办表文贡品，如蒙准许，即派大头人携带进京请罪。

就廓方来营求和之际，乾隆皇帝指示在藏诸大臣，乘九月中旬冰雪封山之前藏事撤兵。令福康安筹酌，如实在万难进取，不妨据实奏明，受降完事。

乾隆五十七年八月八日（1792 年 9 月 23 日），廓尔喀遣大头人第乌达特塔巴等 4 人，带着呈大将军的禀文和上皇帝的表文，来到大营，两份文件内容基本相同，除重复以前的禀文内容外，还报告去年抢掠后藏的廓军归途上在雪山冻死 2300 余人，今年在大军攻剿下又死了三四千人，阖部震恐，懊悔自怨，此皆是误信夏玛巴之过，请求再度归诚，不敢反复，云国王本应亲身朝觐，唯年齿尚幼，欲派王叔赴京，又因身旁办事无人，不能远离，现拟派第乌达特塔巴等大头人恭赍表文，代为觐见大皇帝，并准备乐工及驯象、番马、方物等件，随从带往，恳求赏收。今后拟五年一贡。

福康安在训斥来使一番后，表示当据实上奏，并暂将各兵撤回。在随后的上奏中肯定了廓方的诚意，提出若等候谕旨到来再行班师，计期已在十月中旬，兵丁触染疫病者更多，不能久驻，且藏界早寒，万一边界封山，更难撤退。故拟带领各兵分起缓撤，并通知聂拉木一路成德等官兵也撤退。

八月十三日，廓国王遣头人送来牛羊米酒，犒劳清军。福康安告诉他们，表文及贡品单都已送走。

八月十九日，廓国王禀告已经知悉将军准为代奏，实在感激，并称：从此不再向济咙收取鹰支马匹、不敢再提以往合同的内容及新旧银钱的兑换比例，将本属于西藏的扎木地方交还等，又命所遣第乌达特塔巴过藏时面见达赖喇嘛、班禅额尔德尼谢罪，并拟于皇帝准降后差人赴藏呈送礼物。福康安同意，且告知定于八月二十一日（1792年10月6日）班师。

八月二十一日，福康安等开始从帕朗古撤军，二十六日成德由利底撤军。九月初四，福康安率全军撤回济咙。

乾隆五十七年（1792）廓尔喀战败请降，福康安代表清廷着手两国定界事宜。此前，他派总兵穆克登阿，勘定西藏的边界西段与廓尔喀相接要隘。西边以"济咙"外之热索桥、东边以"聂拉木外扎木地方之铁镇桥"为界。

乾隆五十八年（1793），中尼边界划界大致完成，所定界标在今日中尼边界的有12处，其他当时属中锡边界的有四处，作木朗（现尼泊尔胡姆拉县）及洛敏汤（原属西藏，现在尼泊尔境内）有六处。

福康安此次定界是中尼首次定界，福康安派穆克登与西藏第巴同赴边地，定界事宜得到廓尔喀国王的认可。乾隆末年，中尼定界成为中尼边界史上的重要里程碑。1961年中尼勘界，也以此定界为基础，两国尊重已有的传统边界线，提出"全部中尼边界以现有的传统习惯线为基础，通过友好协商科学地画出和正式标定"的原则，圆满地解决了中尼边界问题。

乾隆五十九年三月到五月，和琳带游击张志林巡边时，在西段与廓尔喀、作木朗、洛敏汤，东段与哲孟雄（锡金）、布噜克巴（不丹）各交界处，重立界石标志划清。

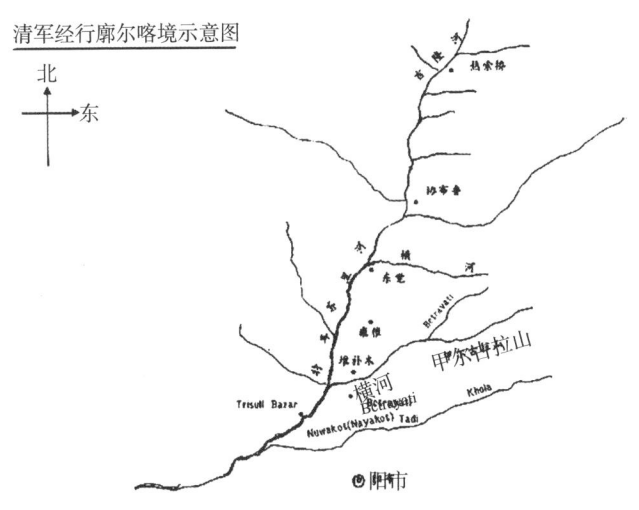

清军行经廓尔喀境示意图

（参考 Ludwig F Stiller. The Rise of the House of Gorkhe. Kathmandu，1975.P.205 图制作，增补地名汉译文）

十月初三日，福康安、惠龄抵扎什伦布寺，初五日晤见班禅喇嘛。十五日到拉萨，达赖喇嘛闻讯先期下山，到距布达拉10余里外迎接。福康安在拉萨住了4个多月，与惠龄、孙士毅、和琳筹商，拟定善后章程，对西藏地方的军政大局做出了重大的改革与建设。又于布达拉山前，康熙帝碑侧，建立了乾隆帝撰《十全记》满汉蒙藏四体字碑。乾隆五十八年二月二十五日，福康安离开西藏。

从乾隆五十六年十一月成德带兵自川进藏，到此时清军凯旋经过拉萨，共16个月，清廷调动东北、西北、西南兵力，有满、汉、藏、蒙、鄂伦春、达斡尔各族参加，越过世界上最高的喜马拉雅山，完成援救西藏一役，牺牲人数不详，军费估算耗银285万5638两。

《平定廓尔喀得胜图》之《廓尔喀陪臣至京》

1855：第三战

1855 年至 1856 年，清咸丰年间，廓尔喀又一次入侵西藏，即第三次廓尔喀侵藏战争。

1814 年，英国发动了英尼战争，入侵廓尔喀，清廷无力发兵援救。尼泊尔战败求和，此后逐步成为英国的保护国。1846 年，拉其普特人荣格·巴哈杜尔·拉纳在英国的支持下掌握了尼泊尔的军政大权，成为世袭首相，史称拉纳王朝。

在英国东印度公司挑唆下，廓尔喀的国王和大臣，从 1842 年起，多次致函清朝驻藏大臣，提出无理要求，都被驻藏大臣拒绝。

咸丰五年（1855）初，廓尔喀派人到吉隆，煽动百姓，企图强占吉隆。西藏派噶伦夏扎和驻藏大臣属下粮务张琪等人，以到定日查办案件为名，进行震慑和准备。但是廓尔喀人我行我素，没有停止入侵的脚步。1855 年 3 月 23 日，廓军以西藏官吏在边境多收廓尔喀商税等借口，公然撕毁"永不侵藏"的誓约，派兵数千人分数路入侵西藏。

第七章 珠峰之战

廓尔喀军人

4月初廓军占领了济咙和聂拉木，4月29日又攻占了宗喀。这时清廷所调昌都、类乌齐等处兵士还未齐集，又急调四川屯兵三千入藏，察看情况。5月14日、22日，廓尔喀继续增兵，又占据了阿里地区的普兰宗和后藏地区的绒辖地方，企图消灭驻扎的清军。

加德满都的廓尔喀旧王宫

6月1日，清廷驻藏大臣赫特贺，来到协噶尔与廓尔喀代表会面。廓尔喀提出，西藏给予廓尔喀一万五千两银子的赔偿，遭到拒绝。

1855年11月初，噶伦才旦率领藏军反击廓尔喀人，杀死廓尔喀军数百人，将帕嘉岭的廓尔喀军队歼灭，接着又收复了聂拉木，包围了宗噶，攻克了绒辖。12月底，廓尔喀又从国内征集七千军兵增援，援兵直扑聂拉木，再次击败藏军占据聂拉木，战事又告停顿。

至此，由于西藏军民奋起抗击侵略，清廷又陆续增兵，再加天气严寒，廓尔喀人听说前后藏和康区在抽调成千上万的军民前来参战，色拉寺、哲蚌寺、甘丹寺也派出大批僧兵前来，而且即将入冬，不便征战，继续作战对己不利，故遣人呈送禀帖，要求和谈。

当时内地正值太平天国起义，清朝无力顾及反击廓尔喀之事。只由驻藏大臣从前藏抽调汉藏僧俗军两千人，来到后藏增援。并让四川总督派出康区军兵，前来支援。但由于路途遥远，力不从心，未能在军事上取得胜利，被迫接受和谈。

咸丰六年（1856）三月，西藏方面派出噶伦夏扎和各大寺院的代表前去尼泊尔参加和谈。中、尼双方，在尼泊尔的塔帕塔利（Thapathali）订立和约。条约共十条，要点为：西藏每年向尼泊尔王室支付一万卢比。尼泊尔、西藏共同尊奉中国大皇帝。西藏为佛教圣地，若遇外国入侵，尼泊尔须派兵援救。西藏不得对尼泊尔人征收贸易、过境等税。尼泊尔向拉萨派驻官方代表。尼泊尔人可在拉萨开设商铺，并得自由贸易。西藏、尼泊尔商人在对方境内犯法，由两方官员会同审讯，一方不得自行决断。西藏将在以前的冲突中俘获的锡克士兵交给廓尔喀。

由于军事力量薄弱，最后西藏派出的谈判代表方面不得不与廓尔喀签订了不平等的条约，由此才结束了第三次廓尔喀战争。此战之后，廓尔喀仍然沿袭惯例，五年一次派使者向清廷入贡。1908年（光绪三十四年），廓尔喀使者到北京入贡，正使噶箕被赏赐二品服，副使被赏赐四品服。这一次是廓尔喀使者在入贡时受到的最隆重的接待。这也是廓尔喀最后一次向清朝入贡。3年后，武昌起义爆发，辛亥革命成功。

第八章 生 灵

珠穆朗玛峰海拔 6000 多米的地带，即使空气微乎其微，动物仍然在顽强地生存，人可能会与它们不期而遇。

在珠穆朗玛峰北翼斜坡上的凹缝和裂隙之中，可以见到被称为"喜马拉雅跳蛛"的 Euophrysomnisuperstes（意为"万物之上"）蜘蛛，这些蜘蛛是世界上居住海拔最高的永久居民之一。

珠峰蜘蛛（Mountain Spiders）

珠峰小蜘蛛以被强风吹上山的迷途昆虫为食。除了一些品种独特的鸟之外，这些跳蛛可以说是生活在如此高海拔地区的唯一动物。1924 年，英国珠峰登山探险队队员、博物学家欣斯顿，在珠峰北坡海拔 6700 米（22000 英尺）的地方，发现了峰上蜘蛛（Mountain Spiders），并且采集到了跳蛛样本，这些样本至今还陈列在英国自然历史博物馆（British Natural History Museum）。

珠峰简史

雪山、深谷、河流、湖泊、冰川、沙漠……珠穆朗玛峰地区，世界生物地理区域中最为特殊的地域。复杂的地质环境，强烈的构造运动，构成了珠峰地区独具特色的地貌形态。在世界最年轻的青藏高原和喜马拉雅山脉腹地，珠穆朗玛峰地区生机勃勃，那里发现的每一种物种、每一个生灵，都在不断刷新着世界自然史的纪录。

1857年，鸟类学家斯克莱特（Sclater），根据各地鸟类的差别，将全球分为六大鸟区，这就是目前世界动物地理分区的滥觞。英国著名博物学家华莱士在1872年开始研究动物的地理分布概况时提出斯克莱特的全球六大区域不仅适用于鸟类，对于其他脊椎动物，特别是陆生脊椎动物也适用。从而在鸟类学研究的基础上，形成六大动物地理分区：古北界、新北界、新热带界、旧热带界、东洋界和大洋洲界。根据世界动物地理分区，中国动物地理区划，分属于古北界与东洋界。古北界与东洋界在中国境内的分界线，西起横断山脉北部，经过川北的岷山与陕南的秦岭，向东至淮河南岸，直抵长江口以北。

阿尔弗雷德·拉塞尔·华莱士，19世纪英国博物学家、探险家、地理学家、人类学家与生物学家

中国动物区系，根据陆栖脊椎动物特别是哺乳类和鸟类的分布情况，可以分为东北区、华北区、蒙新区、青藏区、西南区、华中区及华南区7个区。其中前4个区属于古北界，后3个区属于东洋界。

珠峰地区在青藏区内，高海拔让珠峰拥有了世界上落差最大的栖息地分布，海拔从1440～8844米，跨度高达7000余米，在同一纬度，高原与沟谷生物差异之大，令人难以想象。

在山脉南翼2200米以下的沟谷底，可以见到具有热带和亚热带明显特征的动物,如长尾太阳鸟、马来熊、长尾叶猴。再往上至2200～3100米的区域,就多出现亚热带和温带动物,如金钱豹、黑熊、小猫熊等。再往上3100～4000米,则多出现温带和亚寒带动物,如塔尔羊、黑鹇、虹雉等。到了珠峰北翼,则多属高原动物的"天下",如藏野驴、藏原羚、棕熊、黑颈鹤、藏雪鸡、雪豹等。

这一切,构成了动植物探索史上难以想象的局面:发现是常态,无发现是非常态。这一切,使珠峰成为生物学家的科考圣地。

生物学家们

早在 19 世纪，英国著名植物学家、探险家约瑟夫·达尔顿·胡克（J.D. Hooker）就曾有长达 3 年的喜马拉雅探险之旅。1848 年 10 月 27 日，在干城章嘉峰以西，胡克和他聘用的当地助手，穿越珠峰地区，从尼泊尔进入西藏。他成为第一个踏入西藏考察生物的欧洲科学家。1849 年 11 月 7 日，胡克再次从锡金进入西藏，采集杜鹃花等植物标本。

此后，俄、美、德、意、日、法、瑞典等国前后上百人，以不同名义和身份，进入西藏包括珠峰地区考察。

英国植物学家、生物地理学家、探险家约瑟夫·达尔顿·胡克

1924 年，宾利·比瑟姆（Bentley Beetham，1886～1963）加入第四次英国珠峰远征队，他是一位鸟类学家、摄影家、登山家。比瑟姆是因为爱鸟才喜欢登山的。他在攀岩运动中结识了萨默维尔（Somervell）并与其成为好友。1923 年，他与萨默维尔在六周时间内登上阿尔卑斯山的 32 座山峰。此后，萨默维尔推荐比瑟姆入选 1924 年英国珠峰远征队，那年比瑟姆 38 岁。登山途中，比瑟姆受到痢疾和坐骨神经痛的折磨，只到达了三号营地。但他在这里拍摄了大量珍贵的照片，那些照片被认为是"珠峰文化的重要历史见证"。1927 年，他入选皇家地理学会。比瑟姆于 1963 年去世。

第四次英国珠峰远征队里，有一位叫理查德·威廉·乔治·欣斯顿（Richard William George Hingston，1887～1966）的人，他是一位军医、博物学家。他从爱尔兰国立大学毕业后，加入印度医疗部队。第一次世界大战期间，曾在东非、法国和美索不达米亚服役，荣获过军功十字勋章。1914 年和 1916 年，曾在喜马拉雅山区探险，

1920年出版了《一位博物学家在喜马拉雅》（A Naturalist in Himalaya）。1922年，他当选皇家地理学会会员。

1924年，37岁的欣斯顿作为医生和博物学家加入英国珠峰远征队，期间他收集了10000种动物标本（绝大部分是昆虫标本）和500种植物标本。他在珠峰22000英尺的高度，发现了一种叫Black Attid的蜘蛛，那是迄今为止，人们发现的海拔最高的动物。

欣斯顿虽然不是职业登山家，但在1924年珠峰远征中，他到达了四号营地，在那里照顾得了雪盲的领队诺顿（Norton）。1927年，欣斯顿退役。随后，他参加了牛津大学组织的格陵兰岛探险和圭亚那探险。此后，他又去过非洲的罗得西亚、尼亚萨兰（Nyasaland）等地，在那里考察动物种群。1939年，52岁的欣斯顿再次应征入伍，直到1946年退役。1996年，他在爱尔兰的科克去世，享年79岁。

英国鸟类学家宾利·比瑟姆，1924年参加英国珠峰远征队，并拍摄了大量珍贵的照片

理查德·威廉·乔治·欣斯顿，军医、博物学家

从1958年起，一直到21世纪，大批中国科学家对珠峰地区的动植物进行了多次野外调查。考察的成果显示，珠峰地区食物链保存完好，生物多样性水平高，甚至可以媲美热带海岛。

2009年中国又一次启动了珠峰野生动植物资源科学考察，历时3年多，对这一地区的陆生野生动植物资源现状进行了详细调查和生态评估。华南濒危动物研究所、中国林业科学研究院、湖南师范大学和广东省博物馆负责野生动物资源考察。

优越的地理位置，使珠峰地区拥有多个自然地理区域的珍稀濒危物种，物种多样性非常丰富。目前，珠峰自然保护区已记录陆生野生脊椎动物共30目93科491种，占全中国脊椎动物2527种的19.4%，占西藏脊椎动物655种的75%，超过了西藏已知物种数的2/3。其中，国家Ⅰ级重点保护野生动物20种，国家Ⅱ级重点保护野生动物64种。列入世界自然保护联盟濒危物种红色名录濒危等级的9种。

珠峰特有物种资源丰富，如雪豹、喜山长尾叶猴、棕尾虹雉、黑鹇等，均为喜马拉雅特有物种，但其种群数量有限，且分布面积十分狭窄。

珠峰地区野生动物的野性之美，令人惊艳却又十分脆弱。生活在这里的众多生物，包括依赖湿地生存的黑颈鹤、仅在雪线附近活动的雪豹、栖息于高山草原的藏原羚等珍稀濒危物种，它们生息的环境，正处在脆弱的平衡状态之中。

生物的多样性，对于人类极其重要。脆弱的生态系统一旦受到破坏，基本无法恢复。

在藏南高原和中喜马拉雅山地两大自然地理单元中，那隐伏的野生动物世界的面纱，正在徐徐拉开。

栖　息

喜马拉雅山脉的动物，多数是可以在热带森林中找到的动物类型，也是那些适应了在较高海拔和较干燥地区的亚热带、山地和温带条件的动物类型。

树线，即天然森林垂直分布的上限。树线以上即为高山灌丛和草甸。树线高度依地理位置不同而不同，大致由赤道向极地逐渐降低。喜马拉雅山脉树线以上高度的动物，几乎完全由适应寒冷的当地特有物种构成，它们是在喜马拉雅山脉崛起后，从草原野生动物进化而来。树线以下，印度犀牛曾经在丘陵地带大量存在，现在濒临灭绝。麝和克什米尔鹿也在灭绝的边缘。

分布于喜马拉雅南翼山地的动物，种类比较丰富，如喜马拉雅黑熊、云豹、长尾叶猴、塔尔羊。大象、美洲野牛和犀牛，局限于尼泊尔南部低矮山麓森林覆盖的达赖（Tarai）地区中的湿地或沼泽地。在树线以上更高的地方，生存着雪豹、棕熊、赤熊猫（即小熊猫）和西藏牦牛。

珠峰北坡气候寒冷干燥，植被稀少，以半干旱高原灌丛、草原生态系统为主。严酷的自然环境使北坡物种相对单一，但含有较多的高原特有物种，如雪豹、黑颈鹤等，以及一些具有代表性的高原物种，如藏野驴、藏原羚、西藏沙蜥等。

珠峰地区最引人注目的标志性动物，当属中亚地区特有的雪豹。而漫山遍野被驯化牧养的牦牛，是珠峰地区重要的运输工具。树线以上的典型栖息动物，是多种类型的昆虫、蜘蛛和螨，它们是能够生活在高达6309米之地的仅有动物种类。在旧定日、佩枯错及其附近河谷地带海拔4700米左右的山地，生存着成群的野驴，与放牧的羊群共享草场。成群结队的藏原羚，在这里的草甸和河谷地带到处游荡。在珠峰的绒布寺和北坡登山大本营，以及定日县的强当日乌山谷，生长繁育着岩羊种群。在樟木的丛林中，可以见到敏捷的金钱豹。

据中国科学家的调查，珠穆朗玛峰地区，发现有高等植物2348种，哺乳动物、陆生野生脊椎动物490多种，鸟类近400种，两栖类动物大约50多种，鱼类10多种。其中，哺乳动物10目23科82种，占全国已记录645种的12.7%。

属东洋界的中国国家一类保护动物有长尾叶猴、熊猴、喜马拉雅塔尔羊、金钱豹、红胸角雉、棕尾虹雉、黑鹇。国家二类保护动物有小熊猫、黑熊、小爪水獭、丛林猫、金猫、喜马拉雅麝、赤鹿、斑羚、鬣羚、血雉等。

红外触发相机拍摄到的岩羊

属于古北界的中国国家一类保护动物有雪豹、藏野驴、黑颈鹤、玉带海雕。国家二类保护动物有藏原羚、盘羊、岩羊、猞猁、棕熊、马麝、藏雪鸡、喜山兀鹫、普通鵟、灰林鸮、短耳鸮。

珠峰南坡是高山峡谷湿润森林区，是典型的热带和亚热带气候，物种异常丰富，以具有代表性的喜马拉雅斑羚、赤鹿、火尾太阳鸟等物种居多，并含有较多的喜马拉雅特有物种，如喜山长尾叶猴、喜马拉雅塔尔羊等。珠峰南坡，动物种类之丰富、与人类接触距离之近，令人惊奇。

喜马拉雅山脉中段、拉轨岗日雪山南坡茂密的原始森林，在跨度海拔1400多米至4500多米的山体垂直气候带上，这里有堪称世界上最美丽的火尾太阳鸟、成年后双臂长出点点尖刺的西藏棘臂蛙、仅在西藏狭小地带分布的长尾叶猴家族，以及神出鬼没又幽灵般现身白云之下峭壁之上的红斑羚、全身金黄充满好奇的小熊猫……

在海拔2400米左右的落帮村，夏尔巴山地原住民们平时巡山时见过的野生动物有：狗熊，羚羊，小鹿，蝙蝠，猕猴，长尾叶猴，狐狸，豺，黑熊，棕熊，伶鼬，豹，雪豹，野猪，獐子，黄麂，豹猫，兔狲，鬣羚。

第八章 生灵

红外触发相机拍摄到的兔狲

与波曲河谷南侧的尼泊尔山地相比，北侧岗多为原始森林，林内落叶寂寂，苔藓横生，森林坡度平均30°～40°，而同样被印度洋暖湿气流常年浸润的尼泊尔山地，却部分开垦为梯田，露出大片空地。

横切喜马拉雅山脉的四条大沟，并非单一南北向，而是山体错杂，呈众多岔道分布。距樟木镇约18千米的德庆堂台地，波曲河河水汹涌。这里地形跨度2000～5000多米，从山下一路向上攀爬，可以明显看到随着海拔的变化，山脚先是分布着茂密的针阔混交林，再往上则渐变至针叶林、灌丛草甸带，以至最后在山腰宽广的台地可以上眺到头顶的皑皑雪山。

在波曲河岸峭壁上的原始森林中，性情温顺的小熊猫全身棕黄，拖着蓬松的大尾巴，在树上活动。这种单科单属的小熊猫，平时一般以箭竹笋、竹叶、苔藓、松萝和野果为食，偶尔也捕食小型动物。

在珠穆朗玛峰北坡，苍黄广袤的雪域高原在展示它的雄阔壮美之际，也显示了自然环境的严酷。雪山之下，高原之上，在十分艰苦的高原环境下，地理环境相对单一的喜马拉雅山脉北坡，野生动物种类急剧减少，而种群数量却大大增加。成群结队的藏野驴和藏原羚在此出没。散落在高原之上的大小湖泊，更成为鸟类的天堂。每年夏秋之季，藏野

179

驴开始在这里集群，近几年种群有扩大趋势。在整个北坡高原，在晨昏时分，随处可见藏野驴强健灵活的身影。它们大多集群出现，大的群落可达到三四十只。

在珠峰北坡，对牲畜危害最大的，不是雪豹，而是猞猁。它们每次总是成片咬死羊群，先吃一点肉，然后吸食所有刚咬死的羊的血，吸得饱饱的，直到自己根本无法走动，然后躺卧在羊圈里睡觉。这种面部看起来像猫却性情凶悍残忍的猞猁，一般栖息在海拔3500～4500米的高山森林、灌丛草原、高原草原、山地裸岩地带，它们善于爬树攀岩，还能游泳，除发情或哺乳期外，大多孤身神出鬼没，让牧人们防不胜防。

鼠兔形体稍大、活泼好动，乍看像老鼠，却又长着两只兔子的长耳朵以及一条短尾巴，模样机灵可爱，主要分布在有稀疏植被覆盖的砾石山坡以及湖边和盆地周围。

另一种毛色灰黄、形体较大的高原兔在珠峰北坡也屡屡现身。它们经常出现在砾岩山坡或陡峭山石间，如果伏地不动，其毛色与岩石几乎融为一体，无法分辨。

中国林业部门1989年组织的青藏高原珍稀野生动物调查结果表明，由于受畜牧业挤压，藏野驴分布区历史上出现大幅萎缩，种群一度向羌塘北部和西南更边远地区转移。但20世纪90年代初以来，民间普遍禁猎，致使保护区内藏野驴、藏原羚和岩羊数量重新回升。据相关调查资料，目前藏野驴在西藏的栖息面积共约45万平方千米，数量5万～6万只。藏原羚的栖息地约52万平方千米，数量多达近20万只。

雪　豹

生活在平均海拔5000多米雪线之上的喜马拉雅雪人，或许只是一个神秘传说。而同样生活在高山冰雪世界、号称"隐士"的山地生物多样性旗舰物种——雪豹，在珠峰地区内，却是一个真实存在。

在珠峰地区，传说曾有一位圣僧在一个山洞里修行。那年冬天异常寒冷，连下 18 天大雪，众人认为圣僧已死，前去寻找尸体，在山洞前发现了一只雪豹在吼叫。众人心想，圣僧或已葬豹腹中。进洞时，却看见圣僧在歌唱。众人问圣僧是否看到雪豹，修成正果的圣僧回答："我就是那只雪豹。"从此，生活在喜马拉雅山的雪豹，被当地佛教信徒尊为神物。

雪豹

珠峰雪豹保护中心发布的 2014 年雪豹研究成果显示，喜马拉雅山脉中段北坡广泛分布有雪豹。

雪豹（学名：Panthera uncia），是豹的一种，又称艾叶豹、打马热、荷叶豹。雪豹终年生活在高原地区的高山雪线一带，因其所处的生活环境而得名。在海拔五六千米高的崇山峻岭中，没有树林，也没有低矮的植物，雪豹大多生活在空旷地带，并且多岩石、岩缝的地形中，雪豹的体色恰恰也就适应了这样的生活环境。

雪豹体表为灰白色，略微显出一些浅灰和淡青色，体表上还有许多不显眼和不规则的黑色斑点、圈纹，显得华丽珍贵。雪豹的体色是动物学家所公认的猫科动物之中最美丽的一种。正是由于雪豹的这种体色与周围的环境特别协调，即使白天从它身边经过，也不易发觉，因此雪豹便于隐蔽猎食，这也是人们很难捕猎到雪豹的一个重要原因。

雪豹体长1.3米左右，体重30～50千克，体型大小与豹相似，但头比豹稍小。雪豹尾毛蓬松而肥大，长约1米，几乎与身体差不多长了。雪豹的体毛长且密又柔软，这也是雪豹极其耐寒的重要原因。

雪豹属于岩栖性动物，多栖息在高山的岩洞或岩石缝间，有固定的巢穴，而且居住数年不换，以致身上落下的毛在窝内铺得厚厚的。雪豹夜间活动多成对栖息，黄昏、黎明时也很活跃。白天在洞穴内，不外出，人们很难见到它，因此也很难捕到它。生活在高山上的雪豹，凶猛、机警、敏捷，弹跳能力极强，三四米高的岩石，雪豹跳上去如履平地，十几米宽的山涧一跃而过。

雪豹以岩羊、北山羊、盘羊等高原动物为主食，也捕食高原兔、旱獭、鼠类等小动物以及雪鸡、马鸡、虹雉等鸟类，在食物缺乏时也盗食家畜、家禽。其猎食往往采取伏击或偷袭的方法，常在野羊活动地区附近隐藏，由于身上的花纹色彩与裸岩块斑相似，故野羊难以辨别。待羊走近时，雪豹便一跃而起，扑倒猎物。雪豹进食时一般先食腹部、内脏，然后再吃肌肉，最后食头。食时用前爪抓肉，类似小猫，并以臼齿撕裂咬食。为了猎食，雪豹往往出去很远，常按一定的路线绕行于一个地区，需要许多天才能返回，这符合它的进食周期。雪豹饱食后可以一个星期不进食。

雪豹在袭击牧民的羊群时，总是先悄悄地潜伏在岩石峭壁的缝隙里，等牧民转身离开时再一声不响地实施伏击，而且一次只猎杀一只。这点与大面积屠杀、一次咬死一大片的狼完全不同。雪豹也吃植物，原因尚不清楚。

雪豹两岁多时性成熟，大约在二三月间发情，五六月间产仔，怀孕期大约为95～105天。一胎通常产2～3个仔。雪豹的寿命一般为20年左右。

雪豹目前主要分布在中国、蒙古、俄罗斯、巴基斯坦、印度、不丹、尼泊尔、阿富汗、塔吉克斯坦、哈萨克斯坦、乌兹别克斯坦、土库曼斯坦等12个国家，全球潜在雪豹生境面积约302万平方千米，其中60%在中国。

按国际组织预估，属濒临灭绝物种的雪豹目前共约3500～7200只，中国作为雪豹核心分布区，种群数量大概占了全球总数的1/3～1/2。中国雪豹从目前已知信息来看，主要分布在青藏高原雪线附近、新疆天山山脉、帕米尔高原、祁连山区等一带。在世界各地的动物园也有约600～700只雪豹。

中国是世界上雪豹数量最多的国家，雪豹栖息地有60%位于中国。在亨特和杰克逊1997年的调查中，中国的雪豹潜在栖息地高达1824316平方千米。雪豹栖息于中国的七个省或自治区，即青海、甘肃、四川、云南、新疆、西藏、内蒙古。

雪豹在中国的栖息地，约有586500平方千米分布在青藏高原上，其中在高原的南部、喜马拉雅的北边的珠穆朗玛自然保护区，有33910平方千米。假设平均密度为250～300平方千米，中国雪豹数量约为2000～2500只。

雪豹跟其他野生动物一样，由于栖息地破碎化、偷猎、食物短缺等原因，近数十年来，处境岌岌可危。雪豹一直是人狩猎和捕杀的对象。为了获取珍贵美丽的皮毛而猎杀雪豹，是它面临的最大威胁。雪豹的爪、牙、皮等，是传统的馈赠、收藏物品。在国际裘皮市场上，雪豹的皮毛有着极高的价格。一些国家的传统医学认为，雪豹的骨头可以治疗筋骨疼痛、风寒湿痹等症。猎捕雪豹可获得豹骨以入药。由于雪豹有固定的活动路线，偷猎者在其必经之路埋下铁夹，就可比较容易地将其捕获。这些原因，导致了雪豹偷猎贸易的屡禁不止，加速了其种群的濒危。

在20世纪，雪豹偷猎的数量巨大，对雪豹种群造成了很大破坏。20世纪60年代，用雪豹皮制作的成衣已在一些西方国家流行起来，人们认为拥有这样一件昂贵的毛皮大衣可以表现他们的身份、地位与权力。当时，每年猫科类动物皮毛制品的国际交易额高达3000万美元。

其中的暴利，让不少人铤而走险，猎杀雪豹。20世纪70年代的一系列公约和法律，对雪豹捕猎起到了遏制作用。然而，30年来，雪豹制品的非法贸易仍旧存在，贩卖雪豹皮的现象在尼泊尔的加德满都，中国的新疆、西藏等地时有发生。到了21世纪，雪豹贸易仍在继续。

一项从2004年7月开始的历时两年的调查显示，乌鲁木齐市五个大型市场均有雪豹皮、骨、爪子及其制品在出售，雪豹制品的交易几乎天天都在进行。喀什是世界上雪豹产品主要的集散地，曾有世界上最大的雪豹黑市之称。

目前，国际自然保护联盟已将雪豹列为濒危物种，国际濒危野生动植物贸易公约也将之收录进附录I，严格禁止国际间贸易。

2014年5月以来，珠峰雪豹保护中心共组织了三次野外科学考察，每次持续时间大约20天。科考队穿行在崇山峻岭间追踪雪豹，共发现雪豹足迹、粪便、刨痕、尿液和毛发等痕迹293处，架设的红外相机拍摄到近200张雪豹的实体照片。

珠峰雪豹保护中心在野外布设的红外自动触发照相机拍摄的雪豹图像

科考队还在雪豹栖息地周边针对野生动物肇事情况进行了入户调查，访谈人数超百人。结合野外调查、人兽冲突数据以及利用地理信息系统进行的雪豹潜在栖息地判别,雪豹在喜马拉雅山脉周边地区分布广泛。

中国国家二级重点保护野生动物岩羊是雪豹的主要猎物,目前在珠峰保护区种群庞大。仅在珠峰大本营就有一个数量在几十只的岩羊群,经常在登山者、观光客或者牛羊附近四五米的地方活动。岩羊数量的增加,有助于雪豹的繁衍。

海拔4200多米的定日县岗嘎镇拉孜村,位于大山之下、曲辖湿地旁边。44岁的拉孜村民次仁米玛投诉说,他家圈在山上过夜的羊群,受到了雪豹的袭击,10多只羊被咬死,他希望能得到政府补偿。事实上,近年来,在33810平方千米的珠峰保护区范围内,雪豹袭击牲畜的事件屡有发生。1995～2003年期间,3只雪豹偷袭羊圈,被当地牧民活捉。2009年春节期间,连日大雪封山,一只雪豹跳进定日县亚乃乡的一个牧民羊圈,咬死了十几只羊,次日一早被愤怒的村民用锄头当场打死。

珠峰保护区对雪豹多年来的"案底"进行分析,发现它经常出没的地点,主要集中在海拔4000～5300米雪线附近地区,如定结县的郭嘉乡、定日的绒辖沟一带、吉隆的贡当乡以及仁布县的羊卓雍措周边。

2002年,在美国西雅图召开的雪豹峰会上,全球雪豹网络机构成立。截至2006年,该机构已有20多个国家中的160多名团体与个人成员参与。

作为雪豹最重要的栖息地,中国近年也相继建立了珠峰保护区、甘肃东大山保护区、新疆塔什库尔干保护区等,着手保护雪豹以及其栖息环境。1992和2008年,中国还分别承办了两次国际雪豹保护研讨会,与全球雪豹保护者一道推动雪豹生存战略的施行。

从2010年起,西藏全自治区开始实施国家重点保护野生动物肇事补偿制度。起初,老百姓往往拿不出证据,赔付兑现率较低,后来自治区又向村这一级发放相机,一旦发生肇事行为,可叫村长去拍照,然后兑现补偿。

据聂拉木县粗略统计,就国家重点保护野生动物肇事赔偿一项,目前一年最多要赔200多只羊,其中雪豹与狼的肇事比例约各占一半。通常狼单次杀死的家畜少,但作案次数多;而雪豹恰恰相反,作案次数少,一年最多发生两三起,但后果往往十分严重。因雪豹造成损失的赔偿量,几乎占到全年赔付损失的2/3,但作案次数只有1/3。

导致雪豹濒危的诸多因素中,人类进行的各种开发行为,如采矿、修路、高密度放牧、城镇化建设等,都会直接破坏雪豹的栖息地环境,或间接影响雪豹下游食物链上生物量的增长,如岩羊、盘羊、北山羊、喜马拉雅塔尔羊、林麝、旱獭、鼠兔、高原兔、雉鹑等。一旦下游食物供应不上,作为顶级猎食者的雪豹一方面会成为牧民牲畜的"天敌",一方面也难免有灭绝的危险。

2014年5月25日到6月10日,珠峰雪豹保护中心组织北京林业大学野生动物研究所、华南濒危动物研究所、IBE影像生物多样性调查所的专家团队,在西藏珠峰保护区开展了为期14天的珠峰雪豹预调查。

2014年架设在珠穆朗玛峰地区的红外相机成功捕捉到了多张雪豹照片,截至2014年9月23日,44台红外触发相机拍摄到27次雪豹。图为在珠穆朗玛峰北坡首次拍摄到的雪豹。

第八章 生灵

此次调查在海拔5000米以上的野外，布设了44台红外自动触发照相机。从9月5日起，工作人员开始收集架设在珠峰保护区内的红外相机数据。根据回收到的红外相机数据发现，仅在5月31日至7月12日期间共拍摄到13次雪豹，共计78张雪豹照片。截至9月23日，44台红外触发相机拍摄到27次雪豹。

藏　狐

在珠峰地区，可以见到分布于高原地带的动物——藏狐。

珠峰地区的藏狐

藏狐主要分布于中国、印度、尼泊尔。藏狐在西藏分布较为广泛，仅藏东南的森林中未见其足迹。藏狐在青海、甘肃、新疆、云南西北部及四川西部也有分布。

藏狐（学名：Vulpes ferrilata），别名抄狐、草地狐，藏名博吉瓦玛。分布于青藏高原地带，分布高度多在海拔3400米以上，中型狐类，体长50～65厘米，体重4千克左右，尾长15～30厘米，背部为棕黄色，两侧及尾巴为银灰或灰蓝色，喜独居，通常在旱獭的洞穴居住，以野鼠、野兔、鸟类和水果为食。

藏狐有明显的窄淡红色鼻吻，头冠、颈、背部、四肢下部为浅红色。耳小，耳后茶色，耳内白色。下腹部为淡白色到淡灰色。尾蓬松，除尾尖白色外其余灰色。尾长近于头体总长的50%。上颌骨狭窄，牙齿发达，犬齿较长，眶前孔的前缘到吻尖的距离长于左右臼齿间的宽度。

藏狐见于海拔2000～5200米的高山草甸、高山草原、荒漠草原和山地的半干旱到干旱地区。藏狐喜独居，但也可见繁殖后与幼崽在一起的家庭群。藏狐主要在早晨和傍晚活动，但也见在全天的其他时间活动。藏狐通常在洞穴居住，洞穴见于大岩石基部、老的河岸线、低坡以及其他类似地点。巢穴有1～4个出口，洞口直径为25～35厘米。

藏狐以野鼠、野兔、鸟类和水果为食，主要食物为鼠兔和啮齿类。一项研究显示，藏狐的食物中95%为高原鼠兔（O. curzoniae）和小型啮齿类（松田鼠、高山鼠、苍鼠）；其余还有昆虫、羽毛和浆果。另一项研究显示藏狐的猎物还有沙蜥、高原兔、喜马拉雅旱獭、麝、岩羊和家畜。

藏狐的交配季开始于2月末至3月初，是单配制（一夫一妻制）动物，选定配偶则终身相伴，双方共同生活、捕食以及抚育后代。雌狐妊娠期约50～60天，每胎产2～5仔，4～5月幼崽诞生。出生后前几周，幼狐不会走出洞穴。8～10个月后进入成熟期。理想情况下的寿命为8～10年。

藏狐主食鼠类，对农牧业十分有利，是益兽。藏狐在防治草原有害类动物也有一定作用。藏狐已被列入《世界自然保护联盟濒危物种红色名录》（*The IUCN Red List*）：无危物种（LC），2008年评估。国家林业局2000年8月1日发布的《国家保护的有益的或者有重要经济、科学研究价值的陆生野生动物名录》，已将藏狐列入。

草甸上的藏狐

　　藏狐是北极狐的祖先。一个国际科研团队通过化石证据的研究表明，现存的北极狐 500 万年前起源于青藏高原。

　　过去一般认为，现存的北极圈哺乳动物起源于广袤的全北区（Holarctic，即北回归线以北的北半球大部分地区）。

　　王晓鸣、邓涛、李强和曾志杰等科学家组成的青藏科考团队，历经 15 年的野外考察和研究，揭秘了上新世青藏高原的冰期动物面貌，并揭示了这些动物与北极动物群的亲缘关系。

　　2011 年，青藏高原科研团队在美国《科学》杂志发表了西藏披毛犀化石的研究成果，并提出了更新世冰期部分大哺乳动物可能起源于青藏高原地区的"走出西藏"假说。

　　最新发表在《皇家学会学报 B 辑：生物科学》的研究，鉴别了一种在喜马拉雅山脉新发现的 300 万至 500 万年历史的藏狐（Vulpes qiuzhudingi），它很可能是现代北极狐（Vulpes lagopus）的祖先。

　　文章首席作者、美国加州洛杉矶自然历史博物馆的王晓鸣带领的包括地质学家和古生物学家的科学家小组，于 2010 年在西藏南部札达盆地发现了化石样本。王晓鸣等人以邱铸鼎先生命名这一犬科新种：邱氏狐（Vulpes qiuzhudingi）。

邱氏狐的下裂齿与现生北极狐同样有发育的切割功能，和其他杂食性更高的现生狐狸种类不同。邱氏狐的体型较北极狐大，通过降低表面积与体积的比率来减少热量的流失，更适应于寒冷气候。

邱氏狐的发现表明，青藏高原的化石群不仅包含披毛犀、岩羊、牦牛、藏羚羊以及雪豹的亲缘种，还有距喜马拉雅2000多千米以外的北极圈动物的代表——北极狐的早期类型。这一发现支持了这一观点，即现代北极地区动物的进化，可能与首批适应青藏高原高海拔地区寒冷环境的祖先存在密切的联系。

除了北极狐，研究小组还发现了披毛犀、三趾马、岩羊（Tibetan bharal）、藏羚羊、雪豹、獾和其他23个哺乳动物物种。

适应寒冷的更新世动物的起源，往往被认为在北极冻原或者其他寒冷的草原。研究小组的新发现，暗示了另一种可能的情景，也就是作者们所谓的"西藏以外"的假说。这一理论认为某些冰河世纪的巨型动物，主要是生活在北美的长毛象、剑齿虎和巨型树懒等，利用古代西藏作为"训练基地"以发展适应性，使得它们能够应付寒冷恶劣的环境条件。这些西藏祖先因此在大约260万至1万年前的冰河世纪，提前适应了寒冷的环境。

这一发现证明，青藏高原的隆起，不但对于全球气候有着重大影响，而且高原上的古动物群也和现在仍生存的动物的全球地理分布有着密不可分的关系。

长尾叶猴

长尾叶猴别名长尾猴，属于猴科，学名为Presbytis entellus。以几乎与身长相当甚或更长的尾部得名。长尾叶猴喜马拉雅亚种，仅仅分布在中、东喜马拉雅山区，目前估计数量为1000只左右。

第八章 生 灵

长尾叶猴

在喜马拉雅山脉的南坡地区，从低地到高山，都能看到长尾叶猴的身影。中国西藏珠峰地区的聂拉木、樟木、吉隆、朋曲河谷、西绒辖河谷以及亚东、墨脱、马藏布河谷、波曲河谷、吉隆河谷、门隅、洛渝等地，有喜马拉雅和亚东两个长尾叶猴的亚种。目前，已在西藏建立了江村、樟木沟自然保护区。长尾叶猴还见于喜马拉雅山中段的印度、尼泊尔、巴基斯坦，此外还有斯里兰卡。

长尾叶猴是叶猴中体型最大的一种，体长约70厘米，体重约20千克。尾长达100厘米以上。头部圆，吻部短，四肢都很长，尾巴更长，呈土灰色或灰棕色，幼小时非常可爱。

长尾叶猴体毛主要为黄褐色，背部、尾和大腿外侧颜色最深。初生时，毛色为棕黑色，到二至五个月大时成为浅灰色，随后逐渐变成黄褐色，成年才转成灰黄褐色。

长尾叶猴身披灰黄褐色长毛，头顶冠毛，如戴着一顶帽子一样，长相颇为潇洒。它的额部有一些灰白色的毛，呈旋状辐射，面颊上有一圈白色的毛，颏、喉为灰白色，耳朵和几乎裸露的面部为黑色，颊毛和眉毛发达，前额的毛发在眉上形成一个刘海。眉毛向前长出，也很长。

长尾叶猴有长长的后腿和长长的尾巴，尾长超过体长，当穿梭于地面时或在树枝上跳跃时，它们总是把长长的尾巴弯曲着高高地翘起来，显得十分神气。长尾叶猴跳跃的本领很高，常常一纵身就达 8 米以上，还能从 12 米高的树上轻松地跳到地面。

长尾叶猴主要栖息在海拔 2000～3000 米的中、高山地带的山地松林或杉林里，是地栖性较强的种类，每天 80% 的时间都是在地面上活动，由于冬天的积雪很厚，因此当地人也将其称为雪猴。

长尾叶猴平时喜欢结成十余只的小群或者接近 100 只的大群在一起活动，每天要花上 5 个小时来互相理毛。叫声比较低沉，经常发出"鸣波"的声音，既是成员之间联络的信号，又对相邻的其他种群起到占有领地的警告作用。

长尾叶猴常出没在河谷两旁林间的石崖上，但它们喜欢空旷地方，常集聚成大群，多达上百只。

长尾叶猴每个猴群各占一个活动范围，约 30～60 平方千米。各群的活动范围可以重叠，能非常和睦地相处，甚至在同一树上两群相遇，也不争斗。每群各有自己活动的中心区，包括睡觉的树、喜欢吃的树和水源。

行进中的长尾叶猴

猴群有的是清一色的雄猴群，有的为雌雄两性合群。如果单身雄猴闯进两性群，两性群的头猴会立即出击，驱赶这个闯入者。在雌雄两性群里，担任头猴的雄猴经常调换。这类雄猴摆出"高人一等"的姿态，欺凌屠弱，作威作福。不过小猴子则受优待，可免挨打受欺。

　　长尾叶猴觅食大多在早晨和黄昏进行，主要吃各种树叶枝芽，占食物总量的54%左右，取食的花朵约占食物的5%，果实约占37%。有的地方的长尾叶猴，旱季可以好几个月不饮水，因为除了从植物中摄取水分外，它们还能饮用自己的尿以解渴。

　　栖息在高山地区的长尾叶猴，雌猴每年4月份生产，在寒冬到来之前，幼崽便已经长大，基本能够独立生活了；而在热带地区生活的长尾叶猴，一年四季则均可以生育。新出生的幼崽为黑褐色，颜面部为粉色，与成体不同，3个月以后才变成黑色，雌性4岁达到性成熟，雄性则要到6岁才能性成熟。

　　长尾叶猴可树上生活，在地面上也能行走。杂食性，食物由树叶、野果和某些昆虫及脊椎动物组成。比其他叶猴更适应地栖，但也在树上觅食，并显得相当灵敏，偶尔有半臂跃和壮观的跳跃活动。

　　长尾叶猴集小群到大群，由单雄或多雄单元形成，成年雄性则有一个妻妾群。群体表现友好的理毛行为。母亲允许其他雌性搂抱或照顾自己的幼崽。多在4～5月产崽，雌猴妊娠期190～210天，每两年繁殖1胎，每胎1～2崽。

　　长尾叶猴被列入中国国家重点保护野生动物名录Ⅰ级（China Key List-Ⅰ）；被列入濒危野生动植物种国际贸易公约附录Ⅰ（CITES-Ⅰ）。

　　波曲河谷樟木段，是海拔约2500～4000米左右的雪山山腰地带。这里，有一群拖着一条比身体还长的长尾巴，额、颊、喉、颏均为白色的长尾叶猴，大大小小有40多只。

　　中国科学家在吉隆沟考察时发现，清晨和黄昏时，在屋顶上，在繁忙的公路甚至藏民居住点附近，都会有长尾叶猴的身影，由于长尾叶猴是群居的，因此可以看见几十只长尾叶猴一起蹲在树上的情形。当地居民与长尾叶猴混熟了，它们肚子饿了便偷偷跑进居民家，将家中桌子上的糌粑拿走。

野　驴

在珠峰地区的山地，常常可以见到成群驰骋的西藏野驴，让远道而来的旅人们大饱眼福。

西藏野驴，拉丁文名 Equus kiang，是奇蹄目、马科下一属，为青藏高原特有种，国家一级保护动物。

珠峰地区的西藏野驴

西藏野驴原产于青藏高原，主要分布在青海的玉树、果洛、海北和海西州，甘肃的阿克塞、肃南、肃北和玛曲，新疆的阿尔金山等地，西藏那曲地区西部，阿里地区和日喀则市的西北部，还有四川以及尼泊尔、巴基斯坦和印度北部。

西藏野驴体长可达 2 米多，头体长 182～214 厘米；尾长 32～45 厘米；肩高 132～142 厘米；重量 250～400 千克。雄性较大，四肢较粗，且前肢内侧均有圆形胼胝体，俗称"夜眼"，蹄较窄而高，可以说是"高头骏驴"。它们外形似骡，体形和蹄子都较家驴大许多，显得特别矫健魁伟。

西藏野驴头短而宽，吻部稍圆钝，耳壳长超过 170 毫米，鬣鬃短而直，尾鬃生于尾后半段或距尾端1/3段。吻部呈乳白色，体背呈棕色或暗棕色（夏毛略带黑色），胁毛色较深，可至深棕色，自肩部颈鬣的后端沿背脊至尾部，具明显较窄的棕褐色或黑褐色脊纹，俗称"背绒"，肩胛部外侧各有一条明显的褐色条纹，肩后侧面具典型的白色楔形斑，此斑的前腹角呈弧形，腹部及四肢内侧呈白色，腹部的淡色区域明显向体侧扩展，四肢外侧呈淡棕色，臀部的白色与周围的体色相混合而无明显的界限。成体夏毛较深。

西藏野驴为高原动物，栖居于海拔3600米至5400米的地带，警惕性高，擅长奔跑，喜群居生活，对寒冷、日晒和风雪均具有极强的耐受力，喜欢吃茅草、苔草和蒿类。

西藏野驴有集群活动的习性。在夏季，水草条件好和人为干扰少的地方，西藏野驴群体会很大。生活在新疆阿尔金山自然保护区的依夏克帕提湖边的西藏野驴群，大群的个体数常常在100多头到200多头之间。而在柴达木盆地北缘的哈尔腾盆地一带，通常是3到5头结小群活动，单独活动的野驴个体也比较常见。

西藏野驴集群奔跑之时，如山呼海啸，天摇地动，雄奇壮观无比。它们是善奔会跑的动物，会和马队赛跑嬉戏，和汽车赛跑游玩，还竟然和马队、汽车争高低，有时排成一字形，有时排人字形，有时排成之字形，直到跑到马队、汽车前面，才停下来，以骄傲的目光看着你。

每年的5月中旬开始，随着水草的丰盈，藏野驴胃口倍儿好，身体倍儿棒。到了8月中旬它们已经完成了"辞旧迎新"工作，换了一身新毛衣，个个腰肥臀圆了。这个季节也是藏野驴的"驴游"黄金季，他们会逐渐扩大活动范围，逐水草游移。

西藏野驴极耐干旱，可以数日不饮水。聪明的西藏野驴在干旱缺水的时候，会在河湾处选择地下水位高的地方"掘井"。它们用蹄在沙滩上刨出深半米左右的大水坑，当地牧民称为"驴井"。这些水坑除了它们自己饮用外，还为藏羚、藏原羚、鹅喉羚等动物提供了水源。

西藏野驴的听觉、嗅觉、视觉均很灵敏，能察觉距离自己数百米外的情况。若发现有人接近或敌害袭击，它们先是静静地抬头观望，凝视片刻，然后扬蹄疾跑。跑出一段距离后，觉得安全了，又停下站立观望，然后再跑。总是跑跑、停停、看看后再跑。

平时活动很有规律，清晨到水源处饮水，白天在草场上采食、休息，傍晚回到山地深处过夜。西藏野驴有随季节短距离迁移的习性，每天要游荡好几十千米的路程。在野驴经常活动的地方，未受到惊扰的西藏野驴移动时喜欢排成一路纵队，鱼贯而行。在草场、水源附近，经常沿着固定路线行走，在草地上留下特有的"驴径"。驴径宽约20厘米，纵横交错地伸向各处。

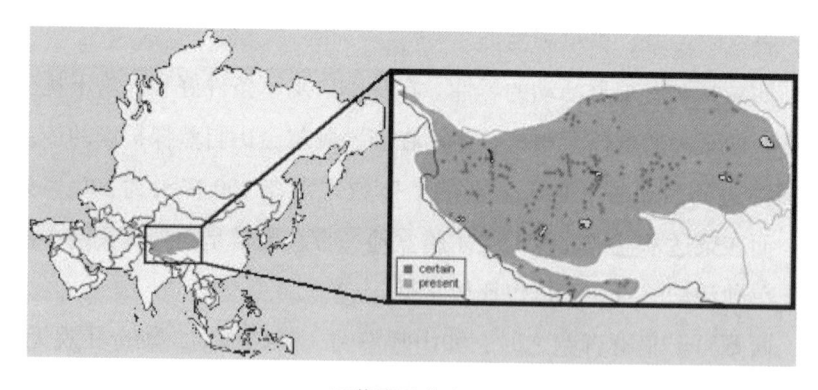

西藏野驴分布图

野生西藏野驴寿命在20岁左右。每年的7～12月份为西藏野驴的繁殖季节，雌性每胎产1崽，幼崽出生时体重可达35千克，3～4岁性成熟。每年8～9月份，西藏野驴进入繁殖交配期，此时，雄驴性情变得很凶，频频嘶叫。它们为争夺交配权时常发生激烈的咬斗。取得胜利的雄野驴控制着整个驴群的活动，哪只驴不听话，就对它又踢又咬。

西藏野驴对幼仔照顾得很周到，有人曾看到一群野驴过河时，一只小驴爬不上河岸，两只大野驴将它架在中间，用肩把小野驴推上岸的有趣行为。

野驴的主要天敌包括狼、雪豹和猞猁。

1989年时西藏野驴的数量约在5.6万头左右，1998年的总数接近8万头。近年来，由于保护措施得当，西藏野驴的种群数量逐年增加，达到了10万头以上。

西藏野驴也遭到人类过度放牧、淘金和违法偷猎等有意无意的侵袭干扰，导致其种群数量大大减少。据珠穆朗玛峰自然保护区的牧民称，成百上千头藏野驴在一起吃草休憩的壮观景象已经多年不见。

《濒危动植物种国际贸易公约》将西藏野驴列为第Ⅱ类受保护的动物，中国政府也将其列为一级重点保护动物，严禁捕杀。

喜马拉雅斑羚

珠峰地区的山地针叶林地带，三五成群的喜马拉雅斑羚，常在林间的陡峭崖坡出没。

喜马拉雅斑羚，是斑羚的喜马拉雅亚种（学名：Naemorhedus goral bedfordi），仅分布在珠峰地区与尼泊尔交界的狭窄地带。西藏约有3000只斑羚。

喜马拉雅斑羚外形似家养的山羊，但身体粗壮，四肢也粗短，重量35～42千克，体长95～130厘米，肩高约510毫米。颌下无须。具足腺，无鼠蹊腺。雌雄两性均具角，角长128～150毫米，横切面呈圆形，二角由头部向后上方斜向伸展，角尖略微下弯。

喜马拉雅斑羚蹄狭窄，吻鼻端裸露的面积较大，向后伸到鼻孔的后角。耳窄而直立。眶下腺退化，仅在其处有一小块裸皮。雌雄均具黑色角，角较细短，向后上方斜向伸出，略向后弯曲，两角基部十分靠近，相距约15毫米。角的远端尖而角面光滑，越往基部隆起的角环越加明显，背面隆起较高，腹面隆起低，在角表面有许多条沿角纵轴的细形凹线。

珠峰简史

吃草的喜马拉雅斑羚

喜马拉雅斑羚体毛丰厚，冬季绒毛甚发达。体毛一般为棕褐色，个体间有些差异，有的为深灰色，有的为棕褐色，整个身体的底绒均为灰色。背部有不太长的鬃毛，在背中央自枕部、颈部一直到尾有一条黑褐色带。额部、颔部及喉部棕黑色，颊部及耳背面棕灰色，耳内白色，耳尖棕黑色。尾基近灰棕色，尾端部及长尾毛呈棕黑色。四肢的毛较长，腿毛可达蹄上。

喜马拉雅斑羚头骨较窄而高，脑颅在顶骨处向下发展，使整个头骨后部向下弯。额骨与枕骨间形成一近直角的角度。双角在额骨后部两侧向后上方伸出，在骨角的外面套生有由表皮形成的角质角。鼻骨不十分长，呈三角形，前端锐尖，后角嵌入额骨。泪骨为上下窄、前后宽的长方形，其前上角与鼻骨的三角形顶角相接。上颌骨侧面观也似一上为顶角的三角形，其顶角与鼻骨顶角接近。前颌骨较短，其上端背缘与鼻骨相隔很远。腭骨腹面中央骨缝处，尤其是后部有明显的向腹面凸出的纵同崤突。

喜马拉雅斑羚特别善于攀岩，多栖息于远郊区县较高的山地森林，尤其喜欢栖息在其他动物与人类难以攀登的石砬子上，有的斑羚在一面为缓坡另一面为悬崖峭壁的山顶栖息。秋冬喜欢在向阳处，而夏季常在林下栖息。

喜马拉雅斑羚性情孤独，喜欢单独活动，或者结成 2～3 只的小群。冬天喜欢在阳光充足的山岩坡地晒太阳，夏季则隐身于树荫或岩崖下休息，其他季节常置身于孤峰悬崖之上。

喜马拉雅斑羚多在早晨和黄昏觅食活动，一般在固定的范围内。善于跳跃、攀登，在悬崖绝壁和深山幽谷之间奔走如履平川，即使纵身跳下 10 余米高的深涧也安然无恙。视觉、听觉极为灵敏，叫声似羊。受惊时常摇动两耳，以蹄踩地，发出"嘭、嘭"的响声，嘴里还发出尖锐的"嘘、嘘"声。如果危险临近，则迅速飞奔而逃。

喜马拉雅斑羚一般早晚觅食，以各种青草和灌木的嫩枝叶、果实以及苔藓等为食。吃食后到山谷溪流去喝水，白天隐蔽在视野开阔而又离取食地点不远的地方休息。为选择适宜的采食场所，常有季节性迁移，但在一处栖息较稳定，甚至排粪都在一个地点，有时堆积粪便达 10 多厘米厚。斑羚所吃食物全为植物，一年四季因环境中食物有变化而不同。早春到 5 月以林间的苔草等为主，夏季以羊草、蒿等草本植物及胡枝子等灌木的树叶、嫩枝芽为食，冬季以干草和树木的嫩枝及苔藓地衣等为食。

喜马拉雅斑羚的繁殖力较差。一般幼兽到 1.5 岁时达到性成熟。秋后到初冬为发情期，妊娠期约 6 个月，次年 4～6 月产崽，通常一胎产 1 崽，偶有 2 崽，幼兽惯称羔羊，幼稚态很短，产下后几个小时就可站起来吃奶，哺乳期约两个月。寿命约 10 年左右。

第九章　鸟翔巅峰

地球最高峰珠穆朗玛峰，被人称为："鸟儿也飞不过去的山！"没有生物能够在珠峰绝顶长期生存。

其实，天生异禀的鸟类，早已具备了挑战珠穆朗玛峰的能力。每年都有数以万计的鸟儿，来到喜马拉雅山脉中段，飞越珠穆朗玛峰，进行着地球上最伟大、最艰难的飞翔。

飞越珠穆朗玛峰的鸟群

飞越珠峰，它们要面对的是最险峻的峰峦，最复杂的冰川积雪，最恶劣的气候环境，甚至还有最强大的天敌。

对于很多鸟儿来说，以坚强的翅膀，向世界之巅发起冲锋，这是它们一生中的第一次飞越，也可能是最后一次飞越。顽强而团结的鸟群团队，队形整齐，逆风而行，毫不畏惧地向上、向前飞翔，面对这世界上最高的冰山雪峰，以它们小小的身躯、振翅的节奏，在珠穆朗玛峰奏响了生命的凯歌。

喜马拉雅山中段的沟谷，堪称鸟类绝佳的繁殖地。这里食物充裕，鸟类不用担心人类的侵扰，甚至还可以免去长途迁徙之苦。

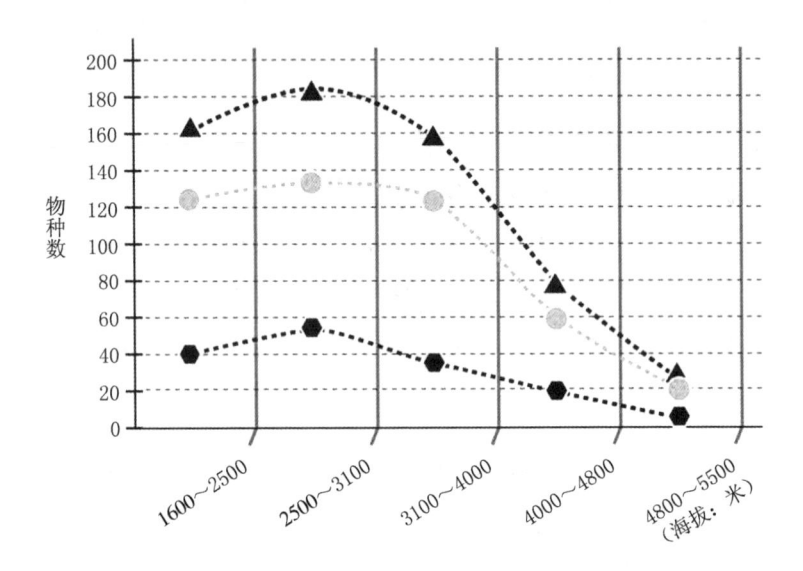

▲ 繁殖鸟
⬤ 留鸟
⬣ 夏候鸟

珠峰保护区及周边的繁殖鸟类垂直分布图

山地不同海拔高度的季节变化，为鸟类提供了多种可选择的栖息地。像火尾太阳鸟、蓝大翅鸲，夏季在高海拔的针叶林乃至灌丛草甸间繁殖，冬季垂直迁徙，下至低海拔丛林中躲避寒冷。

生态摄影师拍了大量的鸟类图像，其中红胸角雉等喜马拉雅山特有物种的照片尤为珍贵。

按照鸟类区系分析，在喜马拉雅山中段的南坡，海拔4000米以上古北界种类更为多见；在海拔3100米至海拔4000米间，东洋界区系的鸟类与古北界物种比例大致相等；随着海拔继续降低，东洋界的鸟类则成为主体。

在珠穆朗玛峰自然保护区范围内,记录到的鸟类已有400余种。随着越来越多的研究者与观鸟人来到喜马拉雅山中段山地,被发现的珠峰鸟类的数量,也在快速地增长。

珠峰简史

珠峰有多少种鸟？

2010年10月～2012年10月，受西藏珠峰自然保护区的委托，华南濒危动物研究所、中国林业科学研究院、湖南师范大学等单位组成考察队，对珠峰国家级自然保护区的野生动物资源进行了深入细致而广泛的野外考察，并针对保护区鸟类群落结构与多样性做了专题调查。

他们在珠穆朗玛峰国家级自然保护区全境范围内，采用样线法对鸟类进行了7次系统实地调查。按照《中国鸟类分布名录》中的划分鸟类区系成分方法以及东洋界物种、古北界物种和广布种的分类，以繁殖鸟（留鸟和夏候鸟）数据进行区系成分分析，对珠穆朗玛峰地区鸟类区系及其垂直分布特征开展调查。

他们调查时，以双筒望远镜及单筒望远镜观察为主，辅以鸣声辨别及摄影取证等手段。调查区域以海拔高度作为样线布设的标线，尽可能涵盖非冰雪带中所有生境类型。共设有样线66条，覆盖面积234.68千米，占珠峰保护区总面积的6.9‰。

在珠峰南坡以步行方式进行调查，在1800～5500米海拔范围内，共设样线49条，总长度为152.8千米，调查次数为1～3次，样线长度为2.5～5.0千米，单侧宽度为50米，速度为1～2千米每小时。

由于珠峰北坡地形开阔，面积大而物种少，为增大调查强度，他们以行车和步行两种方式进行，在海拔4000～6000米范围内，共设样线17条，总长度为283.1千米，调查次数为1～2次。每天调查时间为7：00～11：00和15：00～18：00，具体调查时间根据当地日出、日落时间及天气状况略做调整。采用GPS记录样线轨迹、海拔及鸟类发现地位置。

这次实地调查，野外共记录鸟类18目54科281种，结合历史文献资料共计18目62科390种，占西藏自治区已知鸟类种数473种的82.5%。其中，繁殖鸟共13目50科326种，留鸟和夏候鸟占主导地位，分别为232种和97种；旅鸟次之为60种；冬候鸟最少，为24种。部分鸟类兼具两种居留型。

蓑羽鹤

珠峰保护区北坡分布有鸟类13目31科115种，南坡14目54科326种，后者物种数明显高于前者。北坡留鸟、夏候鸟及旅鸟基本相当，分别为42种、36种及40种，冬候鸟13种。南坡留鸟最多，达22种，夏候鸟77种，旅鸟25种，冬候鸟12种。北坡以雁形目和鸻形目物种居多，而南坡物种组成复杂，雀形目鸟类占总数的60%以上。

在326种繁殖鸟中，东洋界物种数最多，为172种；古北界物种数次之，为113种；广布种最少，为41种。在繁殖鸟中所占的比例，分别为52.7%、34.7%及12.6%。

珠峰保护区南、北坡繁殖鸟的古北界及东洋界物种数比例差异明显。古北界物种在北坡占优势，有55种，为北坡物种数的71.4%。东洋界物种在南坡占优势，有168种，为南坡物种数的56.8%。

205

珠峰保护区南、北坡繁殖鸟东洋种、古北种和广布种的垂直分布模式差异明显。随着海拔的升高,东洋种种数持续下降,至4800～5500米,已无东洋种分布。古北种物种数分布曲线呈"钟形",广布种曲线平缓,且两者物种数均于3100～4000米达到最大值。东洋种和古北种种数于3100～4000米基本持平,分别为69种和67种。随着海拔的升高,东洋种所占比例持续下降;古北种比例持续上升,于4800～5500米达到最高值83.3%;广布种在海拔4000～4800米达到比例最大值。

随着海拔的上升,繁殖鸟物种数于2500～3100米达到最大值185种,留鸟和夏候鸟分别为133种和51种,于4800～5500米达到最小值24种,留鸟和夏候鸟分别为20种和4种。

调查记录了将近400种鸟类,说明珠峰保护区是西藏鸟类最丰富的地区之一。珠峰保护区的鸟类,主要集中于雀形目(鸫科、画眉科、莺科)、雁形目(鸭科)、隼形目(鹰科)、鸽形目(鸠科、鹬科)及䴕形目(啄木鸟科)。珠峰保护区内,留鸟和夏候鸟占主导地位。

研究发现珠峰保护区内有旅鸟60种,据此推测珠峰地区,甚至更广阔的喜马拉雅山脉南部沟谷,均为我国西部鸟类迁徙通道。

珠峰地区鸟类,具有突出的地域性特点。通过南、北坡鸟类物种对比结果显示,珠峰保护区南坡物种远比北坡丰富,并且珍稀、保护物种也较多。

南、北坡物种的差异,与南、北坡生态环境及气候的巨大差异有关。北坡垂直差异较小、生境简单和严酷的气候条件,应是造成物种相对贫乏的主要因素。

珠峰保护区的鸟类,东洋界物种数多于古北界,而东洋界物种又主要分布于南坡。珠峰南、北坡的物种组成和区系存在明显差异,北坡古北界物种占绝对优势,显示北坡属于古北界范围。

在南坡,随着海拔的上升,古北种和东洋种所占比例表现明显变化。海拔3100米以下东洋种占优势,4000米以上古北种占优势,而

3100～4000米之间，古北与东洋种数基本相当，分别为42.4%及43.7%。南坡3100～4000米，是古北界和东洋界的分界线所在位置。

东洋界和古北界在海拔梯度变化，显示出不同的模式，东洋界呈递减式下降，而古北界则符合中域理论模式，表明不同起源的物种在海拔梯度上的适应是不同的，受进化历史和环境适应的影响。

海拔3100米以下古北界物种比例大于4000米以上的东洋界物种比例，说明古北界物种向东洋界的渗透，优于东洋界物种向古北界的渗透。同时，也反映出高海拔分布物种对低海拔的适应，优于低海拔分布物种对高海拔的适应。

根据样线调查的数据统计，珠峰保护区鸟类多样性指数为2.4340，密度为每平方千米89只。南坡鸟类多样性指数为3.3983，密度为每平方千米189只。北坡鸟类多样性指数为1.8751，密度为每平方千米275只。

南坡的鸟类多样性明显高于北坡，但密度小于北坡；南坡的海拔跨度大，面积小，小气候类型多样，生态环境复杂，物种数多，但种群数量小，多样性指数、均匀度指数较高，而优势度指数较低。北坡地势平坦，面积大，海拔跨度小，小气候相对单一，生态环境也较简单，物种数量少，但种群数量大，多样性指数、均匀度指数较低，而优势度指数较高。

珠峰地区国家Ⅰ级保护的鸟类物种有玉带海雕、白尾海雕、金雕、胡兀鹫、红胸角雉、灰腹角雉、棕尾虹雉和黑颈鹤。属濒危等级的有猎隼；属近危等级的有秃鹫、白尾海雕、白眼潜鸭、红腹角雉、红胸角雉、长嘴剑鸻、黄腰响蜜䴕、灰头鸫等。

珠峰鸟类的群落结构与栖息地的气候、地形、地势及相关的植被类型密切相关，生态系统的多样性决定了鸟类群落结构的多样性。根据保护区内鸟类的分布、植被状况和地形气候特点，大致上可将保护区的鸟类群落划分为北坡和南坡两大群落、6种生态类型。北坡：荒漠、湿地—农田；南坡：灌丛—草甸、针叶林、针阔混交林、阔叶林。

荒漠群落，位于海拔 4800 米至雪线以下，气候干燥、酷冷，空气稀薄，地表绝大部分为石砾荒漠、冰川、溪流，还有少许村落、农田夹杂其间，主要包括珠峰大本营、卓奥友峰、希夏邦马峰大本营附近地域，局部有少量植被，以苔草、小蒿草为主。代表种类有藏雪鸡、岩鸽地山雀、角百灵、红嘴山鸦、棕颈雪雀等。优势种是角百灵、红嘴山鸦、岩鸽。

湿地—农田群落，在海拔 4000～4500 米之间，气候寒冷、干燥，实测昼夜温差可达 30º，地势较为平坦，多大风。主要包括保护区北坡朋曲河流域及周边草地、农田，代表种类是黑颈鹤、斑头雁、赤麻鸭、高原山鹑等，优势种是斑头雁、赤麻鸭、黑颈鹤。

灌丛—草甸群落，在海拔 4000～4800 米之间，包括日屋至曲雪唐嘎一带，代表种类有黄嘴山鸦、白眉朱雀，优势种是黄嘴山鸦。

针叶林群落在海拔 3500～4000 米之间，包括樟木镇德庆堂、绒辖乡至达仓村一带，代表种有普通朱雀、高山金翅（雀）、黑顶噪鹛、棕臀凤鹛、褐冠山雀、红头（长尾）山雀，优势种是普通朱雀、黑顶噪鹛。

针阔混交林群落在海拔 3000～3500 米之间，包括绒辖乡政府以下、樟木镇立新村以上林区及樟木镇至德庆堂河谷边缘、吉隆沟江村、吉布峡谷一带，代表种有高山兀鹫、雪鸽、点斑林鸽、鹰鹃、白颈鸫、煤山雀、火尾太阳鸟等，除烟腹毛脚燕因营巢区处在样线上，记录数量较多外，其他种类优势度不明显。

阔叶林群落海拔在 2000～3000 米之间，包括陈塘乡嘎玛沟、樟木镇雪布岗立新村以下区域、吉隆沟江村至热索桥一带，鸟类代表种有黑鹎、紫林鸽、大嘴乌鸦、短嘴山椒鸟、黄腹柳莺、红头噪鹛、黑顶奇鹛、黄颈凤鹛、紫啸鸫、红腹旋木雀、黑胸太阳鸟等，优势种是大嘴乌鸦、黄腹柳莺、黑顶奇鹛、黄颈凤鹛。

在动物地理区划上，珠峰保护区鸟类古北界鸟类约占 46%；东洋界鸟类约占38%；广布种约占16%。其中，黑颈鹤、藏雪鸡、高原山鹑、红胸角雉、灰腹角雉、棕尾虹雉、黑鹇、西藏毛腿沙鸡、长嘴百灵、地山雀、棕色林鸽、鸽岩鹨、红腹旋木雀、白腰雪雀、褐翅雪雀、棕颈雪雀、棕背雪雀、玫红眉朱雀、红头灰雀等为青藏高原特有种，喜马拉雅山脉是它们分布的最南缘。

距樟木镇约18千米的德庆堂台地，在一片向阳的开阔山谷，飞翔着堪称世界上最漂亮的小鸟——火尾太阳鸟。火尾太阳鸟，学名Aethopyga ignicauda，为太阳鸟科太阳鸟属的鸟类，是垂直迁移的候鸟，分布于印度至缅甸以及中国西南及西藏南部的亚高山针叶林至林线的林间空地，主要生活于海拔2000～3000米间的山地、沟谷或者村寨附近的次生阔叶林、开花的灌丛中。火尾太阳鸟是肉食类动物，颜色鲜艳，通常一只成年火尾太阳鸟身上有4种颜色。

喜马拉雅山脉的火尾太阳鸟，雄鸟头顶蓝色，下体鲜黄，腰中有一条特别猩红惹眼的长羽，如红飘带般在谷地上空游弋。雌鸟灰橄榄色外衣上，有一根嫩黄的腰带。

美丽的火尾太阳鸟

珠峰地区的"神鸟"黑颈鹤，是世界上唯一一种高原鹤类，也是藏民心目中神圣的大鸟。黑颈鹤，学名Black‐necked Crane，又名藏鹤、雁鹅、黑雁、干鹅，为鹤科大型涉禽，是世界上唯一生长、繁殖在高原的鹤。黑颈鹤体长110～120厘米，体重4～6千克；体羽灰白色，头部、前颈及飞羽黑色，尾羽褐黑色；头顶前方裸区呈暗红色，三级飞羽的羽片分散，当翅闭合时超过初级飞羽。

黑颈鹤

黑颈鹤栖息于海拔2500～5000米的高原的沼泽地、湖泊及河滩地带，主要以植物叶、根茎、荆三棱、块茎、水藻、玉米、沙粒为食。黑颈鹤夏季繁殖于克什米尔地区，以及中国西藏、青海、甘肃和四川北部一带，冬季迁至云贵地区2500～3500米的高原或山区越冬，少数还会飞越喜马拉雅山至不丹越冬。

科考队员在定日县、定结县、拉孜、波绒、琐作、色龙乡、日喀则周边乡村等地，利用沼泽、湖泊水草丰美，吸引黑颈鹤前来栖息，粗略估计，种群大概上千只。

黑颈鹤是候鸟，每年越冬时，一般都是十几只至几百只一起结伴往南飞。黑颈鹤很胆小，对人类敬而远之，它们很警惕，刚到越冬地总要在空中盘旋，直至认为安全了方徐徐降落。

翱翔高天

"黄鹄一举兮,知山川之纡曲。再举兮,知天地之圆方。"屈原在《楚辞》中吟诵的是正在高飞的大天鹅。

世界上什么鸟飞得最高?世界上的鸟能飞到多高?

鸟翔雪峰

1973年,曾有一只兀鹫在科特迪瓦约11278米的高空,与一架飞机相撞。万米翱翔,意味着有些鸟儿,能够飞越珠穆朗玛峰。

其实,能飞越喜马拉雅山的鸟类还不少呢。大雁飞越喜马拉雅山的飞行高度为9000米,它们可以在一万米的高空翱翔。棕头雁、大天鹅、高山兀鹫、蓑羽鹤,都是飞得极高的鸟类。它们都能飞越世界屋脊——珠穆朗玛峰。

天鹅是一种候鸟,冬天为了寻找食物而结队向南方迁徙。飞翔的天鹅长颈平直,微微上扬,双翼优雅地扇动,每年定期以9144米的高度飞越珠穆朗玛峰,是世界上飞得最高的鸟之一。有人甚至说,天鹅能飞在 17000 米的高空。

疣鼻天鹅的飞行高度，在鸟类中堪称出类拔萃，它可以飞越世界屋脊喜马拉雅山的珠穆朗玛峰，高度达 9000 米。

飞翔的大天鹅

老鹰、野鸭、信天翁等鹰类、雁鸭类，以及部分海鸟，都能利用气流，飞上万米高空，到达与飞机飞行高度一致的平流层。

翱翔喜马拉雅山，飞越珠穆朗玛峰，成为测量鸟儿高飞的标杆。在那里，它们的飞行高度，必须达到 9000 米以上，否则，就可能会撞在陡峭的冰崖上丧生。

疣鼻天鹅（学名:Cygnus olor）是一种大型的游禽，体长 1.25～1.5 米，脖颈细长，前额有一块瘤疣的突起，因此得名。它全身羽毛洁白，在水中游泳时，颈部弯曲而略似 "S" 形。嘴基有明显的球块，眼深为棕色，嘴橙为黄色，基部和球块为黑色，脚趾和蹼灰为黑色。疣鼻天鹅栖息于水草繁茂的河湾和开阔的湖面，以水生植物和水生小动物为食。疣鼻天鹅在地上行走拙笨，但极善游泳。飞行时也把头部伸直，但很少发出叫声，故又得名 "无声天鹅"。

疣鼻天鹅

疣鼻天鹅分布于欧洲、北非、亚洲中部与南部，属于中国国家二级保护动物。疣鼻天鹅主要栖息在水草丰盛的开阔湖泊、河湾、水塘、水库、海湾、沼泽和水流缓慢的河流及其岸边等地。每年9月底至10月中旬迁往南方越冬，春季多在2月中下旬北迁，均成小群和家族群迁飞，多沿湖泊、河流等水域进行，沿途不断停息。

在西伯利亚、蒙古和中国北方繁殖的疣鼻天鹅，每年春秋季都要在繁殖地和越冬地之间做上千千米的来回迁徙。疣鼻天鹅的繁殖地在中国新疆中部和北部，国外的越冬地之一是印度西北部。疣鼻天鹅在繁殖期过后，迁往越冬地的途中，有时是要飞过珠穆朗玛峰的。

金雕，学名 Aquila chrysaeto，属于鹰科，全长76～102厘米，翼展达2.3米，体重2～6.5千克，体长则可达1米，其腿爪上全部都有羽毛覆盖，是北半球上一种广为人知的大型猛禽。

金雕生活在草原、荒漠、河谷，特别是高山针叶林中，冬季亦常在山地丘陵和山脚平原地带活动，最高达到海拔4000米以上。白天常见在高山岩石峭壁之巅，以及空旷地区的高大树上歇息，或在荒山坡、墓地、灌丛等处捕食。

213

金雕

金雕善于翱翔和滑翔，常在高空中一边呈直线或圆圈状盘旋，一边俯视地面寻找猎物，两翅上举呈"V"状，用柔软而灵活的两翼和尾的变化来调节飞行的方向、高度、速度和飞行姿势。发现目标后，常以速度为每小时 300 千米之势从天而降，并在最后一刹那戛然止住扇动的翅膀，然后牢牢地抓住猎物的头部，将利爪戳进猎物的头骨，使其立即丧失性命。它捕食的猎物有数十种之多，如雁鸭类、雉鸡类、松鼠、狍子、鹿、山羊、狐狸、旱獭、野兔等，有时也吃鼠类等小型兽类。金雕飞遍全世界。喜马拉雅山脉也是它去过的地方。

大天鹅，学名 Cygnus cygnus，是世界上飞得最高的鸟类之一，能飞越世界屋脊——珠穆朗玛峰，最高飞行高度可达 9000 米以上。中国古代称大天鹅为鹄、鸿、鹤、鸿鹄、白鸿鹤、黄鹄、黄鹤等。大天鹅又叫白天鹅、鹄，是一种大型游禽，体长约 1.5 米，体重可超过 10 千克。全身羽毛白色，嘴多为黑色，上嘴部至鼻孔部为黄色。它们的头颈很长，约占体长的一半，在游泳时脖子经常伸直，两翅贴伏。由于它们优雅的体态，古往今来一直是美丽、纯真与善良的化身。

大天鹅在繁殖期喜欢栖息在开阔、食物丰富的浅水水域中，如富有水生植物的湖泊、水塘和流速缓慢的河流，特别是在针叶林带，最喜桦树林带和无林的高原湖泊与水塘，冬季则主要栖息在多草的大型湖泊、

水库、水塘、河流、海滩和开阔的农田地带。

高原风雪中的大天鹅

大天鹅每年的 9 月中下旬，开始离开繁殖地往越冬地迁徙，10 月下旬至 11 月初到达越冬地。翌年 2 月末 3 月初又离开越冬地往繁殖地迁徙，3 月末 4 月初到达繁殖地。它们迁徙时，常成 6～20 多只的小群或家族群迁飞，队列常成"一"字形、"人"字形或"V"字形，边飞边鸣，鸣声响亮。

大天鹅保持着一种稀有的"终身伴侣制"，在南方越冬时不论是取食或休息都成双成对。雌天鹅在产卵时，雄天鹅在旁边守卫着，遇到敌害时，它拍打翅膀上前迎敌，勇敢地与对方搏斗。它们不仅在繁殖期彼此互相帮助，平时也是成双成对，如果一只死亡，另一只也确能为之"守节"，终生单独生活。

全世界大天鹅总的种群数量在 10 万只左右。据世界水禽研究局（IWRB）1990 年组织的亚洲隆冬水鸟调查，在中国仅见到大天鹅 474 只。在冰岛，大天鹅的种群数量已达 16700 只，在北海和波罗的海有 14000 只，在里海和黑海有 25000 只，在日本亦增加到 25332 只。

喜马拉雅兀鹫，也叫高山兀鹫，别名老雕、臭雕、死马雕，在生物分类上属于鸟纲隼形目鹰科兀鹫属。1960年和1975年，中国登山队两次从北坡登上了珠穆朗玛峰。在这座世界最高峰上，登山队员们亲眼看到喜马拉雅兀鹫在天空中飞翔。喜马拉雅兀鹫是典型的高原鸟类，中国体形最大的一种猛禽，被藏族人尊为"神鹰"。中国主要分布在云南省西北部、青藏高原及附近地区，包括云南、四川、西藏、新疆等地。头、颈有白色细绒羽，体羽为棕褐色，体长约为120厘米左右，站立时身高可以达到80～90厘米，体重8～12千克，两翅张开宽达2～3米，飞翔时两翼展开成一条直线，没有弧度。

喜马拉雅兀鹫

喜马拉雅兀鹫是冬候鸟，夏天在青藏高原及毗邻地区繁殖，秋季迁到滇东北、滇西北或更南地区越冬。在西藏分布非常广泛，相对集中在拉萨、日喀则、那曲、类乌齐、昌都等地，时常活动于迁徙动物路经的山口通道上，寻觅倒毙的家畜。它们的巢筑在悬崖峭壁上突出的石缝中，有的地方竟能看到五六个巢集中在一起。

公元4世纪佛教传入西藏之后，受释迦牟尼传记中"舍身饲虎"故事的启迪，公元7世纪后西藏形成了一种特殊的丧葬形式——天葬。藏族同胞认为通过这种"人生的最后一次施舍",死者的灵魂便随着高山兀鹫飞升到佛国的天堂,在佛的安排下重新转世。所以,天葬的执行者高山兀鹫受到藏民的钟爱,乃至敬畏有加。

一位新西兰的登山爱好者乔治·罗威（george lowe）说,他曾在珠穆朗玛峰的山顶8844.43米的高度,见到过飞行的大雁。斑头雁是大雁的一种,已经让生物学家们着迷了数十年。它们的生理壮举让科学家们感觉不可思议,在它们飞行的海拔高度,空气中的氧气含量不足海平面的10%。

斑头雁,拉丁学名Anserindicus,是中型雁类,体长62～85厘米,体重2～3千克。通体大都灰褐色,头和颈侧白色,头顶有二道黑色带斑,在白色头上极为醒目。

斑头雁分布于中亚克什米尔及蒙古国,越冬在印度、巴基斯坦、缅甸和中国云南等地,性喜集群,繁殖在高原湖泊,尤喜咸水湖,也选择淡水湖和开阔而多沼泽地带。越冬在低地湖泊、河流和沼泽地。繁殖期、越冬期和迁徙季节,均成群活动。

斑头雁

斑头雁的繁殖地在青海、西藏和新疆西部，它的过冬地之一也在印度。3月中旬，斑头雁开始从中国南部越冬地迁往北部和西北部繁殖地，到达繁殖地的时间最早在3月末至4月初，在迁徙过程中会飞越珠穆朗玛峰。秋季南迁在9月初开始，一直持续到10月中下旬。

斑头雁为什么能够飞越珠穆朗玛峰？这主要是因为与其他鸟类相比，它体内的红细胞与氧结合的速度要快，可以承受仅有海平面上30%的氧气浓度，它们的血红蛋白的α亚基发生变异，导致他们的血红蛋白可以迅速地与氧结合，这是对高原生活的一种适应。

威尔士班戈大学的研究团队，借助GPS追踪器记录下一只斑头雁在2.4万英尺高空飞行的数据。研究人员在蒙古中部捕获了7只斑头雁，并借助植入性追踪器同时测量了它们的加速度、体温和心率，计算出它们的能量损耗，并追踪到斑头雁的"过山车式飞行模式"。

斑头雁上升和下降看起来有点浪费，独特的追踪器揭开了其中的奥秘。班戈大学的团队负责人查尔斯·毕晓普（Charles Bishop）博士说："当我们观察心率数据时，心率会随着海拔高度的上升而加快，因此在高空飞行是相当困难的。我们推断，如果斑头雁飞到海拔6000米的高度并待在那里，那么它们损耗的能量将超过在地面的损耗。"

斑头雁似乎也借助风的力量，获得额外的浮力。更为引人注目的是，它们似乎并未获得任何顺风的帮助，而且也从不滑翔。毕晓普博士说："它们永远都不会停止拍打翅膀，我们追踪的一次飞行时间长达17个小时。"扑翼飞行是一种损耗能量的行为，而且在高海拔区域的稀薄空气中，获得浮力会变得更具挑战。

斑头雁或许代表了鸟类所能达到的极限，它们已经找到了穿过世界最长、最高大陆块的一种相对简单的方式。它们不需要培训或者适应，它们能够在珠穆朗玛峰顶飞行，而且毫无问题。

丘鹬（学名 Scolopaxrusticola）为鹬科丘鹬属的鸟类。是一种中小型涉水禽鸟，分布于亚欧大陆温带和亚北极地区。丘鹬是夜行性的森林鸟，白天隐蔽，伏于地面，夜晚飞至开阔地进食。

第九章 鸟翔巅峰

小丘鹬

鹬鸟多为迁徙鸟类，善于飞行，种类也非常多，是涉禽最大的一类，多达29属77种，常在北方繁殖，去南方过冬，迁徙季节喜结群。善于长途迁飞，飞行姿势头颈前伸，双脚向后伸直。

丘鹬

能飞行的鸟类中，很多鸟速度很慢，但最慢的是小丘鹬，每小时飞行8千米，比长跑运动员还要慢。丘鹬以每小时8千米的缓慢飞行，而不失速，曾经被人称为"世界上飞得最慢的鸟儿"，但是它们勇气可嘉，是可以飞越珠峰的勇士。

蓑羽鹤传奇

《宋书·五行志》载:"雍熙四年(987)十月,知润州程文庆献鹤,颈毛如垂缨。"一千多年前这位官员所献之鹤,就是蓑羽鹤。

蓑羽鹤

蓑羽鹤,学名 Anthropoidesvirgo,体长 68～92 厘米,是最小的鹤类。蓑羽鹤的体羽多为石板灰色,背部有蓝灰色的蓑羽,脸颊两侧各生有一丛白色的长羽,蓬松地垂下,就像美女的鬓发。它们前颈和胸部的羽毛是黑色的,犹如松针般披散。

成年蓑羽鹤身高在 98 厘米左右,体型异常纤瘦,体长 76 厘米左右。因为身体大部分呈蓝灰色,头、颈、胸部为黑色,眼后有一簇白色的细羽向后延伸,鸟羽的茎状部分中空透明,成须状,延伸到头部两侧,胸中有长长下垂的特殊羽饰,颊部两侧各生有一丛白色长羽,蓬松分垂,状若披发,故称蓑羽鹤。

蓑羽鹤拥有一双修长笔直的腿以及长长的嘴、颈子。雌雄蓑羽鹤的区别不大，但从眼睛可以轻易辨别：雄鹤的虹膜是红色的，而雌鹤是橘黄色。由于天灾、天敌、疾病以及艰苦的迁徙，蓑羽鹤的寿命只有其他鹤的一半左右，约为 20 多年。

翱翔高空的蓑羽鹤

蓑羽鹤栖息于开阔平原草地、草甸沼泽、芦苇沼泽、苇塘、湖泊、河谷、半荒漠和高原湖泊草甸等各种环境中，有时也到农田地活动，特别是秋冬季节。栖地高度最高可达 5000 米左右的高原地区。蓑羽鹤成家族群或小群迁飞，飞行时呈"V"字编队，颈伸直，叫声如号角。

蓑羽鹤全球种群数，曾经达到的最多数目是 23 万～28 万只。蓑羽鹤在中国种群数量较少，总数估计为 4000～1 万只，属非常见珍稀鸟类。蓑羽鹤已被列入《中国濒危动物红皮书》（鸟类卷），也是国家二级重点保护动物。

蓑羽鹤分布于北非的突尼斯和阿尔及利亚（几乎绝种），西古北界的东南部至中亚及中国。蓑羽鹤繁殖于中国东北、内蒙古西部的鄂尔多斯高原及西北。蓑羽鹤迁徙时，经中国华北各地、青海和西藏，抵华南、华东及缅甸、印度和非洲东部越冬。越冬在西藏南部、印度北部。

有人说，珠穆朗玛峰是鸟儿飞不过的高山，但每年却有 5 万多只的蓑羽鹤在这里进行着地球上最艰难的迁徙，它们用自己娇小的身躯，为了生存，挑战着世界的最高峰。

瑞典皇家科学院的鸟类专家奇威格（Qiwei Ge）和他的助手，耗资千万美元，历经两年时间，从亚欧大陆中部和中国东北部广大地区，见证了蓑羽鹤万里大飞越。英国BBC据此拍摄的一部纪录片《我们的地球》，其中记录了蓑羽鹤飞越喜马拉雅山的壮观景象。

2005年10月下旬，俄罗斯卡尔梅克干草原上的绿草渐渐发黄枯萎，这里的蓑羽鹤，即将面临一年中最为艰难漫长的一次飞翔。它们要前往遥远的喜马拉雅山脉，从高高的珠穆朗玛峰顶飞过，到印度去越冬。在前后不到5分钟的时间里，整个草原上的蓑羽鹤集结完毕，腾空飞起，浩浩荡荡地往南迁徙。除了南迁它们没有其他的选择，否则就只能留在寒冷的草原上冻饿而死。它们飞过辽阔无际的草原，经过干燥阴冷的沙漠来到了离喜马拉雅山不远的地方。

在雪山附近，还时刻盘旋着凶猛的金雕。金雕以其突出的外观和敏捷有力的飞行而著名，生活在草原、荒漠、河谷，特别是高山针叶林中，冬季亦常在山地丘陵和山脚平原地带活动。白天常见在高山岩石峭壁之巅，可以飞翔到高海拔的山峰，常在高空中呈直线或圆圈状盘旋寻找猎物，是蓑羽鹤这种雁鸭类的天敌。

临近珠峰，漫天的蓑羽鹤开始不断上升飞翔。快接近峰顶时，忽然，一股强大的气流从山峰上席卷而来，阻挡了它们的去路，蓑羽鹤只好原路返回。在喜马拉雅山北麓继续停留，饥寒交迫、筋疲力尽的蓑羽鹤们，相拥在山腰稍作休憩，等待时机。运气不佳的时候，也有可能多停留好几天。等待风雪稍小的时候飞越过去。

新的一天，蓑羽鹤重新展翅而起，利用上升的暖气流帮助自己升高。可是和上次一样，它们又被一股强大的气流逼退。这样的状况一直在发生，蓑羽鹤们也一直没放弃。终于机会来临，有一天，蓑羽鹤飞过了珠穆朗玛峰。就在它们向下飞翔的时候，两只金雕偷袭，从旁边扑了上来。很快，一只年轻的蓑羽鹤被金雕隔离开，接着，第二只、第三只也掉了队……可是镜头聚焦下的鹤群依旧队形整齐，毫不畏惧地向前飞行。它们一直往前飞，好像什么事也没发生过，直至消失在喜马拉雅山脉南麓的密林中……

飞越珠峰的蓑羽鹤遇到一股强大的气流

飞越珠峰的蓑羽鹤

飞越珠峰的过程中，蓑羽鹤中途折返，看似中途退却，实为寻求机会，重整旗鼓；它们路遇"悍匪"金雕，不顾惜同伴性命，看似冷漠无情，实为能屈能伸，顾全大局。

经历了寒冷、暴风雪和金雕的猎杀，鹤群中会有四分之一的成员没能回到南方。据科学家估计，每年大约有 5 万只蓑羽鹤飞越珠峰，按这个比例，至少有 1 万多只蓑羽鹤会丧命在珠峰脚下，它们有的被冻死，有的在飞翔中体力不支掉进雪山，还有的落入了金雕的利爪……迁徙的幸存者最终会抵达印度北部地区，那里冬天的平均温度在 14℃ 左右，是蓑羽鹤们喜爱的乐园。

截至 2005 年 3 月中旬，官方提供的数据是：全球蓑羽鹤数量已从 20 世纪 90 年代初的 16 万只，下降到了不到 10 万只。

第十章　神秘的族群

　　尼泊尔出版的《新编尼泊尔史》记载："北部有谢尔帕（或舍尔巴）人、林布人、塔茶人，均属菩提亚族。他们有较悠久的历史，曾多次与加德满都王国进行战争，直到公元1482～1520年左右，才臣服并并入尼泊尔国土，他们的人民散居在中尼边界两侧。"

夏尔巴人

　　夏尔巴人（Sharpa），是一支散居在尼泊尔、中国、印度和不丹等国边境，喜马拉雅山脉南侧的族群，也称雪巴人、谢尔巴人。"夏尔"意为东方，夏尔巴的意思即东方来的人。

　　夏尔巴人主要分布在尼泊尔东北部的索卢（solu）、昆布（Khumbu）以及比贡、劳布吉、工巴雄、嘎里召、南岗里巴、东岗、巴岗一带，约有十多万人。一万二千多夏尔巴人生活在喜马拉雅山脉中国一侧，他们聚居于西藏境内的定结陈塘、樟木立新、雪布岗和定日绒辖等地。

传说一千年前，藏传佛教噶举派第二代祖师、密宗修行大师米拉日巴警告世人，不要蔑视或玷污珠穆朗玛峰。夏尔巴人认为，世界上最高的山就是珠穆朗玛峰，他们把珠峰看作是五位姐妹女神之一的居所。夏尔巴人真诚地认为山是神圣的地方，是神居住的地方。

夏尔巴人信奉藏传佛教，并且保留有较多的原始信仰。他们相信轮回转世之说，认为一生的苦乐都是神意的安排，一切吉凶祸福都有因果报应，所以要多修福德，尊神敬佛。他们很多人会念经，将佛教作为行动的准则。在夏尔巴聚居的地方，都有或大或小的寺庙，这些寺庙属各种不同的教派，主要是噶举、宁玛和萨迦派，信奉格鲁派的较少。

喇嘛在夏尔巴人中享有特殊地位，遇有疑难时，会请喇嘛念经占卜，遇天灾时，也会请喇嘛祈雨求晴，息风止雹。很多人以当喇嘛为人生的理想。

夏尔巴人认为一些神灵居住在岩洞中。他们在岩石上雕刻祈祷者，并在岩石上描绘山神。他们砌起嘛呢墙，堆砌石堆记下颂歌与咒语，向莲花座上的神致敬。

夏尔巴人最早在500年前，从青藏高原东部迁移过来，他们穿过喜马拉雅山上海拔5486.4米的楠格巴拉山口，进入尼泊尔，然后在喜马拉雅尼泊尔一侧的山脚下定居。在尼泊尔这个印度教的王国，只有那里有不到十万名的佛教徒。

居住在尼泊尔的夏尔巴人，约有三分之一生活在特莱平原（Terai），那里低湿潮热，适合种植甘蔗与水稻。今天，特莱的大多数人是夏尔巴混血儿。大部分夏尔巴人是农民。海拔高于3657.6米的山区，只适合种植马铃薯，其他经济作物可在海拔3657.6米以下种植。许多夏尔巴人既是商人又是牧人，他们穿过楠格巴拉山口到达西藏完成交易。

高山是夏尔巴人谋生和神话诞生的地方。高山给他们送来了水，灌溉着农地。草场为他们的牲畜提供了草和饮料，并出产草药。悬崖和峡谷为寻求情神寄托与信仰、寻求奇迹和思考的人们提供了庇护场所。因为高山的惠泽，夏尔巴人长期以来崇拜高山环境。

到 20 世纪早期，西方人为他们带来了一种新的工作方式，这里的经济结构被登山运动和商业贩运重新构建。

今天，过去从来不登山的夏尔巴人成了登山者，这不是出于选择，而是出于需要。夏尔巴人是强壮有力的登山者，他们比大多数人更适应高海拔，爬山更快。这可能是因为他们祖祖辈辈就在这样的海拔高度生活的缘故。许多夏尔巴人登山的收入，主要用于养家和供子女受教育。

在漫长复杂又神秘莫测的历史进程中，夏尔巴人虽然生活在不同的国度，却始终顽强地保持着自己独具特色的民族文化。

夏尔巴人有自己的语言，无文字，通用藏文。夏尔巴语与藏语大致相同，但也有差别。夏尔巴人还大都能说绒巴语（即尼泊尔山地人的语言）。中央民族大学 1972 年对夏尔巴语 110 个语汇的调查结果表明，夏尔巴语与藏语相同的词有 81 个，占 73.6%，语法结构与藏语相同。夏尔巴没有流传下来文字记载的史料和专门的文学作品，只有一些简单的口头传说和故事流传。

无论是尼泊尔境内的夏尔巴人，还是中国西藏地方的夏尔巴人，他们尽管现在国籍不同，但是语言文字、饮食服装、文化艺术、宗教信仰等各个方面均基本相同，可谓同族同源。

夏尔巴人从哪里来？这个神秘的族群的祖先是谁？

源于藏族

一部分专家认为，夏尔巴人的先祖源于藏族。出自西藏许多氏族的康巴人，在长期发展中，形成了夏尔巴人。

西藏"古代六氏族"之一的董族，在东迁康地的塞莫岗之后，在那里发展了许多新的家族，其中的一个分支，起名为夏尔巴。约在宋代，夏尔巴又伙同其他氏族后裔，西迁到珠穆朗玛峰北麓的定日。大概在元明时期，其中一部南迁到尼泊尔昆布一带。

夏尔巴人与藏族，在语言、风俗习惯、宗教、纪年方法、文字使用、人名称谓等方面，都有非常密切的关系。而今日聚居在尼泊尔昆布等地的夏尔巴人，与中国境内的夏尔巴人，历经岁月沧桑，又形成了有别于藏族的一系列特点。

尼泊尔夏尔巴学者桑结甸增喇嘛指出，夏尔巴的先祖木雅康巴，是"西藏六氏族"之一"董族"的亲属"格尔王"的后代。中国社会科学院民族研究学者黄颢认为，塞莫岗的木雅巴当属藏族，他们"约在宋代伙同其他氏族后裔西迁定日，大概在元明，其中一部分南迁夏尔康布或昆布。这些来自西藏许多家族的康巴，在长期发展中形成了夏尔巴。而定居定日的夏尔巴也是在同一个时期形成发展起来的"。这些木雅康巴，"且与住在其东部木雅热甫岗即今康定县折多山以西、乾宁以东地区的西夏后裔木雅人不同"。

从 1970 年起，居住在尼泊尔的夏尔巴人喇嘛桑结甸增的藏文著作陆续问世。从此，在关于夏尔巴人的研究领域里，出现了夏尔巴学者的看法。夏尔巴喇嘛桑结甸增的藏文著作，以西藏梵夹页藏文木刻版形式出现，共三部：《夏尔巴喇嘛桑结甸增传》《夏尔巴佛教史》和《夏尔巴先祖世系》。作者以其在西藏十年中收集的资料为根据，并结合夏尔巴人世代流传的古老传说，详叙了夏尔巴人的历史。这三部著作，都是桑结甸增用藏文写成的，1970 年在尼泊尔加德满都藏文木刻板印刷。后由法国人 W. Macdonaed 影印，收集在《夏尔巴社会组织与宗教研究文献汇编》一书之中，1971 年在巴黎出版。

据《夏尔巴先祖世系》载，夏尔巴最早是藏族的一支，并在"康地"即今四川甘孜藏族自治州金沙江一带得到发展。这一说法，与藏史《贤者喜宴》所记相同。

《贤者喜宴》，西藏佛教噶举派噶玛支系的第九世活佛巴卧·祖拉陈哇（1504～1566）所著，1564 年成书，内容包括世间形成、古印度简史、佛教产生及发展简况、印度王统、吐蕃王统史、各教派之兴起等。《夏尔巴先祖世系》的有关论述参考了此书。藏史《贤者喜宴》述说了藏族先民的来历。远古时期，在西藏泽当附近的山洞中修行的一只猕猴，与罗刹女成婚后生下了六个小猴，他们的后代发展出"六人种"，即塞 se、穆 rmu、董 ldong、东 stong、扎 dbra、珠 vdru 六氏族。夏尔巴人的祖先，就是出自"古代六氏族"中的董氏族，并在西藏东部的康区生息发展。

《夏尔巴先祖世系》认为，"前述西藏古代六氏族之一支，由出自董族的亲属祖先格尔杰官、仆及眷属人等前往康地，遂居于多康六岗中的塞莫岗"。诸多藏史文献印证了这一说法。

多康六岗，是藏民传统上对青海西南部、西藏东部、四川西部及云南迪庆州的藏区的统称。"多康"是藏语中的"安多"和"康"的合称，"岗"是藏语对两水之间高原的称呼，据《安多政教史》记载，六岗指的是：色莫岗、擦瓦岗、马康岗、绷波岗、玛扎岗和木雅热岗。塞莫岗即色莫岗，指金沙江和雅碧江中间地带，即今甘孜藏族自治州的白玉、德格、邓柯、石渠一带，藏史又称"上康区"。

据藏史《法王松赞干布遗训》载，董氏族最早分布地区，是在约如。约如地区包括："东至工布芝纳，南至夏武达果（今错那一带），西至卡热雪峰，北至玛拉山脉，以雅隆之昌珠为中心。"《贤者喜宴》指出，藏文史籍中有"古代六氏族"之说，即：塞 se、穆 rmu、董 ldong、东 stong、扎 dbra、珠 vdru 六氏族。魏晋以下，行九品中正制，士族大姓垄断地方选举等权力，一姓与其所在郡县相联系，称为地望。《贤者喜宴》记述约如的地望是：东至工布芝纳，南至夏武达果（今门隅错那一带），西至卡热雪峰，北至玛拉山脉。

另一部藏史《拉达克王统记》，在叙述世界四大部洲的生物及种族的形成变化时说："内部四小人种是：象雄的查氏族，苏毗的东氏族，弭药的董氏族，吐谷浑的塞氏族。"这里明确地将董氏族与弭药连在一起，称为董弭药。其他藏史也有同样的记述。由此可见，弭药确与董氏族有关。

《松赞干布遗训》记载，董氏族最初居住在西藏山南雅隆河谷的约如地方。《拉达克王统记》说，董族以后发展成十八大部，其中又分出王系和官系，小支系非常之多。弭药人的祖先董氏族，是发源于西藏山南雅隆河谷的约如地方，东迁到弭药日芒后，才逐渐形成弭药人，在此以前并不称为弭药人。后来董族东迁康地，但书中又称"多康"。所谓康与多康，在藏史中两者有别，但有时又互用。"多康"作为总称，泛指前藏以北及以东广大藏族地区而言，具体指甘、青两省及阿坝州北部地区；"康"地，指今西藏昌都地区及四川甘孜藏族自治州地区。

塞莫岗风光

董族所住的塞莫岗，是多康六岗之一。董族在塞莫岗的具体住地，是在木雅日芒及擦莫绒两点，这正是一条谷地的两端。先后至此定居的不仅是董族，古代六氏族中的人都多少有一些。董族在塞莫岗一带定居并逐渐发展起来。据《夏尔巴先祖世系》载，在董族中后来"遂有十八部落"，在种姓方面则有"十八高贵种姓"，加上一个"低贱种姓"则为十九个，所谓低贱的种姓就是打铁的铁匠。对此，《拉达克王系》一书亦有类似记载，所不同的是，将"十八高贵种姓"写成"十八子"，而将"十八部落"写作"董族十八大部"，并且同书还指出，董族的各种支系及后裔是非常多的。

董族先祖是格尔杰，"格尔杰"一词中的"杰"就有"王"的意思，因此"格尔杰"一词亦可译作"格尔王"。他之下还有官、仆人等。《拉达克王系》一书也说，董族后来曾分出王系和官系。据此看来，格尔杰（格尔王）当时已是一个董族部落中的首领。

格尔杰为首的董族，在塞莫岗有了发展。格尔杰有五子，他们的后裔，绝大多数都住在木雅日芒，所以他们总称为"木雅巴"，也称"木雅族"。此后，从木雅族（即董族）中又分出三个支系，据《夏尔巴先祖世系》载："从木雅族所繁衍的其他家族是：夏尔巴、希查巴及多楚巴等。"这是"夏尔巴"的第一次出现。

"夏尔巴"族群的出现，大体经历了如下过程：西藏约如一带的藏族中的董氏族→雅康地塞莫岗的木雅族→夏尔巴。但是，这只是"夏尔巴"家族的最早的情况，并非今天所称的夏尔巴人的全部含义。

董族的后裔，并未长期定居于康地塞莫岗。据《夏尔巴先祖世系》载，董族后裔在康地"经历了一个时期，由于灵格萨尔王率兵进到霍尔及索波和堆域等地发动长期战争，于是以前之米钦查巴（即格尔杰后裔）等康地之大多数人，遂即逃亡漂泊"。

灵格萨尔王时代，夏尔巴祖先弭药人家乡战乱频仍，民不聊生，为了逃避战祸，被迫离开康地塞莫岗。弭药人分支西迁。迁徙时多为几个家族一起，分期分批迁移。

弭药人西迁的时间，大约在1205年到1255年前后，即从蒙古人第一次攻打西夏，到八思巴回到上都的这一段时间。弭药人的这次西迁，取道羌塘前往拉萨。据《夏尔巴先祖世系》载，包括"出自康地木雅的米钦查巴所有亲属、出自康地洛扎查阿的喇嘛衮巴贡玛所有亲属、出自康地夏莫堆冬的喇嘛衮巴卧玛所有亲属、出自康地冈托克亢木色达的喇嘛斯巴所有亲属以及出自康地乌尼的塔梅所有的亲属"。除上述诸家族外，还有堤米、康地佳莫查的佳巴、达波人、颇拉人、仲巴及冬波、温巴以及娘族等人。这些西迁者，在羌塘的桑甸却灵一带曾过了一段较短时期的游猎生活，然后，"这些康巴人依次前往上部地区（意指卫藏一带），并在定日朗阔等地居住了一些年代"。

另外，堤米和斯巴家族亲属人等，则住在定日的尼玛拉堆扎孜宗。从这些材料看，居住在定日的这些迁移者，被称作"康巴人"，这表明了他们的来源。他们在定日居住下来，然而，《夏尔巴先祖世系》没有具体指出居住了多久，只说"住了一些年代"。但据前引文看，他们在定日一带似乎居住了一个相当长的时期。

据《夏尔巴佛教史》载，西迁的康巴人中有六个最早随同迁移的喇嘛，其中桑瓦多杰、及隆桑二人是"继承了康地冈托巴的教法传承"。康地岗托寺，建于12世纪的北宋，在白玉县境、属塞莫岗范围。因此，这条材料也为康巴人在宋代西迁提供了一点根据。又据史料看，这些康巴人大约在元明之际还住在定日（包括拉堆）境内，据《夏尔巴佛教史》载，在这些康巴人中，有一个出自康地嘉莫查的佳巴家族，有一人名叫嘉木雅东卡仁莫。他及其后裔一江住在定日，他们曾在拉堆绛日卧切地方，见到了汤东杰布。汤东杰布是元末明初人，是西藏雅鲁藏布江的铁桥建造者。东塔仁莫后代曾建一座大塔，还请汤东杰布为之开光。此外，东卡仁莫之幼子桑结班觉还自幼随热达纳灵巴出家，而热达纳灵巴是15世纪的人。这些都说明，西迁的康巴人在定日一带居住了相当长的时间。

䬠药人从多康到西藏的西迁路线不止一条。米钦查巴带领的一批䬠药人，经过拉萨对面的羌塘，南下到拉萨附近，而后折向西，经日喀则、拉孜到定日朗果，再南下翻过雪山来到昆布。而提米·桑波扎西家族的一批人，是从黑河南下，经羊八井，过古渡口达竹卡，到拉孜与昂仁之间的尼玛拉堆扎孜宗，然后翻雪山到夏尔巴聚居区。

䍲药人迁至索卢、昆布，据考证大约在元明之际。《夏尔巴先祖世系》亦讲到，首批西迁的䍲药人米钦查巴的后裔，氏族名称为吠尔杂者，到夏尔昆布义繁衍分为五个兄弟氏族，诸小氏族的后裔到1970年已延续了十五六代。

这些居住在定日的康巴人，因生活、家族和心理状态的原因，又继续南迁。大部分康巴人越过中尼边境的囊巴雪山，进入一个"无人空地"。而前述佳巴家族的东卡仁莫祖孙三代，仍留住定日。

南迁的居住在"无人空地"的康巴人，认为这块"无人空地"是刚刚了解到的，所以就称这里为"昆贝地区"，意为"了解的地方"。后来，由于康巴人认为这块地方是康巴人首先了解发现的，并且在这里繁衍了康巴人的后裔，所以又称"昆布"。

而《夏尔巴先祖世系》一书对"昆布"一词又做了进一步的解释，认为这个形成康巴子孙的地方应称作"夏尔康布"（或昆布），意为"东方康地的子孙"，而居住在这里的这些康巴人，就称作"夏尔巴"。从此以后，住在我国和尼泊尔交界的这些康巴人，就统称"夏尔巴"。

从定日迁到索卢、昆布也有两条路线：一是沿着罗韦林·希马尔之西的绒辖河南下，而后转向东，侵占基兰蒂人原先居住的索卢，定居在那里，以后再从索卢向北进入昆布。另一条路是从西藏翻越兰巴拉雪山，沿着现在定日到昆布的楠切巴扎之间的主要商道，直接到昆布。据夏尔巴人的传说，他们祖先的有些氏族，例如门德氏族的祖先，是从西藏的卡达附近翻越兰巴拉之后，首先住在门德上面的一个洞穴里。门德位于现在的塔米村和昆宗村之间。夏尔巴相信他们各氏族的祖先，是在相差不远的时期到达昆布的。随后，一部分人迁居到南边的索卢（意为低地），占据了那里的土地。西迁至此的䍲药人分支——夏尔巴，就在这南北两部分地理、气候不同的索卢、昆布劳动生息和繁衍。

此后，随着人口的发展，夏尔巴又从索卢、昆布逐渐向东扩展，迁徙至尼泊尔的阿龙河流域，印度的大吉岭、噶伦堡和锡金等地。向西迁移至耶尔穆巴康和博克拉及中国的樟木口岸等地，其路线是沿绒辖河北上，然后折而转西到普尔坪，经过拉不及，再转向西南到达樟木口岸。

党项羌一支

夏尔巴是党项羌的一支，这是夏尔巴起源的又一种观点。

中国社会科学院民族研究所夏尔巴研究专家陈乃文先生指出，夏尔巴仅仅表示地理方位，弭药巴（即木雅巴）才标示族群之来源。

党项羌

根据汉藏史籍众多记载，弭药巴号称猕猴种，本出于西羌，与藏族同源，自唐代以来被看作是党项羌的一支。他们于宋末陆续西迁后藏，后辗转越过喜马拉雅山的山口，进入今尼泊尔的索卢、昆布，形成今日的夏尔巴人。其中一支约在三百多年前迁入中国樟木一带，他们的婚姻习俗至今保留着党项羌的特点。

党项族，是我国古代北方少数民族之一，属西羌族的一支，也被称为"党项羌"。据文献记载，羌族发源于今青海省东南部的黄河地区。汉代，羌族大量内迁到河陇及关中一带。此时的党项族，过着原始游牧部落生活。他们以部落为划分单位，以姓氏作为部落名称，逐渐形成了著名的党项八部，其中以拓跋氏最为强盛。另一说拓跋氏是鲜卑族的后裔，西夏开国君主李元昊就自称是鲜卑后代。此外还有黑党项、雪山党项等部落。

唐初，青藏高原的吐蕃国日益向外扩张，北上吞并了吐谷浑，并占领了党项族住地，致使散居在今甘肃南部和青海境内的党项部落南迁，留下来的党项居民为吐蕃贵族所役属，吐蕃称这些人为"弭药"。

"弭药"一词，与夏尔巴紧密联系。"弭药"一词，最早见于《旧唐书·党项羌传》："其后吐蕃强盛，拓跋氏渐为所逼，遂请内徙，始移其部落于庆州，置静边等州以处之。其故地陷于吐蕃，其处者为其役属，吐蕃谓之弭药。"由此可知，吐蕃称为"弭药"的这部分人，在汉文史籍中，称为党项羌。

公元 7 世纪下半叶，党项羌因受到吐蕃侵扰，大部分陆续被迫内迁至灵、庆、银、夏等州（今甘肃、宁夏一带），留居原地被吐蕃役属者，称为"弭药"，即藏文史书中所谓的"蕃弭药"，意为吐蕃属辖的弭药。

夏尔巴喇嘛桑结甸增所著《夏尔巴先祖世系》指出，尼泊尔索卢、昆布一带的夏尔巴，是从中国多康六岗中的莫岗谷底的弭药日芒迁去的，其祖先形成于该地，故而自称"弭药巴"。桑结甸增在《夏尔巴先祖世系》中称，弭药巴的祖先传说，是猕猴与岩魔女相配，生出许多小猴，小猴的后代又与西藏原有众生相结合，逐渐变化成人，形成塞、穆、董、东、扎、珠——藏族最早的六氏族。《夏尔巴先祖世系》这一夏尔巴族源的说法，与藏史《贤者喜宴》所记藏族起源故事是相同的。

汉文史书中，也有党项羌的祖先是猕猴的说法。《隋书·党项羌传》说："其种有宕昌、白狼皆自称猕猴种。"至今，在甘肃文县铁楼沟深处的铁布寨及博峪沟的居民，每逢年节，仍有猴子变人、采籽种为食、祭牧羊神等纪念祖先的传统活动。这些地方，正是原党项羌中的登布、宕昌、邓至羌活动的旧地，与弭药住地相连。

《旧唐书》指出弭药人源于西羌，说党项羌乃"汉西羌之别种也"。《汉书·西羌传》也记载了关于赐支以及蜀、汉以北地区羌人的活动："忍季父卬畏秦之威，将其种人附落而南，出赐支河曲西数千里，与众羌绝远，不复交通。……忍及弟舞独留湟中，并多娶妻妇。忍生九子为九种，舞生十七子为十七种"，"其九种在赐支河首以西，及在蜀、汉徼北"。

由此可知，党项羌的一支弭药人就是西羌忍、舞的后裔。根据《后汉书·西羌传》和《新唐书·吐蕃传》的记述，西羌中的"发羌"，与吐蕃（藏族）有直接的族源关系，因为"蕃、发声近，故其子孙曰吐蕃"。这也说明夏尔巴与藏族的共同远祖是西羌，是同源异化。

陈乃文认为，如果按照党项羌的弭药人是从青海、四川交界的山区发源的说法，那么，昌都卡诺遗址考古发现的古人群，更可能是弭药人的祖先。因为这一带，原是秦汉时西羌活动的故地。隋唐时，弭药人的故乡，离卡诺遗址有数日行程。

唐以后，由于党项羌活动地域的扩大，"弭药"一词的含义随之增多，从对"弭药日芒"等特定地方的称呼，变成对形成于该地的某一族群"弭药巴"的称呼，又引申为西夏国国名以及地方名"河西"等。

弭药族系繁衍发展，但并非所有党项羌中弭药的后代都是夏尔巴。据《夏尔巴先祖世系》载，弭药的其他支系尚有希查巴、多楚巴等。后藏贵族顿珠康萨、锡金王室皆自诩为弭药王的后裔。后藏南木林的一部分人以及川西的"木雅巴"也认为是弭药人的后代。但他们都不称为夏尔巴，只有南迁至今尼泊尔索卢、昆布的这一支弭药人，自称是从东方迁来的，所以叫夏尔巴，以别于周围的其他居民。

由此可知，夏尔巴仅标示族群来自的地理方位，弭药巴实指其族之所源。

夏尔巴人是党项羌的后裔，还可从至今尚存的"骨系"及其婚姻习俗得到证明。夏尔巴人重视"族姓"的血缘传统，尼泊尔的索卢、昆布至今尚有大小二十一个族姓，樟木口岸立新地区有五个族姓：色尔巴、嘎尔杂、萨拉嘎、加巴、温巴。

夏尔巴以族姓定亲疏，叙长幼，虽非同一族姓，自称夏尔巴者，也视为同种而有别于邻近其他居民。夏尔巴人奉行氏族外婚和部落内婚制，这是他们自成体系，有别于周围其他人的一大特点，因而长期以来不被他人所同化，这一传统有悠久的历史渊源。《通典》《旧唐书》说，党项羌"其种每姓别自为部落，一姓之中复分为小部落"，"不婚同姓"，可见，夏尔巴人至今仍保存祖先党项羌的婚俗传统。

多种藏、汉文史籍记载了"弭药"及所处的地理位置。

《旧唐书》载："党项羌在古析支之地，……其界东至松州（今四川松潘），西接叶护，南杂春桑、迷桑等羌，北连吐谷浑，处山谷间，互三千里。"

析支即赐支，在黄河源鄂棱湖、札棱湖以东以南地区，这里原是秦汉时西羌的牧场。成书于 1564 年的藏文史书《贤者喜宴》谓：松赞干布曾派人到"东部汉地及弭药取来工艺学和星算学的书籍"。

成书于 1346 年的藏文《红史》，记载松赞干布统治的地域，东边到达"咱米"及"兴米"。咱米即指弭药人。藏史《玛尼宝训》一书，称弭药王为"弭药咱米王"。

《贤者喜宴》一书记载一位著名的高僧咱米桑杰查巴，出生于下多康之弭药地方，下多康即今青海东南部及四川西北部。

《夏尔巴先祖世系》说，弭药人居住在多康六岗之一的塞莫岗。

藏史《安多政教史》说，塞莫岗的地理位置在今四川的石渠、邓柯、德格和白玉等县境。

中国语言学家对藏语康方言区的调查研究表明，四川甘孜地区的木雅语，不完全同于藏语，它较多地保留了羌语的词汇和特点。由此可以反证，这一带操木雅语者，因为是党项羌的后裔，所以至今保留了自己的语言特点。

《隋书》记载，附国南有薄缘夷，东北连着党项，其间有春桑、迷桑、婢药等羌。薄缘，吐蕃语为 Bod‑yul，意为蕃域，薄缘夷即蕃域人，亦即吐蕃人。

《旧唐书》记载，党项羌在古析支之地，南面杂居着春桑、迷桑等羌，北有吐谷浑。

隋时，婢药依附于吐谷浑，后由隋朝"遥管"。婢药、弭药及春桑、迷桑等羌，居于深山峡谷，无大君长，不相统一。俗尚武，无法令、赋役，住在牦牛毛、羊毛织的帐篷里，以畜牧为业，风俗雷同。成书于1643年的藏史《西藏王臣记》，也有隋炀帝时汉人统治婢药地区的记载。

由于羌人地域相连，习俗相同，故唐代汉文史书，将隋朝婢药羌后人记入党项羌之中，写作"弭药"。

陈乃文对比《隋书·附国传》和《旧唐书》的记述，认为《隋书》的"婢药"与《旧唐书》的"弭药"应是同一种羌。因为古代西北方言"婢""弭"两音相通，所以"婢药"即"弭药"。《隋书》的弭药，即是夏尔巴人的祖先弭药巴的先人。

西夏后裔

夏尔巴人是西夏人的后裔。西夏被蒙古灭亡后，一部分族人逃回木雅，后又逃往西藏和尼泊尔，就是现在的夏尔巴人。这是关于夏尔巴族源的第三类观点。

据藏文史料记载，居住在西康塞莫岗的木雅日芝地方的土著，西夏王朝前称为木雅人，即党项木雅人，是历史上曾建立过西夏政权的党项羌人的后裔。12世纪西夏被蒙古灭亡后，一部分西夏人为了躲避战争，从西康往西迁徙到后藏和尼泊尔，后来逐渐与当地的绒巴（山地人）通婚，繁衍了后代，当地的异族把他们称为"夏尔巴人"。兰州大学西北少数民族研究中心藏族学者切排、桑代吉对此著文加以阐述。著名西夏学者李范文也持此说。

西夏王陵

切排、桑代吉在文章中称,"大量的夏尔巴迁往藏尼边界的时间应该是 13 世纪末,而且不是一次性的迁徙,是在那一段动乱时期,陆续迁往的。原来由于战乱侵袭曾使一些夏尔巴人迁至藏尼边界,后来西夏被灭之后,那部分原来的木雅人,又沿着当年寻找牧场北上的路线返回木雅。公元 1260 年忽必烈南征时,木雅人再次遭战乱,于是这部分人又沿着前人的足迹踏上了前往西藏和尼泊尔的路程"。

康定木雅是西夏人后裔当初逃亡最集中的地方。藏文《夏尔巴教法史和祖源》一书中记载,夏尔巴人的祖先来自康区(西藏东部、四川西部、青海玉树、云南中甸等地的藏族地区)木雅地方,经拉萨、定日辗转到达西藏和尼泊尔交界的地方,最终在索卢、昆布定居下来。此后逐渐向尼泊尔西北部地区和西藏聂拉木的樟木、雪布岗、立新,定结县的陈塘一带迁移。

甘肃南部甘南和临夏大夏河流域,是党项民族最初的成长之地。从汉朝时,党项人就开始向东移动。在与唐政权、吐蕃政权在松潘经过拉锯式的大战后,党项人被迫开始北上,穿过长长的岷山,到达甘肃和陕西交接地带，接着被唐朝安置在陕北一带，在今陕北的靖边县建立了统万城，在河套地区留下了大量的壁画、古城遗址。后来，他们西渡黄河，终于在黄河边的银川建立起了西夏王朝。

西夏王朝被蒙古人打败以后，南下的党项人一部分到达如今四川阿坝藏族羌族自治州和甘孜藏族自治州一带，一部分到达道孚、稻城一带，还有一部分西移抵达西藏地区。当初党项人最后的一支力量，逃离西夏的首都银川后，从西北到了西南，在今阿坝、甘孜一带生活了近100年的时间。

1252年，元世祖忽必烈统军10万征伐大理，这次行动还带有灭绝西夏人后裔的任务。元军于次年9月到达今松潘一带后，分兵三路，其西道和中道军经过阿坝和甘孜，清洪亮吉、纪晓岚等著订的《历朝史案》称："世祖入大理，至满陀城过大渡河。"《元史》也载："世祖九月己巳至满陀城，留辎重，冬十月丙午过大渡河。"满陀城即今丹巴县城。

强大的蒙古军队来到这里，和八思巴合谋建立藏地八思巴亲蒙政权。当时一些党项人已经逐渐融入当地人中间了，但那些血骨里一直坚持党项人纯度的西夏皇室成员，开始再一次向南、向西逃亡。

这次逃亡从南北两线，分别进入西藏，在昌都会合。这是昌都存有大量木雅人的原因，也是党项人对这里推崇的原因。越来越多的党项人和加入这一行列的其他民族的人，集聚昌都，形成了影响巨大的"羌都"。

元代政权招抚了藏族八思巴政权和德格土司后，从西和东两方面夹击"羌都"，党项人只好再次大迁徙，最后落脚米尼雅山腰，成了后来的夏尔巴。

早在20世纪，国际西夏学界中的一些学者就认为生活在尼泊尔和中国交界地带的夏尔巴人是西夏人的后裔。西夏学学者李范文先后踏访四川甘孜、青海、甘肃、内蒙古、鄂尔多斯高原以及南宋都城杭州等地调查考证，并结合文物考古实证，认为西夏后裔并非全部被蒙古大军灭亡，部分党项族人在这场屠戮中生存下来，并逐步汉化、藏化、蒙化、回化以及进入尼泊尔国。李范文通过对夏尔巴习俗、生活、语言等方面的考察，也得出了夏尔巴就是西夏人后裔的结论。

西夏亡国后，一部分党项族人逃到了尼泊尔国。尼泊尔夏尔巴人中，就有从康巴地区到此的西夏先民和西夏灭亡后遁入尼泊尔的西夏后裔，当地不少人仍在使用木雅语，承认他们是木雅人后裔。至今有不少夏尔巴人说自己是西夏党项人最后的皇裔，并且至今仍保留着许多内地汉族人的生活习俗。

生活在西藏雪布岗村的夏尔巴白玛活佛已经 97 岁了，他说，他们的祖先们谈到自己时，还提到 mi nia，说他们是从 mi nia 来的。mi nia 这一词汇，是西藏人对党项羌族人或西夏人的一个说法，而且是贵族的称呼。

据西夏文献记载，西夏的先人党项人被称作弭药人，早先在现四川省甘孜藏族自治州的康定、道孚、丹巴等县定居。如今，这里的木雅人保留了自己的语言和习俗，与其他民族有一定区别，他们的语言被称作"木雅语"或"道孚语"，与古代的党项族语——西夏语在发音和基本词汇上比较接近，李范文考察后认为，部分党项族人在西夏亡国后返回原籍，与藏民相居，并逐渐藏化了。

第十一章　今天的夏尔巴

夏尔巴人世居深山老林,过去几乎与世隔绝。

直到夏尔巴人的身影作为向导或背夫,频频出现在攀登珠穆朗玛峰的各国登山队中,他们才因登山而闻名于世。

1953年,几名夏尔巴人背着物资在被冰雪覆盖的珠峰登山路线上行进。他们要穿过昆布冰川的冰瀑,前往英国登山队二号营地。

1953年首次登上珠穆朗玛峰的两位登山者中,丹增·诺尔盖(Tenzing Norgay)就是夏尔巴人。

夏尔巴人祖祖辈辈生活在中尼边境海拔5000米以上的山地上,他们的归宿就在山上。商业登山发展起来后,不少天生适应高山环境的夏尔巴人,成为职业高山向导,帮助众多登山爱好者完成了登上世界最高峰的梦想。

攀登珠峰是一项危险性极大的运动,夏尔巴人高山向导是为登山者铺路、领路的职业向导，他们被称为"珠穆朗玛峰上的挑夫"，其工作危险性非常大。

夏尔巴高山向导们负责清理、修缮珠峰登山路线，他们打路绳，搭金属梯子，插路标，清理冰裂缝，搭建帐篷，建立前进营地以及运送登山装备、物资。

现在，夏尔巴人登山向导已成为世界上最优秀的职业高山向导群体。

伟岸的珠穆朗玛峰，让世界认识了夏尔巴人。可以说，没有夏尔巴人，就没有珠穆朗玛峰的登山运动。

夏尔巴人，珠峰的守护者，天生的登山家。

夏尔巴向导，登山者实现梦想的奠基石。

第十一章　今天的夏尔巴

巅峰向导

1953 年，新西兰登山家埃德蒙·希拉里和夏尔巴向导丹增·诺尔盖首次双双登顶珠穆朗玛峰。在人类第一次征服世界最高峰的壮举中，没有丹增，就不会有希拉里。

丹增·诺尔盖，夏尔巴人永远的骄傲。从小时候起，夏尔巴少年丹增·诺尔盖就梦想到雪峰的山巅看看。他所知道的一切，从牦牛的叫声到山林的鸟鸣，都和喜马拉雅山有着或多或少的联系。

1935 年，年轻的丹增·诺尔盖离家来

丹增·诺尔盖 1967 年在瑞典

到大吉岭。在那里，第五支由七人组成的英国珠峰登山队，正在队长埃里克·希普顿的带领下考察珠峰东北面和西面山脊。由于夏尔巴人团队死伤和病号减员，丹增·诺尔盖以背夫的身份加入这支英国探险队。一连几年，他都给英国探险队运送物资，一趟趟往返于村庄和大本营之间。

丹增从未放弃过登山的梦想。他抓住一切机会学习攀登技巧，再加上天生无人能及的高海拔适应能力，1947 年，他得到机会，指挥一次重要的营救活动。当时瑞士探险队的斯里达尔（Sridhar）、旺堆罗布（WangdiNorbu）在攀登中滑坠受重伤，而年轻的丹增在这次营救中起到了至关重要的作用。在这次应急行动后，丹增正式被任命为领队并开始带领探险队。

20 世纪 30～40 年代，由丹增带领的探险队，尝试从北坡登顶珠峰，但未获成功。20 世纪 50 年代，尼泊尔政府开始大举推进登山运动。与两个英国探险队协作后，丹增加入了一个瑞士探险团队，这一次，他

245

不再只是一名夏尔巴协作，而是正式成了探险队的一员。瑞士探险团队创造了攀登至 8600 米的当时最好成绩，并开辟了一条新路线。为此，一度在世界范围内引发过关于哪个国家的登山队将第一个登顶的种种猜测。

尼泊尔的天波切村，在作为向导随登山队出发前，诺尔盖与母亲金佐姆（Kinzom）拍下了这张照片，希望能够获得母亲的祝福。在确定儿子的身体状况允许攀登珠峰之后，金佐姆才放心回家。

1953 年，作为约翰·亨特登山考察队的一员，丹增·诺尔盖第七次尝试登顶珠峰。这一次他的搭档，是来自新西兰的埃德蒙·希拉里。希拉里已经是第四次来到珠峰山区了，这一次，他是奔着成功登顶而来的。但是，他们并不是唯一想要问鼎珠峰的登山团队。1953 年 5 月，大型联合登山队也来到了珠峰地区，他们包括 362 名背夫、20 名夏尔巴高山协作、10 名专业登山家。

第十一章　今天的夏尔巴

丹增·诺尔盖（左）与埃德蒙·希拉里于 1953 年成功攀登珠穆朗玛峰，照片为他俩在营地的帐篷外喝茶。

在攀登时，希拉里不慎坠入冰裂缝中，险些遇难，当时同在现场的丹增·诺尔盖迅速用手中的冰镐固定住了连接希拉里的登山路绳，救了他一命。正是这一次事故，让希拉里明白，如果他要在这个登山季登顶，那么，丹增是不可或缺的最佳搭档。

1953 年 5 月 29 日上午 11 点 30 分，埃德蒙·希拉里和丹增·诺尔盖，成为了第一批站在世界巅峰的人类。他们在 30 平方英尺的珠峰峰顶，停留了短短 15 分钟。随后，丹增·诺尔盖把自己的生日改到了 5 月 29 日。

夏尔巴人，天生具有登山基因。有人问夏尔巴人，他们擅长登山有什么秘诀？他们说：是山神赋予了神力。曾经有人对夏尔巴人神奇的背负能力做过研究，结论是他们将负重技术与身体能力有机地结合起来。夏尔巴人高山负重时讲究技巧，他们通过改变步态，减少了肌肉的活动，而且负重行走时，非常注意休息。夏尔巴人"与生俱来的登山天赋"，很大程度上就是适应自然的结果。他们也没有什么"神力"，攀登珠峰遇难者中，至少有三分之一是夏尔巴人。只不过，与外来者相比，

247

他们更熟悉也更了解大山的脾气，他们是这片大山的子民，世界最高级，就是他们家乡的一部分。

他们活跃在喜马拉雅山脉，就像在家中后院散步一样。他们对自然的、历史的命运安排，都流露出一种很自然也很平和健康的态度。

聚居在海拔四五千米的喜马拉雅山区，长年的高山生活，塑造了夏尔巴人独特的体魄。夏尔巴人尽管身材普遍不高，但天生异禀，具有强壮的体魄。

1989年5月5日，中日尼三国联合登山队12名登山队员登顶珠峰，夏尔巴登山家昂·拉克巴与中国藏族队员次仁多吉、日本队员山田升从北坡登顶，从南侧下山，成为历史上第一批跨越珠峰的人。

夏尔巴登山家昂·拉克巴

昂·拉克巴曾陪同首创无氧攀登珠峰的意大利登山家梅斯纳尔登上过世界第四、第五高峰的洛子峰和巴卡鲁峰。1991年，年仅30岁的昂·拉克巴，在卓奥友峰因遭遇巨大雪崩而遇难。

祖祖辈辈长期生活在空气稀薄的高海拔地区，夏尔巴人的血液中，血红蛋白浓度高于常人。夏尔巴人的血管数量更多，更粗，运输血量更大。由于空气稀薄，他们的肺活量大得惊人。他们的血压很低，这保证了大脑供血充足，肌肉伸缩有力。与腿部相比，他们的躯干偏长一些。

科学家发现，200多种基因变异与运动竞技相关，有的基因可增强运动表现。ACE（Angiotensin－converting enzyme）基因，即血管紧张素I转化酶。该基因主要影响人体的心肺功能，从而影响人体的有氧耐力素质。大量研究结果表明，ACE基因ID多态性与运动员有氧耐力存在关联，是决定人体有氧耐力素质的关键因素，同时影响人体有氧耐力素质的最佳水平及人体对耐力训练的敏感度。基因专家发现优秀耐力运员的 ACE 基因，呈现出异于常人的表达。研究表明，ACE 基因的 I 变体携带者比非携带者更可能成功攀缘 8000 米以上高峰。目前在尼泊尔加德满都山谷，I 变体存在于 94% 的夏尔巴人体内，然而同一地区的其他种族，仅有 45%～70% 的人携带这种变体。

来自西方的登山者很赞赏夏尔巴人强壮的体魄、温和的性格，尤其赞赏他们服从的职业态度。一个英国登山者在 1921 年为登顶珠峰做准备时，曾这样写道："夏尔巴人大概是最适合高山工作的了。"一位西方记者曾经开玩笑说："夏尔巴人长着专门用于登山的第三片肺叶。"

2011 年 5 月 11 日 9 点 15 分，夏尔巴登山名将阿帕·谢尔帕第 21 次成功登顶珠峰，再次刷新了自己保持的登顶珠峰次数纪录，他是世界上登顶珠峰次数最多的人。

事实上，两个夏尔巴人阿帕·夏尔巴（Apa Sherpa）和普巴·塔西（Phurba Tashi）共同保持着登顶珠峰次数最多的纪录。他们两人各自成功登顶珠峰 21 次。普巴在 2007 年独自一人三次登顶珠穆朗玛峰这座"世界之巅"，而阿帕则是在 1990 年到 2011 年这段时间里，几乎每年都会成功登顶珠峰。阿帕的好几次登峰探险，都致力于保护珠峰生态、提高人们对气候变化的意识。

著名夏尔巴登山家阿帕，他是攀登珠峰次数最多的人之一。

阿帕·谢尔帕（拉克帕·登津·谢尔巴），20 世纪 60 年代的早些时候生于尼泊尔萨加玛塔专区的塔姆村，这里距离世界最高峰珠穆朗玛峰和中尼边界线很近。

阿帕12岁时父亲去世，他不得不承担起照料母亲、两位姐妹和三位弟弟的家庭责任。他退了学，做了一名登山队的挑夫以养家糊口。从1985年开始他正式将登山作为自己的职业，他为许多登山队做厨师和挑夫，但直到1990年他才获得机会首次登上珠峰。

2012年5月26日，尼泊尔东北部珠峰脚下索卢昆布县一个村庄的13名夏尔巴人，创造了在同一个早上成功登顶珠穆朗玛峰的新世界纪录。据《新兴尼泊尔报》报道，这13名夏尔巴人是在早8点至9点之间相继成功登顶珠峰的。

2012年5月19日、24日和27日，51岁的尼泊尔夏尔巴人卡米·夏尔巴，连续三次成功登顶珠穆朗玛峰，创造了在8天里三次成功登顶珠峰的世界纪录。卡米·夏尔巴1997年第一次登顶珠峰，他已经14次站在世界最高峰上了。

夏尔巴人至少从1907年开始就在喜马拉雅山区做脚夫了，那时的珠峰探险从印度的大吉岭启程。当时很多夏尔巴人离开家乡，穿越国界线来到大吉岭，寻找工作机会。

从20世纪20年代起，夏尔巴人就为喜马拉雅山上的登山者充当向导和协助，从中收取的酬劳，几乎是他们的唯一经济来源。体质好、抗缺氧能力强、吃苦耐劳的夏尔巴人，有许多人经过培训后，能讲英语，又有登山技巧，所以，几乎每支登山队伍中，都有夏尔巴人。

1951年，尼泊尔对外国旅游者开放，游客对夏尔巴向导的需求不断增长。即使这样的职业形成很大程度上和地理位置有关，但夏尔巴人与喜马拉雅的登山行业早已密不可分。

夏尔巴人与生俱来的登山天赋，让英国登山家亚瑟·韦克菲尔德感叹不已，他写道："这是老人、妇女、男孩和女孩组成的花花绿绿的搬运队伍，在海拔6000米的高度上，他们背着80磅的器材设备却能攀登自如，一些妇女甚至还背着孩子！晚上，这些'高山搬运工'睡在帐篷外边,只找一块大岩石挡风,他们似乎并不在乎夜里零摄氏度以下的低温。"

夏尔巴人以生命为代价创下了"三个之最":成功攀登珠峰人数最多,无氧登顶珠峰人数最多,珠峰遇难人数最多(约60人)。

为各国登山队提供向导和后勤服务,已成为夏尔巴人的主要经济来源之一。夏尔巴人,商业登山背后的无名英雄。"只要你足够有钱,你就能雇一群人将你抬上珠峰",如今在登山圈内,这句话已不再是调侃。而为了养家糊口,夏尔巴人有时却要把自己的命都搭上。他们良好的职业精神与服务态度享誉全球。

夏尔巴人干2~3个月平均就能拿到5000美元。夏尔巴向导的收费大约是5000美元一周,如果是经验能力出众,也有名气的顶级夏尔巴向导,收费还会更高。即使是在营地做厨师,也可以在两个月的登山季里赚到2500美元。

在年平均收入为700美元的尼泊尔,这是一笔非常可观的收入。但相对于西方的向导,夏尔巴人的收入付出的性价比,又低得可怜。西方向导通常指挥和管理登山队,一个登山季可以得到5万~10万美元收入。

这些夏尔巴高山向导和搬运工,行走在海拔6000米至8000米的高山上,以30~40分钟的速度,通过最危险的昆布冰川,为客户背负食物、绳索、氧气罐和帐篷,平均每人负重30~35千克。

夏尔巴人的富裕和商业登山的兴起是分不开的。加德满都一家徒步旅行机构的负责人盘巴·夏尔巴,就是一名夏尔巴人。他从脚夫做起,然后做厨师,最终成了一名夏尔巴向导。然后用赚来的钱在加德满都买房子,创办自己的旅行社。而今,他的两个孩子在邻国印度留学,还有一个孩子在加德满都学习。

夏尔巴人承担着最大的死亡风险。每个登山季,他们来往这个危险区域30到40次,而他们的客户(通常是西方登山客)只通过6到10次。《大西洋月刊》的统计数据显示,从2004年至今,登山途中的夏尔巴人的死亡率比美军伊拉克战争 2003～2007 年期间的死亡率还要高 12 倍。

每年攀登珠峰的旺季，最大的登山队，就以"盟主"的身份召集各国队伍，出钱、出物，请夏尔巴人先行上山修"路"。夏尔巴人在没有任何装备的情况下，冒着生命危险，架设全长达 7000 米至 8000 米的安全绳。他们随身携带路绳爬到高处，将绳端用冰锥固定进千年岩冰，垂下的绳子就可以起到后勤运送、导路、辅助攀爬和一定程度上保障队员安全的作用。

据介绍，目前的珠峰登山客中约有 90% 为商业登山，基本上都离不开夏尔巴人做向导。美国《纽约时报》这样描述夏尔巴向导的工作：历来，是先由夏尔巴人一马当先，在珠峰致命的一侧，缓慢艰难地向上攀登，而他们的外国客户在底下的营地里等待数天。

夏尔巴向导们天不亮就起程，因为白天温度上升会使冰块移动。他们一个接一个地缓慢越过支撑在冰隙上的梯子，他们身上背着沉重的食品与生活用品，自始至终面对着的是一面悬浮的冰川。他们承担的最危险的工作包括为等在下面的客户固定绳索、背负食品与补给。建立营地，他们必须首先上山。

尼泊尔国家登山向导协会的巴桑·谢尔帕说："所有艰巨的工作都是夏尔巴人完成的，这是事实，我们必须接受。我们的工作是为客户固定好梯子，使它安全。我们必须这么做。"

在通向珠峰峰顶的险峻路途上，夏尔巴人铺垫的除去汗水、辛劳、伤痛，还有生命。2014 年 4 月 18 日早晨，珠峰南坡雪崩，造成 16 名包括向导和厨师在内的夏尔巴人死亡，成为"人类攀登珠峰有史以来最严重的单起事故"。

当时，十几位夏尔巴人正在为他们未来的客户搭建登顶珠峰的梯子，而雪崩，毫无预兆地发生了。在此次事故前，珠峰最严重的一次雪崩，曾导致 12 名夏尔巴人死亡。

2015 年 4 月 25 日，尼泊尔发生 8.1 级大地震，18 人在珠峰雪崩中罹难，其中 13 名是夏尔巴人。拉赫巴，就是其中的一位。

2014 年 4 月 18 日早晨，珠峰南坡雪崩，造成
16 名包括向导和厨师在内的夏尔巴人死亡。

拉赫巴出生于尼泊尔昆布地区一个海拔 3840 米的夏尔巴村子。这里，与海拔 5330 米的珠峰南坡大本营隔着一个山脊。拉赫巴在村子里上完 12 年级（相当于高中毕业）后，就来到尼泊尔首都加德满都，当上了一名旅游向导。历练多年，他进阶成为最高等级的"高山协作"。

2011 年 5 月 23 日，拉赫巴带领一支日本登山队，从珠峰南坡成功登顶。和其他珠峰登顶者一样，拉赫巴很快受到了尼泊尔总理达夫·库马尔的接见。登顶珠峰，对夏尔巴人早已是稀松平常，连亲友们都记不太清拉赫巴的一生究竟多少次登顶珠峰。

2015 年珠峰雪崩发生两周前，拉赫巴从不丹赶回尼泊尔，陪护中国女子登山队攀登珠峰。"活动非常重要，需要请一些有经验的协作，所以就安排他过来了。"拉赫巴所在的登山探险公司老板说。

4 月 18 日，拉赫巴在加德满都搭上飞往卢卡拉的小飞机，再从那里徒步四天，到珠峰大本营与队伍会合。

"他好像有预感，这一次逃不开夏尔巴人的宿命。"拉赫巴的妻弟回忆说。出发前一周，拉赫巴特地回了一趟昆布老家，去探望年近七旬的老母亲，还跑去见了在加德满都打工的妹妹。

雪崩前夜，大本营晚餐时，拉赫巴格外热心地请伙伴们喝他背上山的奶茶，莫名地跟大家道起了"再见"。

一语成谶。4月25日，尼泊尔强震引发与珠峰咫尺之遥的女儿峰雪崩。据拉赫巴的夏尔巴同伴回忆，由于前一夜工作到很晚，地震发生的正午时分，伙伴们都在帐篷里休息。忽然间，一阵扑叽、扑叽的奇怪声响从远处传来，经验和直觉告诉他们，可怕的雪崩发生了。巨大的气浪裹挟着岩石和冰块冲向大本营，拉赫巴和同伴开始一起从帐篷里往外逃。雪崩持续了数分钟，一切过去后，拉赫巴被伙伴们在帐篷外发现，已经遇难。

如今，登山成为夏尔巴人工种细分的产业。这一代夏尔巴人已经部分摆脱了父辈们完全依靠登山来谋生的生命历程，开始在加德满都与亲友们合伙筹办旅游探险公司，自己也亲自带队上山。这类徒步或探险公司，在尼泊尔国内约有2300家，大部分是夏尔巴人所开。据不完全统计，尼泊尔从事登山行业的夏尔巴人在4万至5万人，历经一个世纪的行业发展和角色演变，他们的分工已细化为高山协作、大本营工作人员及当地背夫。

尼泊尔的夏尔巴人

位于喜马拉雅山南麓的亚洲古国尼泊尔，面积4万多平方千米，居住着36个不同民族的人民。

尼泊尔夏尔巴人的聚居地，主要在尼泊尔的北部和东部山区一带，喜马拉雅山南侧的索卢、昆布地区，首都加德满都以东的尼泊尔东北角，杜德赫—科西河与勃霍捷—科西河之间的地区。

依学者们的推测，第一批夏尔巴人出现在这个地方，不早于16世纪，他们大概是从西藏来的。他们基本上聚居在索卢、克胡·姆布、普哈拉克、赫拉姆布等村镇里。纳姆切·巴扎尔，一个约100户人家组成的村镇，是夏尔巴人的著名商业中心。

尼泊尔高山上的夏尔巴村落

尼泊尔的夏尔巴人，是典型的蒙古人种，他们的相貌、服饰，和藏族人区别不大。夏尔巴人喇嘛的僧装，与中国藏区喇嘛的服饰、色彩、样式完全相同。尼泊尔夏尔巴人与藏族谈话没有语言障碍，通用藏文。

尼泊尔的夏尔巴人地区，保持饮用酥油茶的习惯。住房习惯也与中国的藏族极为相似，一般爱建两层石木结构建筑，上层住人，下层贮物、堆柴草、圈养牲畜，厕所建在上层，直通地面。

尼泊尔夏尔巴人笃信藏传佛教，有的边远地区的人还信仰苯教。更多的藏传佛教古老教派，如宁玛派和噶玛派的寺院在那里得到保留。

至今，在尼泊尔还有一些被人们传说是当年莲花生、玛尔巴、米拉日巴等著名大师静修过的山洞，仍然受到夏尔巴人及其他教徒的虔诚膜拜。

早在夏尔巴移居尼泊尔之初，他们便带来了自己民族须臾不可离开的宗教信仰——藏传佛教，并陆续修建了"桑甸却顶""扎托普则""滚琼""强巴却林""塔杰却顶"等著名寺院。据尼泊尔有关单位1985年的不完全统计，仅在夏尔巴人聚居的索卢昆布地区，就有相当规模的藏传佛教寺院30余座，其他村间小庙不计其数。

在这些寺庙中，丹保切寺所藏藏文《甘珠尔》《丹珠尔》经就有千卷之多，另外，该寺还收藏有许多精美的佛画和宗教文物。吉旺寺是索卢昆布地区规模最大的一座藏传佛教寺院，曾于1985年左右迎请过一位拉萨大昭寺的活佛，并以此为荣。色洛寺是著名的夏尔巴族大喇嘛桑结甸增的驻锡之所，他已经圆寂，留下数百名弟子守寺弘法。

夏尔巴人在尼泊尔萨加玛塔国家公园负重前行

许多人类学家认为，夏尔巴人的先民居住在西藏东部一个叫哈姆的地方，靠放养牦牛为生，每年都到尼泊尔过冬。长期的固定迁徙也使他们垄断了尼泊尔首都加德满都与中国西藏之间的货物贩运。到公元16世纪，他们的活动范围才逐渐固定在尼泊尔境内。19世纪30年代，土豆在高山地区引种成功，使得夏尔巴人摆脱了游牧生活，人口也有了一定增长。

夏尔巴以野牛作为自己的"图腾"，并以野牛体躯的组成部分作为标志。夏尔巴的种姓，以男子为依承代代下传，凡同姓，都视为一族，表示同祖同源。流传下来的共有五个种姓，所以夏尔巴人是有名有姓的，这五种姓，一叫"色尔巴"，是野牛头上的角；二叫"嘎扎"，是野牛头顶中部的白毛；三叫"莎拉卡"，是野牛的嘴唇；四叫"贾巴"，是野牛下巴；五叫"翁巴"，是野牛尾巴。这五个种姓，又依牛头到尾部的顺序来划分高低贵贱。

第十一章　今天的夏尔巴

夏尔巴僧尼被视为上等人。他们大都不参加或很少参加劳动，依靠布施为生，长年在家中敬神念经或为他人看病超度，一些人口多的家庭，往往强令子女出家，虽还要负担他们的部分生活费用，但也是情愿的。

嘎米（铁匠）、莎吉（鞋匠）、崩热（淘粪）、达米（吹鼓手）四种人，被视为下贱人，他们被宣布为"不可接触者"，也叫贱民，这些人不准与其他夏尔巴通婚，不准与别人一起坐、吃和住，不准使用他人的杯碗。铁匠只能在房子外面干活，鞋匠只能在主人指定的地方制作。他们的婚姻也只能在他们同行之间选择。如果一个夏尔巴女人和"下等人"结婚，她就要下降到她丈夫的社会地位。这些人在社会上受歧视最深，是最低下的社会阶层。以上内容，切排和桑代吉在《夏尔巴人的历史与现状调查》一文中均有提及。

英国学者克·冯·菲雷尔－海门道夫在《尼泊尔的夏尔巴人》一书中说："这地区大多数夏尔巴人认为：他们的祖先是沿着罗瓦林·希马（Rolwalnig Hi - mal）以西的绒辖河（Rongsharehu）南下，而后转向东，挤跑了原先住在索卢的基兰蒂人，定居在那里，然后再从索卢向北进入昆布。"

另一种相反的传说认为，夏尔巴祖先的某些氏族是从西藏翻越囊巴拉山口，沿着现在定日到昆布之间的主要商道，直接抵达昆布。他们相当一致地认为，所有夏尔巴人氏族的祖先，差不多在同一时期到达这个地区，直到现在他们主要氏族的数目仍保持不变。

另外还流传着一种说法，即构成索卢、帕拉克、昆布夏尔巴人社会的是 18 个氏族或骨系，也有 21 个氏族之说。

没有氏族自称资格老或应有特权，氏族之间也没有任何明显的地域界线。当然，有些氏族诸如果莱、贝内萨和拉玛的主要根基在索卢；而有些氏族如门德、香古普、色尔瓦和希雷集中在昆布。

夏尔巴人称氏族为"如"（ur），字面的意思是骨头。这意味着儿女继承了父亲的骨头，因而所有同一父系祖先的后裔源于一个"骨系"。这种观念与广为流传的"血缘"纽带的观念相似。

夏尔巴氏族的基本特性，是承担氏族外婚的基本集团的作用。同一骨系的所有夏尔巴人，尽管住的村子相距很远，也无法追叙世系家谱，但由于他们属于同一父系的同族，禁止通婚。同氏族成员间的性关系被认为是乱伦，事实上从未听说有这种情况。

夏尔巴人氏族之间在经济或政治领域内虽然不存在合作，但他们在一些有限的礼仪活动中，却作为一种特殊团体出现。每一个氏族的成员认定某些山神是他们特有的保护神，有时住在同一村落的氏族成员，会联合起来朝拜这些氏族神。

夏尔巴人氏族，既没有官员也没有氏族祭司来组织氏族成员之间的合作，以致能够有一个长远的基地。

同一氏族的几家人联合举行拉切图祭典，是一种既方便，又使典礼较隆重的办法。它不是传统规定的，而完全是自选的办法。

夏尔巴氏族成员除遵守氏族外婚制的规定和每年祭3次氏族神之外，虽不承担任何明确的义务，但这却是一个非常重要而必不可少的象征，它证明一个人在夏尔巴核心社会中的地位。因为在昆布、帕拉克和索卢，只有上述21个氏族成员，才被认定是真正的夏尔巴人，只有他们才在氏族外婚制中有明确的地位。这地区许多其他的居民，语言和习俗与夏尔巴人类似，形体也难以区分，但被认作康巴，比本地夏尔巴地位低下。

在实际生活中，康巴构成夏尔巴社会的一部分。他们能获得土地和房屋，可与夏尔巴人家庭通婚，可以被选为村里的头人，充当喇嘛，甚至在当地寺庙里取得最高的地位。但尽管有这些便利之处，康巴却不能成为夏尔巴传统社会的核心。

昆布、帕拉克和索卢的夏尔巴人，构成一个基本上开放的社会。他们较易于被邻近的居民吸收和同化，这使人想到那些与之近似，但未受印度种姓观念影响的某些种族社会的灵活性。藏传佛教允许保留这类种族的特性，夏尔巴人善于把种族的基本特征与藏传佛教的文化有意识地积极地结合起来，参与到外界更广阔社会的文明中去。

第十一章　今天的夏尔巴

夏尔巴喇嘛和僧人不仅在绒布寺，甚至远在日喀则和拉萨也感到像在家里一样，藏族与夏尔巴喇嘛之间的经常接触，是昆布和索卢的宗教组织得以长期保持生命力的重要原因。

夏尔巴人因生活在高山，所以许多人都从事农业和畜牧业活动，包括牧牛和羊毛加工。

夏尔巴人的生活习俗和宗教习俗受自然环境和传统文化的影响，部分与藏族相同之外，更多的是多姿多彩而又自具特色。

夏尔巴男子穿羊毛织成的白色短袖外套，沿边镶有黑色羊毛，叫作"普都"。腰间插一把叫"果奔"的弯月形砍刀。夏尔巴女子穿色彩鲜艳的长袖衫，下身围一条花筒裙，外面罩一件手工制作的白羊毛坎肩，叫"帕多"，梳一根长长的带红穗的发辫，还喜欢戴金玉耳环。

夏尔巴人忌食鱼、狗和小牛，由于受印度教影响，虽不忌牛肉，但从不主动屠宰牛。没有喂猪的习惯，但吃猪肉。夏尔巴人普通的主食是玉米，可做"公则"，就是半干的玉米糊糊。炒菜很讲究佐料，用小茴香、辣椒、洋葱、大蒜和咖喱粉等，尤以辣椒、小茴香为不可缺少的调味品。这些佐料大都是用木冲或石臼捣碎，蘸着菜或饭团吃。夏尔巴人喜爱喝酥油茶、甜茶、"巴鲁"（玉米酒）、青稞酒、酸奶和烧酒。他们喜熟食，不吃生肉，用炒菜佐食。菜类最爱食用土豆、荨麻、鸡蛋、牛羊肉和一种类似蛤蟆的小动物。

夏尔巴人如果有亲人去世，都要先请喇嘛念经，然后举行火葬和土葬。成人死后放在特制的木箱内，送到火葬的地方架柴火葬，葬后两三天取少许骨灰撒到江河里，其余部分用石头垒盖；孩童死后，把尸体捆绑成胎儿状，存放在山崖的石穴中或树洞里，时间一长就成了尸蜡。

夏尔巴平时住木房，放牧时住牧棚。房屋建筑形式特殊，一般都是人字形顶，上盖鱼鳞板（即用斧子劈成的薄木板）。四周用石块垒成厚墙，就在墙上架梁造楼。大都修建两层楼房，平均高度约 6 米左右，楼上一般分隔成三间，分作厨房、宿舍和储藏室，楼下堆放零星什物或圈牛羊。室内陈设简朴，厨房设在中间，有酥油桶、铝锅和各种炊具碗杯等，家家还有一个用石板砌垫而成的火炕，支架做饭，席地就食。他们注意卫生，室内清洁明亮。一般家庭都有厕所。

夏尔巴人表示敬意的方式有二：一是敬献哈达，一是用头碰在对方的手上或膝盖上。旧时还有弯腰吐舌低头的习惯，这种现象也一直存在着。

夏尔巴人重馈赠，凡有喜庆必互相送礼致贺。但还礼的数目必须多于馈赠之数，普遍都是加倍还礼，否则就认为是失礼。收礼的家庭会进行登记，以便加倍回赠。他们很重视称谓，对长者如直呼其名，会被认为是不礼貌的。一般都在对方第一个儿女的名字后面加上阿爸或阿妈，对年纪较大的男性长辈称"明米"，即"爷"；对年纪较大的女性长辈统称"以米"，即"奶"；对有文化的人称"格拉"，即老师；对已婚女子叫"措姆"，即嫂子。

据莫斯科1978年出版的《南亚小民族》一书，夏尔巴人分为两个大的族内婚集团：克哈德和克哈缅都（前者具有较高的社会地位），同时，每个集团又划分成若干族外婚单位。

夏尔巴人有特殊的家庭婚姻关系。他们有特殊的一妻多夫婚姻习惯：两兄弟共一妻。如果有三个儿子，那么父母通常把二儿子送去当和尚。如果兄弟四人，那么他们可成对结合：老大和老二共一妻，老三和老四共一妻。两个未婚夫同样有权参加婚礼。弟弟有权娶已故长兄的遗孀为妻；同样，妹妹也有权与已故姐姐的丈夫结婚。

夏尔巴人结婚都是由本人来选择对象，甚至鼓励婚前发生两性关系。这种情况通常被认为是家庭婚姻关系的第一阶段。当年轻人相互选定对象后，未婚夫便托媒人把米酒带给女方的父母。倘若他们的求婚请求不被拒绝，即女方父母接受米酒，那么，小伙子就获得了公开到女方家串访的权利。如果青年人之间长期不和睦，便可能造成这一阶段婚事的破裂。但大部分情况都进入下一阶段。这一对年轻人生了第一个孩子以后，通常需要再次求婚以证明他们之间的相互从属关系。然后是第三

第十一章　今天的夏尔巴

次求婚，目的是商定结婚日期，以及何时妻子移居到丈夫家里。这之前女方至少应有一个孩子。有时在第一次求婚之后马上就举行婚礼，那时小伙子住在妻子家里，直至第一个孩子出世。

通常夏尔巴人是以小家庭为单位生活的。离婚比较简单，妇女为了取得重新嫁人的权利，只要当着三四个人的面折断一根竹子就可以了。寡妇守孝大约一年时间，之后就可以改嫁了。

美国当代人类学家阿吉兹曾以索卢和昆布的人为对象，从几千人次的调查数据中整理出《藏边人家》一书，描述了在夏尔巴人的舍尔巴种姓中，还有一种试婚的形式。在索卢和昆布地区，还有许多舍尔巴人的试婚小木楼。舍尔巴的女孩长到 14 岁时，父母就让她出门自由结交，同时分一间小屋给她，有钱人家还单独为女儿修建一座小木楼，让她晚上一个人住在那里。她选中了男朋友，可以引导他暗地里到小木楼来夜宿，父母即便知道也不干涉，而且还要向小姑娘讲解两性接触和两性生活的知识。住了一段时间，他们双方如果满意，便由男方托媒向女方父母送几钵米酒，就算正式订婚。订婚后，未婚夫就可以公开地住在姑娘的小木楼里。如果任何一方感到不满意，招呼一声就算解除婚约，而男方必须立即离开小木楼。不过，多数男女都能顺利地进入下一阶段，即生孩子。有了孩子之后，男女双方才宣布互相为从属关系，于是男方正式向女方及其父母求婚，通过一定仪式，正式确定夫妻关系。如果两口子之间还出现感情危机，通过协商，丈夫付给妻子一笔孩子的抚育费，便可离开女方，或者把孩子带走。如果能继续和睦相亲，那么可以确立终身伴侣关系，女方带着孩子移居夫家，再举行隆重的婚礼。

据一个夏尔巴人舍尔巴种姓的青年向导普尔巴说："一般说来，女的 14 岁、男的 16 岁就可以同居，但要经过一次、二次、三次的感情确定，才能组成家庭，这需要 3 年至 10 年的时间。"据索卢和昆布地方的一个正在为女儿的未婚夫上门求婚做庆典食品准备的舍尔巴老阿妈桑珠玛解释道："这道理很简单：青年男女之间的了解和通达，再没有比在一个床睡觉更好的方式了。即便一床睡觉，一时也难以了解和沟通，所以试婚期要长，长到生了孩子，长到经得起承担共同责任所带来的信任和考验。"

夏尔巴人是尼泊尔居住地域最高的高山居民，他们的住地冬季多雪严寒。寒冷的气候迫使他们当中的某些人每逢冬季离乡背井，下山到南部盆地停留几个月。

夏尔巴人从事农业的条件是十分严酷的，但这却是他们的一项极为重要的活动。夏尔巴人种植小麦、玉米、土豆，还在一些河流沿岸栽种水稻。他们的畜牧业较发达。饲养牦牛、绵羊以及黄牛与牦牛的杂交品种，杂交公牛以力大和能吃苦耐劳著称，可作为驮载牲畜和耕地的役畜使用。杂交母牛给他们提供丰富的奶汁。夏尔巴人出售羊毛、黄油、奶酪，或者用这些商品交换粮食。

从定日到尼泊尔的索卢和昆布，有一条传统的"珠穆朗玛商道"。夏尔巴充当西藏与尼泊尔以及与印度贸易的中间人。夏尔巴商人还往往到很远的地方为各种高山考察队，特别是为攀登喜马拉雅山峰的登山队做搬运工和向导，这已成为夏尔巴人的特殊职业。

自20世纪50年代以来，昆布地区的旅游业呈指数增加，探险活动从每季度平均一次增加到2003年的每季度26次以上。随着旅游业的发展，大量基础设施的建设对当地森林产生了负面影响。昆布地区及周围村庄的森林资源被严重消耗，大部分坡地上已经没有树了。这些情况在主要的旅游探险路线附近或交叉点上的村庄尤为严重。一些村子都在贩运和探险活动几天的脚程之内，近10年来，这些地点迅速建立起了大量的山林旅馆、餐馆和野营地。

20世纪80年代在山坡种植的松树已经长到2～4米高。昆布地区的居民已经意识到毁林问题，许多人积极参与保护森林与抚育幼林的活动，他们也最终看到，森林又重新缓慢但有效地长起来了。国家公园的管理部门也采取了更多有力的措施，保护森林、野生动物和文化，并且针对登山者，制订了更加严格的管理条例。

中国西藏的夏尔巴人

据资料显示，中国有夏尔巴人一万二千多人，他们分布在喜马拉雅山脉中国一侧。中国境内的夏尔巴人，主要居住在日喀则地区定结县的陈塘镇、定日县的绒辖乡、聂拉木县樟木镇的立新村及雪布岗村等地。

夏尔巴人大都信奉藏传佛教，立新和陈塘各有一座寺庙，名字分别为贡巴萨巴和拉岗，绝大多数人信奉萨迦派和噶举派，也有信奉格鲁派和宁玛派的。萨迦派和噶举派的信徒们可以居家结婚，不住在寺庙，耕种寺庙的土地，他们只是轮流去寺庙烧香、摆供和念经。他们以佛教教规作为行动准则，喇嘛在夏尔巴人中享有特殊地位。他们还崇尚鬼怪，相信星算，凡有重大活动都先占卜而后做决定。

樟木立新村

夏尔巴人迁到樟木一带，至少应在300年前。夏尔巴人原聚居在尼泊尔靠近西藏定日的夏热孔布，约在250年前向东西两侧山区发展，其中一支来到了樟木口岸的立新、雪布岗一带，他们搭棚垦地定居下来，至今已传至十几代人了。

西藏档案馆保存的两份藏文文书，皆署"水牛年"，即清乾隆五十七年（1792），距今已190年。一个是清朝大将军福康安给聂拉木宗（县）根保（头人）及百姓的告示，其中列示樟木地方有夏尔巴差地十三岗，过去一直向西藏地方政府支差。另一份是聂拉木根保、百姓为保证遵守上述大将军福康安七月初一的告示，于七月初七日立的甘结。

其中有樟木夏尔巴根保巴桑等人及贡巴萨巴的喇嘛嗡则等人的签押。

夏尔巴根保巴桑的五代孙巴桑诺布及其弟多吉，住在樟木的立新村。巴桑会廓尔喀语，粗通文字和计算，当地人称他"仲译巴桑"（意为巴桑秘书），他在入赘后做了当地的头人。

立新的佛教寺庙贡巴萨巴，于1763年和1918年两次重建，寺内活佛已转世十代了。1763年时这里已有不少居民，于是重建旧寺，因而称为贡巴萨巴（意为新寺庙）。活佛转世十代，至少应有300多年，可见夏尔巴迁入樟木一带已有300多年的历史。

立新村的夏尔巴少女

1972年，据立新村一位86岁的老人波·坚赞讲："听我祖奶奶说夏尔巴人在当地已有250年以上的历史了。我们的祖宗原是从尼泊尔昆布、比贡、嘎里召等地方过来的。250年前的立新森林茂密，野兽成群，没有人烟。我们的祖先来到这儿后，烧山开荒，平地支棚，在这边界不分、无人管辖的荒僻之地扎下了根。直到50年后，爆发了藏尼边境战争，才有西藏与尼泊尔的疆界区划。"老人说的战争，就是18世纪时中国与廓尔喀之战。

立新村夏尔巴人的语言，其语法结构与藏语基本相同。陈塘夏尔巴人的语言较杂乱，既有藏语、尼语，也有土语。夏尔巴人只有名字，没有姓氏，名字与藏族相似，但不冠房名。有种姓。立新村夏尔巴人的种姓有五种，即色尔巴、嘎尔札、撒拉嘎、茄巴、翁巴。陈塘分两种，即提嘎瓦、从巴瓦。

美丽的雪布岗

雪布岗土地只有50亩，人口35户164人，平均每人只有3.04分地，牛342头，羊153只。措塘人口23户93人，土地只有9亩左右，牛羊约300头只。这一带大都种植玉米、土豆和荞麦，住房周围，辟有小块菜地，种一些青菜之类的。玉米是主粮，是制作"公则"（玉米糊）、"巴鲁"酒（玉米酒）的原料，土豆做菜吃，有时也充作粮食。荞麦吃法如同糌粑。

喜马拉雅南坡森林茂密，气候温和，为发展畜牧业提供了很好的条件。这里的夏尔巴人几乎家家有牛羊，畜类以偏牛、黄牛为主，也有一些山羊、绵羊，还有少量的牦牛。粮食大都不能自给，还要依靠牧业收入从尼泊尔换来大米和日常用品，因此，畜牧业是其生活的重要来源。

雪布岗牧场的放牧规律是：春冬在山下，夏天雨季搬到较高的山上，秋后又往下移动。每年春耕前还要集中在农田地上放牧半月左右，用以积粪备耕。立新随着农、商、副业的发展，放牧的人在减少，定居的群众逐渐增多。

定结县的陈塘，是中国夏尔巴人的主要聚居地之一，位于喜马拉雅山北麓、珠穆朗玛峰东侧的原始森林地带，北与尼泊尔隔河相望，平均海拔2040米，属亚热带季风气候。

陈塘风光

陈塘，得名于修建萨迦寺的木料从陈塘运输而来。"陈"之意为运输，"塘"之意为路，即"运输的路"。陈塘镇夏尔巴人数量最多，目前有6个行政村，约400户2200余人，是中国定结县与尼泊尔塔普列县之间的边境镇，处在珠峰国家自然保护区的核心区内。

印度洋暖湿气流影响陈塘河谷，这里四季如春、夏无盛夏、冬无严冬、温和多雨。20万亩原始森林，生长着30多种珍贵药材，栖息着20多种国家珍稀野生动物。1989年，陈塘被划入珠峰国家级自然保护区。

由于居住在深山之中，交通不便，陈塘夏尔巴人用一根绳子把货物捆好，留出一个绳套。需要行走背负时，将绳套顶在额头，重物附在后背。这种背负方式，是人们在喜马拉雅高山深壑中崎岖难行的山路上由多少代人摸索出来的独特经验。山路险峻，攀爬悬崖，如果将重物挎在双肩，一旦失足，人货俱损。用额头顶负重物，发生危险时，方便弃货保人。

陈塘沟夏尔巴人细分为加边嘎玛、多吉玉提、珠巴、玛泥普巴、提嘎 5 个族类。在传统的婚姻关系上,他们实行跨族类通婚,同一族类内部通婚是被坚决禁止的。另外,陈塘沟夏尔巴人与土著藏族人通婚的很少,也没有与其他民族通婚,因此这里的夏尔巴人最完整地保留了他们的古老风俗。直到现在,其婚俗仍有浓厚的原始性,订婚方式主要有三种:指腹为亲、订娃娃亲、抢婚。

陈塘的夏尔巴村民

陈塘沟里的夏尔巴人大都有自己的夏营地和冬居地。春天来的时候,他们向高山上的夏营地迁移,在珍贵的耕地上种植庄稼、蔬菜,以储备一年的粮食和菜蔬;冬天到的时候,他们从高山上下来,到海拔较低、阳光温暖的地方去过冬。

夏尔巴人在陈塘沟种植的一种形似鸡爪的谷物被形象地称为"鸡爪谷",据说鸡爪谷是由尼泊尔传入的,每年 5 月育苗,6 月插秧,9 月收获,谷粒成熟后为赭红色。用鸡爪谷磨成面做出来的饭叫"忙加杜瓦",是夏尔巴人的主食,和朝鲜族的打糕在形态上差不多。鸡爪谷淘净、煮熟、发酵后得到的叫鸡爪谷酒,其工艺已经被列入国家级非物质文化遗产名录。鸡爪谷酒是夏尔巴男人们的最爱,也是他们招待远方来客的佳酿。这种酒以特制的竹桶、木桶盛之,并配有包银的竹吸管,可以连续加 3 次水进行品饮。

在陈塘沟,山极其陡峭,小孩从脱离襁褓和大人的脊背开始,就要学着独立攀爬行走。孔定玛有一支五六人的少女背夫队,她们中年龄最小的14岁,最大的也刚刚16岁。从孔定玛到陈塘镇30千米,中途还要上下翻越一些陡峭的山,她们一路上至少要走9个小时,中间只吃一次桶装方便面。完成一次商品交易后,女孩们每人能赚到四五十元钱。每到学校放假的时候,做背夫是她们换取学费或补贴家用的主要劳动方式。

陈塘沟夏尔巴人信奉原始苯教,他们的男法师叫"洛班",女法师叫"卡卓玛",这样的法师在陈塘沟有40余名。

陈塘的夏尔巴有两个族群,一个叫"梯格巴",是指来自尼泊尔人的夏尔巴;另一个族群叫"冲巴",为西藏境内本土夏尔巴。他们相互通婚,杂居在陈塘镇及下辖的6个行政村内,即皮当村、卧雪村、萨里村、藏嘎村、那当村和休学玛村。因为西藏的生活条件好于尼泊尔,所以通婚者的后代全部都加入了中国国籍。

陈塘镇山脚下的嘎玛藏布,是中尼边境上的一个天然分界线。山脚下还有"中尼友谊桥",其两端立有中尼69号界碑。

夏尔巴人有自己创造的原生态歌舞,林中一小块平地或村头稍稍平缓一点的巨石,就是他们的舞台。随着歌声的节拍,围成半圆形,边跳边唱,节奏舒缓,与藏地其他高亢激烈的歌舞,形成鲜明的对比。

2007年年初,陈塘家家户户都通了电,现在陈塘镇390户夏尔巴人家中,有一半以上的家庭都有了电视。而且从2004年开始,国家就投资556万元,对300多户民房进行了改造,从而使陈塘家家户户都住上了新居。现在,一排排具有夏尔巴风格的、整齐划一的新房拔地而起。

第十二章　芳　名

由于历史和地域的原因，珠穆朗玛峰的名字，不止一个。

在中国，珠穆朗玛峰的芳名，从西藏的民间传说，到中央政府的正式命名，经历了漫长的历史过程。

大约300年前，中国就以官方名义，正式对珠穆朗玛峰进行测绘，并且使用"朱母朗马阿林"的名称，将珠峰载入国家版图。

这比英国人后来在印度开始测量珠峰，足足要早了130多年。

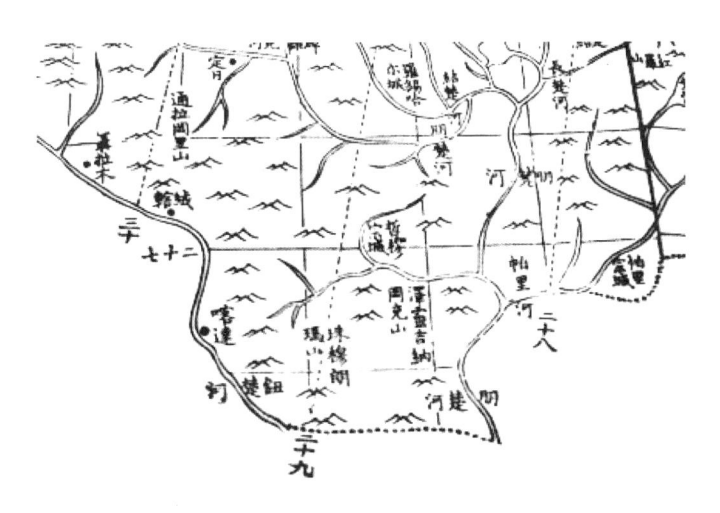

根据1721年康熙《皇舆全览图》绘制的道光年间版中国地图，图上清楚标着汉文名称"珠穆朗玛山"。该图现藏中国科学院图书馆。

珠穆朗玛峰，英语翻译为Mt. Qomolangma，这是居住于珠峰北侧藏族人民的传统称谓，有"女神""圣女""神女第三""地神之母"等几种解释。

中国的藏族人，最早发现珠穆朗玛峰并给它命名的。对珠峰最早的文献记载始于元朝，其名称为"次仁玛"。1717年（清康熙五十六年），清朝派员对珠峰及其附近的边境地区进行勘测时，依据当地藏族人民对它的称呼，正式命名为"朱母朗玛阿林"，标在《皇舆全览图》上，图中记载了珠峰的位置和四周边界。从此以后，珠穆朗玛峰的名称就开始出现在中国的文献和地图中。

Mt.Everest，埃佛勒斯峰，西方国家对于珠穆朗玛峰的习惯称呼。英属印度测量局1852年曾测量珠峰高度，1855年以该局前任局长、英国人George Everest上校之名，命名此峰为Mt. Everest。

尼泊尔语 सगरमाथा，萨加玛塔峰，意思为天空女神（圣母）之意，又称圣母峰。这是居住于珠峰南侧的尼泊尔人对于珠穆朗玛峰的称谓，有"高达天庭的山峰""地球制高点""天空之神"等几种解释。

对于长期生活在珠穆朗玛峰两翼的中国西藏人和尼泊尔人来说，无论是在过去，还是在如今，他们显然无法理解，为什么珠穆朗玛峰（中国名称）抑或萨加玛塔峰（尼泊尔名称）这样一座伟大的山峰，在英语世界里，要用一个威尔士人的名字来命名。

珠穆朗玛

珠穆朗玛就是"大地之母"的意思，称作珠穆朗玛峰。藏语"珠穆"是女神之意，"朗玛"应该理解成母象（在藏语里，"朗玛"有高山柳和母象两种意义）。

据藏文史料记载，喜马拉雅山脉主峰珠穆朗玛峰属西藏八大雪山之一，曾取名为"绒布冈"。西藏八大雪山为：冈底斯，念青唐拉，玛念波木热，雅拉香布，怒金冈桑，绒布冈，布赖冈和达尔谷冈。

珠穆朗玛峰是喜马拉雅山脉诸雪山中最高的山峰，珠峰周围的其他四座山峰，加上珠峰共五座山峰，在典籍和民间传说中叫"长寿五姊妹神山"。神话传说讲道，珠穆朗玛峰是长寿五天女所居住的宫室。

西藏流传甚广的另一个传说是：很久很久以前，喜马拉雅地区是无边无际的大海，沙滩岩石上野草丛生，五颜六色的花朵永不凋谢；岸边远处群山叠嶂，云雾缭绕，茂密的原始森林鸟语花香、花果满枝，一派安定、祥和的景象。一天大海上突然出现了五头毒龙，散发的毒气弥漫大地，顿时黑云压顶、大海翻滚、大地颤动，海边的花草和花果森林被摧毁了，鸟兽四处奔逃。

正当生灵涂炭时，大海上空由东向西飘来五色祥云，五色祥云摇身变为五位空行母。她们来到海边，施展无穷法力，降服五头毒龙，并将其镇压在雪山之下。于是，大海恢复了宁静，海岸、森林重现了安定祥和的景象，生活在这里的花鸟百兽等生灵齐对女仙顶礼膜拜，感谢她们的救命之恩。

后来五位空行母想返回天界，但众生苦苦哀求，要求她们留下来保佑众生灵，五神女发慈悲心，最终同意留下与众生共享天伦太平。后来她们施展法力，让大海退去，于是喜马拉雅东部出现了茂密森林，西边成了万顷良田，南边是花草园林，北边则成为无际的草原牧场。

五位空行母仙女变为喜马拉雅的五个主峰，即：祥寿神女峰，祥寿藏语为"扎西次仁玛"，掌管人间的福寿；贞慧神女峰，贞慧藏语为"米约罗桑玛"，掌管农田耕作；翠颜神女峰，翠颜藏语为"婷格协桑玛"，掌管人间的"先知"神通；冠咏神女峰，冠咏藏语"觉班真桑玛"，掌管人间财宝；施仁神女峰，施仁藏语为"德迦卓桑玛"，掌管畜牧生产。

五个姐妹，统称"长寿五仙女"。其中，翠颜仙女是珠峰的主神，所以它曾被称为"翠妃雪峰"（藏语为"扎屯停杰姆"）。她们屹立在高原西南，守护着这里美丽的山河，用雪山上的雪水滋润着山下万顷良田、草原、森林。

佛教传入西藏后，吸收了五神女，给五位女神命名为：珠穆德日卓桑玛、珠穆丁结沙桑玛、珠穆朗桑玛、珠穆觉本珠玛、珠穆定格日卓朗玛。珠峰地区定日周边的民众，通常用五位女神的名字称呼五座山峰。因三姐珠穆朗桑玛长得俊美、高大，所以把珠穆朗玛峰称为第三女神，即珠穆朗玛。

关于这五姊妹的神话传说，在不同的藏文仪轨经书里，说法各异。甚至，对五姊妹的名字也有很多不同的叫法。据《龙朵阿旺洛桑全集》中记载，长寿五姊妹为扎西次仁玛、婷吉夏桑玛、迷月洛桑玛、觉班真桑玛、德噶桌桑玛。典籍和民间传说一致认为，雪山五姊妹，就是以珠峰为主的五座雪山，而且都在珠峰一带。五个姊妹当中，扎西次仁玛是最主要的女神，其他四个，均是她的眷属。一般认为，珠峰就是扎西次仁玛，而其他四个，就是在她周围的四座相对较小的山峰。

五姊妹各有各的特色：扎西次仁玛是白色女神，右手持金刚杵，左手持甘露瓶，坐骑为白色狮子；婷吉夏桑玛是蓝色女神，右手持经幡，左手持魔镜，坐骑为鹿或野驴；米月洛桑玛是黄色女神，右手持食盆，左手持吐宝兽，坐骑为虎；觉班真桑玛是红色女神，右手持珍宝，左手持宝藏盒，坐骑为雌鹿；德噶桌桑玛是绿色女神，右手捏一捆茅草，左手持蛇绳套，坐骑为龙。

雪山长寿女神

珠峰附近地区的各寺庙中，都有供奉珠峰五姊妹女神的仪轨经文，每逢宗教吉日，僧人都要诵经供奉各大山神，其中五姊妹女神，是不可缺少的供奉对象。

米拉日巴在他的诗篇中，多次写到主宰五座雪山的山神："善神长寿五姊妹，十二天妃之主母，世间空行具神变，能说尼藏二语言"，"此诸女神与老密，因缘特深胜其他"。

1708年7月至1717年元旦，清康熙皇帝大规模地开展全国性测量工作，以便绘制地图。1714年～1715年，清政府从北京派出曾在钦天监学过数学的藏族喇嘛楚儿沁藏布兰木占巴和理藩院主事胜住，专程进入西藏地方测绘地图。他们在当时交通极为困难的条件下，直接深入到珠穆朗玛峰下，采用经纬图法和梯形投影法，对它的位置和高度进行过初步的测量，并在地图上做了标注。1721年，即康熙五十六年，清朝政府编绘的《皇舆全览图》采用"朱姆朗马阿林"这个名字来命名珠峰，并精确地标出了其具体位置。

"朱姆朗马阿林"是藏满语音的合译，"朱姆朗马"系藏语，"阿林"系满语，意为"山"，这是珠穆朗玛峰最早的汉译名称。康熙五十六年（1717），福克司编的《康熙时代耶稣会士地图集》（W. Fuchs, Der Jesuiten Atlas der Kangnsi‐Zeit）第14幅《雅鲁藏布江图》上，亦注着"朱母郎马阿林"。康熙五十八年（1719）绘制的《皇舆全览图》的第6排第5号图上，标注了珠穆朗玛的满文名称。康熙六十年（1721）所刻木版《皇舆全览图》上用汉文标注了该山名，这份地图1733年又在欧洲制成法文地图。在这些地图上，珠穆朗玛峰以满、汉、法等不同文字出现，确定了它的名称，可以说是关于珠穆朗玛峰最早的历史文献。

自那之后，珠穆朗玛峰作为地名，屡屡见于各种官方文献。1733年，《皇舆全览图》译成法文时，图上也注为"Jchomo‐Lancma"。1744年，《大清一统志》上载有"朱母拉马山"。1761年，《水道提纲》载有"朱母郎马"。1760年到1770年，《乾隆十三排地图》上，标绘"珠穆朗玛阿林"。1795年，《卫藏通志》载"珠木朗玛"。1822年，《皇朝地理图》标名"珠穆朗玛"。1844年，《皇朝大清一统舆图》中，"珠穆朗玛阿林"又被标作"珠穆朗玛山"。

西方普遍称珠穆朗玛峰为Mount Everest，汉译额菲尔士峰或埃佛勒斯峰。Everest这一名字，是为了纪念负责测量喜马拉雅山脉的印度测量局局长、英国人乔治·埃佛勒斯（George Everest）爵士。无可否认的是，埃佛勒斯峰这个名字带有殖民主义色彩。

1773年，英国通过东印度公司完成了对印度的征服，而后，又开始了对中国西藏及周围国家的侵略，先后占领了布鲁克巴、哲孟雄、廓尔喀和克什米尔等地。为了与沙俄在中亚地区竞争势力范围，英国觉得有必要把触角扩大到当时还未知的兴都库什、帕米尔和西藏地区。

印度测量局局长乔治·挨佛勒斯

当时的英属印度测量局在这个过程中扮演了重要的角色。1808 年，英属印度测量局开始实施测量整个印度次大陆的计划。测量师们带着巨大而沉重的经纬仪，慢慢地向北方移动。1823 年，时任印度测量局局长的乔治·挨佛勒斯，开始了对包括喜马拉雅山脉在内的一系列山峰的测量。

然而，在 19 世纪的绝大部分时间以及 20 世纪的头二十年里，西方人同喜马拉雅山脉的锡金、不丹、尼泊尔以及中国西藏的关系，都比较紧张，出于政治原因，得不到当地政府批准，他们无法进入这些地区进行测量，英国人不得不从远在 240 千米以外的地方，对喜马拉雅的山峰进行观测和测量。

1847 年，在对干城章嘉峰（Kangchengjunga）进行观测时，接替挨弗斯特职位的安德鲁·沃尔夫上校（Andrew Waugh）注意到，在干城章嘉峰旁边还有一座泛射白光的、更高的冰山，这就是珠峰。

对于喜马拉雅山很多高峰的名称，他们不了解、不知道，一时无法解决，所以沃尔夫的助手迈克尔·轩尼诗（Michael Hennessy），采取用罗马数字的排列的办法，用罗马数字表示各座山峰。喜马拉雅山脉东部有 19 座山峰，从东到西排列号数，干城章嘉峰被标为 IX 峰，而珠穆朗玛峰排第 15 位，故用罗马数字 XV 表示。

因为不能接近该山峰，英国人在测量时，最近也只到达了距离珠峰 240 千米处。

每年只有 10～12 月间是观测季节，加之人工计算的不确定性，沃尔夫等人采用大地测量的方法，经过了几年的漫长测算过程。关于这个过程，有一位作者这样描述："1852 年，在印度台拉登（Dehra Dun）的测绘站，有一天，一个孟加拉的计算员茹阿达纳特斯瓦米（Radhanath Sikdhar）冲进沃尔夫的办公室报告说：'先生，我已发现了世界的最高峰。'"也有人指出，虽然这个故事引人入胜，但可能并不真实。因为茹阿达纳特斯瓦米在 1849 年就已离开台拉登。

1852 年，安德鲁·沃尔夫宣布这座山峰的高度是 8839.8 米。这个关于珠穆朗玛高度的第一个数据，却是在印度平原上遥测的。1855 年，印度测量局局长沃尔夫建议，用他前任局长乔治·埃佛勒斯（Gorge Everest）的姓氏，来命名珠穆朗玛峰，即 Mount Everest，得到英国皇家地理学会的同意。1856 年英国皇家地理协会正式接受了这个提议。埃佛勒斯既未曾攀登珠峰一步，也不是发现珠峰的人，随便以他的名字来命名世界最高峰，难怪有些英国人也以为不妥，并引起了后来长期的争辩。

珠穆朗玛峰的高度被确定之后，又有一些好事者，试图推测此峰的名字。英国驻尼泊尔专员贺志生（Erina Hodgson）最早提出新说法，他说此峰名称应为德亙汉加（Dveadhunga），据他说这个名字是梵文，是从尼泊尔的文献查出来的。但后来他承认此说错误。

1855 年，德国人斯拉金特威特（Herrmann von Schlagintweit），从尼泊尔首都加德满都测量，认为此峰应叫高里三喀（Gauir Sankar）。从此德国地图上就称世界最高峰为高里三喀。例如著名的德国《斯蒂勒地图集》（StiellsrAtlas）1875、1901 年版，都是采用高里三喀的名称，一直到 1904 年才改用埃佛勒斯。英国出版的地图，如 1895 年的《泰晤士地图集》第 80 幅和 1882 年出版的基恩（Augustus. H. Keane）的《亚洲地理》，也都采用"高里三喀或埃佛勒斯峰"并行的办法，而以高里三喀放在前面。美国1902年出版的《世纪辞典》（Centenary Dietionaryand Cyclopedia）地图，亦以挨佛勒斯和高里三喀并列。一直到1912年，英国人的著述里还有这样的写法。中国在20世纪初期的地图，受欧洲地图的影响，也放弃了原来固有的名称，而改用高里三喀或噶里散噶。

1865年，印度测量局进一步从印度平原六个测站校正珠峰的准确高度，才得到29002英尺（8839.8096米）的数值。

1881年，印度人达斯（Sarat ChnadraDas）入藏求学，1882年回印，途中曾看到珠穆朗玛峰，他书中称为珠穆贡噶（Chomo Kan‐kar），即白雪女神之意。曾任英国皇家学会的会长佛莱斯非德（D.W. Fershfield）亦支持此说。瓦德尔（L. Awdade）在1898年发表一文，说他从此峰南侧的藏族人方面得知此峰藏名为珠穆贡噶（Jomo Knag‐Kar）。他还说在西藏印行的通俗地理书籍中，在西藏大雪山中，珠穆贡噶是仅次于开拉斯峰（Mount Kalus）的圣山。因此，在欧洲地图上，也就出现了珠穆贡噶这个名称。例如1921年出版的德国《安德烈图集》（AndreeS HandaUas），就在埃佛勒斯峰后面注明是珠穆朗玛或穆珠贡噶。《苏联大百科全书》也曾在挨佛勒斯后面，注明是珠穆朗玛或穆珠贡噶。此外，胡克（G. D. Hokoer）也曾提出珠峰的名字叫藏高（Tsangau），又有人提出叫白拉郎古（Bhaiarl Langur）。足见当时混乱之一斑。

为了解决这个难题，印度测量局曾派伍德（Wode）到尼泊尔首都去查勘，结果他认为尼泊尔对此峰未有名称。

1904年英国派兵侵略西藏，并进入拉萨，领队者就是后来主持挨佛勒斯探险委员会的荣赫鹏（F. Yuonghusband）。当时随军入藏，并有测量员雷德（C. H. D. Ryder）和罗林（C. G. Rawling）。但他俩只是沿雅鲁藏布江谷测量，未入山区，所以，除了证实珠穆朗玛是最高峰外，没什么其他结果。而在此以前，对于珠穆朗玛峰是最高峰的问题，还是有疑问的。

早在1889年，法国地理学家窦脱勒依（Dutreuil de Rhins）著《中亚》一书，曾试从中国材料解答这个问题。他利用欧洲已有的中国地图和克拉普各息翻译的《大清一统志》，来推断英人所测到的最高峰的位置，认为应该是 Dzerin ghina tschoungri，即康熙《皇舆全览图》上叫作塞领几纳冈林，乾隆十三排地图叫作泽灵吉钠冈克阿林，在《大清一统志》上叫作策林吉纳山。但他搞错了，此山是在珠穆朗玛以东数十里的另一座山。

1907年，被称为喜马拉雅研究权威的印度测量局局长、英国人巴拉德，出版了《喜马拉雅山和西藏的地理地貌概况》一书，还说西藏对于珠峰没有名字，只好用挨佛勒斯。

1910年，曾经在印度服役的布鲁士准将，在他的《喜马拉雅二十年》一书中，首先提到他从印度人那都辛（Nahtu Sing）的地图上，见到珠穆朗玛的名字。而据那都辛说，此名是得之于山南杜科西河谷的藏族居民的。

法国地理学家窦脱勒依
（Dutreuil de Rhins）

与此同时，从不同的来源，克拉斯（A.M.Kellas）医生亦得到相同的结论。但他们的意见，并没有得到应有的承认。

1918年5月，巴拉德在讨论喜马拉雅山峰的名称时说，原则上他不赞成把英国人名字用于喜马拉雅山峰，又说他是赞成用本地固有名称的，他认为固有名称很出色，和周围环境协调，予人以深刻印象。但是，他又说，他反对把挨佛勒斯包括在内。因为挨佛勒斯已在地理学界流行半世纪了，英国人坚持既成事实。

同年10月，克拉斯对于巴拉德的意见，提出了适当的反驳。他说："也许我可以被允许来谈一谈名称，因为我的意见和巴拉德上校和你的（指《地理杂志》编者）意见多少有出入。第一，我不同意现在时机已经成熟，可以把埃佛勒斯作为全山系（即指喜马拉雅山）最高峰的适当的名称。如我在以前（1917）所提出的，珠穆朗玛是布鲁士将军和我各自得到的名称，在此山未经实地证明以前，不应做出决定。而且，佛莱斯非德博士的意见，认为不宜把人名用于喜马拉雅山，是巴拉德上校所拥护的，除了这个特别情形之外。制定一条很好的规则，以后在处理全山系最高峰时，又故意破坏之，似乎难以认为一致，提出的理由亦欠充足。"

《地理杂志》的编辑，在克拉斯的意见后面加上按语："由于既成事实，现任局长对于他所执行的原则的唯一例外，不能负责。"瓦贺浦（WauhoPe）亦提出，用人名来命名不妥当，但认为对于埃佛勒斯，可以作为例外，理由是"埃佛勒斯不是一个通用人名，所指事实虽是人名，但不易觉查"。

这些理由，显然比较勉强。克拉斯在答复瓦贺浦的信中，仍然坚持他自己的见解，认为对于世界最高峰的命名，应慎重考虑，在未实地勘查以前，勿做出最终决定。

布鲁士将军在皇家地理学会上曾说："我从夏尔巴人那里知道了，他们以珠穆朗玛的名称来称埃佛勒斯峰。我希望探险队即使找到它的真正名称，清清楚楚地写在山上，我们也不要理它。我知道你们一定会同意没有任何一个名称比埃佛勒斯峰更美妙更合适。"

1894年，英国皇家地理学会根据实测资料，编制了一幅比例尺为三百八十万分之一的西藏及附近地图。此图发表于1894年7月英国地理杂志，以后又略加修改，作为1906年贺地石（Thomas Holdich）《神秘的西藏》一书的附图。这幅地图，被认为是当时欧洲人实测的最好的西藏地图，在欧洲影响很大，欧洲各国的地图从此都以英国这幅图为根据，珠峰的名称亦照英国地图称为埃佛勒斯峰。

而中国康熙年间标明"朱母郎马阿林"名称的地图，深藏宫中，早已被人遗忘。

1921年1月10日，英国皇家地理学会正式宣布已得到西藏当局的入藏许可，并和阿尔卑斯俱乐部成立一联合委员会（后来习惯称为埃佛勒斯峰委员会，以后又改名为喜马拉雅委员会），由荣赫鹏任会长，负责筹备探险，又指派已在印度的霍华德·伯里上校为探险队领队。这是珠穆朗玛探险的开始。

1921年英国珠峰登山探险队到达珠穆朗玛峰脚下，知道了珠穆朗玛峰早已有自己的名称后，却没有改正。

1922年12月20日，英国珠峰登山探险队领队、陆军准将查尔斯·布鲁斯在伦敦皇后大厦的报告会上，以十分肯定的口气说："西藏人称挨佛勒斯为珠穆朗玛（Chomo Lungma），意即圣母之地（Goddess mother of the country）。这是在拉萨的正式名称。此名通行西藏各地，所以，显然这是该峰正确的藏名。"

地理杂志的编者，在讨论探险队所测量的地图和照片时，一方面不得不承认说"我们现在已确知藏名是珠穆朗玛，这个名称是达赖的行政长官所发的护照的名称"，但他又坚持"挨佛勒斯是例外，必须维持我们所熟悉已久的欧洲名称"。

后来佛莱斯非德在评论豪伍德布里《挨佛勒斯峰探测记》一书时亦说，现在除了采用已经用了半世纪以上的名称（指挨佛勒斯）外，以任何名称来称世界最高峰，显然已经太迟了。他只希望在地图上把珠穆朗玛用括弧写在埃佛勒斯峰下面，作为总名。又说珠穆朗玛可能是指几个峰组成的山。

那之后的很长一段时间直到如今，在西方，珠穆朗玛峰还是被称为"埃佛勒斯峰"或"额非尔士峰"。中国旧时地理教科书和地图也一度使用这个名称。

萨加玛塔

喜马拉雅山横亘尼泊尔与中国之间，边界线长达1414千米，边界地区既有海拔 8000 米以上的高山，也有海拔 2000 米以下的亚热带丛林，不同地段的气候及地形条件差别很大。珠穆朗玛峰耸立在喜马拉雅山脉中段，中国尼泊尔两国边界之间。

सगरमाथा（萨加玛塔峰，MT. Sagarmatha），尼泊尔语，有"高达天庭的山峰""世界之巅""天空之神"等几种解释。这是生活在珠峰南坡的尼泊尔人给世界最高峰起的名字。

萨加玛塔峰（珠穆朗玛峰）

1951 年，世袭统治长达 105 年之久的尼泊尔拉纳家族，被迫交出了政权，尼泊尔国王亲政。从那时起，在尼泊尔，萨加玛塔这一新称谓，取代了英国人起的挨佛勒斯的名字。

珠穆朗玛峰的归属，曾经在中国与尼泊尔两国关系中，成为一个敏感而棘手的问题。此事经过中尼两国最高领导人直接交换意见，最终获得了彼此都比较满意的解决。

1955年8月1日中尼正式建立外交关系。1960年3月11~24日，尼泊尔首相柯伊拉腊来华访问，与中国总理周恩来就边界问题进行了三次会谈。

在3月15日的第三次会谈上，中尼两国政府首次涉及珠峰的归属及解决问题。周恩来将中尼边界上有差别的问题分为四类，在谈到第四类珠穆朗玛峰问题时指出："珠穆朗玛峰，它在我们境内是有根据的，说这个峰属于尼泊尔是没有根据的，但是这个峰在全世界是有名的，它不仅涉及中国的民族感情，我们也应该照顾到尼泊尔的民族感情。它是一个民族精神的象征，没有多少实际意义，这件事可以由两国总理直接解决。"

1960年3月18日，毛泽东主席在接见柯伊拉腊首相时也谈到珠峰问题。他说这个山峰"全给你们，我们感情上过不去。全给我们，你们感情上过不去"，可以"一半一半"，"可以解决，一半一半。山南边归你们，山北边归我们"。"顶峰也是一半一半"，"如果解决不了，拖一拖也好。山很高，山可以保证我们边境的安全。你们不吃亏，我们也不吃亏"。并建议这个山可以改个名字："不叫额菲尔士，那是西方人起的名。既不要叫什么萨加玛塔，也不叫什么珠穆朗玛，就叫作'中尼友谊峰'。"

1960年3月的会谈中，尼泊尔首相柯伊拉腊同意"峰北边的山坡属中国，南边的山坡属尼泊尔，边界线画在山顶上"的建议，但要求把这个问题拖一下暂不解决，因为他需要一些时间。

1960年4月26日，周恩来应邀访问尼泊尔，继续就边界问题进行商谈，双方讨论的重点集中在珠穆朗玛峰问题上。

4月27日，周恩来与柯伊拉腊举行会谈，在回顾双方就珠穆朗玛峰进行谈判的事实经过后，周恩来说，"在北京的会谈中，我们从来没有对珠穆朗玛峰提出过领土要求。柯伊拉腊说可以按以下基本安排求得解决：北边的山坡属于中国，南边的山坡属于尼泊尔，边界线画在山顶上。"但他"需要时间来教育人民"，中国方面同意"可以等一等"。

第十二章 芳 名

4月28日，周恩来举行记者招待会，在回答尼泊尔《理想报》主编拉那的提问时再一次强调："我们表示接受把珠穆朗玛峰划在中尼边界上的划法"，"在北京会谈的时候双方只是交换了地图。两国的地图的画法不同。中国的地图是根据中国的历史情况画的，把山峰画在中国境内；尼泊尔的地图是根据尼泊尔的历史情况画的，把山峰画在两国的边界线上。当时柯伊拉腊首相提出，尼泊尔一直认为这个山峰是尼泊尔的。毛泽东主席在会见柯伊拉腊首相的时候，认为我们可以按照尼泊尔的画法把山峰画在边界线上，这就是说，峰的北半部属于中国，峰的南半部属于尼泊尔。自从毛泽东主席同柯伊拉腊首相谈话后，我国政府一直采取这个态度。这次我到尼泊尔来，同柯伊拉腊首相会谈，是寻求一个友好的解决办法。柯伊拉腊首相告诉我们，在历史上，凡是从南面攀登珠穆朗玛峰的，需要得到尼泊尔国王陛下政府的签证，凡是从北面攀登的，要得到中国政府的签证。这是事实，我们同意这样的说法。当时，我们表示接受尼泊尔地图的画法，即把珠穆朗玛峰画在边界线上"。

4月30日，柯伊拉腊首相举行记者招待会，在回答美国和印度记者针对珠峰提出的问题时，柯伊拉腊答道："中国本着友好和尊重的精神接受尼泊尔关于珠穆朗玛峰那部分的地图。""根据尼泊尔交给中国的地图，珠穆朗玛峰的南部属于尼泊尔"。他说，"北部的大部分实际上是在中国的位置内，这个山峰北坡直到绒布寺所在的一万七千英尺处，是处在中国的实际行政控制下，而且尼泊尔从来没有对绒布提出要求，现在的问题是地理位置和控制这个山峰的百分比问题。"

柯伊拉腊说，"尼泊尔的地图并没有表明地理位置，在过去，北方是通过西藏政府处在中国的实际管辖之下的。西藏政府一向对从北方出发的探险人员签发许可证，我们将保持这种状态。同时，在过去，从南方去珠穆朗玛峰的探险队的护照是由尼泊尔政府发给的，从北方去的护照是由西藏境内的中国政府发给的，即便现在还是继续这样做。""目前的困难是，如果北坡是属于中国的，南坡是属于尼泊尔的，那么顶峰的位置将在什么地方呢，谁来给远征人员的许可证呢"，但"尼泊尔同意这一事实，中国管辖着北坡，分歧只不过是这个山峰的几码地方","研究它的地理位置是需要时间的"。并认为："由于两国之间的友好关系，边界委员会在解决边界问题时不会有重大的困难。"

1960年8月11日，中尼边界联合委员会成立。1961年8月，周恩来接见尼泊尔驻华大使巴哈杜尔时，表明中国希望早日知道尼泊尔国王马亨德拉对珠峰的意见，以使问题更好地解决。他说："关于珠穆朗玛峰问题，尼泊尔叫它为萨加玛塔峰。"

1961年9～10月，尼泊尔国王马亨德拉访华。周恩来同马亨德拉就中尼边界等问题会谈的同时，继续就珠穆朗玛峰的归属问题交换看法。周恩来主张在珠穆朗玛峰的问题上既要照顾到尼泊尔人民的感情，也要照顾到中国西藏地方人民的感情，因此，强调"在边界条约中要找一种比较合理的措辞。同意尼方提出的关于'边界线通过顶峰'，'峰北属于中国，峰南属于尼泊尔'的意见"。马亨德拉国王对此也表示同意。

至此，双方终于在珠峰的归属上达成协议。

中国政府接受尼泊尔地图的画法，即峰顶南部地区归尼泊尔，北部归中国。此后凡从北坡攀登珠峰，须经中国政府批准，并通知尼泊尔政府；从南坡攀登者，须经尼政府批准，并通知中国政府。中尼任何一方要在峰顶设立服务于和平目的的科学探险站，须由两国政府达成相应的协议。

经过双方政府最高领导人的亲自磋商，珠峰这个比较棘手的问题获得了两国都比较满意的解决。

之后，尼泊尔在珠峰南侧建立了萨加玛塔国家公园，1979年被联合国教科文组织授予首批世界文化与自然遗产的称号，并列入了世界遗产地。

如今，尼泊尔联邦民主共和国的国徽，中部底图就是世界第一高峰珠穆朗玛峰，尼泊尔称为萨加玛塔峰，峰顶飘着尼泊尔国旗，峰底依次是丘陵和平原。由此可见，珠峰在尼泊尔人心中的位置。

中国藏族人认为珠穆朗玛峰是女神的名字，有的称作"圣母之地"，有的称作"第三圣母"。尼泊尔人将珠穆朗玛峰称为萨加玛塔峰，意思是"高达天庭的山峰"，也是尼泊尔人所信奉的神山。这座山峰两侧的人民，对珠穆朗玛峰，都寄托了强烈的感情。

尼泊尔国徽绘有珠穆朗玛峰

正 名

"子曰：必也正名乎！……名不正，则言不顺；言不顺，则事不成；事不成，则礼乐不兴；礼乐不兴，则刑罚不中；刑罚不中，则民无所措手足。故君子名之必可言也，言之必可行也。君子于其言，无所苟而已矣。"这是《史记·孔子世家》所载孔子的一段话。名正、言顺、事成，孔子阐明了一种哲理。珠穆朗玛峰这一名称的确立，也有着一段不寻常的经历。

英国人一向认为珠穆朗玛峰是他们所发现的。1921 年，英国人第一次西藏探险的报告一开始就说："埃佛勒斯峰是 1850 年左右，从约一百五十英里外的印度平原发现和测定的，但是直到 1858 年才定名埃佛勒斯峰，以纪念挨佛勒斯上校，他是此山发现时的印度测量局局长。"1904 年亲自带兵侵入西藏的荣赫鹏，就曾骄傲地说："我们最先找到世界最高峰。"

过去至今，西方各国对于珠峰通用的名字，不是珠穆朗玛，而是挨佛勒斯。中国在 1949 年以前很长的一个时期内，也是用挨佛勒斯这一名称。

1903 年（光绪二十九年），邹代钧出版了《中外舆地全图》，该书采用了不少西洋地图。在青海西藏图幅中，珠穆朗玛峰的地名，使用了当时欧洲流行的"高里三喀即额非尔士"。

邹代钧出版的地图，对于以后数十年的地图，影响很大。1905 年商务印书馆出版的《大清帝国全图》，就完全采用邹代钧的地图做底图，关于珠穆朗玛的处理也完全依照邹代钧图。

1906 年周世棠和孙海环编的《20 世纪中国大地图》，也采用高里三喀的名称。《20 世纪中国大地图》印行 12 版，一直流行到 1926 年。

1913 年至 1925 年出版的《中国新舆图》，把珠穆朗玛和挨佛勒斯两个地名并列。也有少数地图，沿用珠穆朗玛。如清世增译的《西藏全图》

1952 年 5 月 8 日，中央人民政府内务部、出版总署发出通报指出，"额非尔士峰"应正名"珠穆朗玛峰"。

和戴雪麓的《西藏地图》。此二图都是翻译的《中亚》一书的地图，而《中亚》一书是根据中国材料编著的。在 19 世纪末至 20 世纪初，此图在国内仍被认为是当时最好的西藏地图。《西藏全图》有胡惟德按语云："按卫藏舆图，向无精本，各国官私图籍，不下数十种，而以法人实脱勒依所著之图为最详备。"可见其受推崇之一斑。胡氏当时任中国驻俄公使，可以代表官方人员对于这个问题的认识。

1930年以后，国内各家的地图，都依照外国地图，完全采用挨佛勒斯的名称。

1951年1月9日，《人民日报》刊出一幅喜马拉雅山主峰的照片，说明文字为：这就是世界上第一高峰——额非尔士峰。时任开明书店自然编辑室主任的王鞠侯看后，认为给"珠穆朗玛峰"正名非常必要。

王鞠侯，地理学家，1902年11月13日生于浙江省慈溪县（今慈溪市）。1922年考入东南大学，师从竺可桢先生学地理学。时任开明书店自然编辑室主任。王鞠侯找到《开明少年》主编叶至善商量后，撰写了为珠峰正名的《大小高低》一文，刊登在《开明少年》1951年2月号上。叶至善在这期封里配发了珠穆朗玛峰的照片，并在照片下面写了近两百字的说明。王鞠侯在文中指出，依据历史资料，应将"额非尔士峰"正名为"珠穆朗玛峰"。

王鞠侯

《大小高低》一文发表后，引起了《人民日报》编辑胡仲特的注意，特请王鞠侯对考证的资料再加核实。王鞠侯当时已是肺癌晚期，他费尽心血，终于在故宫博物院查阅到清康熙年间绘制的《皇舆全览图》并翻拍成照片，从而有力地证实了珠穆朗玛峰的方位准确无误，确为世界第一高峰的原名。

1951年3月4日，《人民日报》以《我们伟大的祖国有世界上最高的山峰》为标题，一字不改转载了王鞠侯先生写的《大小高低》一文中的一大段，前面还加上"编者按"：

耸立在我国西南边疆上的喜马拉雅山主峰，过去曾被称为"额非尔士峰"，这是错误的名称。它应该叫"珠穆朗玛峰"。本报1月9日《我们伟大的祖国》的图片说明中错误地沿用了"额非尔士"

的名称，应予更正。本年 2 月 16 日出版的《开明少年》杂志第 66 期上，发表了王鞠侯先生的《大小高低》一文，其中有一段是说明这个问题的，现摘录转载在这里，请大家注意。

1952 年 5 月 8 日，中央人民政府内务部、中央人民政府出版总署发出通报指出，"额非尔士峰"应正名"珠穆朗玛峰"，"外喜马拉雅山"应正名为"冈底斯山"。通报全文如下：

> 我国西藏喜马拉雅山的最高峰，原名"珠穆朗玛峰"。远在公元 1717 年（即清康熙五十六年），清朝理藩院主事胜住会同喇嘛绘制西藏地图时，即根据当地藏族的习惯称呼开始用这个名称。"珠穆朗玛"是藏族"圣母之水"的意思（注：1952 年 5 月 31 日，《人民日报》刊出更正："圣母之水"应为"圣母"。）。但自 1852 年印度测量局测得此峰高度后，西人便从 1858 年起，将印度测量局局长额非尔士（英国人）的名字作为此峰的名字。我国编撰地志舆图的人也盲目地采用了这个名称。用帝国主义殖民官吏的名字来称呼我国的最高山峰实在是很大的一个错误。
>
> 同时，多数地志舆图中，对于西藏境内的"冈底斯山"，一直沿用着"外喜马拉雅山"这一极端错误的名称。冈底斯山横亘西藏中部，位在喜马拉雅山以北，英帝国主义者竟以其侵略者的观点，妄称此山为"外喜马拉雅山"，这种称呼也是十分荒谬的。
>
> 此后无论教科书、舆图或其他著作，凡用到珠穆朗玛峰或者冈底斯山时，都不得再误称为"额非尔士峰"或者"外喜马拉雅山"。

（见 1952 年 5 月 27 日《人民日报》）

1958 年，林超在《北京大学学报》第四期上发表了论文《珠穆朗玛峰的发现与命名》。林超（1909～1991），著名地理学家，北京大学地理系教授。20 世纪 50 年代，林超受中国科学院副院长、著名地理学家竺可桢的委托，对"额非尔士峰"的名称进行调查研究。

林超经过三个多月的勘查取证，查阅大量中外文献，周密考证了珠穆朗玛峰发现与命名的经过。林超在他的论文里，列举了大量文献，证明藏族同胞在很早就认识和了解珠峰，并且给它起了名字——珠穆朗玛。这名字在藏文化中，有多种含义，有时指女神的名字，有时是"圣母之水"等的意思。林超论述了居住在我国西藏南部的藏族同胞，最先发现珠峰，并给予"珠穆朗玛峰"的名称。林超认为，最早把珠穆朗玛峰的名字记录在地图上，是清代康熙五十四年至五十六年（1715～1717），专程前往西藏测量的胜住、楚尔沁藏布兰本占巴。在他们精确地勘测和命名的基础上，1719年的铜版《皇舆全览图》上，标记了珠穆朗玛峰的位置和满文的名称。1721年《皇舆全览图》制成木版，并把满文改为汉字。从此以后，珠穆朗玛峰的名字就编印在中国的地图上。而英属印度测量局在1852年测量得知珠穆朗玛峰的高度，并以该局前任局长额非尔士的名字来代称，则比我国测绘珠穆朗玛峰晚了至少135年。

　　林超以渊博的地理知识，以令人信服的大量中英文资料，理直气壮地为珠穆朗玛峰正了名称。文中还发掘并整理了大量的当地地理、地名知识，为中国后来组织登山队提供了重要的参考资料。林超教授的论文，在中外地名学界，引起了"必也正名乎"的震撼性效果。

第十三章　经纬雪峰

地图，人类接近大自然的感性与理性之光；

地图，对未知苍茫世界执着的迷恋印记。

好奇与探险，写在人类绘制地图历史的序篇。

地图有着几千年的履历，但成为精确而可靠的地理量测、导航工具，却只有短短几百年时间。

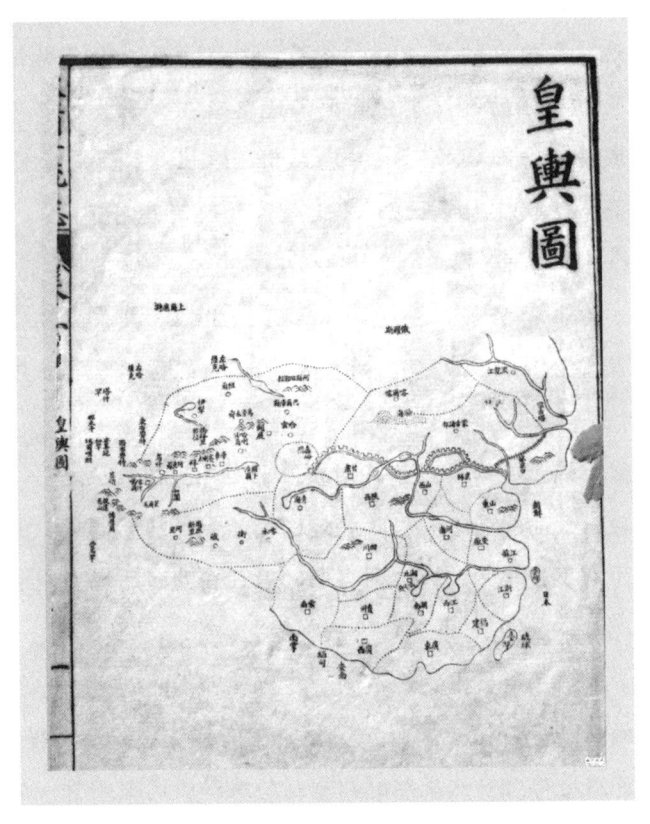

《大清一统志》所载《皇舆图》，标绘卫藏、阿里、冈底斯山等藏地地形。清光绪二十七年（1901）上海宝善斋石印本。

在地理大发现的喧腾的年代，一支支征服极地的船队驶出港湾，单枪匹马的无名冒险家，因为测绘了一条热带雨林中的河流，或标明某个处女峰的海拔高度，从而一夜间扬名天下。那时的西方地理学界，热衷于向地图中的空白点宣战。探索与发现，甚至沾染了时尚的氛围。

地图的历史，浓缩了人类对大地、海洋、山峰的认知，印证了人类对生存环境的探索。人们对于西藏、对于珠峰的认知，地图在这过程中起到一种非常重要并且能够传之后世的媒介作用。

16世纪，欧洲人的远航，更新了地图文化。现代意义的地图绘制技术，产生于欧洲人为新大陆绘制地图的过程。哥伦布发现美洲，达·伽马开辟印度新航路，麦哲伦船队完成环球航行。随着欧洲航海事业日益发达，探险家的足迹遍布非洲、美洲、亚洲。17世纪，科技的发展也为更加精确的绘图测量开辟了道路。在全球贸易中领先的荷兰人，同时成为全欧洲领先的地图绘制者。18世纪，清代康熙皇帝率领欧洲传教士，在中国大地开展了史无前例的地形大测量。

在这个中西结合的宏大科技实践中，《皇舆全览图》《中国新地图》诞生于东方的北京与西方的巴黎。在这些地图上，世界最高峰珠穆朗玛峰以满、汉、法等不同文字出现，成为地理发现史与测绘史上的重大事件。

在国家比较强盛的康雍乾时期，为了实施旨在维护统一的行政管理和军事行动，最高统治者积极倡导地图测绘和地理的调查。由于康熙帝的推动，才有了楚儿沁藏布兰木占巴、胜住在西藏的地图测绘和珠穆朗玛峰的发现与命名。

康熙帝开创了清代重视西藏测绘与地理考察的风气。

康熙的测绘地图事业在雍正、乾隆年间，一定程度上得到了延续，却已渐显停滞之势。虽然康熙时期测制的珠穆朗玛峰地图，在雍正、乾隆时期的皇家舆图中得到了继承，但这一时期的测图，渐回中国传统舆图老套路，重考据而忽测量，善铺张而逊精密。

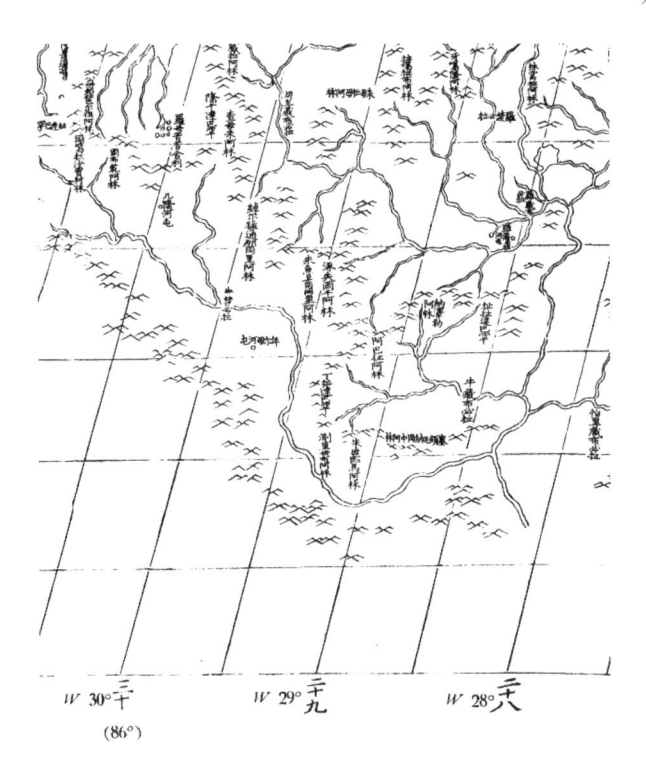

《皇舆全览图》珠穆朗玛峰部分

珠峰简史

所进山川疆野各图

18世纪初期的中国，清朝康熙到乾隆年代，通过官方组织的测绘行动，奠定中国西藏地理发现的基础，开创了珠穆朗玛峰的地图绘制。

康熙年间，是满清王朝势力最盛的时期，统治区域除了东北和内地各省外，还远及西藏与新疆。在这种政治基础之上，康熙利用当时在北京的西洋传教士，开始测绘全国地图。

康熙亲政后，进行过几次平叛战争，在平叛过程中，康熙认识到中国以往的地图存在很大的缺陷，有的粗略模糊，有的内容不全，有的与实际有很大的出入。对此康熙感慨地说："疆域错纷，幅员辽阔。万里之远，念切堂阶。其间风气群分，民情类别，不有缀录，何以周知，顾由汉以来，方舆地理，作者颇多，详略既殊，今昔互异。"

中俄尼布楚谈判时，为给谈判做边界地理资料准备，清廷派出不少人到边界进行调查勘测，形成若干边界草图和说明文字，法国耶稣会士张诚根据这些材料绘制了一幅亚洲地图。

康熙画像

1689年，张诚把地图进呈给康熙，指出中国东北因为缺乏地理资料，不能绘制，请求康熙组织一次全国范围的地理测量。1690年，法国耶稣会士巴多明上书康熙，痛陈中国的很多地图上的府县城镇的位置与实际情况不符，恳求康熙重新制图。对旧有地图的弊端深有感触的康熙，在张诚和巴多明的敦促下，决定重新绘制中国全图。

康熙皇帝决定大规模地开展全国性测量工作，以便绘制地图。这次全国范围的经纬度测量，始于1707年，结束于1717年，是中国乃至世界测绘史上的重大事件。

第十三章　经纬雷峰

　　康熙吸收西方科技的长处，利用西方科技来制造中国的新仪器。绘制《皇舆全览图》时进行全国性的地理测绘所用仪器，大部分就是学仿西方制造的国产测量仪器。《圣祖实录》载，1714年礼部曾言："近差官员人等，用御制新仪，测量各省及口外北极高低、经纬度数，精详更胜旧图"。

　　由于地处偏远，传教士们难以抵达西藏，亲自开展测量工作。而这一时期，清廷在多次派兵进藏的同时，开始测绘了一些藏区地图。

　　1709年，康熙四十八年，康熙命吏部左侍郎赫寿入藏，来到拉萨，他的任务之一是绘制西藏地图，这位舒穆禄氏正黄旗满洲人，让手下的文职人员目测西藏地形，经过"在藏二年"的努力，即康熙四十八至五十年（1709～1711），绘制了几幅藏地的地图。

　　赫寿于1711年返回北京后，在西藏所测地图，交西洋传教士雷孝思审查。雷孝思认为图中并未定有经纬位置，距离亦未经实测，与内地各图不易连接，弃而未用。但也认为此图记载详细，较之同时代的其他地图，已胜一筹。这也是目前所知关于西藏最早的一幅官制地图。后来的《皇舆全览图》旧版28幅图中，16～19幅的西藏地图，就是以赫寿所呈西藏地图为基础的。赫寿其人，1719年卒于理藩院尚书任上。

　　由于1711年的西藏地图不合西洋传教士的制图标准，康熙另派喇嘛楚尔沁藏布兰木占巴、理藩院主事胜住等人入藏实测。

　　康熙要求楚尔沁藏布楚与胜住实地量测、绘制西宁至拉萨地图，并由拉萨至恒河河源（今阿里一带），取该河水而返。在这个过程中，他们发现了珠穆朗玛峰，并将这座山峰绘入了地图。

　　他们从西宁到拉萨，再由拉萨至恒河发源的地方。入藏工作的时间，据《大清一统志》记载是1717年（康熙五十六年）。由于策妄阿喇布坦叛乱，他们二人至冈底斯山而返，来不及测量、订正经纬度，所绘地图虽经实测，但也不乏取之于传闻的材料。因此，西洋传教士在其后编制西藏地图时，既利用了二人实测、采访的资料，又以当时业已测定的西宁、打箭炉、丽江三处为起点，根据它们与拉萨的距离，将拉萨定位于西经 26°、北纬 29° 6′。

楚尔沁藏布与胜住等人，虽然从青海一路进出西藏，经过前后藏，到了珠峰地区，远至阿里地区测绘，但是因为战乱，这些地区没有采集准确的测绘数据，大致依靠推算入图。

1717 年，西藏地图完成。楚尔沁藏布与胜住回京后，把测量成果交给传教士雷孝思和杜德美审查。雷孝思发现该图存在诸多错误，认为虽有缺点，但是优于 1711 年的旧图，由于绘制该图的人，是钦天监出身，雷孝思和杜德美也不敢过于挑剔。因此，就以此作为编制西藏地图的基础，制作成图。

意大利传教士马国贤（Matteo Ripa，1692～1745）那不勒斯人，于 1710 年（康熙四十九年）抵达澳门，随之北上京师，在宫中供职，擅长绘画、雕刻，很得康熙皇帝的赏识。

还在传教士在各地测量期间，康熙就打算在他们测量完毕之后，把绘制的地图刻印出来。得知意大利传教士马国贤会制作铜版画，康熙就让他马上制作一份看看。

马国贤先是自己制作了一幅风景铜版画，而后又以中国画师画的一幅风景画为蓝本，制作了一幅铜版画。马国贤的铜版画使康熙非常高兴。1713 年《避暑山庄三十六景图》刊刻完毕后，康熙对马国贤把它们装帧为一册的方式很是欣赏，就命令马国贤用同样的方式雕刻一套《皇舆全览图》。而此时，传教士的全国测量工作还没有结束，《皇舆全览图》还没有绘制成。康熙是因为喜欢铜版画的精美，才提前给马国贤下了这个命令。

皇皇巨制

1718 年，杜德美将传教士绘制的各地地图辑成总图，称为《皇舆全览图》，进呈康熙。随后，九卿等奏称："从来舆图地记，往往前后相沿，传闻传会，虽有成书，终难考信。或山川经络不分，或州县方隅易位。自古至今，迄无定论。我皇上以生知之圣，弹格致之功，分命使臣，测量极度，极高差一度，为地距二百里，昼夜之长短，节气之先后，日食之分秒时刻，都邑之远近方位，皆于是乎定。天道地道，兼而有之。从来舆图所未有也……谨将原图恭缴，伏求颁赐。得旨：图著颁发。"

曾仔细研读《皇舆全览图》的齐召南，在《水道提纲》自序说："自乾隆丙辰蒙恩擢入翰林纂修《一统志》，伏睹圣祖御制舆图，东西为地经度，以占节气后，南北为地纬度，以测辰极高下，漠北直过和林，抵白哈海，西番遥穷拉藏，至冈底斯。"齐召南将《皇舆全览图》西藏部分的范围，说得再清楚不过了，"遥穷拉藏"的地图，当然也包括了珠峰地区。

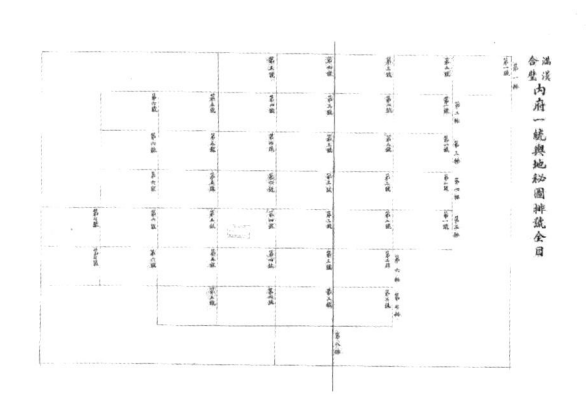

1719年满汉合璧清内府一统舆地秘图（即皇舆全览图）排号全目

而阮学濬的序文，描写了齐召南阅读《皇舆全览图》时的情形："先生乃按内府图籍，独并为之，其图纵横数丈，列之中庭地上，扶服谛审，默识会通，此他人所五色目迷者，而先生一览无遗。"

1718年，康熙五十六年，首次刊印木刻版《皇舆全览图》，有总图1幅，分省图和地区图28幅，但缺少西藏全部及蒙古西部。1719年，康熙五十八年，新编绘成的西藏地图，被收入铜版的《皇舆全览图》中，从而填补了西藏在全国舆图中的空缺。

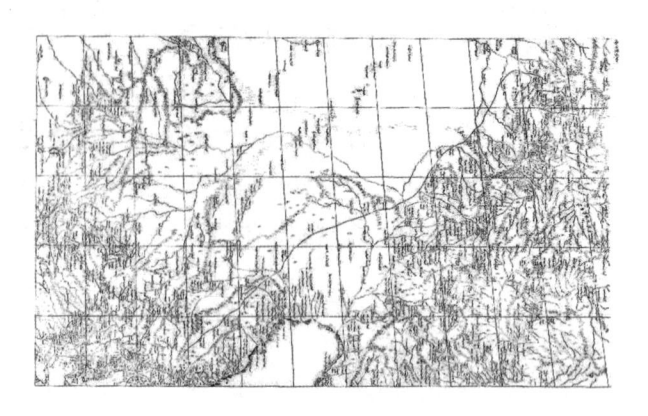

康熙五十八年（1719）印行的铜版《皇舆全览图》，
以满文"朱姆朗马阿林"标注珠穆朗玛峰。

《皇舆全览图》铜版图，以通过北京的经线为中经线，经纬网用梯形投影法。全图以通过北京的经线为起始线，东起东经 29°以东，西至西经 40°，南起北纬 18°，北至北纬 61°，绘有经、纬差各 1°的梯形经纬网格。比例尺约为 1∶140 万。这一版地图上纬差 5°为一排，共 8 排，每排分成若干幅图，全图共计 41 幅。

主持镌刻 1719 年铜版图《皇舆全览图》的意大利传教士马国贤

此图以经纬度分幅的方法，在中国是第一次。图上地名注记，内地各省注汉字，东北和蒙藏地区注满文。故后人又题名为《满汉合璧清内府一统舆地秘图》。

铜版《皇舆全览图》，其范围东北至库页岛（萨哈林岛），东南至台湾，北至贝加尔湖，南至海南岛，西北至伊犁河，西南至列城以西。西藏和边疆的地名用满文，内地各省用汉文。铜版图一共41幅，分8排，在第6排第5号图上，标注了珠穆朗玛的满文名称。这套铜版舆图，由意大利传教士马国贤主持镌刻。

马国贤在回忆录《清宫十三年》中称："康熙很欣赏我把《热河三十六景图》全部装帧为一册的作法，于是就命令我用同样的方法雕刻《皇舆全览图》，后来我把该图雕刻在44块铜板上，现在，在我们学院（即那不勒斯中国学院）的大厅里可以看到这些铜板。"

马国贤回忆道："地图刚印好就和原图一起拿来献给康熙帝观看。他非常高兴，并且惊讶于见到的复制品这么完美无瑕，竟和原图一样，而原图一点也没损坏。这是皇帝第一次看到铜上的雕刻。而过去中国人自己的印刷术是把绘出来的地图固定在木制的版面上，用雕刀把图和版一起雕琢出来的。"

铜版《皇舆全览图》1719年问世，此后，这套地图的铜版在中国和欧洲都同时出现过。可见，尽管制作铜版画极其费时费力，马国贤还是至少完成该套地图的两副铜版，并应康熙之邀，将雕刻铜版技术传授给中国人。1723年（雍正元年），马国贤携带《皇舆全览图》回到欧洲，他在回国途中经过伦敦时，还送给了英国国王乔治一世一幅手绘《皇舆全览图》。

这套舆图铜版，至乾隆二十五年，还深藏宫中。据乾隆二十五年五月二十七日内府档案记载："库掌五德，四德将现收贮铜版图四十七块并新造铜版图一份计一百四块，旨将铜版图四十七块着交盛京好好保存不可磨蹭。"

1921年，在沈阳故宫发现这套舆图原铜版41块，后来重新印行，由金梁题名为《满汉合璧清内府一统舆地秘图》，合订成册，开本为纵横52.5厘米×77厘米。每幅图纵横40厘米×67厘米。共41幅，可拼合为一整幅中国全图。

1721年（康熙六十年）刊印木刻版《皇舆全览图》。木刻版的总图，已包括了西藏及蒙古西部，所包含的地域范围与1719年的铜版图相似，东起库页岛，南到海南岛，北达贝加尔湖，西抵阿克苏西的叶勒肯城。分省图和地区图增加到32幅。图幅大小不等，各图均绘有经纬线，以通过北京的经线为起始子午线。

这一版图已不多见。北京故宫博物院藏有康熙五十六年和六十年两次印刷的总图。另外，中国第一历史档案馆收藏有《皇舆全览图》的分省图和地区图30幅。

最早的珠峰地图

康熙五十八年（1719）印行的铜版《皇舆全览图》，首次在地图上标绘了珠穆朗玛峰。地图中采用满文"朱姆朗马阿林"，来标注珠峰，并精确地标出了其具体位置。

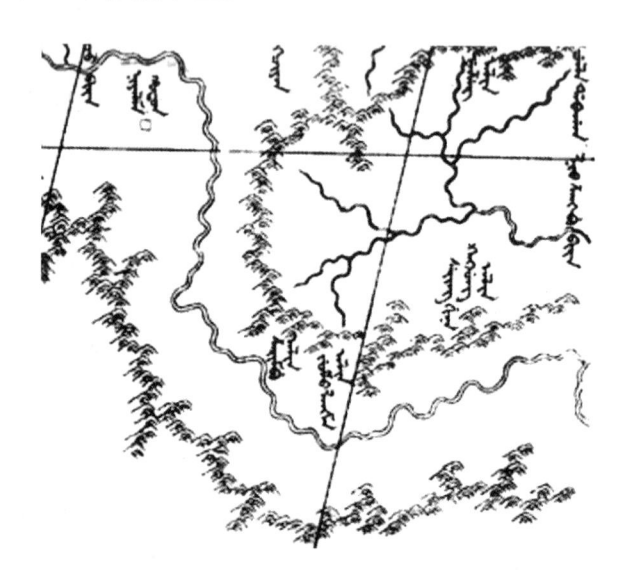

为1719年铜版《皇舆全览图》地图局部，珠峰的位置已经确定，以满文标注。

1721年，木刻版满汉文康熙《皇舆全览图》面世，其中西藏地名为汉文。此图比例尺约二百万分之一，与西藏有关地图为第9幅《河源图》、第11幅《杂旺阿尔布滩图》、第12幅《金沙澜沧等江源图》、第13幅《拉藏图》、第14幅《牙鲁藏布江图》、第15幅《冈底斯阿林图》、第17幅《（早期的）雅砻江图》、第18幅《（早期的）扬子江—湄公河—萨尔温江江源图》、第36幅《西藏图》。

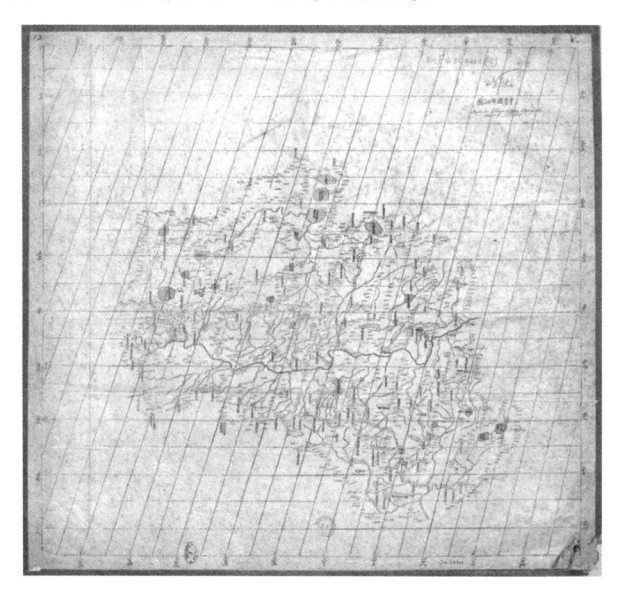

康熙《皇舆全览图·牙鲁藏布江图》，珠峰标绘为"朱母郎马阿林"。德国汉学家沃尔特·福克斯（Walter Fuchs，1902～1979）在北京辅仁大学执教时，于1943年据康熙六十年（1721）木刻版重印。

1721年木刻版的《皇舆全览图》，在《牙鲁藏布江图》上，第一次以汉字标绘"朱母郎马阿林"，朱母郎马即珠穆朗玛，阿林是藏语山脉之意，"朱母郎马阿林"为珠穆朗玛峰最早的汉字译名。

在这幅地图上，珠穆朗玛峰以山形符号标出，"朱母郎马阿林"的位置，放在北纬26°40′、西经29°10′（约合现在东经87°18′），限于当时的条件和技术，和现在经过测量所得的经纬度结果（北纬27°59′，东经88°5′）有出入，尤其是纬度相差较大。而图上山川地势的相对位置，则是清楚准确的。

1721年木版的康熙《皇舆全览图》，有北平辅仁大学出版社1941年珂罗版康熙《皇舆全览图》（W.Fuchs, Der Jesuiten Atlas der Kangnsi-Zeit），一函36张，散页，内收《盛京全图》《河套图》《哈密图》《湖广全图》《江南全图》《西藏图》等，尺寸35.5厘米×26.7厘米。在第14幅《牙鲁藏布江图》上，亦注着"朱母郎马阿林"。

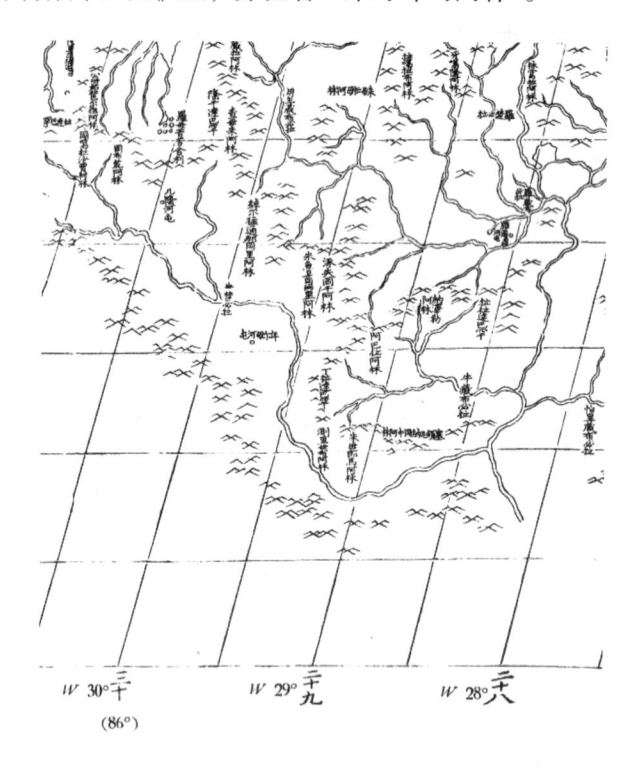

《康熙皇舆全览图·牙鲁藏布江图》局部

该图编辑者，是抗战时期在辅仁大学从事地图研究的德国学者瓦尔特·福克斯博士（Walter Fuchs，1902～1979）。1926年至1938年，福克斯曾有12年的时间任沈阳医科大学德文讲师。1943年，他还在辅仁大学出版了包括3页前言、414页正文的《康熙〈皇舆全览图〉研究》一书。

第十三章 经纬雷峰

几乎与中国同步，欧洲很快就出版了根据康熙《皇舆全览图》绘制的西藏地图。

法国国家图书馆收藏有1721年的满汉文版《牙鲁藏布江图》和《拉藏图》，据法国国家图书馆的介绍，此图与参加过《皇舆全览图》绘制的意大利传教士马国贤有关。这两幅图，捐赠者是德国东方学家朱利叶斯·克拉卜洛特（1783～1835），收藏于法国国家图书馆东方文献部。

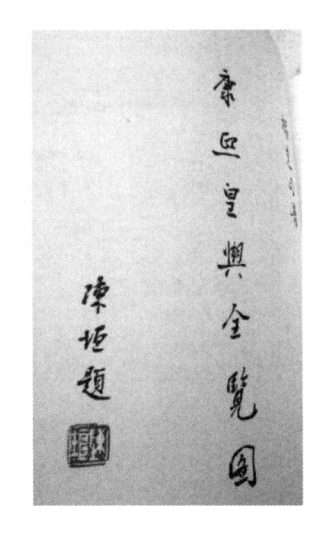

1943年重印康熙《皇舆全览图》书影

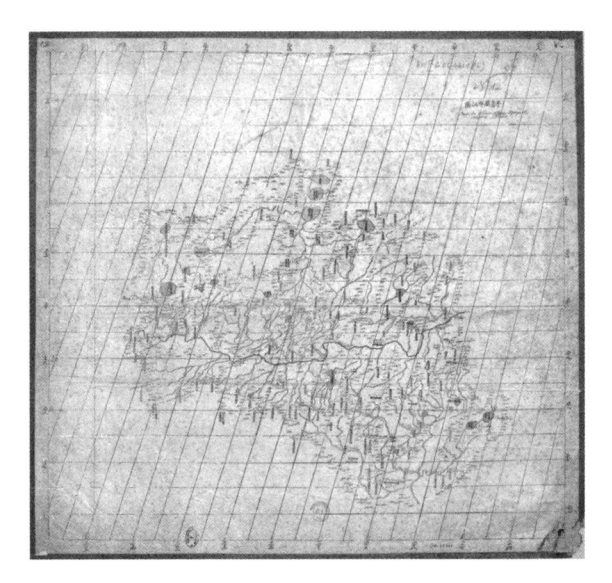

法国国家图书馆收藏的1721年《牙鲁藏布江图》

这两幅图与1721年木刻版康熙《皇舆全览图》中的《牙鲁藏布江图》和《拉藏图》内容相同，注记为满汉文，其中西藏地名为汉文。此图比例尺约二百万分之一。显然与1721年木刻版康熙《皇舆全览图》属于同一系统。但是，这套图是彩色印刷的。

303

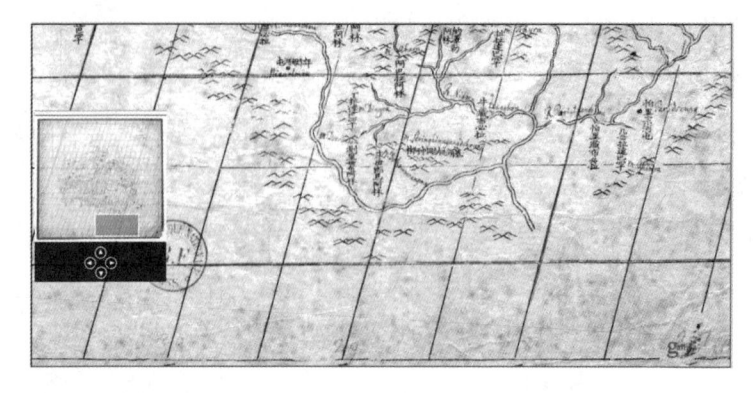

法国国家图书馆藏 1721 年《牙鲁藏布江图》局部，珠峰标绘为"朱母郎马阿林"。

在《牙鲁藏布江图》中，珠穆朗玛峰以山形符号标出，以汉字标绘"朱母郎马阿林"。

康熙《皇舆全览图》绘制成图以后，参与测绘工作的法国传教士杜德美、雷孝思等人，将地图和相关测绘记录以及有关测绘工作的回忆录，邮寄给巴黎耶稣会中国分会的杜赫德神父，由他负责整理和出版。法国当时皇家制图官唐维尔（d'Anvilles）负责编制地图，他的团队根据在华传教士寄来的测绘资料，编制了一系列中国新地图。

1732 年，唐维尔在巴黎出版《中国鞑靼总图》，其中收入西藏地图 9 幅。唐维尔编制的法文版西藏地图，长方形，划方格，大地投影锥形或弧线，有经纬度，该地图的经度虽然没有标明，但显然是以巴黎为起始经点。在图下部标明了中国里数标尺，中国 50 里一单位标尺格度，相当于 5 度。唐维尔编制的这些地图，收进 1735 年杜赫德在巴黎出版的 4 卷本《中华帝国志》，此后流传欧洲各国。

法国制图师唐维尔

1735 年，法国耶稣会传教士杜赫德神父，在巴黎刊印《中华帝国及其鞑靼地区地理、历史、编年、政治与自然概述》,这部四卷本的鸿篇巨著,通常被简称为《中华帝国全志》。书的封面上长长的书名下方,有三行说明文字:附有中国总图及分省图,西藏、朝鲜总图及区域专图,并含有大量人物和装饰铜版画。杜赫德在《中华帝国全志》序言中说:"这些地图无疑是我们计划中最主要而又令人感兴趣的部分。"

1735年《中华帝国全志》的法文初版,包含了总图4幅(中国全图、中国内地全图、鞑靼地区全图以及西藏全图),中国内地分省图15幅,鞑靼地区分图12幅,西藏分图9幅以及朝鲜图1幅。此外,还有7幅城市图,共包含38座城市。

杜赫德在序言中,对这些地图的母本康熙《皇舆全览图》的编绘过程进行了说明,还特别摘录了雷孝思神父对地图测绘工作的记录。

杜赫德书中的各图,比例尺约二百万分之一,与西藏有关地图主要出自1721年木版康熙《皇舆全览图》,西藏地名为汉文。

唐维尔的《中华帝国全志》附图,是以1718年、1719年和1721年版《皇舆全览图》作为母本改绘而成,中国本土15省地图基本保持《皇舆全览图》的原貌,绘图的风格相近,但《中华帝国全志》附图上的地名比《皇舆全览图》略少。唐维尔说,《中华帝国全志》所包含的中国分省地图、鞑靼地图和西藏地图,都是依据从中国寄回的地图改绘缩小的,绝对服从原图、忠于原作。

唐维尔改动较大之处,在鞑靼地区总图和分区专图上。他利用了传教士张诚日记、宋君荣神甫的研究成果以及来自俄罗斯圣彼得堡科学院的地理材料。

1733年绘制的唐维尔地图,是欧洲最早的一张关于西藏和珠穆朗玛的地图。相比《皇舆全览图》,《中华帝国全志》附图增加了西藏地区的图幅,由原来的7幅扩充到9幅,图上的内容也比原来有所增加。

全名为《西藏及疏附哈密地区全图》的西藏总图标绘珠穆朗玛峰,

图下面注明根据中国耶稣会士地图和资料编制，完成的日期是1733年4月，比例尺约三百五十万分之一。

另一幅比例尺为二百万分之一的地图《拉萨河雅鲁藏布江地图》，也标绘了珠穆朗玛峰。

在唐维尔标绘珠穆朗玛峰的西藏地图上，将珠峰拼成法文M.Thoumour Lancma，M.是法文mont（即峰）的缩写。珠穆朗玛峰的位置为北纬27°20′，和现在测量的结果较为接近。珠峰西边有M.Dsarinpou，即《皇舆全览图》中的测里母布阿林，其北为Nlio Tsanpou R.（牛藏布），南为Nitchou R.（牛楚河），均与《皇舆全览图》相同，北边除了M.Nadsar（即纳泽勒阿林）和M.Tchel（扯拉巴罕）外，余皆略去。

唐维尔1733年绘制的《拉萨河雅鲁藏布江地图》，标绘了珠穆朗玛峰。

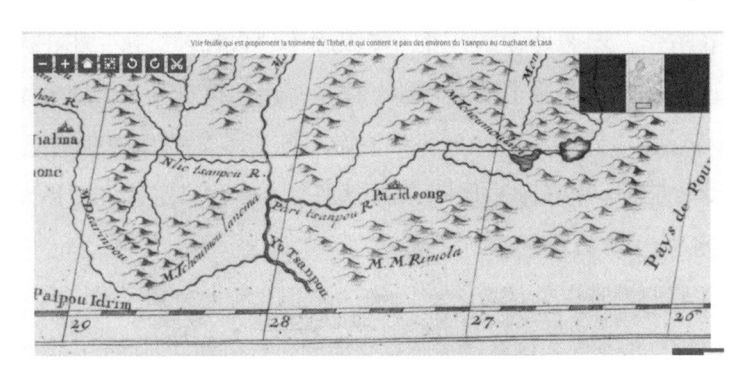

唐维尔 1733 年绘制《拉萨河雅鲁藏布江地图》局部，
将珠穆朗玛峰拼写成法文 M.T houmour Lancma。

雍正皇舆十排全图

  清代雍正年间，连年军事活动频繁。雍正元年用兵青海，六年再定西藏，七年又征讨准噶尔。在贵州与湘桂毗邻的苗族居住地方，经多年致力经营也终于改土归流，绘入了清朝的版图。为了政治及军事的需要，继康熙《皇舆全览图》之后，又有雍正《皇舆十排全图》的编绘。

  雍正五年建立的"圣祖仁皇帝圣德神功碑"，雍正御制碑文称："……亲授词臣，考订律历，历得合天，律谐真度，诚万世不易之法。按北极之高，测地理南北东西差，得皇舆全图。其他所编辑，卷帙繁富，充于内府……"可见，雍正皇帝对于地图也是十分重视。《大清雍正实录》多处记载，雍正处理政务时，经常参考地图。他曾命何国宗保举测量人员，测量运河、卫河、津河、黄河等河道。

  雍正初年，为康熙帝测绘地图的西方传教士巴多明（字克安）、雷孝思、杜德美（字嘉平）、费隐（字存诚）、麦大成（字尔章）、冯秉正（字瑞友）、德玛诺等十多人，仍在清廷供职。中西技术人员在康熙时大规模测绘的基础上，补充新资料，引用国外地图的成果，扩大范围，重新修订编绘成内府舆图《雍正十排皇舆全图》。

雍正五年，舆图处在造办处，尚附属于"自鸣钟"作，雍正六年始成立舆图处，不再附属于"自鸣钟"作了。由此可见雍正帝对舆图绘制特别重视。在《养心殿造办处各作成做活计清档》一文中，还记载有："雍正六年五月十七日示柏唐阿诺赫图来说：奉怡亲王谕'着做总图十卷。遵此。'于本日交柏唐阿周斌。"

据《养心殿造办处记事录》记载："雍正八年七月初一日，内务府总管海望奏称：怡亲王前因在府攒画各省舆图，将造办处库内舆图并柏唐阿数人随在府内攒画舆图，现今未回。内有原任主事诺赫图因在藏画过舆图，于雍正三年怡亲王奏准要在府内攒画舆图，此人舆图仪器之事甚属明白，意欲着伊在养心殿管理处行走。再柏唐阿内拣选一人放司库协同诺赫图料理。再怡亲王府内所有已完未完之舆图俱欲要回造办处存放。奴才往天平峪去时……又奏请钦天监五官正刘裕锡向来画舆图测量过，今往天平峪去，欲将刘裕锡带去等语奏闻。奉旨：'准奏。钦此'。"

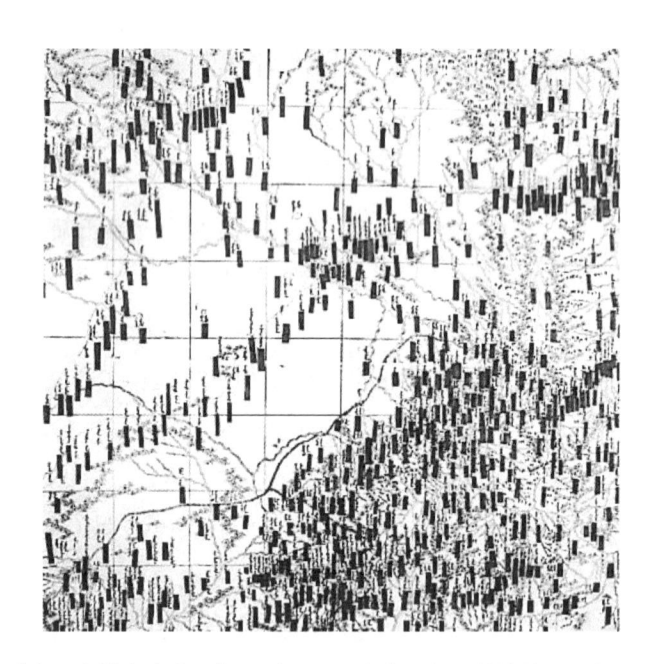

《雍正十排皇舆全图》（局部），图中的黑条为村镇的汉文名称，原图现藏中国科学院图书馆。

第十三章 经纬雪峰

从以上的资料记载，可证雍正《皇舆十排全图》及其他舆图等，是由雍正的第十三弟怡亲王允祥领导绘制的。除了在造办处舆图处绘画刷印"钦命"的以外，允祥还组织领导技术人员在其府内编绘舆图。雍正八年五月，允祥病逝，之后，海望乃奏请索回在怡亲王允祥府内绘图的技术人员及已完未完的舆图资料，仍由造办处存放。

《雍正十排皇舆全图》又称雍正《直格皇舆全图》，内容及地名注记均详于康熙图。图中地名书写整齐，位置排列得当，各种图例符号的设计较为科学，纵横直线正交且等分，成正方形。该图按横线由北向南排列，每隔八条横线为一排，共分十排。长城以北及嘉峪关以西、青海、西藏、四川西部地区的名称注记用满文，长城以南直至海南岛等地区，皆用汉文。

《雍正十排皇舆全图》据传用铜版刻制了140个模板，印刷了十多幅图，分发到全国13个总督衙门绝密保管。1900年八国联军入侵后，印刷地图的铜模板也被抢劫和毁坏。

《雍正皇舆十排全图》是较罕见的内府舆图，《清内务府造办处舆图房图目》中著有："《皇舆十排全图》二份，墨印纸本，每份十卷。"

故宫博物院图书馆皮藏四种不同版本的雍正《皇舆十排全图》。

第一种《皇舆十排全图》木刻设色，不注比例，幅宽50.6厘米，幅长不等，十卷。该图北起北冰洋，南至海南岛，东北濒海，东南至台湾，西抵波罗的海里加湾。以北京为本初子午线，位于中经线上，中之东为东一至东三十六，中之西为西一至西九十二。纬度亦以北京居中，北为北一至北四十一，南为南一至南三十九。经线不作弧形，经纬线皆作等分直交直线，成正方形，每一度为一格。全图共计十排，每排纬度八，方格八，每方格高宽为6.30厘米×6.30厘米。图上不注比例，画方不计里。长城内侧、山海关以西、嘉峪关以东及关内各地以汉字注记地名，关外东北、西北及西南边远地方均以满文注记地名。

图上真定府已改名正定府（雍正元年改名），湖广景陵县尚未改名天门县（雍正四年改名），湖广天柱县尚未改隶贵州省（雍正四年改

309

隶）。贵州省之五开卫、铜鼓卫、平溪卫、清浪卫，尚未裁卫置县（雍正五年置县）。在第八排贵州境内及湘黔、黔桂交界处有空白地三块，仅各书"生苗"二字，盖在绘制此图时，苗疆尚为"化外"，未纳入版图。根据以上各地的地名改易、裁卫置县等情况来看，此图的绘制时间当在清雍正三年。

第二种《皇舆十排全图》木刻设色，不注比例，幅宽51厘米，幅长不等，清雍正年刻本。十卷。该图广裹四至及经纬度注记，与雍正三年本全同。唯每一方格略大于前图，高宽为6.35厘米×6.35厘米，图幅亦较前图稍大。地名注记亦以满汉文分注关内外。但地名较前图详多。据图上各地升降改置及签注兵员部署情况，图的绘制年代当在雍正七年，盖以用兵需要乃编绘刊刻此图。

第三种《皇舆十排全图》色绘纸本，不注比例，幅宽101厘米，幅长不等。清雍正年绘，十轴。该图广裹四至及经纬度注记，均与前二刻本图相同，唯此图幅长大倍于前述二者，每方格高宽为12.6厘米×12.6厘米。每排为一轴，全图共十轴。经与雍正七年木刻本图核对，苗疆不仅注明苗族部落名称，且复增红纸签注鸡讲、丹江等地名，正符合史书的记载。此图的绘制时间当在雍正八年苗疆改土归流之后。

第四种《皇舆十排全图》色绘纸本，不注比例，幅宽106厘米，幅长不等。清雍正年绘乾隆五十三年签注本，十卷。该图广裹四至及经纬度注记，均与前三图全同，图幅亦与上述绘本大小相埒，每方格高宽为12.7厘米×12.7厘米，均为大幅巨制，满汉文墨书重要地名以为提要。此图绘画技法较上图精美，尤以第七排为最，运墨设色均臻上乘，地名书写亦极秀丽。虽然画的是舆图，但若与山水画相比较也毫不逊色。绘制时间当在雍正初年。

1920年12月，高伯祯先生在宁夏海原县城隍庙，原清朝总督衙门，发现了一幅《雍正皇舆十排全图》，1949年后捐献给中国科学院，此图即为中国科学院图书馆藏《雍正十排皇舆全图》。

雍正五年八月以后，继续有更改地方政区建制的情况，但在中国科学院图书馆本十排皇舆图里均无反映。由此可证，中国科学院图书馆本完稿于雍正五年（1728）秋季。

中国科学院图书馆藏《雍正十排皇舆全图》，是由十条长短不齐的横幅，互相衔接而成为一幅完整的地图，每条横幅背面上方有清朝大印并用毛笔书写《雍正十排图》字样，东西长 10 米，南北宽 5 米。其总重量有 10 斤左右。它由油墨细线条印刷。

此图除了反映我国当时的东北、蒙古、新疆、西藏及内地各省的地形和政治、军事情况，还包括西伯利亚、帕米尔以西地中海以东的中亚山川、河流、居民等地理内容。此图东北、蒙古以及新疆、青海、西藏等地的地名都用满文标注，西伯利亚、中亚等地的地名也用满文标注，长城以内各省地名皆用汉文标注，沿袭了康熙地图标注地名的方法。

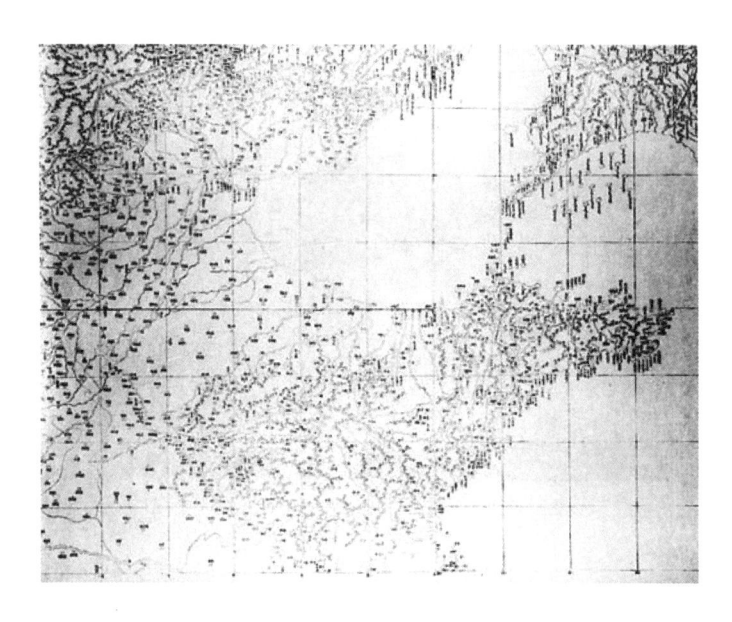

中国科学院图书馆藏《雍正皇舆十排全图》（局部）

《雍正皇舆十排全图》沿袭康熙《皇舆全览图》，包括了西藏部分的图幅，也标绘了珠穆朗玛峰。该图的第六排以南直至第十排，广东海南岛等地区，皆用汉文书写地理名称。而云南、四川的西部，怒江以西、金沙江上游，以及青海、西藏、新疆等地区的地理名称，全用满文标注。所以在此图中，珠穆朗玛峰也是以满文标注。

乾隆内府舆图

1750年，乾隆十五年，清朝在平息了颇罗鼐子朱尔墨特企图割据西藏的叛乱后，命测绘人员对西藏地图重新实测，绘制了新的西藏地图。这样在康熙图的基础上，加上实地测绘的西藏、新疆地图，使得全国实地测绘的新图——《乾隆内府舆图》得以完成。

故宫1932年重印《乾隆内府舆图》

《乾隆内府舆图》，乾隆二十一年（1756）始编，约在乾隆三十七年左右完成。它是康熙《皇舆全览图》的续编与修订版。康熙年间的地图，哈密以西地区未能实测，乾隆皇帝在1756年和1759两次派人前往测量。天山以北由何国宗和努三负责，以南由明安图负责。1760年测量完毕，然后在康熙地图的基础上订正补充，并参考中西文献扩大了范围，由传教士蒋友仁于 1760 年至 1770 年绘制成铜版 104 方。其所用经纬网、投影和比例尺仍参照康熙图，但内容较前图更为丰富详密，在西藏部分进行了复查和订正，书内全用汉字注记，其范围除东、南两面与康熙图基本相同外，西到地中海，北至北冰洋，图幅和面积都超过一倍。

《乾隆内府舆图》由法国传教士蒋友仁负责绘制而成，后制成铜版。此图铜版于 1925 年在北京故宫发现，1932 年重印，名《乾隆内府舆图》。该图以纬差 5 度为一排，共分十三排，故又名《乾隆十三排图》。

乾隆二十五年（1760）铜版墨印《内府舆图》，又称《乾隆十三排皇舆全图》，有图 103 幅，以通过北京的经线为起始经线，但未有零度经线，而注"东一""西一"，其他经线皆斜向北极。以纬线每 5 度为一排，共分十三排故名。

另一种《内府一统舆图》，铜版墨印，绘法与《乾隆十三排皇舆全图》基本相同。但以北纬线每 8 度为一排，共八排，其始经线已改作零度，东到东经 39°，西至西经 97°。北到北冰洋，南抵海南岛。

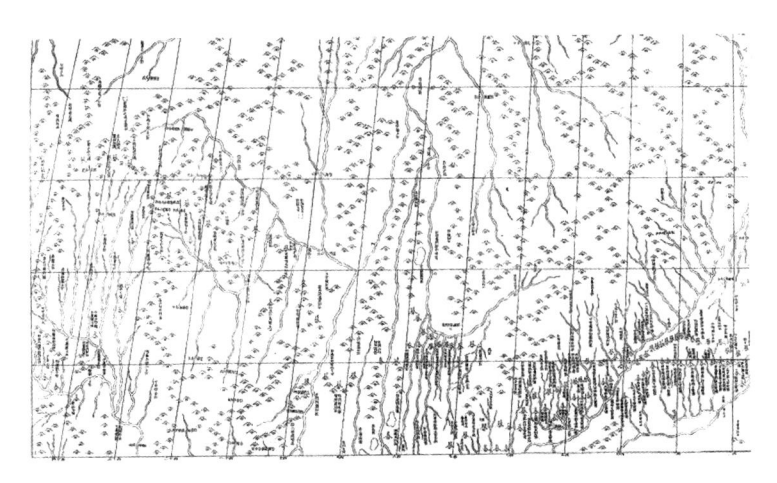

1932 年故宫博物院重印《乾隆内府舆图》

还有一种《乾隆十排皇舆全图》，墨印，满汉文标注地名，内容与注记和"乾隆十三排图"基本一致，自然地理要素有所增加。图上未有经纬网，而与雍正《十排皇舆全图》相同，绘有正方形网格。

《乾隆内府舆图》全图共104块，图幅范围基本上和雍正图相似，北到北冰洋，南到印度洋，西到波罗的海、地中海和红海，不仅是我国最完整的实测地图，也是当时世界上最早、最完整的亚洲大陆全图。

为了宣扬这一成就，使其留传后世，"皇上又令在朝修士，将大清一统地舆，及沿革之疆域，加工绘成图册，令蒋友仁镌为铜版。友仁遵旨刊刻，刊成铜版一百零四片，每片刷印百张"。这104块铜版至今仍保存在北京故宫博物院。

1748年，清朝皇家出版的《乾隆内府舆图》即"乾隆十三排地图"中，第十一排西四幅，标绘珠穆朗玛峰，在此图右下方，将"朱姆朗马阿林"改为"珠穆朗玛阿林"，汉字。而测里母布阿林写作杂里穆布阿林，扯拉岭写作车拉达巴罕。图中杂里布阿林与珠穆朗玛阿林之间，多了一个珠穆朗布阿林。

《乾隆内府舆图》汉字标绘"珠穆朗玛阿林"

水道提纲·大清一统志

1761年，乾隆二十六年，齐召南撰《水道提纲》。

齐召南，(1703～1768)，浙江天台人，地理学家。乾隆元年

（1736）进翰林院，先后任《大清一统志》《大清会典》及《续文献通考》纂修官和副总裁等职，后升为内阁学士，官至礼部右侍郎。著作颇多，尤长地理，《大清一统志》中的河南、山东、江苏、安徽、福建、云南及外藩蒙古诸部，由他执笔写成。他以所见内府珍藏全国实测地图《皇舆全图》及各省图籍为据，博考旁稽，参以耳目见闻，互相钩校，经10余年反复考订撰成《水道提纲》二十八卷。

《水道提纲》二十八卷，专叙水道源流分合，首列海水，次各省诸水，再次西藏、漠北诸水和西域诸水，皆以巨川为纲，所受支流为目。

齐召南在《水道提纲》自序说："臣初久在志馆，考校图籍，于直省外，又专辑外藩蒙古属国诸邦，道里翔实。是以志成之后，亦尝条其水道，惟图无所据者阙之。"

清光绪1881年白纸活字排印本《水道提纲》

在《水道提纲》卷二十二"西藏诸水朋出藏布河"条下载："又南曲曲二百数十里，受西来之牛藏布河。"其下注："即丁拉岭，则里木布，朱木郎马山水，及阿巴拉山，纳泽勒山，扯拉岭诸流汇而东南经二百余里者。"这里的朱木朗马，即珠穆朗玛。

齐召南《水道提纲》卷二十二 "西藏诸水"

1790年（乾隆五十年）刊印的官修《大清一统志》中，记载了珠穆朗玛峰。

《大清一统志》是清代官修地理总志，从康熙二十五年（1686）开始，几次撰修。初次，乾隆八年（1743）成书，三百四十二卷。第二次，乾隆四十九年（1784）成书，五百卷。第三次，道光二十二年（1842）成书，五百六十卷。但因始于嘉庆年间，资料以嘉庆二十五年（1820）为下限，故一般称为《嘉庆重修一统志》。

乾隆《大清一统志》，反映雍正元年（1723）至乾隆时期国内情况。乾隆二十九年（1764）开始续修《大清一统志》，首先要测绘、制作青海、西藏、新疆地区精确的地图，历时20年，至乾隆四十九年（1784）方才完成。全书共五百卷。其体例与康熙《大清一统志》相同，只是增加了新疆地区和雍正至乾隆时期的变化内容。

《大清一统志》主要收录全国各省及新疆、乌里雅苏台、蒙古二十二统部和青海、西藏等地区的地图。先有图、表，继以总叙，再以府、直隶厅、州分卷，列有疆域、分野、建置沿革、形势、风俗等二十五目。内容丰富，考订精详，是一部比较完善的全国性地志。其中，西藏单独成卷，绘有全藏地图，文字说明中，详述西藏历史沿革、山川地理、城寨、户口等，考订精确，叙述详明，其重点是突出城寨，说明中央政府对西藏地方的行政管辖。

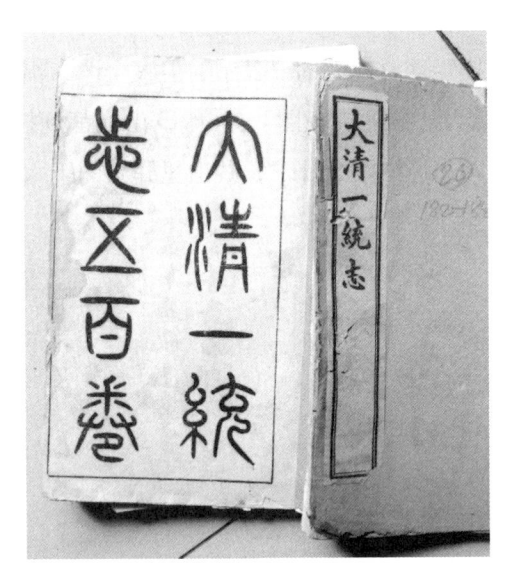

《大清一统志》书影

《大清一统志》1790年的刊本，四百十三卷二十二页，在叙述西藏牛藏布河的地理时载："牛藏布河，在帕里宗城西，源出城西一百三一十余里绰拉岭，及钠色尔山，阿巴拉山，流出三水，北流六七十里，汇为一水。又流三十余里，西南有丁拉庙，侧林布山，朱木拉马山，流出三水。东流九十余里合流。而东流六十余里，与此水会。又东流七十余里，入朱木拉马山朋出藏布河。"其中说到的"朱木拉马山"，即珠穆朗玛峰。

乾隆五十六年（1791），马揭、盛绳祖修撰《卫藏图识》四卷，附蛮语一卷。马揭，字少云，生平无考。盛绳祖，字梅溪，生卒年不详，顺天宛平（今北京）人，其父盛英，官至宁远知府。乾隆末年随军入藏负责征集军饷。盛绳祖随其父来往于川、康之间十余年。1791年廓尔喀

（现尼泊尔）侵藏。为了帮助入藏平乱的清军掌握西藏地理民情，盛绳祖参考《四川通志：西域卷》《西藏志》等书，结合自己多年积累的笔记纂成此书。

《卫藏图识》成书于乾隆末年两次反击廓尔喀战争期间，作者亲身经历了这次战役，所以绘图突出了程站，以及风土人情。这部图集中，有相当一部分是描绘珠峰地区的。其中，卫藏全图二幅（前后藏图各一种），拉萨图（题为"拉萨佛境图"）一幅，由成都到拉萨再至日喀则，直至临近尼泊尔的边境城寨聂拉木，共道里驿站图十六幅，并做了详细说明。

第十四章 世纪描摹

从 19 世纪到 21 世纪，关于珠穆朗玛峰的地图，由简到繁，由少到多，由东渐西，由古老到现代，由手绘到网络，画出一道跌宕起伏、斑斓多姿的轨迹。

三维珠穆朗玛峰地图

19 世纪以后，包括西藏地图的万余种山川疆野各图，庋藏于皇家的舆图观馆，在嘉庆年间曾奉旨续加修订，编入宫史，秘不外传。

晚清郭则沄著《十朝诗乘》记载："宫中有舆图房，藏疆吏所进山川疆野各图，旁及边荒要塞，凡万余种。康乾时，两次命儒臣萃辑成册，题曰《萝图荟萃》。仁宗（嘉庆帝）复命翰林官续加孜定，编入宫史。法梧门顶禹，有诗云：吾尝纂宫史，日侍舆图房。与图十万卷，堆满三间堂。拓地九州外，点笔铢黍旁。辨说非一家，沿革甄综详。惜宫史深阁，无由诠镜。"

清中期以后，西藏地图制作，往往在《皇舆全览图》或《乾隆内府舆图》基础上增删摹绘。坊间常用的"计里画方"法，较之经纬度绘图法已是倒退，甚至还有以山水画形式绘制的，连比例尺也不很重视了。

清代关于西藏的地理图籍，比较重要的有二三十种。这些地图，显示着人们对西藏的地理认识在逐渐开阔。其中大部分都描绘了珠峰地区的地形地貌，还有一些地图直接标绘了珠穆朗玛峰。

从1848年起，印度三角测量队在喜马拉雅山附近地区测量，1849年，珠穆朗玛峰被列为第XV号峰，它的高度29002英尺（8839.8米）直到1852年才计算出来，英国皇家地理学会随即在1856年发布了世界最高峰的地图。

20世纪，世界之巅的神秘面纱，逐渐向世人揭开。中国在各种全国地图和西藏地图上标绘珠穆朗玛峰，并且绘制了一批珠峰专题地图。珠穆朗玛峰在各种亚洲大陆乃至世界地图上扬名立万，成为必不可少的标配。

21世纪，珠穆朗玛峰的地图，搭上科技顺风车。卫星在外空间俯瞰珠穆朗玛峰。珠峰360度立体街景照片面世。即使是一个默默无闻的登山者，也能够利用手机中的地图软件与GPS信号相结合，私人订制攀登珠峰的专用电子地图。

19世纪：巅峰崭露

1822年，即道光二年，董祐诚（即董方立，1791～1823，字方立，江苏阳湖人，精通历数、舆地、名物之学）以康熙、乾隆两朝地图为基础，编绘了《皇清地理图》。

郭则沄在《十朝诗乘》中提到："后来推董方立《皇清地理图》，李申耆刊行。……其图东尽费雅喀，西极葱岭，北界俄罗斯，南至于海。州邑改更、水道迁变，皆孜校详审，以道光二年为断。申耆参订，分为四十一图付梨。咸丰丙辰，胡伯蓟以书版式重刊之。"《皇清地理图》中有西藏地图，图中珠穆朗玛峰标名为"珠穆朗玛山"。

1832年，道光十二年，李兆洛（1769～1841），字申耆，江苏阳湖（今常州市）人。他嗜好舆地学，著述丰富，并培养了很多人才）又在《皇清地理图》基础上，编绘了《皇朝一统舆地全图》。这是经纬与计里画方并存于同一地图中的代表作。

《皇朝一统舆地全图》以京师为中心，制图范围东至大海，西至喀什噶尔，南起海南岛崖州，北至黑龙江。以矩形分幅，纵横 20.3 厘米 × 27.7 厘米，共有 64 幅图。纬差 5°30′为一排，共八排。比例尺约为 1∶270

董祐诚像

李兆洛像

万。雕版双色套印，居民地符号和经纬网用红色印刷，其他要素用黑色印刷。

《清代学人列传》亦载此事："康熙乾隆《皇舆一统图》藏内府，民间不易得，晚始得董方立模本，顾分四十一图，大小爪离，不便披览，且无历代沿革；乃改为总图每方百里，而以虚线存天度之经纬，先以朱印数十部，墨注古地名其上，起三代两汉魏晋南北朝唐宋元明，检各史地志，以《沿革表》及《一统志》核其沿革，并得其实地而著之，为《历代舆地沿革图》若干幅。"

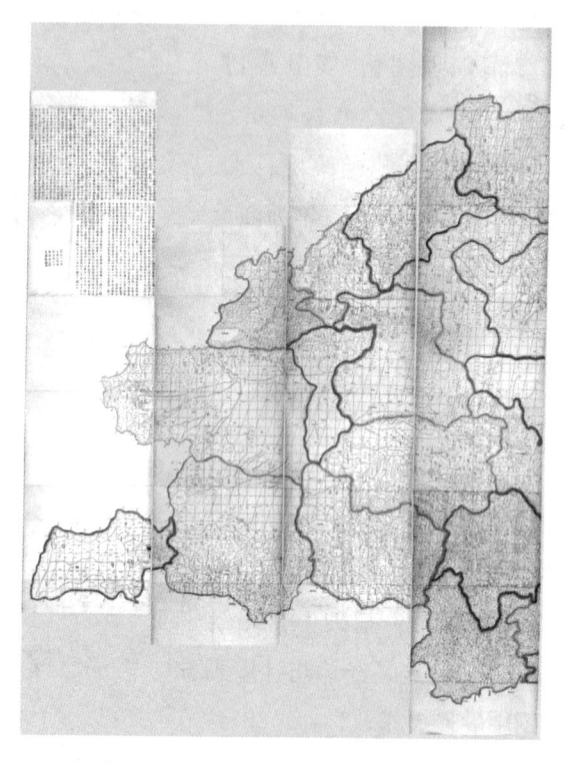

李兆洛编纂《皇朝一统舆地全图》（1832）

李兆洛考虑了实际应用和测天绘地的需要，将经纬网与方里网两种制图网格表示在一起，开创了中国实用制图网格的历史，此法后来被不断应用于各种地图中。

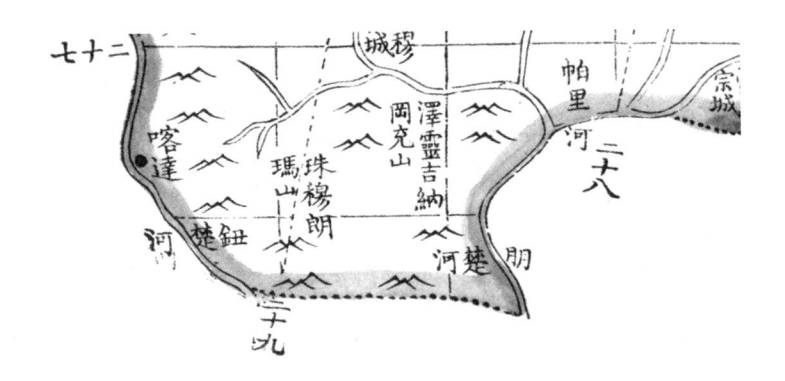

1832年《皇朝一统舆地全图》"珠穆朗玛山"部分截图。

在《皇朝一统舆地全图》中的西藏地图部分，珠穆朗玛峰以山峰符号标绘，标名为"珠穆朗玛山"。

朱利叶斯·海因里希·克拉卜洛特（Julius Klaproth）（1783～1835），德国东方学家，翻译了很多中文的地理著作，并编绘亚洲地图，成为当时欧洲研究中国的权威。

克拉卜洛特1783年10月11日出生于柏林，他年轻时就致力于东方学的研究。他1835年8月在巴黎去世，去世前他刚刚完成了《中亚地图》。1836年，《中亚地图》出版，原图共四幅，比例尺二百六十万分之一，在图幅的名称下面，注明是根据乾隆地图和中文材料编绘的。

在《中亚地图》中，珠穆朗玛峰被写作Dsiomolangma，但位置在珠穆朗玛以西即测林布所在地。

德国东方学家朱利叶斯·海因里希·克拉卜洛特（Julius Klaproth）

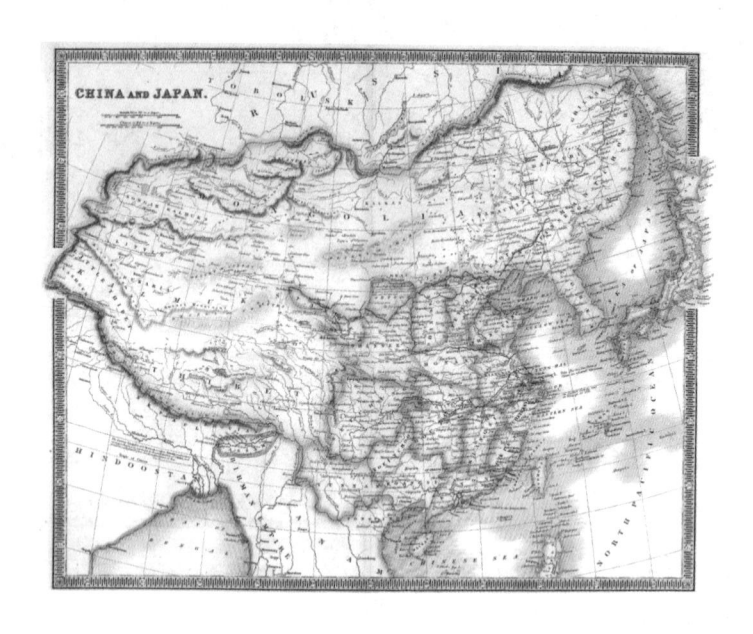

克拉卜洛特编绘《中亚地图》之《中国与日本》，
以 Dsiomolangma 地名标绘珠穆朗玛峰。

1842 年版《皇朝一统舆地全图》，美国国会图书馆藏。木版印刷，163 厘米 ×220 厘米，比例尺 1∶3500000。是李兆洛 1832 年编制的地图的缩小重刊本。

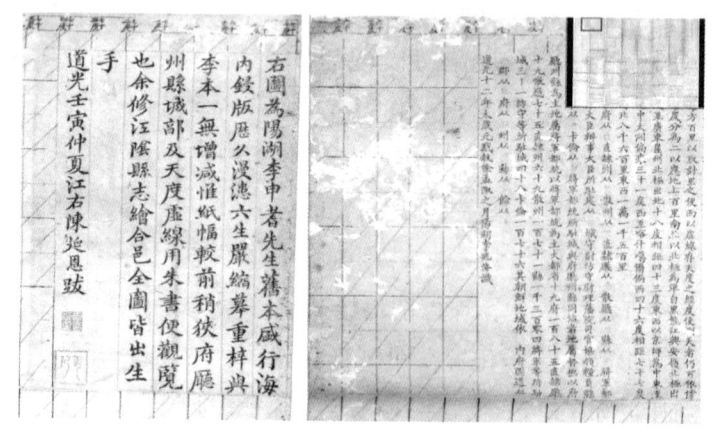

1842 年版《皇朝一统一地全图》陈延恩跋语

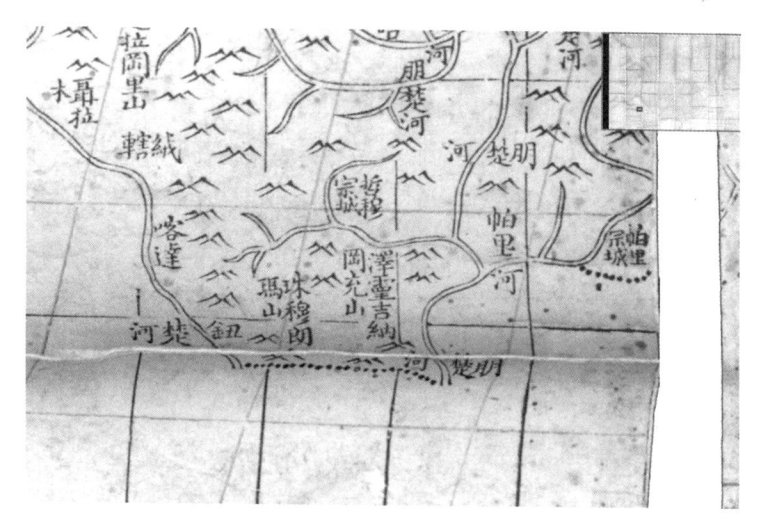

1842年版的《皇朝一统舆地全图》中，珠穆朗玛峰以
山峰符号标绘，标名为"珠穆朗玛山"。

根据陈延恩图跋，此图是根据李兆洛旧本，由六严缩摹重梓。六严，字德只，号诚如，江苏江阴人，贡生，师从李兆洛，编绘多种舆图。同1832年版一样，在1842年版的《皇朝一统舆地全图》中的西藏地图部分，珠穆朗玛峰以山峰符号标绘，标名为"珠穆朗玛山"。

18世纪英国控制了尼泊尔、锡金、不丹和印度，掌握了沿喜马拉雅山南麓的中印边境地带。而西藏特殊的地理位置，使得英国殖民者产生了浓厚兴趣。

从1848年起，印度测量局的三角测量队伍，在喜马拉雅山附近地区测量。1849年至1852年，确认珠峰高度29002英尺（8839.8米），为世界最高峰。1855年，英国出版标绘珠峰的地图，并以"挨佛勒斯"命名，英国皇家地理学会随即在1856年将此名作为世界最高峰的英文名称。

印度测量局1858年绘制的三角测量珠峰地图，以 XVer MOUNT EVEREST 标注珠穆朗玛峰地名，同时注明在方高度29002（英尺）。

1862年（同治三年）版《西藏全图》，美国国会图书馆藏，1幅墨印，这张地图木版印刷，尺寸46厘米×91厘米，1930年购入，地图作者不详。

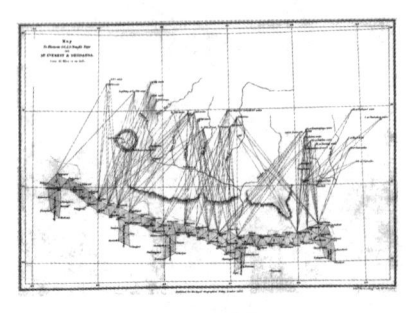

珠峰简史

印度测量局1858年三角测量珠峰地图

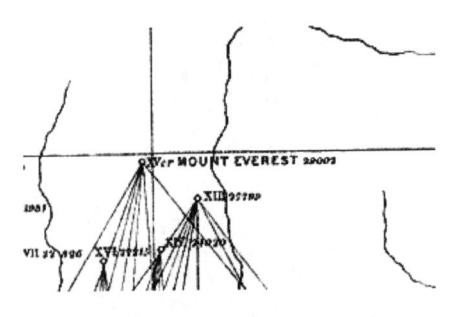

印度测量局1858年三角测量珠峰地图珠峰部分截图

从此图的绘制风格来看，应为19世纪清朝官员绘制，湖北官书局制刻，其印制特点、风格，与湖北官书局同期绘制的一系列中国分省成套或单张地图完全一致。湖北官书局又称崇文书局，以刊刻古籍和地图闻名。在湖北官书局1862年版的这张《皇朝一统舆地全图》中，珠穆朗玛峰以山峰符号标绘，标名为"珠穆朗玛山"。

美国国会图书馆藏1862年版《西藏全图》，标绘珠穆朗玛山。

1863年（同治二年），《大清一统舆图》刊印面世，该图依据康熙《皇舆全览图》和《乾隆内府舆图》编绘而成，内容比李兆洛图详细，增加了一些山川城邑及重要镇堡地名。区域范围也比李兆洛图大，北抵北冰洋，西及里海，东达日本，南至越南，远超出本国范围，故又名

326

《皇朝中外一统舆图》，是清代官修最完备的地图集。

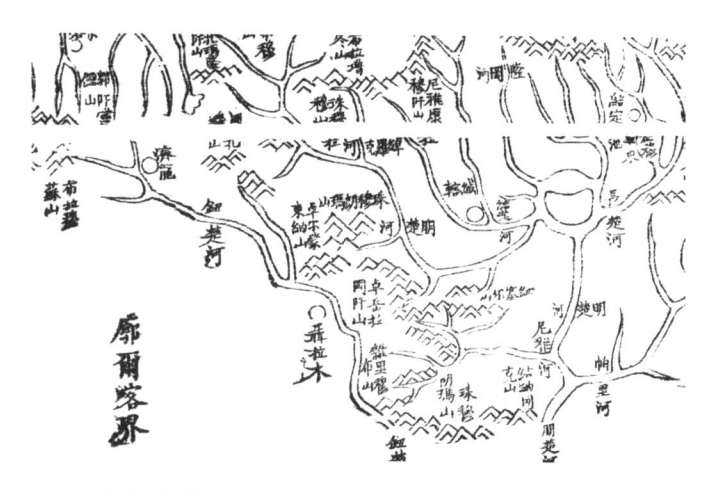

1862年版的《皇朝一统舆地全图》中，标绘"珠穆朗玛山"。

《大清一统舆图》是胡林翼署湖北巡抚期间主持编撰的，请邹世诒、晏启镇绘制，历时数年，书未成胡已逝。后由继任严树森接续其事，请李廷箫、汪士铎校订，同治二年1863刊成。此图融合了中国"画方"与西洋经纬线，使其对地理的描述，与今天通用的地图更加接近，而与中国传统的示意图类地图有明显的区别。此图采用书本形式，冠以总图，下分31卷，以南北400里为1卷，每卷包括纬差2度。由于标注准确，记载详细，这部图集一直被作为中国近代航空测绘开始前的权威官方地图，流传较广，影响较大。《大清一统舆图》在南六卷西藏部分标绘珠穆朗玛峰，用的名称是"珠穆朗玛山"，不再加上"阿林"二字。

胡林翼

1849年至1850年间，印度测量局又从孟加拉平原纵向三角网的六个测站点上，观测了珠峰高程，观测站距珠峰为 174～191 千米，观测站高程为 68～79 米，于 1852 年计算出了珠峰高程为 8839.8 米。

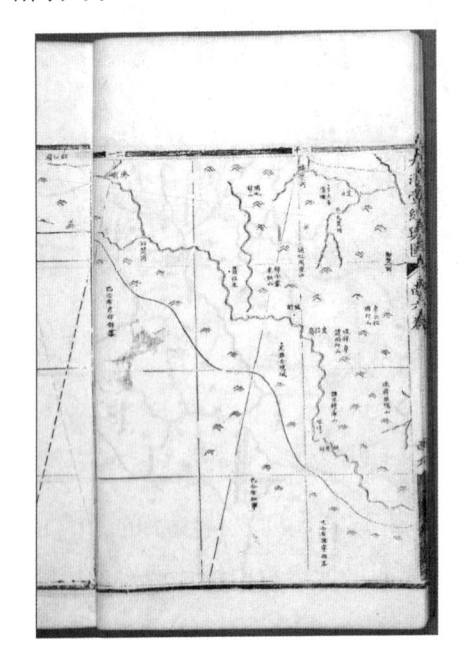

《大清一统舆图》南六卷标绘珠穆朗玛峰，以"珠穆朗玛山"标名。

《大清一统舆图》南六卷"珠穆朗玛山"截图

1870 年，印度测量局生产了一张地图，显示了印度的大三角测量使用断面，并采用了 1852 年计算出的珠峰高程数据。

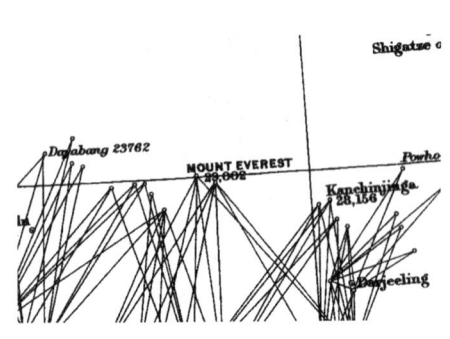

1870 年印度大三角测量地形图

1870 年印度大三角测量地形图珠峰部分

在 1870 年生产的这张地图上，以 MOUNT EVEREST 之名标注了珠穆朗玛峰，并且标注了珠峰的高度为 29002 英尺（即 8839.8 米）。

1875、1901 年版的德国《斯蒂勒地图集》（*Stillers Atlas*），珠穆朗玛峰的名称都是采用高里三喀，一直到 1904 年才改用挨佛勒斯。

1882 年出版的英国基恩（Augustus. H.Keane）的《亚洲地理》，采用"高里三喀或埃佛勒斯峰"并行的办法，而以高里三喀放在前面。

1894 年，清光绪二十年，黄沛翘关于西藏的地理学著作《西藏图考》面世。《西藏图考》记述了西藏的山川、城池、风土、物产、艺文等详细情况，内附"西藏全图"及"西藏沿边图""西招原图""乍丫地图"等十余幅，附有翻印松筠"西招原图"的地图。

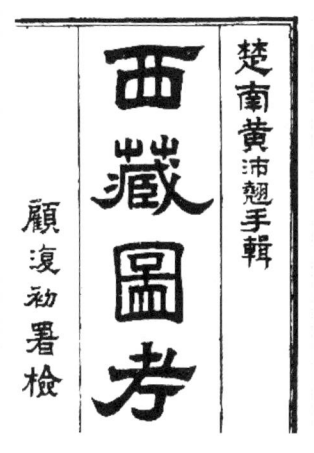

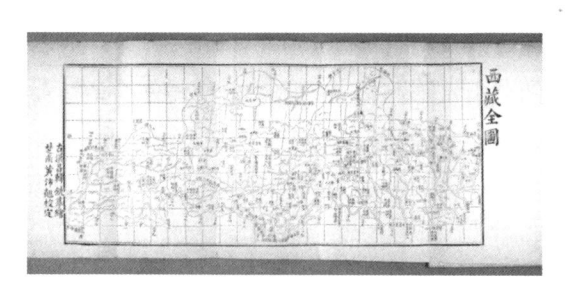

《西藏图考》书影

《西藏图考》中的《西藏全图》

《西藏图考》的文字部分，在卷五名山大川详考第 39 页"朋出藏布河下"，其中对于珠穆朗玛峰地区，有这样的叙述："又南曲曲二百数十里，又西来之牛藏布河。"注："即丁拉岭，则里木布山，朱木郎马山水及阿巴拉山。纳泽勒山，扯拉岭诸流，汇而东南经二百余里者。"这一段记载，作者自注是根据《水道提纲》得来的。

1893 年 6 月，法国人窦脱勒依（Jules Leon Dutreuil de Rhins）与格雷纳尔（F.Grenard）亲自前往西藏进行地图测绘，他们从新疆于阗出

329

发，一路东行，于1894年6月中旬经库库淖尔（青海湖）南岸抵达青海丹噶尔，然后再经西宁到达兰州，窦脱勒依根据此行的测量数据，绘制了包括青海河湟地区在内的青藏高原东北麓地区的详细地图——《西藏全图》。此图以中国西藏地名"珠穆朗玛山"标绘珠穆朗玛峰。

1899年（光绪二十五年），以《嘉庆会典》为基础纂成光绪《大清会典》。

光绪《大清会典》，附图卷二百三十七后藏图十四（南一中），即珠穆朗玛所在地区，以西藏地名"珠穆朗玛山"标绘珠穆朗玛峰。《大清会典》地名写法较近《大清一统志》。图上有一点和乾隆图一样，就是在测林布山之东，珠穆朗玛之西，多了一座珠穆朗布山。

《大清会典》卷二百三十七后藏地图后面的文字说明，在谈到蓬楚藏布河时说："又西南经哲穆宗城东北，绰拉岭水，讷色尔山水，阿巴拉山水，珠穆朗玛山水，测林布山水，丁拉岭水合流为牛藏布河，东流注之。"这段叙述，和《大清一统志》中的珠峰记载相似。

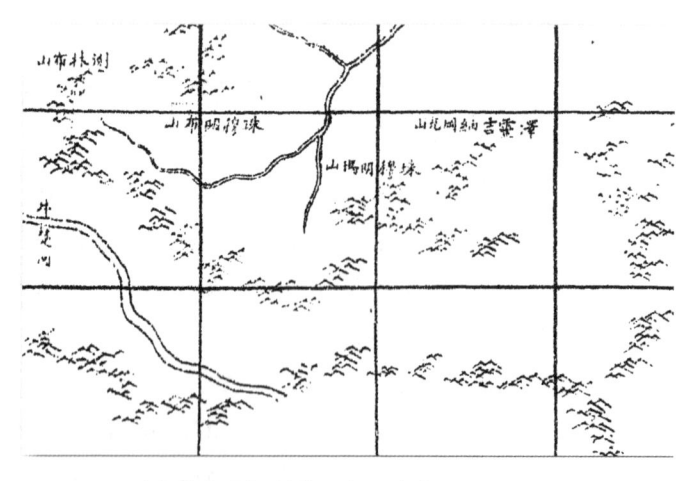

《大清会典图》书影

《大清会典》后藏图十四珠穆朗玛山部分

20世纪：寰宇闻名

1900年，英国皇家地理学会出版《西藏及周边地区》地图，图上标明系根据最新的资料汇编。美国国会图书馆收藏了这幅地图，彩印，单幅，尺寸44厘米×65厘米，比例尺1∶3800000，由英国皇家地理学会亨利贡献。

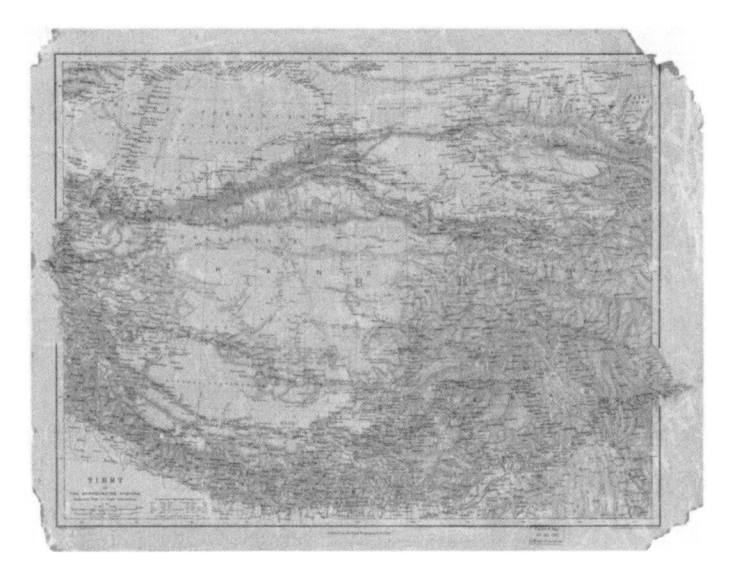

英国皇家地理学会1900年版《西藏及周边地区》，美国国会图书馆藏。

1893年，英国皇家地理学会曾编制了一幅比例尺三百八十万分之一的地图《西藏及周边地区》，此图发表于1894年7月份英国《地理杂志》，以后又略加修改，作为1906年贺地石（Thomas Holdich）《神秘的西藏》（*Tibet the mysterious*）一书的附图。这幅图在欧洲影响很大，它被认为是当时欧人实测的最好的西藏地图。

英国皇家地理学会编制的这幅《西藏及周边地区》，根据最新的测量资料，即当时英国人在西藏游历测绘的资料，准确标绘珠穆朗玛峰，用MT.EVEREST标名。

珠峰简史

英国皇家地理学会1900年版《西藏及周边地区》珠峰部分，以MT.EVEREST标名。

1902年美国出版的《世纪辞典》(Centenary Dictionary and Cyclopedia)地图，亦以挨佛勒斯和高里三喀并列标名。

1903年（光绪二十九年），邹代钧在武昌出版了《中外舆地全图》图集，采用西洋新式图法，收68幅图，单色石印，传统方法装订。清光绪三十一年（1905）再版，改用新式烂铜制版法彩印，一册，精装，尺寸34.5厘米×25.5厘米。

邹代钧（1854～1908），湖南新化人，清末地图学家。中国近代地图学的倡导者和奠基人之一。光绪十一年（1885）秋，他以随员身份出访英、俄，归国后于1896年在湖北武昌创立舆地学会，从事地图编制出版工作。

邹代钧像

《中外舆地全图》图集经朝廷学部审定后，选其中各省图和分国图共计六十八幅，刊成一册出版，作为当时中小学堂及国民教育的课本。

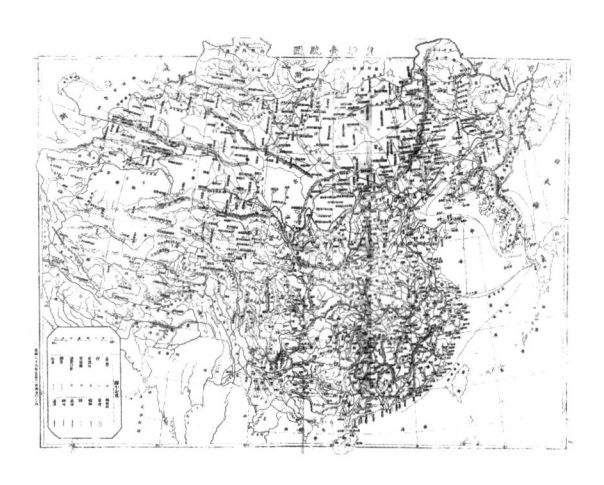

《中外舆地全图》之《皇舆一统图》

邹代钧在序言中提到："……故内地各图以胡图为底本，而参以近今所出新图。"胡图即胡林翼的《大清一统舆图》，图集据此为底本，再加以搜罗参考中外新近出版的新图进行绘制。邹代钧在《青海西藏总图》的图中，因采用英吉利人游历西藏地图，故地图上的珠穆朗玛的地名，改从当时欧洲流行的"高里三喀即额非尔士"。

1904年（清光绪三十年），《西藏全图》面世，胡惟德编译。1大张，分为3幅，全图154厘米×79厘米，每幅85厘米×60厘米。胡惟德（1863～1933），字馨吾，浙江吴兴人，外交家。1896年任驻俄国使馆参赞。1902年7月任驻俄公使。

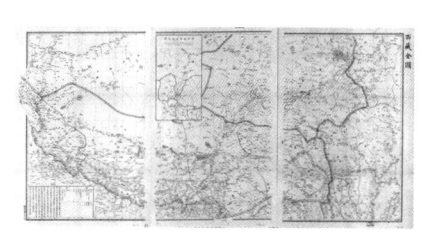

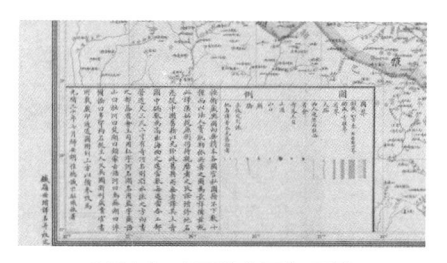

1904年《西藏全图》　　　1904年《西藏全图》图说

1893年6月，法国人窦脱勒依测量绘制了青藏高原东北麓地区的

333

详细地图——《西藏全图》。

胡惟德编译的《西藏全图》图左下角附有图说："按卫藏舆图向无精本，各国官私图籍不下数十种，而以法人窦脱勒依所著之图为最详备。兹就此译汉，姑从原例，仍待亲历者之考证增修。地名悉从中国旧籍，以免纷歧。旧籍所无者，译其土音。图中码数为高出海面之迈当数，每迈当合工部营造尺三尺二寸。有奇河名则顺水流之方向书之。部落省会土司用红字，河名湖名用蓝字，藏语山曰拉河曰楚湖曰错，蒙古语河曰乌苏湖曰淖尔桥曰多罕均名从主人。又英国新刊藏案官书所载藏印通道图附列上方以备参考焉。光绪三十年七月归安胡惟德识于驻俄使署。铁岭世增译名并校定。"胡惟德的图说，清晰说明了1904年《西藏全图》的来龙去脉。《西藏全图》绘制于1904年7月，地图左下角有图标和摘要。《西藏全图》在珠穆朗玛峰地区，以汉字标绘珠穆朗马山。

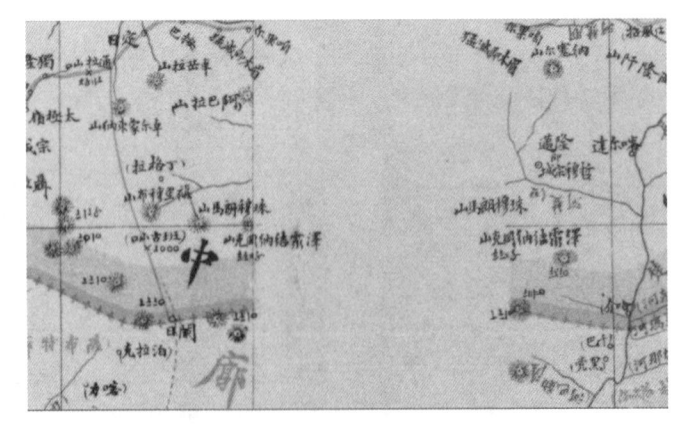

胡惟德

1904年《西藏全图》标绘珠穆朗马山

上海商务印书馆 1908 年版　　　上海商务印书馆《大清帝国全图》
《大清帝国全图》　　　　　　　　之《青海西藏》

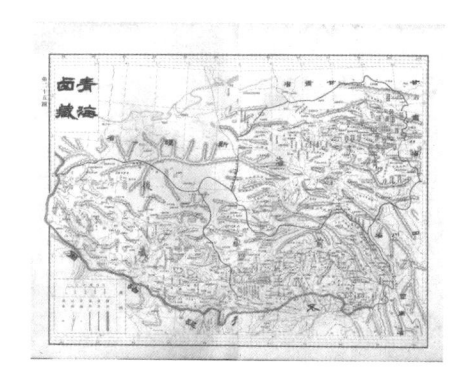

1905 年（光绪三十一年），上海商务印书馆出版《大清帝国全图》，光绪三十四年再版，宣统元年第三版，宣统末年出版第四版。《大清帝国全图》，完全采用邹代钧《中外舆地全图》的地图为底本，对于珠穆朗玛峰的处理，也完全依照邹代钧图，改从当时欧洲流行的"高里三喀即额非尔士"。

1906 年（光绪三十二年）出版的《二十世纪中外大地图》，清朝学者周世棠、孙海环编辑，新学会社总发行。

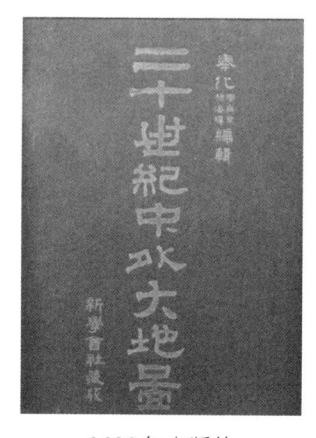

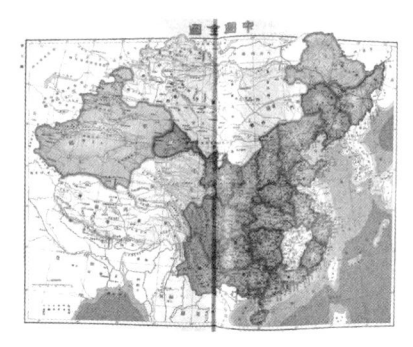

1906 年出版的　　　　　《二十世纪中外大地图》之《中国全图》
《二十世纪中外大地图》

该地图全册总计地图七十幅。中国地图部分有"中国全图"一幅，另盛京、吉林、黑龙江、直隶等二十四个分省地图各一幅，余为世界各大洲及主要国家地图三十九幅。对于珠穆朗玛峰的处理，《二十世纪中外大地图》完全采用高里三喀的名称。

1910年出版的德文版地图《西藏高原》，介绍了斯文·赫定在西藏的探险路径。斯文·赫定（1865～1952），瑞典人，世界著名地理学家、探险家。他在中亚的四次探险考察中，探查了喜马拉雅山脉，雅鲁藏布江、印度河和象泉河的发源地，罗布泊及塔里木盆地沙漠中的楼兰城市遗迹，墓穴和长城。

1907年3月27日，斯文·赫定离开西藏日喀则，沿途曾在冈底斯山和雅鲁藏布江从事考察，涉猎了珠峰地区，勘察了昆仑山、唐古拉山，描述了冈底斯山的地质特征，调查了雅鲁藏布江和印度河的源头，测量了高原上星罗棋布的湖泊，对西藏部分山川地形绘制了地图。

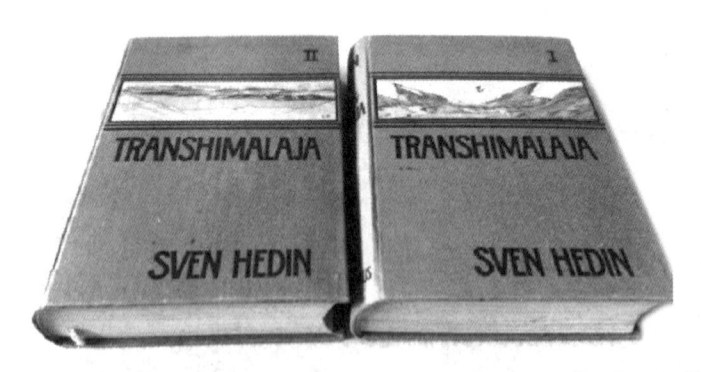

斯文·赫定

斯文·赫定著：《横越喜马拉雅》（SVEN HEDIN：TRANSHIMALAJA 1909年）

1908年8月，赫定取道印度回国，途中在印度、日本、朝鲜、俄国多次讲演西藏探险的经历。他通过实地考察，弄清楚了外喜马拉雅山一带的地理状况，填补了"地图（欧洲版）上的空白"。他的西藏探险成果以《横越喜马拉雅》为名，于 1917 年到 1922 年出版。

这幅比例尺为 1∶37000000 的德语地图，也准确标注了珠穆朗玛峰。图中珠峰的名字是 M.t Everest，其上注明山峰高度 8848 米。

1912 年至 1915 年，上海远东地理学会出版《最新中国分省全图》。英文图名为 New atlas of China 及 The new productions map of China。

1910 年德文版地图《西藏高原》及珠峰部分截图，
图中以 M.t Everest 注明珠峰，并注明山峰高度 8848 米。

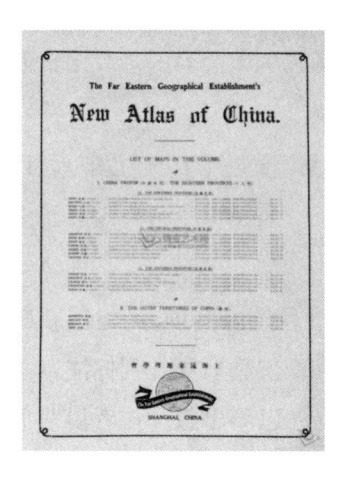

上海远东地理学会《New atlas of China》书影及西藏地图

337

上海远东地理学会出版过《最新中国商业政治地理大全》，这部书的简装本即《最新中国分省全图（加中国物产）》（The new productions map of China）和《最新中国分省全图》（New atlas of China）。《最新中华分省全图》早期的版本已在光绪年间出版。

这部图集的主要作者埃德温·约翰·丁格尔（Edwin John Dingle），又名丁乐梅（1881～1972），是一名英国的新闻记者，中国经济学和地理学研究专家。丁乐梅还是成功的出版商人，他在中国生活了21年（1906～1926）。著作颇丰，大部分都与中国相关，包括《1911～1912亲历中国革命》《徒步穿越中国》《我在西藏的生活》等。

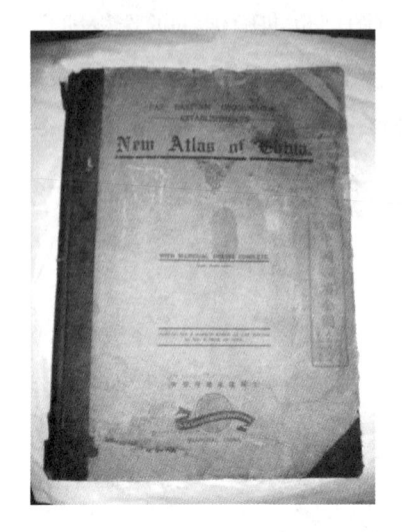

上海远东地理学会《最新中国分省全图》书影

《最新中国分省全图》，精装，22张图，中英对照，开本53厘米×40厘米。此图册第一部分为中国本部十八省，第二部分为满洲、新疆、蒙古、西藏，这部分图为英文。所注地名不少为外国人命名的。其中，西藏地图标注珠穆朗玛峰，名称注为埃佛勒斯峰。

1913年至1925年出版的《中国新舆图》，首版于宣统二年六月，先后发行了四版。编纂者陈镐基，浙江嘉兴人。与童世亨合作编纂了多部地图。

《中国新舆图》收入中国地势图、中国政区图。其中，《中国新舆图》在《青海西藏》图幅中，将珠穆朗玛峰和埃佛勒斯峰并列标注。

1914年，《尼泊尔和喜马拉雅国家》一书在巴黎出版。作者伊莎贝尔·马休（Isabelle Massieu，1844～1932），是一名法国作家兼旅行家，也是第一名造访尼泊尔的法国女士。

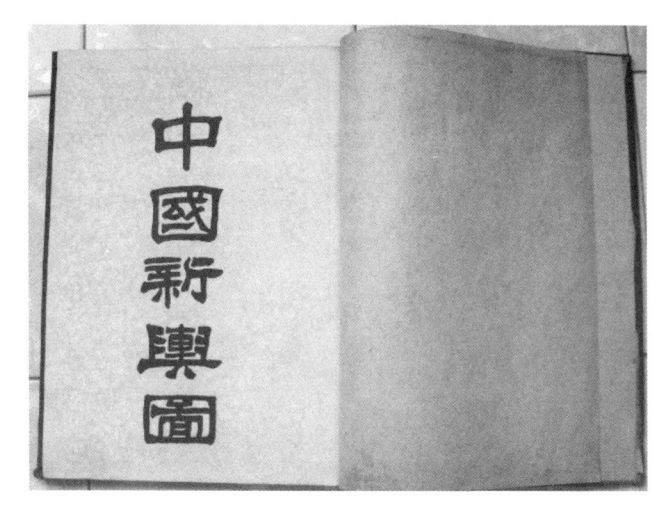

《中国新舆图》1917年第三版书影

1892年，伊莎贝尔·马休从她的家乡巴黎出发，开始长途旅行。她的足迹几乎遍及亚洲的各个角落，并根据旅途见闻，出版了一系列通俗读物。《尼泊尔和喜马拉雅国家》，是她对于1908年从印度北部泉河流域横跨尼泊尔、不丹、西藏和锡金之旅的第一手记录。

《尼泊尔和喜马拉雅国家》还分别记录了作者与瑞典探险家兼地理学家和旅行作家斯文·赫定（Sven Hedin）、法国社会心理学家兼人类学家古斯塔夫·乐·伯恩（Gustave Le Bon）、法国的印度学研究者西尔韦恩·列维（Sylvain Lévi）、天主教传教士兼词典编纂家和藏族学者皮埃尔·德斯格丁斯（Père Desgodins）的会面。

《尼泊尔和喜马拉雅国家》（1914）书影

《尼泊尔和喜马拉雅国家》全书包括六张地图、多幅照片和插图。其中一幅关于尼泊尔和西藏交界地区的地图，醒目地以Everest的地名，标绘了珠穆朗玛峰。

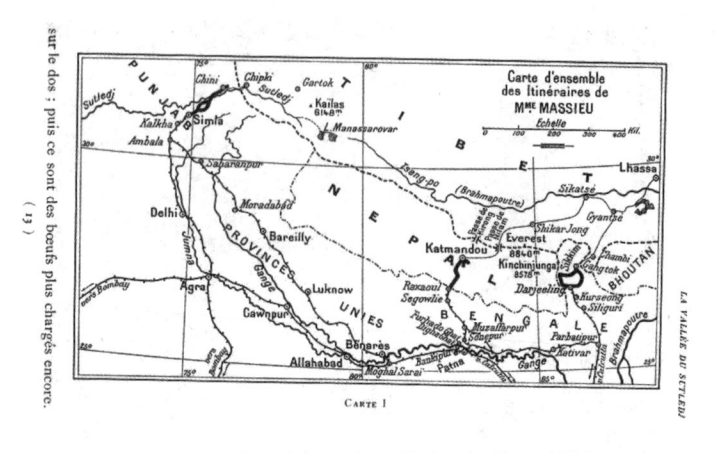

《尼泊尔和喜马拉雅国家》一书中的地图标绘了珠穆朗玛峰

1921年，英国珠峰登山探险队第一次到达珠峰北侧，由查尔斯·霍华德·伯里中校（Lt. Colonel Charles Howard‐Bury）率领。这是一次考察性的远征，乔治·马洛里（George Mallory）和其他队员到达了北坳（海拔7007米）。从那里，马洛里看到了通往顶峰的道路。在此期间，登山探险队员莫斯海德（Morshead）和惠勒（Wheeler），在原来未曾调查过的广大珠峰地区，测绘制作了31000平方千米（12000平方英里）的地形图，1∶250000的比例尺。同时惠勒还摄影测量绘制了1600平方千米（600平方英里）的珠峰地形图，比例尺为1∶63360。莫斯海德进行了超过21000平方千米（8000平方英里）的地质调查，并且绘制了地质图。

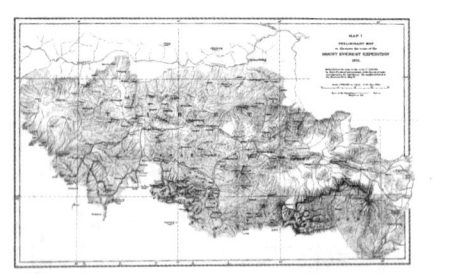

英国珠峰登山探险队1921使用的珠穆朗玛峰探险地图及珠峰部分截图

340

第十四章　世纪描摹

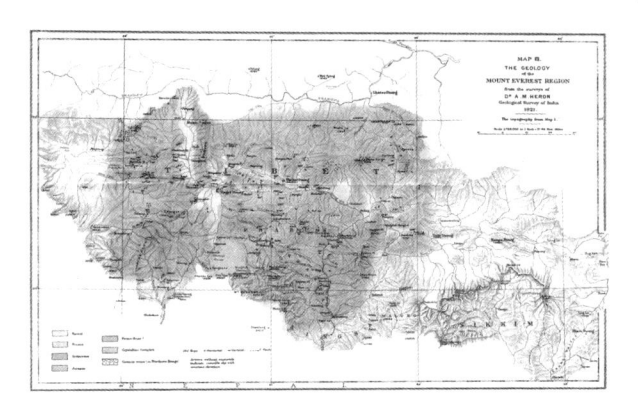

莫斯海德绘制的珠峰地质图

1921年这次攀登珠峰，英国珠峰登山探险队使用了珠穆朗玛峰探险地图，图上以 MT. Everest 的地名标绘了珠穆朗玛峰，并且在地名之下标明珠穆朗玛峰高度 29002（英尺）。

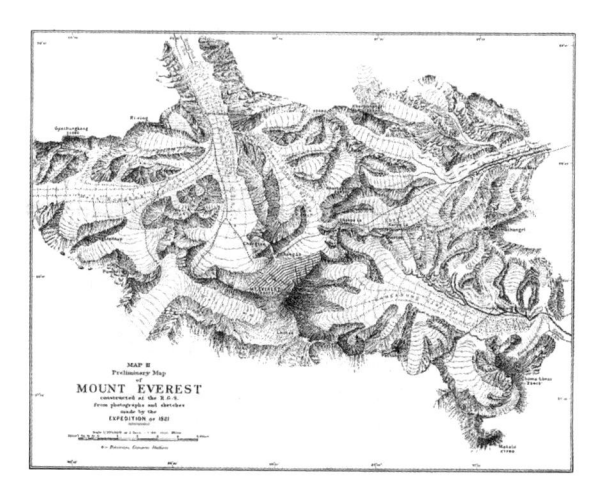

英国珠峰登山探险队领队霍华德·伯里（Howard - Bury）
1922年绘制的珠穆朗玛峰探险地图

这张珠穆朗玛峰地图，是探险家惠勒根据1921年和1924年两次到珠峰地区的探险资料绘制而成的。

1924年12月，美国《地理杂志》发表了珠穆朗玛峰雕版地图，使用了 Everest 的名称。

341

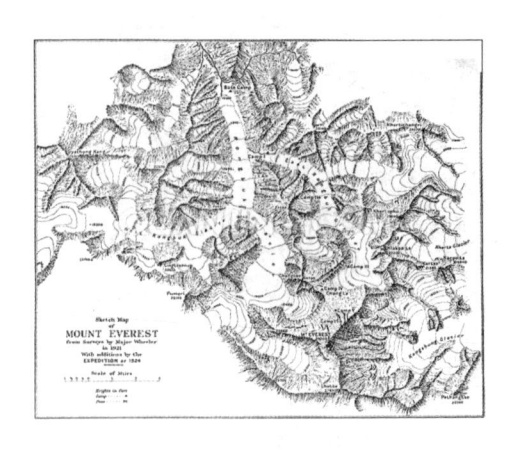

美国《地理杂志》1924年发表了珠穆朗玛峰雕版地图

1926年出版的《苏联大百科全书》第一版，在有关珠峰的地图上，挨佛勒斯后面注明的是珠穆朗玛或珠穆贡噶。

1926年，世界舆地学社出版屠思聪著《表解说明中华形势一览图》。屠思聪（1894～1969），浙江上虞人。1922年，组建了世界舆地学社。出版了《中华最新形势图》《简要中华地理图说》《简要世界地理图说》《现代本国地图》《新世界地图》等中外地图。1926年版《表解说明中华形势一览图》，彩色印刷，收有全国地图和各地地图。

在《表解说明中华形势一览图》全国地图部分，《中华民国地形图》中以"额非尔士峰"的名称，标绘了珠穆朗玛峰。

1926年版《表解说明中华形势一览图》

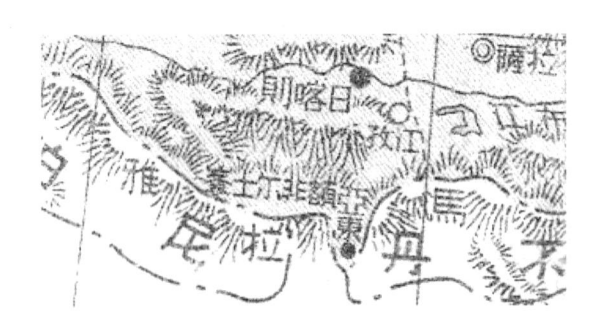

1926年版《表解说明中华形势一览图》之《中华民国地形图》中珠峰部分截图

在《表解说明中华形势一览图》各地地图部分，第二十八图为《西藏图》。在《表解说明中华形势一览图》第二十八图《西藏图》中，也以"额非尔士峰"的名称，标绘了珠穆朗玛峰。

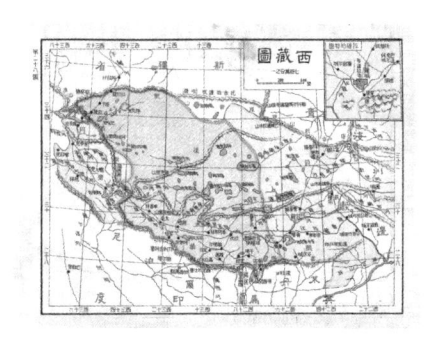

1926年版《表解说明中华形势一览图》之《西藏图》及珠峰部分截图

1932年5月，参谋本部陆地测量局绘制出版《西藏西康全图》，比例尺为一百八十万七千分之一，在地图的右下侧有《备考》："本图系就蒙藏委员会制印之西藏西康全图稍为修改复制而成。"蒙藏委员会，1929年成立于南京，为中央主管蒙藏政务的最高机关。

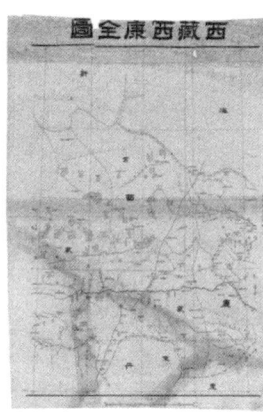

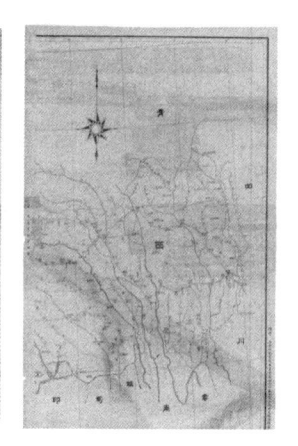

1932年5月，参谋本部陆地测量局绘制出版《西藏西康全图》局部，以"额非尔士峰"标绘珠穆朗玛峰。

1932年印制的这幅《西藏西康全图》，以"额非尔士峰"的名称，标绘了珠穆朗玛峰，地名之上还注记了珠峰的高度29002（英尺）。

343

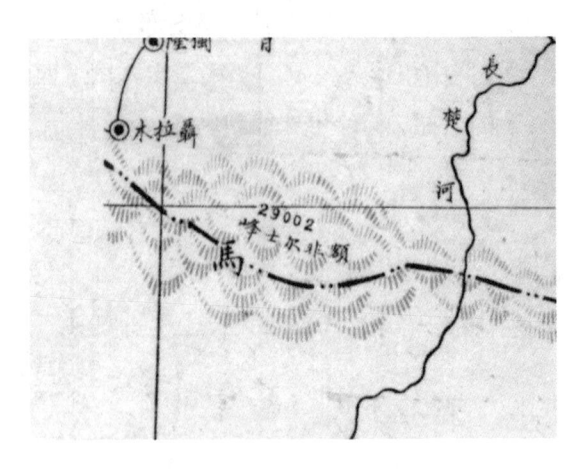

参谋本部陆地测量局1932年《西藏西康全图》珠峰部分截图，
以"额非尔士峰"标绘珠峰。

1935年出版的《最新中华形势一览图》，洪懋熙著，东方舆地学社发行。洪懋熙（1898～1966），江苏丹阳人。1922年2月，应屠思聪之邀，洪懋熙到上海世界舆地学社编制地图，是世界舆地学社的"开社元勋"之一。1924年5月，与上海大东书局合作，创办并主持东方舆地学社，编绘出版地图。《最新中华形势一览图》图册计有《中华民国全图》及各省图共三十二幅。各图以参谋部百万分之一《中国全图》为蓝本，根据新课程标准重新改版，更新较多。每图均附文字说明。

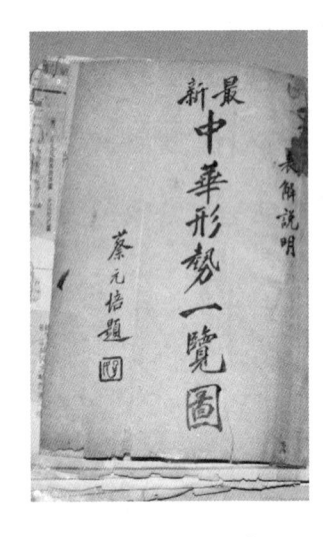

《最新中华形势一览图》书影

《最新中华形势一览图》第三十一上半面为《西康省图》，下半面为《西藏地方》。《西藏地方》地图，一百二十五万分之一比例尺，图上珠穆朗玛峰位置，标注了两个地名，在"额非尔士峰"上方，又加括弧标"（埃佛勒斯峰）"。

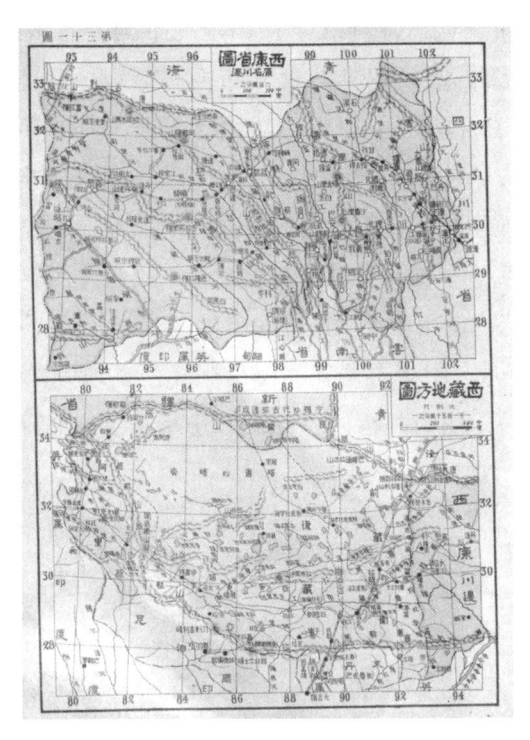

《最新中华形势一览图》之《西康省图》《西藏地方》

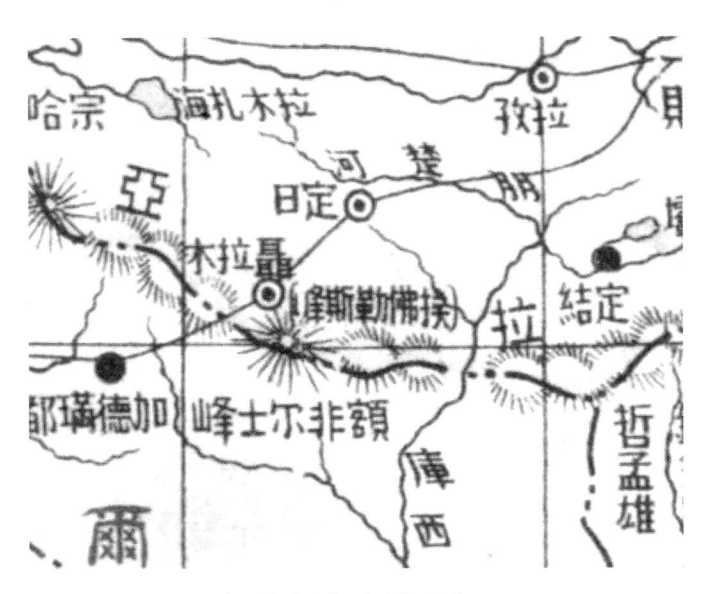

《西藏地方》珠峰部分截图

1938年2月，武昌亚新地学社出版《本国分省精图》，是《乙种中华析类分省图》的简编本，32开布面精装本，除前序言外，共有单面彩印地图（含图例）32幅。欧阳缨编著，邹兴钜校阅。欧阳缨（1891～1984），字梅林，湖南人。1917年，经其兄欧阳梅溪介绍，就职于武昌亚新地学社，翌年即负责该社的地图编辑工作，后升任主编，先后达30多年。《本国分省精图》第三十二幅为《西藏地方》，图中标绘了珠穆朗玛峰，使用埃佛勒斯峰的名称。

　　1939年11月，中华书局在上海出版《西藏地方详图》，张庚金编绘，葛绥成校订。图为一幅，一百二十五万分之一比例尺，彩色印刷，尺寸88厘米×118厘米。

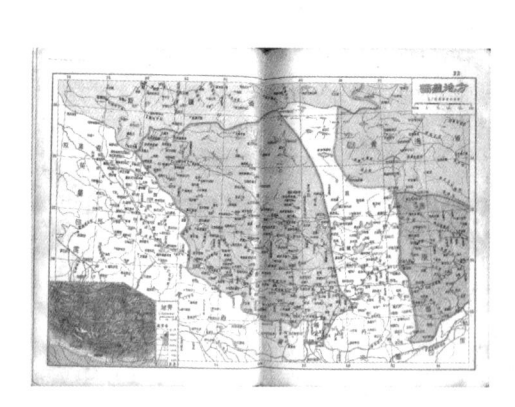

《本国分省精图》之《西藏地方》及珠峰部分截图

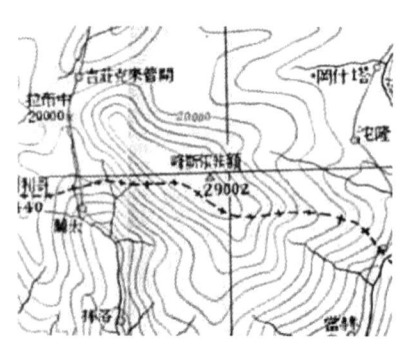

1939年中华书局在上海出版的《西藏地方详图》及珠峰部分截图

中华书局出版的这幅《西藏地方详图》，以山峰符号和"额非尔斯峰"名称标注珠穆朗玛峰，地名之下还注记了珠峰的高度29002（英尺）。

1942年1月，军事委员会军令部陆地测量总局翻印出版《西藏》地图，单幅，彩色印刷，比例尺为二百五十万分之一。

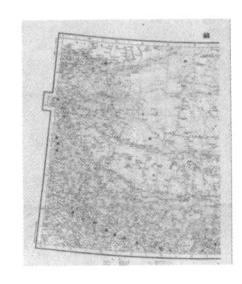

军事委员会军令部陆地测量总局1942年翻印出版《西藏》地图及珠峰部分截图

这张地图右下侧有《附记》，详细叙述地图资料的来源："本图系依据印度测量局一九一七年出版之二百五十万分之一英文西藏图译绘，并参照本局出版之有关该地之各种图，及申报馆民国二十三年四月出版之新地图，亚新地学社民国二十九年七月出版之中国分省图，法人窦脱勒伊所著清光绪三十一年出版之西藏全图，暨一九四一年出版之百万分一印度新图等材料酌予修正。"

军事委员会军令部陆地测量总局1942年出版的这幅地图《西藏》，以"额非尔斯峰"名称标注珠穆朗玛峰，地名之下注记了珠峰的高度29002（英尺）。

1947年，亚光舆地学社出版《中国分省新地图》，这是金擎宇编纂的一部彩色印刷地图集。金擎宇（1918～），江苏武进人。1938年联合其兄金振宇、金伟宇创办亚光舆地学社。主持编辑出版《东南各省地图》

金擎宇

《袖珍中国分省详图》，畅销国内。先后编制《世界分国详图》《西南各省详图》《中印缅交通形势图》等。1949年后，主编了《中华人民共和国分省地图》。亚光舆地学社1947年《中国分省新地图》第四十八图是《西藏地方》，图中标绘珠穆朗玛峰，使用"埃佛勒斯峰"名称，地名下方标注的珠峰高度为"8842"。

1947年亚光舆地学社出版的
《中国分省新地图》

1948年7月1日，申报馆出版、发行第五版《中国分省新图》。《中国分省新图》由申报六十周年纪念《中华民国新地图》缩制而成，1933年首次出版，编纂人丁文江、翁文灏、曾世英，主要供中等学校地理教学所用，至抗日战争前发行了四版。

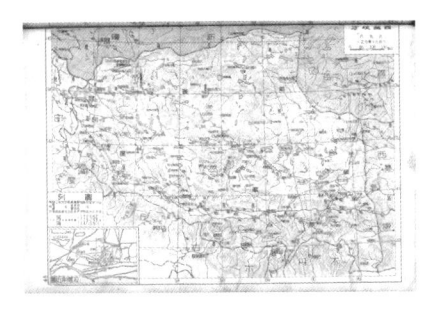

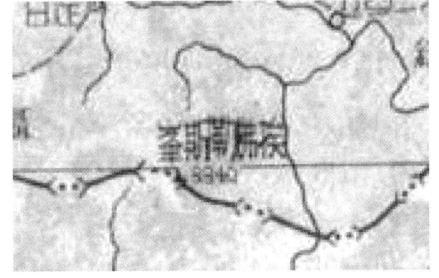

1947年，亚光舆地学社出版《中国分省新地图》之《西藏地方》及珠峰部分截图。

申报馆1948年《中国分省新图》书影

  1948年《中国分省新图》第五版，曾世英、方俊增订，由总图3幅、专题图6幅、分省图27幅及地名索引四个部分组成。《中国分省新图》第53～54页为《西藏》地图，比例尺为五百万分之一。1948年版《中国分省新图》，在《西藏》地图之中标绘珠穆朗玛峰，使用"埃佛勒斯峰"名称，地名上方标注的珠峰高度为"8842"（米），与同期其他地图所载数据相同。

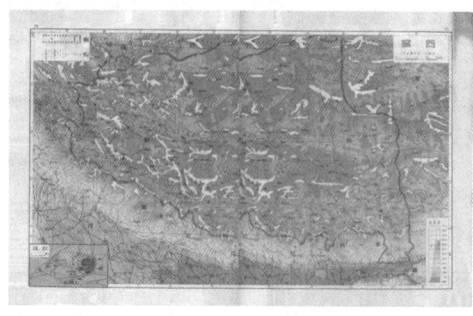

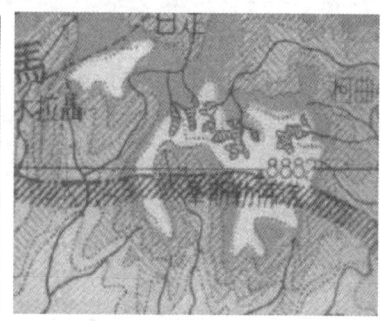

申报馆1948年《中国分省新图》之《西藏》及珠峰部分截图

1950年1月，亚光舆地学社出版《中华人民共和国大地图》。制图金竹安、陈志方和杨柏如，校订金擎宇。《中华人民共和国大地图》是中国第一幅正式公开出版的大地图，同时出版了1：4000000（两全张大小）和1：6000000（一全张大小）两个品种。

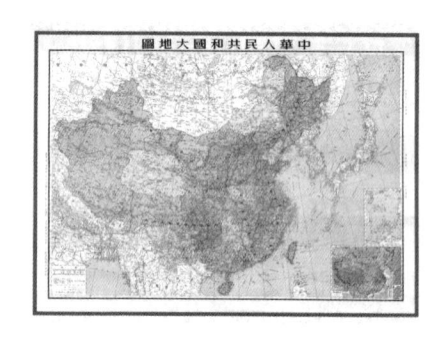

1950年1月亚光舆地学社出版的《中华人民共和国大地图》及珠峰部分截图。

亚光舆地学社1950年出版的《中华人民共和国大地图》，图中标绘珠穆朗玛峰，使用"埃佛勒斯峰"名称，地名上方标注的珠峰高度为"8842"（米）。

1951年3月，上海大中国图书局出版《西藏新地图》，编制尹正寿、陈志方、王明德，校订者金擎宇。《西藏新地图》单幅，彩色印刷，比例尺为一百六十万分之一，左下侧有《西藏地形》小幅图。《西藏新地图》图中标绘珠穆朗玛峰，使用"埃佛勒斯峰"名称，地名下方红字标注的珠峰高度为"8842"。

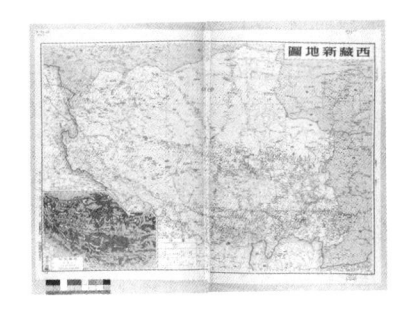

1951年上海大中国图书局出版的《西藏新地图》及珠峰部分截图

1953年地图出版社出版《新中国分省图》，在西藏地形图说中介绍了珠穆朗玛峰："与西康、青海合称世界第一大高原，南有喜马拉雅山脉，最高峰珠穆朗玛，高达八千九百公尺，是世界第一高峰。"

1953年地图出版社出版的《新中国分省图》

《新中国分省图》第31页有两图，上为《宁夏省》下为《西藏》。在《西藏》地图中，使用"珠穆朗玛峰"名称标绘，地名上方标注的珠峰高度为"8900"。

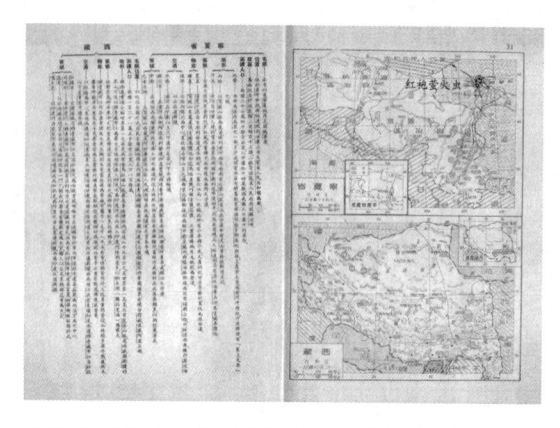

1953年《新中国分省图》西藏图说和《西藏》地图

此前的1952年5月8日，中央人民政府内务部、中央人民政府出版总署发出通报指出，"额非尔士峰"应正名"珠穆朗玛峰"，"外喜马拉雅山"应正名为"冈底斯山"。通报要求，此后无论教科书、舆图或其他著作，凡用到珠穆朗玛峰或者冈底斯山时，都不得再误称为"额非尔士峰"或者"外喜马拉雅山"。《新中国分省图》正是按照政府要求出版的地图集。此后，中国出版的所有地图，都使用珠穆朗玛峰名称。

1953年《新中国分省图》《西藏》地图珠峰部分截图

1955年，美国中央情报局（CIA）绘制了一幅《西藏》地图，比例尺为1∶2500000，美国国会图书馆收藏了这幅地图。在美国中央情报局（CIA）绘制的《西藏》地图中，以红色的英文MOUNT EVEREST

标绘珠穆朗玛峰，并标注珠峰高度 29002 英尺。

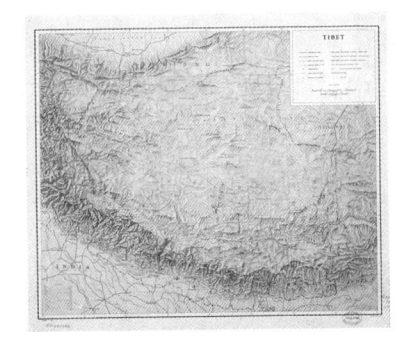

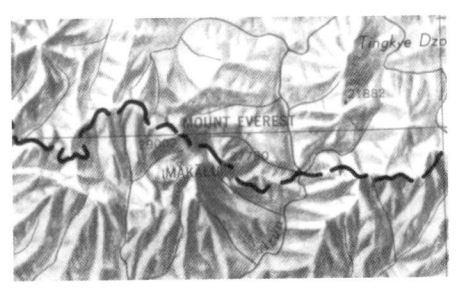

美国中央情报局（CIA）1955 年绘制的《西藏》地图及珠峰部分截图

1968 年，中国测绘的第一张珠穆朗玛峰地区地形图完成，由中国科学院、国家测绘总局测制。1966～1968 年，珠峰登山科考工作全面展开。珠峰科考队分为五个专题组，此次考察设置的专题组任务是测量珠峰高度和测绘珠峰北侧绒布冰川的地形图，科考队在珠峰北侧绒布冰川上连续工作了 50 天。1967 年春季，中国科学院兰州冰川冻土研究所进行了珠峰地面立体摄影，在陕西测绘局进行地图的清绘及制版，去野外检查地图质量和补摄远东绒布冰川立体相对，再进行业内成图。到 1967 年底，两幅小全张珠峰北坡绒布冰川地形图清绘完毕。1968 年该图送厂印刷，同年 7 月 1 日将该地图呈送北京。

1968 年的《珠穆朗玛峰地形图·无限风光在险峰》及峰顶部分

该地图图题《珠穆朗玛峰地形图·无限风光在险峰》，比例尺1∶25000，由两幅全开地图拼接而成，上南下北，地图上珠峰高程标记为8846米，与1972年珠峰高程测定报告中的数字不一样。该地图为中国绘制的第一张珠峰地区专题地图，时任中国科学院兰州旱区寒区与工程研究所研究员米德生参与了地图绘制。

此后，中国陆续出版了一些珠峰地图。

1975年出版全张《珠穆朗玛峰地区图》，1∶50000比例尺。

1980年出版《珠穆朗玛峰》分幅地图，1∶50000比例尺、1∶100000比例尺、1∶25000比例尺。

1990年出版《青藏地图集》，收入《珠穆朗玛峰地形图》，1∶25000比例尺。

1991年出版对开中英文版《珠穆朗玛峰雪山地图》，1∶100000比例尺。

1999年出版《国家自然地图集》，收入《珠穆朗玛峰地形图》1∶180000比例尺。

1960年，根据中国尼泊尔签订的边界协定的要求，中尼组成边界联合勘察委员会，并各派工作人员组成联合勘察队，进行勘界工作。第一期从1961年4月至7月，测绘1∶50000比例尺地形图5幅，测绘面积2200.7平方千米。第二期从1962年8月至10月，测绘1∶20000比例尺地形简图83幅，测绘面积352平方千米。

1979年，中国、尼泊尔共同测绘、签订了两国边界第一次联合检查议定书附图。尼泊尔地质勘探局后来公布了《尼中边界第一次联合检查议定书附图》。

1979年11月，中国外交部长黄华访问尼泊尔，签订了《中华人民共和国政府和尼泊尔国王陛下政府关于中尼边界第一次联合检查的议定书》及《中尼边界第一次联合检查议定书附图》。

1978年至1979年进行了中尼边界第一次联合检查，测定中尼边界全长1414.88千米，对界桩进行了维护，对中尼边界全线进行了航摄，绘制了新的边界地图。

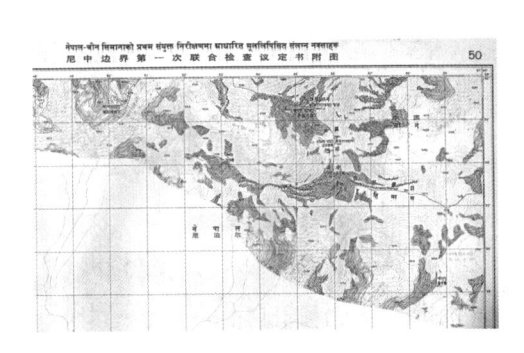

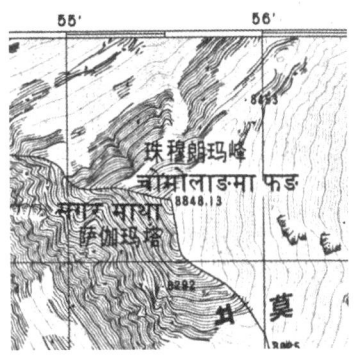

《尼中边界第一次联合检查议定书附图》(1979)及珠峰部分截图

1988年进行了中尼边界第二次联检,涉及界桩15棵,补树了第33号桩,对1幅图(41号图)进行了修测。目前,中尼边界全线共有79个号、实树96棵桩。

2005年,开展第三次中尼边界联检。其中议定书附图修测工作为联检工作的一部分,利用卫星影像,对与第三次联检外业成果有较大套合误差的13幅图进行重测,对12幅进行修编,并对中尼边界所有图幅进行制图印刷。

尼泊尔地质勘探局提供的《尼中边界第一次联合检查议定书附图》地图,为1∶50000比例尺,图上标明了1979～1980年中尼联合勘探所得的两国边界,边界线跨越珠穆朗玛峰顶,喜马拉雅山脉也被两国沿山脊平分。此图以中尼两国

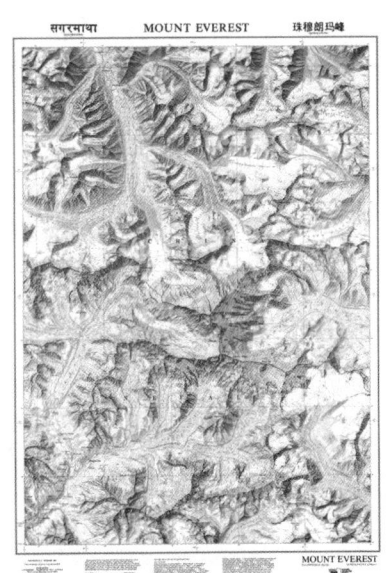

美国国家地理学会1988年发布的珠穆朗玛峰地图

文字同时标注珠穆朗玛峰和萨伽玛塔地名，并标注珠穆朗玛峰高度为 8848.13（米）。

1988 年 11 月，美国国家地理学会发布珠穆朗玛峰地图。

1988 年，Bradford Washbum 和妻子 Barbara 驾驶一架喷气飞机环行 380 平方英里测绘珠峰地图。他们得到 9 个国家的合作，其中包括中国和尼泊尔的飞行许可。在许多专家机构的支持下，所绘地图成为甚为详细的珠峰地图。

这是一张影像地图，依靠哥伦比亚航天飞机上的高分辨率相机，由 160 张航摄图像重叠而成。据称，飞机飞到了 12200 米的高空，才拍下这些图像，最终顺利完成了这一 984 平方千米区域的绘制。整个绘制时间长达 4 年。值得一提的是，此图的珠穆朗玛峰地名，采用了中国、尼泊尔和西方三种称呼和文字。

21 世纪：多维展示

2007 年 12 月 12 日，电子地图制作者汉斯（Braxmeier），在网络发布了一幅电子地图——《珠穆朗玛峰地形图》。

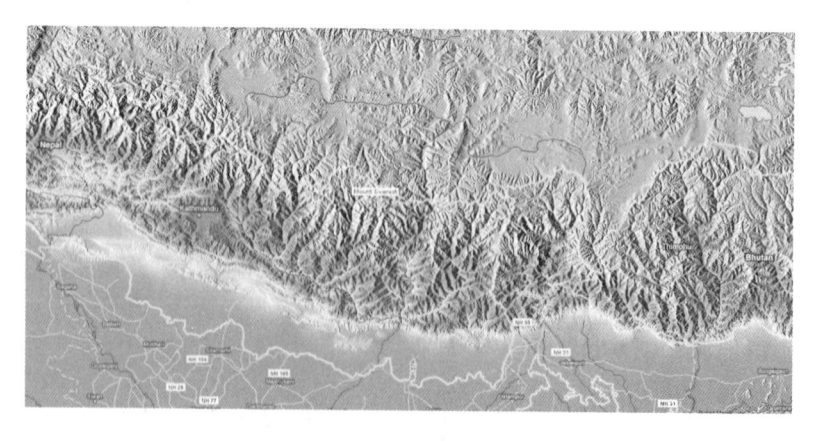

《珠穆朗玛峰地形图》（2007）

汉斯创作的这幅电子地形图，依据珠峰的卫星影像图制作，三维立体，无级缩放，描述了珠穆朗玛峰（萨加玛塔 सगरमाथा）的地形、地貌，它以珠峰为中心，标注了周边的重要地名。这幅地图还以不同的颜色，显示了珠穆朗玛峰南北翼的垂直生物带分布。2007年出版的《泰晤士地图集》，收入了《印度平原、尼泊尔、珠穆朗玛峰》一图。

英国的《泰晤士地图集》首版发行于1895年。1920年再版，名称改为《泰晤士世界测量地图集》（TIMES SURVEY ATLAS OF THE WORLD），有112幅双面彩印地图，欧洲部分缩减至三分之一。

《泰晤士地图集》第三版于1955年～1959年出版（又称世纪中叶版），改装5卷本，名称又恢复为《泰晤士世界地图集》，有地图122幅。1967年出第四版，又改为一卷本，称综合版。此后修订再版次数逐渐增多，到2007年已发行了12版。

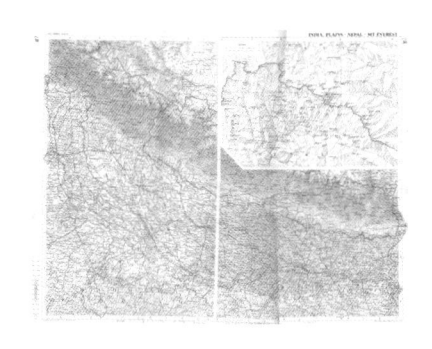

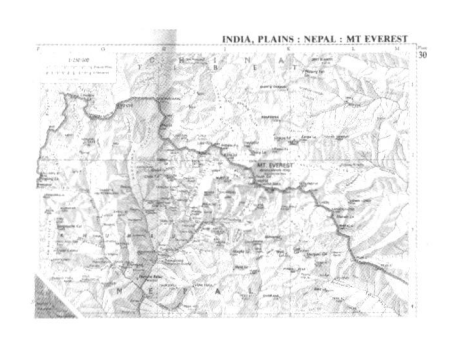

2007年《泰晤士地图集·印度平原、尼泊尔、珠穆朗玛峰》及珠峰部分

早在1895年的首版《泰晤士地图集》第80幅，就标绘珠穆朗玛峰，地名采用"高里三喀或埃佛勒斯峰"并行的办法，而以"高里三喀"放在前面。2007年出版的《泰晤士地图集》，收有一幅《印度平原、尼泊尔、珠穆朗玛峰》地图。珠峰部分的地图，比例尺为1∶250000，图中分别标注珠穆朗玛峰西方、中国、尼泊尔三种名称：MT·EVEREST,（QOMOLANGMA FENG),（SAGARMATHA)。

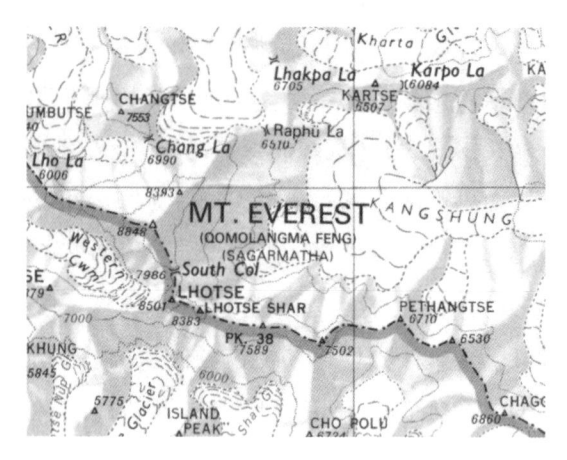

2007年《泰晤士地图集·印度平原、尼泊尔、珠穆朗玛峰》之珠峰截图

2013年3月19日，美国谷歌公司宣布，谷歌地图已经成功加进世界第一高峰珠穆朗玛峰的360度街景照片，这是继乞力马扎罗山（非洲最高峰）和阿空加瓜山（西半球最高峰）等高峰之后，谷歌地图"征服"的又一高峰。谷歌地图现在已经可以为珠穆朗玛峰登山导航了。同时发布的还有南美阿空加瓜山、非洲乞力马扎罗山、欧洲的厄尔布鲁士山的360度全景图片。

谷歌的珠穆朗玛峰360度街景地图

据悉，谷歌隐私与安全团队成员Dan Fredinburg和他的"高山狂热者"（Mountain Enthusiast）团队，在2011年成功攀登了世界第一

高峰珠穆朗玛峰，并帮助公司在谷歌地图中加入了珠穆朗玛峰的街景照片。

由于条件险恶，Dan Fredinburg 和他的团队在登山时，仅携带了两套摄像机和一套鱼眼镜头，以及一些轻便的三脚架。他们从各个不同的方向分别拍摄照片，然后用软件合成 360 度视角。Dan Fredinburg 称，平时用于采集街景的设备太重，无法在登山时使用。

人们可以在谷歌地图的 Lat Long 博客上看到尼泊尔那木齐巴扎村和天波切喇嘛庙内部的图片。此外，珠穆朗玛峰、非洲乞力马扎罗山、俄罗斯厄尔布鲁士山和阿根廷的阿空加瓜山的更多图片也可以在谷歌的官方博客上看到。

除了珠峰外，Dan Fredinburg 还曾攀登过南美洲的阿空加瓜山。在接受 ABC News 电话采访时，Dan Fredinburg 表示："攀登这些高峰的目的就是为了让谷歌地图变得更丰富多彩。"

今天，即使在人迹罕至的最高山峰珠穆朗玛峰，用户也可以使用谷歌地图来做导航了。

对此，谷歌发言人称："今天的公告是谷歌一直以来为用户提供最全面、最准确和最有用的世界地图而付出的努力的一部分。这些新图片使得那些可能永远没有机会在有生之年探索世界顶峰、体验庄严神圣感觉的谷歌地图用户，利用智能手机或笔记本电脑圆了梦。""对于我们还未探索的诸多可能性，我们感到兴奋无比。"

珠峰简史

Google Earth 坐标：珠穆朗玛峰

在 Google Earth，珠穆朗玛峰（Mount Everest）坐标为：北纬 27.9782502279°，东经 86.9221941736°。

2014 年初，IE 浏览器与 Glacier Works 网站合作，推出全 3D 珠峰建模地图。这次推出的一个名为"Rethink"的地图页面，创站者的重点不在于如何去呈现，而是让用户如何去发掘。

全 3D 建模地图名叫《珠穆朗玛峰：冰河》，采用全 3D 珠峰建模、触发式操作和全景视图。由 IE 官方与登山者、电影制作人 David Breashears 合作，经过前期数十亿像素实拍打造，全站随处是可交互的操作，非常适用于触控设备，但却很少有指向性的引导提示，或许使用者自由任意的浏览，才能从中释放探索与发现的乐趣。

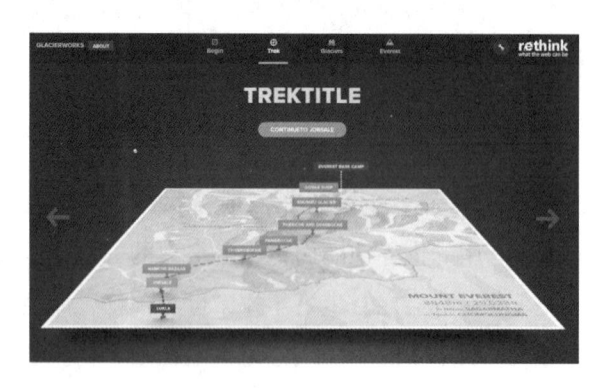

IE 浏览器与 Glacier Works 网站推出全 3D 珠峰建模地图

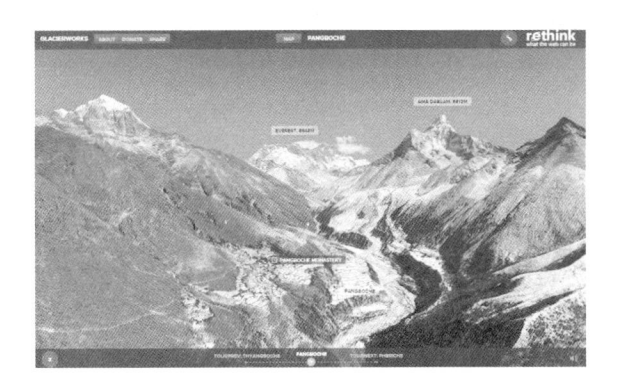

全 3D 建模地图:《珠穆朗玛峰：冰河》

在全 3D 环境的珠峰地图里，使用者能观赏从山脚到地球绝顶的景象，有的地点还有视频，记录了当地人的普通生活。

第十五章 高处不胜寒

1786年8月8日，法国医生帕卡尔与石匠巴尔玛，结伴登上了阿尔卑斯山的主峰——海拔4810.9米的勃朗峰。

挂在峭壁上的乔治·马洛里，世界上最好的登山家之一，乔治的剑桥校友杰弗里·温思罗普·杨格拍摄的唯一一张乔治在攀登勃朗峰过程中的照片。

此举开创了世界登山史的"阿尔卑斯时代"，标志着现代登山运动的诞生。此后，登山运动在欧洲蔚然成风。

登山，逐渐在组织方式、登山战术、装备器材、攀登技术等方面形成了专门的知识体系。查尔斯·达尔文在1836年甚至这样说:"每个人都应该体会,从高处看到的美景传达给内心的胜利和骄傲的感觉。"

随着欧洲人对世界认知范围的扩大,特别是19世纪英国人对印度及其附近地区的进入和考察,庞大、高耸的喜马拉雅山系,开始进入探险家和登山者的视野。

作为有影响力的登山家和早期喜马拉雅山登山史的见证人,冈瑟·欧·迪伦弗斯说过,登临珠峰是全人类共同努力的目标,是一项无论付出多大代价都不能退却的事业。

1856年,印度测量局局长安德鲁·沃恩宣布珠穆朗玛峰的测量结果:29002英尺(8839.8096米),这意味着世界最高峰的确认。当珠穆朗玛峰被确认为地球最高峰,人们试图攀登它并且付诸行动,就只是一个时间问题了。对成功的渴望呼唤着更大的雄心。爬上地球最高峰的念头,在一些探险家的脑中油然而生。

1913年,喜马拉雅探险家约翰·诺埃尔就曾秘密探访西藏,相关报告在英国轰动一时。

1921年,第一支英国珠峰登山探险队出发了,主要目的是到地图上尚属空白的珠峰北部和东部地区考察。

1922年的第一次珠峰攻顶,英国珠峰登山探险队在7620米处建立了第五营,但是终因疲劳和伤病,他们被迫从8130米处撤了下来。第二队携氧在7770米处建立了新的第五营,可是氧气装置又出了问题,队伍只好从8380米处折回。到了最后,乔治·马洛里尝试第三次攻顶,可是连北坳都没能上去:在一个雪坡上,一场雪崩一下子埋葬了七名背夫。英国第二次珠峰攀登就此宣告结束。

著名登山家马洛里被问及为何要登珠穆朗玛峰时,他无比简洁地回答说:"Because it's there"。"因为它在那里",这句话成为激励无数登山爱好者攀登高峰、挑战自我的座右铭。

1924年,英国珠峰登山探险队第三次尝试攀登珠穆朗玛峰,乔治·马洛里和安德鲁·欧文在攀登中失踪。

第十五章 高处不胜寒

英国1921年珠穆朗玛峰探险队合影

1953年5月29日，新西兰登山家艾德蒙·希拉里与夏尔巴向导丹增·诺尔盖首次登上珠穆朗玛峰。

1960年5月25日，中国登山队王富洲、贡布、屈银华首次从北坡登上珠穆朗玛峰。

1975年，日本人田部井淳子和中国藏族人潘多，分别成为世界上首位从南坡与北坡登上珠穆朗玛峰的女性。

攀登珠穆朗玛峰从梦想变成现实。百年攀登，英雄史诗。

据2003年纪念人类登顶珠峰50周年时的不完全统计，50年间，近300次探险在珠穆朗玛峰东西南北四面14条能到达峰顶的路径上进行着，共有来自60多个国家和地区的超过1720多人（次）到达了珠穆朗玛的顶峰，但同时也有将近200名勇士献出自己的生命。

尽管在技术层面上，现在攀登珠峰，相比筚路蓝缕的早期，有了长足的进步，因而登顶的成功率大大提高，登顶的人数与日俱增。但是，到今天为止，攀登珠穆朗玛峰，仍然是人类膜拜大自然最虔诚的神圣仪式，仍然是人类探索精神与冒险火花具有独创性的体现方式。

因为，山仍在那里。

开创者

英国1833年控制了印度，此后稳步向北扩张，占领和征服了尼泊尔、哲孟雄（今锡金）、不丹等，将影响力延展至喜马拉雅山区。与此同时，沙皇俄国的触角也瞄准了印度洋。

英国与俄国，陷入了争夺中亚的冷战状态，史称"大博弈"（The Great Game）。而处于中亚心脏和枢纽位置的西藏，便成了英俄争霸、短兵相接的角斗场。

与世界最高峰珠穆朗玛峰的确认并行，几乎同步产生了登山家们的愿景：登上世界之巅。

乔治·马洛里1921年拍摄的珠峰照片

1885年，英国登山俱乐部主席克林顿·托马斯·登特，在他写的《雪线之上》一书中提出，攀登世界最高峰珠穆朗玛峰是可能的。克林顿·托马斯·登特（Clinton Thomas Dent，1850～1912），英国外科医生、作家和登山家。他可能是提出登顶珠峰设想并留下文字记录的最早的那个人。

克林顿·托马斯·登特（Clinton Thomas Dent）和他的著作《雪线之上》书影

1887年，当弗朗西斯·荣赫鹏第一次看到珠峰时，他说："我想也没想过要去攀登它。"

但是，珠穆朗玛峰的魅力无可阻挡，围绕珠峰的攀登尝试，一直没有停止。

1892年，日后成为阿尔卑斯俱乐部（Alpine Club）主席的马丁·康威，尝试攀登位于喀喇昆仑山脉的世界第二高峰、海拔8611米的乔戈里峰。

1893年，受聘服务于基德拉尔（今巴基斯坦北部）的英国上校G.G.布鲁斯，也提出了攀登珠穆朗玛峰峰顶的设想。

1895年，被认为是阿尔卑斯登山鼻祖的阿尔伯特·弗雷德里特·墨梅里（Albert Frederick Mummery），尝试攀登了海拔8126米的世界第九高峰南迦帕尔巴特峰。

1899年，时任印度总督的寇松，被珠穆朗玛峰的景致迷住，他写道："当我每天坐在我的房间里，看见那一排雪白的城垛对着天空升起，那巨大的尖桩栅栏把印度和世界其他地方隔绝开，我感觉到，如果有人要登顶珠峰，那一定是英国人的事。"

寇松公爵向时任英国登山协会主席、当时获聘英国皇家地理学会主席的佛雷什菲尔德先生提议，如果能被尼泊尔政府许可，经由尼泊尔登山的话，英国皇家地理学会和英国登山协会应该联合组成一支珠峰探险团。不过，尼泊尔政府未予批准，提议搁置。

　　1907 年，朗斯塔夫（Longstaff）和阿里克斯（Alexis）、亨利·布罗什瑞尔（Henri Brocherel）兄弟登顶了 7120 米的特里苏尔峰（Trisul）。

　　1909 年，意大利人阿布拉兹（Abruzzi）尝试登顶乔戈里峰，并到达乔戈里萨峰（Chogolisa）的 7489 米高度。

　　1911 年，亚力克山大·克拉斯（Alexander Kellas）登上了海拔 7128 米的堡洪里峰（Pauhunri）。

　　所有这些都表明，西方人对喜马拉雅地区的感觉，已从好奇、恐惧发展到尝试，攀登珠峰只是时间早晚的问题。

　　这时，一位与西藏和珠峰爱恨交集、纠缠不清的人物再度登场。弗朗西斯·荣赫鹏（Sir Francis Younghusband，或译为杨赫斯本，1863～1942），是英国的一位军官、作家、探险家和外交家。荣赫鹏最为后人所熟知的，是他率领英军 1904 年对西藏的入侵，以及关于亚洲和外交政策的著作，还有，由他组织的对于珠穆朗玛峰的三次历史性的攀登。

　　弗朗西斯·荣赫鹏 1863 年出生于英属印度（今巴基斯坦）穆里（Murree）的一个英国军人家庭。他的舅舅罗伯特·萧，是著名的中亚探险家。1876 年，13 岁的荣赫鹏进入布里斯托尔的克里夫顿学院。1881 年，他进入桑德赫斯特皇家军事学院，1882 年被任命为第一国王骑兵卫队的中尉。

　　1886～1887 年，荣赫鹏进入中国北方，然后穿越蒙古戈壁，翻越天山，沿天山北麓至帕米尔，开拓了一条从喀什和印度未曾勘测过的穆士塔格通道（Mustagh Pass）。凭

荣赫鹏

此成就，他被选为皇家地理学会最年轻的成员并接受了学会的金质奖章。

1889年，荣赫鹏同一队廓尔喀卫队被派遣进行Hunza谷地和Khunjerab通道到喀喇昆仑山地区未勘测区域的考察。

世纪之交，英国与俄国间的"大博弈"仍在持续。印度总督寇松，在1902至1904年间，任命当时的少校荣赫鹏为"西藏边境事务行政官"。

1903年秋天，由荣赫鹏等率领的一支近千人的英国武装使团，集结在西藏亚东与锡金的边境。1904年3月31日，英军在夏吾的曲眉仙角地方与藏军遭遇。1904年4月，英军抵达江孜。5月5日，英军初败藏军于江孜。15日，西藏当地政府对英兵宣战。26日，英军与藏兵再战于江孜，藏军再败。7月5日，英军发起总攻。7日傍晚，江孜全城沦陷。最后的500多名藏兵全部跳崖。

1904年8月3日，英军占领了拉萨。荣赫鹏将大炮对准布达拉宫，44天后，逼迫西藏地方签订了《拉萨条约》。此约规定"英国国家同意不占并藏境及不干涉西藏一切政治"，但是迫使西藏开放了若干商埠（包括江孜），并获得若干赔偿。

1904年，荣赫鹏军中的J.克劳德·怀特（J. Claude White），从珠穆朗玛峰东侧151千米处的坎帕宗（Kampa Dzong），对珠峰进行了拍照，留下记录了珠峰细节的照片。

20世纪20年代，是西方探险的黄金时代。

1909年，美国探险家罗伯特·皮尔里宣布到达北极。1911年，罗德·阿蒙森率领挪威探险队抵达南极。随着南北极的征服，全世界探险的处女地，只剩下喜马拉雅山脉的第三极——珠穆朗玛峰。只有世界最高峰尚未踏足，也没人走进珠峰周边40英里（64.4千米）范围以内。那是完全未知的伟大历程，是登山探险先驱最狂野的梦想与目标。

1920年，一个由荣赫鹏率领的英国皇家地理学会和英国登山协会联合代表团，拜访印度国会秘书，得到他支持攀登珠穆朗玛峰计划的允诺。

霍华德·伯里上校随即被派往印度，游说印度总督和驻军司令支持这一计划。霍华德·伯里上校又前往锡金，会见驻藏官员查尔斯·贝尔爵士，得到这位对于西藏人深具影响的贝尔先生的支持。

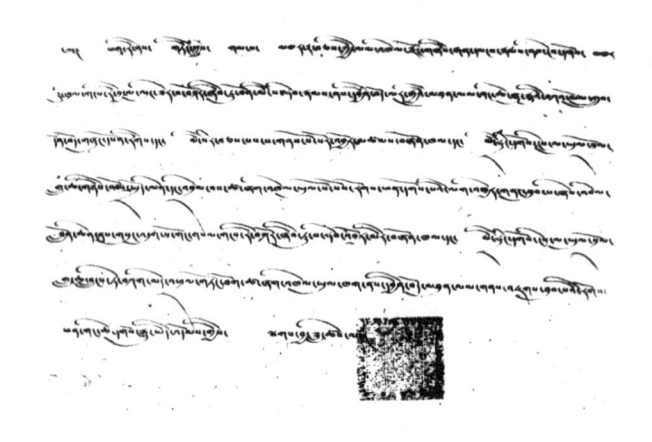

1920年西藏当局签发的前往珠峰地区的关防

到了1920年年底，消息传到伦敦：西藏当局准许英国登山队次年向珠穆朗玛峰进发，并签发了前往珠峰地区的关防。

1921年的进发

1921年，为了开展珠峰地区的登山探险活动，英国皇家地理学会（RGS）和英国登山协会共同组成珠峰委员会，由荣赫鹏爵士担任首任主席。珠峰委员会组建了英国历史上第一支珠峰登山探险队，由于尼泊尔一侧被封闭，登山探险将从西藏一侧的北坡进入珠峰。

1921年，英国登山探险队第一次到达珠峰北侧，由查尔斯·霍华德·伯里中校（Lt. Colonel Charles Howard - Bury）率领的这支队伍，进行了一次考察性的远征。乔治·马洛里（George Mallory）和其他队员到达了北坳（7007 米）。从那里，马洛里看到了通往珠峰顶峰的道路。

这次远征，目的有两个。一是对珠峰进行侦察，寻找登山路线，并确定由哪条路线攀登珠峰。二是对珠峰附近地区进行测量并绘制地图。如果情况与时间允许，探险队将尝试攀登珠峰。如果条件不具备，在完成科学考察后，探险队将返回，并在次年继续完成任务。队伍还没出发，地球之巅的诱惑就已经让整个英格兰兴奋不已。

1921 年：珠穆朗玛峰

1921 年的珠峰登山探险队前排：赫伦（Heron）、沃拉斯顿（Wollaston）、霍华德·伯里（Howard - Bury）、雷伯恩（Raeburn）；后排：布洛克（Bullock）、莫斯海德（Morshead）、惠勒（Wheeler）、马洛里（Mallory）。

1921年的英国珠峰探险队，一共九名队员，主要由登山家和测绘专家组成，平均年龄41岁，最小的31岁，最大的56岁。

38岁的霍华德·伯里上校（Howard‐Bury，1883～1963），受命担任这次珠峰探险队的领队。他虽然算不上伟大的登山家，但在那次远征中，他还是到达了22000英尺（6700米）的高度。霍华德·伯里毕业于伊顿公学和桑赫斯特军官学校，1904年加入第60步枪团到印度服役。1905年，他未经上级批准秘密潜入西藏探险，遭到寇松勋爵的训斥。1909年，他又到克什米尔和喀喇昆仑山区探险。1920年，他应荣赫鹏要求，为次年的珠峰远征打前站。

乔治·赫伯特·雷·马洛里（George Herbert Leigh Mallory，1886～1924），无疑是探险队中最为声名显著的一位，他也是唯一参加过1921年至1924年三次珠峰远征队的队员。马洛里的登山生涯，是从爬教堂屋顶开始的。13岁时，他因数学方面的特长获得奖学金，进入温切斯特学院学习，期间，在罗伯特·格雷厄姆·欧文（Robert Lock Graham Irving）指导下，开始学习登山运动。1905年，马洛里进入剑桥大学莫顿学院学习历史，在这期间，

乔治·赫伯特·雷·马洛里

他与布鲁姆斯伯里团体（Bloomsbury Group）的一些重要成员交往密切，如詹姆斯·斯特雷奇（James Strachey）、利顿·斯特雷奇（Lytton Strachey）、鲁珀特·布鲁克（Rupert Brooke）、约翰·梅纳德·凯恩斯（John Maynard Keynes，著名经济学家）、邓肯·格兰特（Duncan Grant），并结识了著名登山家杰弗里·扬（Geoffrey Young）。

1910年，马洛里到卡尔特公学任教，他作为老师，对后来的著名诗人罗伯特·格雷夫斯（Robert Graves）产生了深刻影响。

1915年，马洛里加入皇家要塞炮兵部队参加西线英法对德作战。

第十五章 高处不胜寒

1921 年，35 岁的马洛里入选英国珠峰探险队。他是英国珠峰探险队三次远征探险中的灵魂人物。

1921 年英国珠峰登山探险队的第三位队员是盖伊·亨利·布洛克（Guy Henry Bullock，1887～1956），他出生在中国北京，子承父业在英国驻外领事馆工作，先后在非洲、南美和欧洲度过了 34 年。他是乔治·马洛里在温切斯特学院的同学，两人曾多次结伴攀登过阿尔卑斯山。马洛里对布洛克非常信任，推荐他代替未能通过体检的芬奇。34 岁的布洛克，在 1921 年珠峰登山时，到达了海拔 7010 米的北坳（North Col）。

第四位是亨利·莫斯海德（Henry Morshead，1882～1931），英国皇家工兵部队军官。1901 年从军，1906 年到印度测绘局任职。1913 年，他与后来成为锡金政务官的 F. M. 贝利上尉（F. M. Bailey），在雅鲁藏布大峡谷探险。1920 年，他与 Kellas 攀登喜马拉雅山西北部的加梅德峰（Kamet，7761 米）。1921 年，39 岁的莫斯海德因测绘方面的专业技能入选珠峰远征队。因在第一次远征中表现突出，他入选了 1922 年的远征队，第二次攀登珠峰时，他到达了 7620 米。1929 年，他奉命调往缅甸，任印度测绘局在缅甸的地区主管。1931 年 5 月 17 日，他在缅甸眉苗（Maymyo）被一位神秘刺客杀害。

第五位是爱德华·奥利弗·惠勒（Edward Oliver Wheeler，1890～1962），加拿大人，皇家工兵部队军官。第一次世界大战期间，先后在法国、印度和美索不达米亚服役。1919 年，调入印度测绘局工作。1921 年，因测绘摄影技术入选珠峰远征队，时年 31 岁。他与布洛克（Bullock）和马洛里一起登上了北坳，发现了东绒布冰川通向北坳的关键路线。1941 年，惠勒就任印度测绘局局长，获得准将军衔。1943 年被封为爵士。

第六位是亚历山大·麦克米伦·赫伦（Alexander Macmillan Heron，1884～1971），英国地质学家，毕业于爱丁堡大学。1906 年，到印度地质测量局工作，毕生致力于印度的地质测量工作。1921 年入选珠峰远征队时 37 岁。西藏人抱怨他在 1921 年远征时"干扰了地下的神灵"，拒绝让他参加 1922 年的珠峰远征。1971 年，86 岁的赫伦死在印度南部的尼尔吉里丘陵。

第七位是亚历山大·弗雷德里克·里士满·沃拉斯顿（Alexander Frederick Richmond Wollaston，1875～1930），英国鸟类学家、植物学家，毕业于剑桥大学国王学院，1903 年获得外科医生执照。沃拉斯顿讨厌行医，更喜欢在自然界探险。早年他曾游历拉普兰、苏丹、日本、乌干达和新几内亚。1921 年，他作为医生入选珠峰远征队，时年 46 岁。1930 年，沃拉斯顿被一位行为不良的大学生枪杀。

第八位是哈罗德·雷布恩（Harold Raeburn，1865～1926），苏格兰登山家。早年有出色的登山经历，曾在尼维斯山、阿尔卑斯山和高加索山脉开辟出许多新的登山路线。1913 年至 1914 年间，他在高加索山脉登上了九座处女峰。1920 年，他与克劳福德（Crawford）一起对喜马拉雅山的第三高峰干城章嘉峰（Kangchenjung，8586 米）进行了侦察。1921 年，56 岁的雷布恩被任命为珠峰远征队的登山队长。雷布恩到达 22000 英尺后病倒，被人抬下山，在医院里休养了两个多月。此后，他的身体一直未能完全恢复，1926 年因健康原因去世。

第九位是亚历山大·米切尔·卡奥尔斯（Alexander Mitchell Kellas，1868～1921），苏格兰化学家、探险家和登山家，因高山生理学研究而闻名。卡奥尔斯曾撰写过两篇文章，系统分析了攀登喜马拉雅山和珠穆朗玛峰的可能性，被后世公认为"科学思考攀登世界高峰的催化剂"。他致力于研究生理反应与高度、气压、氧气浓度、动脉氧气饱和度、登山速度之间的关系，并由此得出结论，人类可以不凭借氧气装

卡奥尔斯（Kellas），他作为摄影师，未出现在探险队的合影中。

置登上珠峰，这一结论最终于 1921 年被雷纳德·梅斯纳尔（Reinhold Messner）和彼得·哈伯勒（Peter Habeler）的壮举所证实。同时，他也是世界上最早建议使用氧气装置攀登高山的科学家。卡奥尔斯本人也有着丰富的登山经历，曾于 1911 年成功登上喜马拉雅山东麓的堡洪里峰 Pauhunri（7126 米）。1921 年，53 岁的卡奥尔斯刚刚结束在加梅德峰的探险，就拖着疲惫的身体加入了珠峰远征队。他在从锡金前往坎帕宗（KampaDzong）的途中突发心脏病去世。他被埋葬在抬眼就能望见珠穆朗玛峰的地方，永远凝视着那座由他第一次攀登的山脉。

马洛里显然对这支队伍的状况不甚满意。他抱怨除了他的朋友、攀登搭档布洛克，那些来自"阿尔卑斯老家伙俱乐部"的队员们论年纪一大把，论体力肯定上不了高海拔。事实上，有一名队员还没走到目的地就先行牺牲了。

1921 年 5 月 18 日，英国珠峰探险队从印度的大吉岭出发，经过锡金，5 月 27 日进入西藏的帕里。6 月 7 日，登山探险团在协格尔歇脚，6 月 19 日抵达定日。

6 月 23 日，马洛里和布洛克带着 16 名夏尔巴挑夫和一个印度工头，从定日向珠穆朗玛峰进发。26 日到达距离珠峰 26 千米的绒布河畔。

1921 年的珠峰东绒布冰川

375

7月，马洛里和布洛克勘察了珠穆朗玛峰北坡的西北脊、东北脊。

9月23日早晨，马洛里、布洛克和惠勒带着几名挑夫，从海拔6821米的赫拉帕拉山出发，向下走入东绒布冰河366米长的急下坡，慢慢横穿一处盆地，最终在海拔6706米的北坳雪地扎营。24日，马洛里和三名挑夫攀爬陡坡，在上午十一点三十分攀登上了北坳，在那里清楚地观察了通往珠峰的路线，选定了第一条攀登珠峰的路线：东北山脊。这是此次登山探险的最大收获。

除勘察了攀登珠穆朗玛峰的路径以外，登山探险队还为整个珠峰区域绘制了地图，在珠峰地区进行了地质探测、自然历史的研究，还搜集了动植物标本。

这次尝试，总的来看缺乏经验，装备不足，准备也不充分。马洛里说："我估计任何一次高山探险，都会比我们准备得再好一点。"但是，无论如何，他们已经到达了历史性的高度。

1922年的攀登

1922年，珠峰委员会启动了又一次向珠峰冲击的登山活动，英国珠峰登山探险队进行了第二次远征，陆军准将查尔斯·布鲁斯担任领队，登山探险队一行人从英国出发，到达印度，然后从印度进入西藏，计划从珠峰的北坡登上世界第一高峰。

1922年英国探险队有13名队员，平均年龄38岁（比1921年的远征队员平均年龄小3岁），最大的56岁，最小的26岁。13名队员中，有6名现役军官，5名退役军官，2人毕业于牛津大学，4人毕业于剑桥大学。

查尔斯·格兰维尔·布鲁斯（Charles Granville Bruce, 1866～1939），英国皇家陆军军官，准将军衔。1888年加入印度军，一直在廓尔喀部

第十五章 高处不胜寒

队服役，能讲一口流利的尼泊尔语。他和荣赫鹏爵士都是最先提出攀登珠穆朗玛峰设想的人。

1922年英国珠峰探险队

鉴于资历和对喜马拉雅山区的了解，布鲁斯是珠峰远征队领队的不二人选。但1921年他刚刚接到新任命，因赴任未能参加远征。1922年远征时，布鲁斯已经56岁，是队员中年纪最大的一位。

1924年的第三次珠峰远征中，布鲁斯仍然担任领队，但由于他得了痢疾，被迫在中途退出。1923年至1925年间，他当选英国登山协会主席。1931年至1936年间，他担任第5廓尔喀步枪团的名誉团长。1939年，73岁的布鲁斯死于中风。

查尔斯·格兰维尔·布鲁斯，1922年英国珠峰探险队领队。

377

珠峰简史

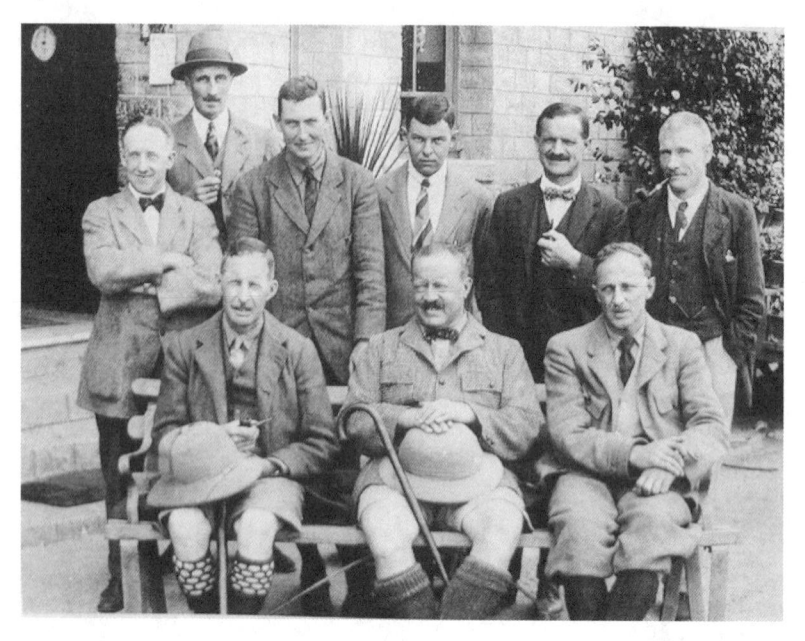

1922年英国珠峰探险队，前排：斯特拉特（Strutt）、C.G.布鲁斯（C.G. Bruce）、朗斯塔夫（Longstaff）、芬奇（Finch）；后排：克劳福德（Crawford）、韦克菲尔德（Wakefield）、马洛里（Mallory）、萨默维尔（Somervell）、布鲁斯（J.G. Bruce）、（unkown）。

36岁的马洛里，第二次参加珠峰远征。他与萨默维尔、爱德华·诺顿在没有氧气装置的情况下，到达了8225米（26985英尺），距东北脊只有150米，创造了新的世界登山纪录。但这个纪录随后被芬奇刷新。随后，马洛里等人，背着氧气瓶，向珠峰发起了第三次挑战，结果因天气原因没能成功，返回途中遭遇雪崩，造成7名夏尔巴人丧生。

48岁的爱德华·莱尔斯·斯特拉特（Edward Lisle Strutt，1874～1948），是1922年珠峰登山探险队的副领队和登山队队长。据说队员们觉得他"傲慢自大"，都不

爱德华·莱尔斯·斯特拉特

喜欢他。1927年至1937年间，斯特拉特担任《登山》杂志主编。1935年至1938年间，担任英国登山协会主席。

马洛里时代最出色的登山家之一，澳大利亚人，在日内瓦大学受教育，后在帝国理工大学进修并执教，化学家。有氧攀登先驱。皇家学会成员。1922年珠峰远征后因与皇家地理学会珠峰委员会龃龉被排除出1924年的登山探险队伍，理由是他离过婚且靠演讲挣钱，实质原因是他的澳大利亚国籍。马洛里曾拒绝在没有芬奇的情况下攀登珠峰，但因皇室成员的干预而妥协。

34岁的乔治·英格尔·芬奇（George Ingle Finch，1888～1970），生于澳大利亚，在瑞士长大。他曾被邀请参加1921年珠峰远征，但没有通过体检。芬奇1922年和杰弗里·布鲁斯在珠峰，背着氧气瓶，到达了8320米，刷新了马洛里刚刚创造的纪录。芬奇在氧气装置的使用方面，对现代登山运动做出了突出贡献。1936年至1952年间，他在伦敦帝国大学任教。1959年至1962年，他担任英国登山协会主席。

乔治·英格尔·芬奇（George Finch）　　　爱德华·费利克斯·诺顿

爱德华·费利克斯·诺顿（Edward Felix Norton，1884～1954），英国皇家陆军中将。1922年参加珠峰远征队时，诺顿38岁，他同马洛

里等人在没有氧气装置的情况下，到达了 8225 米，该纪录一直保持到 1978 年。在 1924 年珠峰远征中，他携带氧气装置到达 8573 米（28126 英尺），这一纪录直到 1952 年才被打破。1940 年，诺顿担任过香港代理总督，1942 年退休。

亨利·莫斯海德（Henry Treise Morshead，1882～1931），英国皇家陆军军官，中校军衔。跟马洛里一样，莫斯海德是第二次登珠峰。5 月 21 日，他与马洛里等人从 7600 米处向峰顶发起冲击，但此时一个装有食物的帆布包滑落到山下，莫斯海德冒着严寒取回了帆布包，但由于体力消耗过大，他已无力继续攀登，只好半途而废。

西奥多·霍华德·萨默维尔（Theodore Howard Somervell，1890～1975），英国外科医生、登山家。1922 年，32 岁的萨默维尔入选珠峰登山探险队，登山途中宿营时，他和马洛里两人住一个帐篷，互相读莎士比亚著作给对方听。萨默维尔同马洛里等人在没有氧气装置的情况下到达了 8225 米。随后，他又同马洛里背着氧气瓶再次试图登顶。1924 年，萨默维尔参加了第三次珠峰远征。

亨利·莫斯海德

西奥多·霍华德·萨默维尔

阿瑟·威廉·韦克菲尔德（Arthur William Wakefield，1876～1949），毕业于剑桥大学三一学院，后来获得行医执照。第一次世界大战期间，他加入加拿大陆军医疗部队。1922年，46岁的韦克菲尔德作为医生加入珠峰远征队。他是位攀岩高手，但他的身体并不适合攀登珠峰那样的高山。

浸礼者约翰·卢修斯·诺埃尔（John Baptist Lucius Noel，1890～1989），登山家、摄影家，因拍摄1924年珠峰远征而闻名。诺埃尔在瑞士长大，自幼喜爱登山，从桑赫斯特军官学校毕业后到印度服役。1913年，他乔装进入中国境内考察喜马拉雅山区。第一次世界大战期间，他在欧洲战场曾被德国人俘虏，但成功逃脱。1919年，他在皇家地理学会发表演讲，介绍了他在珠峰附近探险的情况，荣赫鹏爵士借机呼吁攀登珠峰。1922年，32岁的诺埃尔作为摄影师加入珠峰探险队，回国后他制作了短片《攀登珠峰》（Climbing Mount Everest）。1924年，他成立了一个私人公司，以8000英镑买断了当年珠峰探险的拍摄权。1924年远程中，他携带了大量摄影器材攀登珠峰，拍下了许多珍贵的照片和胶片，并制作了纪录片《珠峰史诗》（The Epic of Everest）。诺埃尔于1989年去世，享年99岁。

阿瑟·威廉·韦克菲尔德

约翰·卢修斯·诺埃尔

托马斯·乔治·朗斯塔夫（Thomas George Longstaff, 1875～1964），英国登山家、医生。朗斯塔夫自幼喜欢登山和探险，一生中足迹遍及阿尔卑斯山、高加索山脉、喜马拉雅山脉、洛基山、格陵兰岛、斯匹茨卑尔根岛（Spitsbergen）。1905年，朗斯塔夫跟两名意大利向导到喜马拉雅山探险，在攀登7727米的纳木那尼峰Naimona'nyipeak时遭遇雪崩，从山坡上滑下914米，第二天他又勇敢地继续攀登。1907年，他与查尔斯·布鲁斯成功登上了7120米的特里苏尔峰（Trisul）。1922年，47岁的朗斯塔夫作为首席医生和自然学家加入珠峰远征队。他参加了正式登顶前的准备工作，与斯特拉特、莫斯海顿和诺顿到达了6400米。由于年纪过大、体力不支，他未能参与后面的登山活动。朗斯塔夫1934年至1937年间担任皇家地理学会副会长。1947年至1949年间担任英国登山协会主席。

托马斯·乔治·朗斯塔夫

约翰·杰弗里·布鲁斯（John Geoffrey Bruce, 1896～1972），英国皇家陆军少将。他是查尔斯·布鲁斯的堂弟，同在廓尔喀部队服役。1922年，26岁的布鲁斯成为珠峰登山探险队中最年轻的队员，任翻译和运输官。他和芬奇携带氧气装置到达了8320米。1924年，布鲁斯又参加了第三次珠峰远征。

约翰·莫里斯（John Morris, 1895～1980），1922年，27岁的莫里斯作为翻译和运输官参加珠峰登山探险队。1936年，他再次以同样的身份参加珠峰远征。

约翰·杰弗里·布鲁斯

第十五章 高处不胜寒

科林·克劳福德（Colin Grant Crawford，1890～1959），因长得像保加利亚的斐迪南一世，人称"斐迪"。他毕业于剑桥大学，曾在英属印度政府工作。1922年，32岁的克劳福德作为翻译和运输官参加珠峰登山探险队。他侥幸逃过造成7名夏尔巴人丧命的雪崩。

约翰·莫里斯

科林·克劳福德

1922年5月4日，英国登山探险队进入西藏，在珠峰脚下设立大本营。查尔斯·布鲁斯计划设立六个营地：第一营地，即大本营，位于5181米的地方；第二营地海拔5334米；第三营地海拔约6400米；第四营地海拔约7010米；第五营地海拔约7620米；第六营地海拔约8229米。

5月20日，早上七点三十分，马洛里、萨默维尔、诺顿和莫斯海德4位登山者出发了，他们成功地踏上珠穆朗玛峰北坳的上山坡面。十点三十分，他们攀登到海拔7620米处，并费力地在这里扎起两顶小帐篷，建立起第五营地。

1922年，马洛里与同伴爱德华·诺顿在珠峰8200米高度手持冰镐进行攀登。

383

5月21日早上，珠峰下起大雪，马洛里、萨默维尔、诺顿向上攀登到海拔8225米处。下午四点，三人回到帐篷与莫斯海德汇合，一同向北坳下撤，四个人以绳索连成组结，突然排在第三个的人打滑摔跤，带动另两人向山下滑坠，幸亏打头的马洛里立即将冰斧凿入雪中，把绳索系牢在斧柄，大家才保住了命。

5月25日，芬奇、杰弗里·布鲁斯与泰吉比，携带氧气设备，从北坳营地出发，当晚在7772.4米处宿营，第三天早上继续携氧向上攀登，泰吉比到达7924.8米的高度，芬奇、杰弗里·布鲁斯到达8301.228米的高度，创造了有氧登山世界纪录。

6月3日，因为希望未来三天会有好天气，马洛里再次带领登山队抵达第一营区，尝试冲顶珠峰，登山队员有马洛里、萨默维尔和芬奇，以及11名负责运送物资的夏尔巴人。当天芬奇因为痢疾下撤至大本营。

6月4日，下起大雪，登山队留在原地。

6月5日，天气好了些，登山队经过第二营，上到了第三营。

6月6日，早上，晴空朗朗，阳光灿烂。东北脊上的雪，被风吹落，变得适合攀登。希望重新燃起。

6月7日，早上八点，登山队启程攀登北坳，踩着深深的积雪，每向上迈出一步，都要停下来喘好几口气。队伍由马洛里、萨默维尔、克劳福德和14名夏尔巴挑夫组成。

下午一点三十分，他们抵达北坳下方183米处的坡道，休息了一阵，全队继续前行。他们仅仅走了一百米，刚刚爬上那段坡的上方，一阵不祥、尖锐、闷雷般的巨响出现了。

雪崩！马洛里本能地意识到，灾难发生了。随即，他被雪裹住，一种不可抗拒的力量，缓缓地把人向山坡推下去。他马上记起了救生动作，于是将手插入雪中，不断划出游泳的动作。经过一番短暂而漫长的挣扎，他终于感到雪崩的速度慢了下来，才气喘吁吁地站了起来。

然而，在他下方的夏尔巴挑夫，却没有这样的好运，一段12米高的断崖，吞没了一批下坠的人。连同夏尔巴协作队长在内的 7 名夏尔巴挑夫全部罹难，永远地留在了珠穆朗玛峰。

这也是珠峰登山史上的第一次死亡记录。惊心动魄的雪崩，宣告 1922 年英国登山探险队的登山计划以悲剧结束。登山队里的每个人，都发誓再也不回来了。

1922 年英国珠峰登山探险队

1922 年英国探险队的珠峰远征，在世界登山史上，创下三个第一：第一次真正向珠峰发起冲击，而上一次 1921 年的珠峰远征，主要是为了勘察和测绘；第一次携带氧气装置攀登珠穆朗玛峰；第一次在攀登珠峰时造成人员死亡，7 名夏尔巴人丧生。

1924 年的回响

结束了 1922 年的珠峰远征，乔治·马洛里受到了他自己也没有想到的热烈欢迎，回到英国之后，他一夜成名了。但也付出了一点代价，因为没能按时回到学校报到，马洛里丢掉了自己的工作。

珠峰简史

1923年，一位美国商人邀请马洛里去美国演讲，并许诺1000英镑的报酬。虽然，他在新大陆的六次演讲，最后只赚到了48英镑。

在哈佛大学的演讲中，一名记者问马洛里，为何要攀登珠穆朗玛峰？马洛里的回答是："因为它在那儿（Because it's there）。"

这期间，一位贵夫人为英俊的马洛里的魅力所倾倒，想要赞助他的下一次珠峰探险活动。贵夫人还使用了一些小伎俩，想要引诱马洛里。有趣的是，马洛里最终是以攀爬山峰的拿手技巧，从这位妇人的窗口落荒而逃的。

从美国回来以后，马洛里在剑桥大学找到执教的机会。看起来，已经三十多岁的他，家庭幸福，美妻娇子，能够在剑桥的居所里，度过平静、美满的一生了。然而，对于一个血液里无时无刻不在流动着渴望征服、挑战、超越自我的激情的男人，当珠峰的诱惑又在向他招手时，马洛里还能怎么办？

1924，皇家地理学会邀请马洛里参加第三次珠峰登山探险队。这是马洛里第三次参加珠峰远征，时年38岁。这是他的宿命，因为山在那里。

在挑选队员的时候，马洛里强烈推荐登山战友芬奇加入新组建的

30岁以后的马洛里

1924年的乔治·马洛里

登山队，但是遭到皇家地理学会的拒绝。原因是芬奇回到国内后，依靠攀登世界最高海拔纪录的经历，进行了各类商业活动，但却拒绝与皇家地理学会分享收入。最终，马洛里不得不屈服，芬奇无法参与这次登山。

新的登山队员，几乎与 1922 年的成员一样，不同的是没有芬奇参加。而牛津大学的划船队员——年轻的欧文加入了这支攀登队伍。

1924 年珠峰远征队合影，后排：欧文、马洛里、诺顿、奥德尔、约翰·麦克唐纳（时代信使）；前排：谢比尔、J.G. 布鲁斯、萨默维尔、比瑟姆。

1924 年的英国珠峰登山探险远征队共由 12 人组成，平均年纪 37 岁，最大的布鲁斯 58 岁，最小的欧文 22 岁。

查尔斯·格兰维尔·布鲁斯（Charles Granville Bruce，1866～1939），英国皇家陆军军官，准将军衔。1924 年，他再次作为领队参加珠峰远征。他在去往喜马拉雅山的路上度过了自己 58 岁的生日，那天，他喝了一瓶朗姆酒以示庆祝。第二天，他的痢疾复发，心脏也出现问题，随队医生欣斯顿（Hingston）命令他返回大吉岭。

快乐的老顽童布鲁斯（居中者）

爱德华·费利克斯·诺顿（Edward Felix Norton，1884～1954），英国皇家陆军中将。1924年，40岁的诺顿作为副领队和登山队长入选珠峰远征队，这是他第二次参加珠峰远征。布鲁斯因病退出后，诺顿接任领队。6月4日，诺顿和萨默维尔从8169米的六号营地出发，向峰顶发起冲击。诺顿想避开陡峭的第一和第二台阶，试图开辟一条经过黄色带登顶的新路线。他和萨默维尔在没有氧气装置的情况下到达8534.4米，此时同伴萨默维尔喉咙疼痛难忍，体力消耗也到了极限，他让诺顿继续攀登。诺顿又坚持了一个小时，发现地形越来越陡峭，齐腰深的雪很松软，根本看不清前面的路，他最终在8573米放弃，那里距峰顶只有244～274米。诺顿带着遗憾下撤，但他坚信人类不凭借氧气装置，完全可以登上珠峰。

约翰·杰弗里·布鲁斯（John Geoffrey Bruce，1896～1972），英国皇家陆军少将，第二次参加珠峰远征，当时28岁，是除欧

爱德华·费利克斯·诺顿

文以外最年轻的队员。到达三号营地后,约翰·杰弗里·布鲁斯的状态非常好,所以,马洛里选择与他首先冲顶,他们到达7711米,在那里建立了五号营地,但因夏尔巴人纷纷打退堂鼓,这次冲顶半途而废。

约翰·德维尔·哈泽德(John de Vere Hazard,1885～1968),工兵出身,参加过第一次世界大战,战后在印度服役。他跟参加过前两次珠峰远征的莫斯海德在索姆河一起打过仗,是莫斯海德推荐他加入1924年珠峰登山探险队的。莫斯海德在这次远征中不是主力,他在北坳遗弃了遇险的夏尔巴人,因此受到严厉斥责。后来,他因不经授权到雅鲁藏布江测量,激怒了西藏当局,珠峰远征因此被迫中断了9年时间。

约翰·杰弗里·布鲁斯 　　　　约翰·德维尔·哈泽德

摄影家约翰·诺埃尔·卢修斯(John Noel Lucius,1890～1989),第二次参加珠峰远征,他以8000英镑买断了当年珠峰远征的拍摄权,解决了远征队的财政困难。1924年,他制作了电影《珠峰史诗》(The Epic of Everest)。1927年,他出版了《穿越西藏到珠穆朗玛峰》(Through Tibet to Everest)。

诺埃尔·尤尔特·奥德尔(Noel Ewart Odell,1890～1987),地质学家,登山家。1922年担任珠峰远征队首席医生的朗斯塔夫推荐奥德

珠峰简史

尔参加1924年的珠峰远征队，他在此次远征中主要负责维护氧气装置。奥德尔虽然没有参与冲顶，但他在7010米高度待了两周时间，而且在不携带氧气装置的情况下两次到达8169米以上。

西奥多·霍华德·萨默维尔（Theodore Howard Somervell，1890～1975），英国外科医生、登山家。萨默维尔因在1922年远征中表现出色，再次入选1924年珠峰登山探险队。他和诺顿在没有氧气装置的情况下到达8534米，当时他咳嗽得非常厉害，只好放弃。返回途中，当他们下到7620米时，萨默维尔觉得有东西卡在自己喉咙里，不能呼吸，也发不出声音。事后，他回忆说："我坐在雪地里，感到我即将死去，诺顿继续往前走，根本不知道他的同伴在身后几米远的地方正在等死。"幸好诺顿及时发现情况不妙，用拳头连续击打他的胸部，萨默维尔咳出来一段因严重冻伤而脱落的喉黏膜。他事后写道："虽然疼痛剧烈，但我是一个新人。"（Though the pain was intense, I was a new man.）1975年，85岁的萨默维尔在英国西北部的小镇安布尔塞德（Ambleside）去世。

诺埃尔·尤尔特·奥德尔　　　　西奥多·霍华德·萨默维尔

爱德华·奥斯瓦尔德·谢比尔（Edward Oswald Shebbeare，1884～1964），毕业于卡尔特公学，长期在印度林业部供职。1924年，

第十五章 高处不胜寒

他作为运输官参加珠峰登山探险队。1933年珠峰远征时担任副领队。1938年,他在马来亚管理猎场。1942年至1945年间,在日军战俘营度过。

安德鲁·科明·欧文(Andrew Comyn Irvine,1902～1924)。欧文上中学期间就在工程学方面表现出过人的才华。第一次世界大战期间,欧文向英国陆军部提供了自己设计的一种传动装置,它可以让机关枪通过螺旋桨射击,而不会毁坏螺旋桨叶片(后来的机载机关枪正是基于类似的设计),在陆军部引起小小的轰动。1919年,欧文进入牛津大学默顿学院学习工程学。他是牛津大学赛艇队的主力。1923年,他参加了默顿学院组织的北极探险,期间他与诺埃尔·奥德尔成为好朋友,因此奥德尔推荐他参加1924年珠峰登山探险队。当时珠峰委员会正准备挑选一名非常年轻的队员,恰恰欧文在工程学方面的特长使他很容易成为氧气装置方面的专家,而这正是珠峰委员会看中的。

马洛里和欧文的合影

爱德华·奥斯瓦尔德·谢比尔 　　安德鲁·科明·欧文

欧文英俊潇洒、体格健美、一表人才，但他有严重的拼写和交流障碍。在这次珠峰远征中，欧文原本的角色是打杂的，除了维护氧气装置外，他还负责打理相机、睡袋、煤油炉等，但他因心灵手巧、任劳任怨而赢得了队友们的尊敬。在头两次冲顶失败后，马洛里选择缺乏登山经验的欧文作为第三次冲顶的搭档，这多多少少令人感到意外，选择欧文的主要理由显然是他对氧气装置在行。

和1922年一样，英国珠峰登山探险队一行人，还是漂洋过海，经印度进入中国西藏地区，并于1924年4月29日抵达珠峰大本营。诺顿接替布鲁斯担任领队后，马洛里接任登山队长。马洛里不像化学家芬奇，他和奥德尔一样，不喜欢不靠谱的有氧辅助攀登，但在最后的登顶阶段，氧气是必需的。

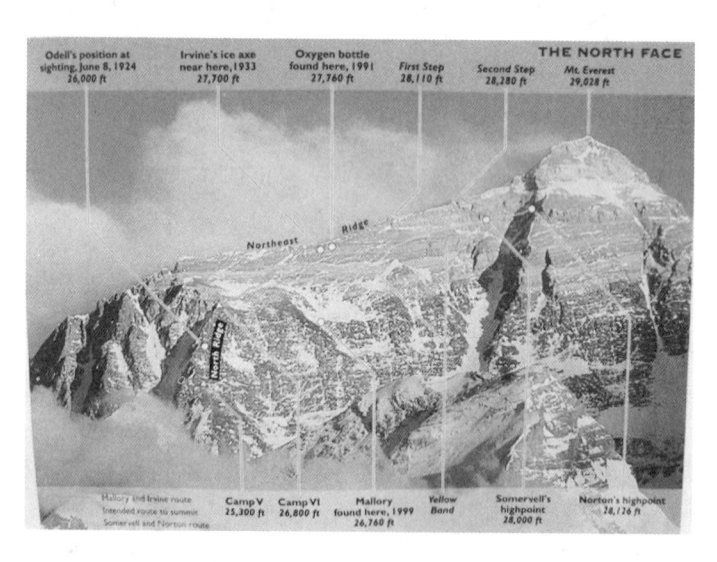

1924年英国珠峰登山探险队登山路线图

马洛里原计划将最后登顶的人员分为两组：一组携带氧气装置，从8077米出发；另一组不带氧气装置，从8321米出发。两个小组最终在山顶会师。

5月17日，两位队员登上7132米的地方建立起四号营地。

第十五章 高处不胜寒

5月18日，马洛里和另外两名队员，在7711米的地方建立起五号营地。

但到达三号营地后，夏尔巴人严重减员，马洛里对计划做了调整，他决定两个小组都不带氧气装置冲顶，第一组是他和布鲁斯，第二组是诺顿和萨默维尔。

6月1日，他和布鲁斯带9名夏尔巴人向北坳攀登，他们到达7711米，在那里建立了五号营地，期间有4名夏尔巴人退出。

次日，又有3名夏尔巴人退出，于是按计划在8230米建立六号营地的设想被迫放弃，登山队员返回四号营地。

天气很恶劣。在这个过程中，一名补鞋匠队员和一名军士死亡，12名夏尔巴人协作逃走，登山队的士气低落，大家都认为此次攀登就此失败了。

马洛里召开了一次会议，会议上大家针锋相对，有人提议回家，不要在恶劣的天气下冒生命危险，马洛里却认为不应就此放弃，最后互相妥协：7日内如果天气还不好转，就打道回府。

6月2日，马洛里得到消息：在季风季节来临前，还有7～10天的好天气。得到消息后不久，2名队员即刻启程，开始了人类又一次冲击珠峰顶峰的征程。

马洛里之所以没有第一批出发是因为他想把第一次冲顶机会让给其他队员。

6月4日，马洛里、欧文抵达第四营。18点，两名队员没有按时回来，于是马洛里、欧文以及奥德尔背上物资前往救援，发现受伤后缓慢下撤的两人，原来这两个人在离第二阶梯很远的地方，就决定不直接攀登这个大岩壁，而是采取迂回的方法绕过第二阶梯。

但当他们到达海拔8572米的地方后，因为错误地摘下雪镜，导致眼睑被冻在一起，而不得不放弃。这个高度是当时人类到达的最高海拔，这个纪录直到29年后才有人打破。

熟悉马洛里的人都知道，在他的登山生涯中，但凡有一线希望，便

珠峰简史

决不会轻言放弃。回撤途中，他决定按最初的计划，与欧文一起携带氧气装置再次向峰顶发起挑战。

6月5日，他们从四号营地出发，6日到达五号营地。

6月6日清晨，奥德尔和哈泽德为马洛里和欧文准备好早饭，但两人由于"兴奋和心神不宁"，没有吃完。八点四十分，奥德尔为马洛里和欧文拍摄了最后一张照片，照片中两人站在帐篷前，马洛里戴着氧气面罩，欧文背着氧气瓶背对着镜头，头微微歪着，注视着正在检查氧气面罩的马洛里。

马洛里和欧文最后的照片

随后，马洛里、欧文上路了，携带调节好的供氧器材和两筒氧气，以及当日的口粮，一同上山的还有几位夏尔巴挑夫。

6月7日，他们到达六号营地，马洛里、欧文住在仅能容纳两人的小小的帐篷里，4名夏尔巴人返回。

马洛里在那里写了两张字条，一张字条给诺埃尔，告诉他为了不错过好天气，他们明天会早点出发，请他在8点前准备好摄像机；另一张字条给在五号营地的奥德尔，告诉他自己的罗盘忘在帐篷里了，请奥德尔帮他找回来。

第十五章　高处不胜寒

当晚，马洛里在帐篷里给妻子写了一封信："亲爱的：我在离家乡之外，海拔27300英尺的小帐篷里，寻找着光荣道路……"

6月8日，宿命降临了。最后发生的事情，没有人清楚地知道。至少，活着的人里，没有人能够精确知道了。

6月8日，中午十二点半，天气并不十分理想，霭雾环绕着山峦。透过漂浮的雾气，奥德尔攀爬到大约7925米高的一道小峭壁。这时，头上的云雾忽然散开，整个珠穆朗玛峰，那顶部的山崚和金字塔塔尖似的峰顶，一览无遗。

奥德尔注意到，在远处的一道雪坡上，有一个小黑点在移动，向岩质梯板靠近，第二个小黑点跟在后边。然后，一个小黑点爬上那阶梯的顶部。霭雾再度聚拢，这之后，他们消失了，一切遮蔽成谜……这是人们最后一次见到马洛里和欧文，他们的位置在第二台阶，按照时间表，他们八点钟就应该到那里了。

奥德尔攀上第五营、第六营，在荒僻酷寒的高山上，独自苦苦搜寻着他挚爱的伙伴们，但他再也没能见到他们。在马洛里和欧文登顶阶段，诺埃尔负责用望远镜和摄影机观察峰顶，可是他们一直没有出现在镜头里。

6月9日，负责搜索马洛里和欧文的哈泽德，在北坳用睡袋铺成了一个十字架。诺埃尔用望远镜第一个看到，他事后说："我们都看了看。我们都试着使它看来不同。但这显然是一个白雪上的十字架。"（We all looked. We all tried to make it different. But it was plainly a cross on the white snow.）

望远镜里，十字形交叉铺展在雪地上的睡袋，宣告了一代登山家的陨灭，以及传奇的诞生。

1933年，英国珠峰远征队在8460米发现了欧文的冰镐。1960年和1975年，中国登山队员在登珠峰时都曾发现过"一个欧洲人的遗体"，有人分析那很有可能是欧文。1991年，在距离发现冰镐20米远的地方找到了1924年英国珠峰远征队使用的氧气瓶。1999年，由BBC赞助的马洛里和欧文国际搜寻探险队，在珠穆朗玛峰北坡大约海拔8170米处，意外发现了马洛里的遗体。

用毯子铺成的十字架

马洛里栩栩如生！就像荷马史诗里述说的那样，女神不忍英雄的遗体被凌辱和朽坏，他一生钟爱的珠穆朗玛，使他仍如生时一般优美强健，如皎洁的大理石雕像，来接受后来的人们的敬畏与膜拜。

1999年找到了乔治·马洛里的遗体，在倾斜的山壁上，头部被埋在冻结的碎石堆里，双手深深插入石堆中，衣物已被风蚀，裸露的臀部、臂部，断了的右腿被秃鹰啄损。尽管如此，这仍是一具非常完美的身体，英雄不死。

第十五章 高处不胜寒

对于搜寻探险队的队员们来说，那真是一段交织着震惊与狂喜、幸福而哀伤的体验。在采集了必要的遗物和标本，妥善安葬好马洛里之后，他们仍恋恋不舍。

"我们每个人都很喜欢和乔治待在一块的时光，我们还想多待一会儿。他是那么有吸引力，虽然已经死了。"但是搜寻探险队并没有发现马洛里携带的柯达照相机，因此依然无法证实两人是否已经登顶珠峰。

这台照相机据信可能由欧文携带，而他的尸体至今没有被发现。柯达的摄影专家认为，只要照相机中有胶卷，现有的技术就可以将胶卷冲洗出来，而这样就很有希望揭开 1924 年的"马欧之谜"。

2001 年组建的第二支马洛里和欧文国际搜寻探险队，试图寻找到欧文的遗体和他身上可能携带的相机，但未有收获。

2010 年，在美国人汤姆·霍赛尔（Tom Holzel）倡导下，成立了安德鲁·欧文搜索委员会，他们利用计算机技术对航拍照片进行分析，在珠峰 8425 米处，在找到欧文冰镐的地方下面 100 米处，发现了一个疑似是尸体的物体。霍赛尔计划于 2011 年 12 月 20 日组织远征队，去那里寻找欧文的遗体。但这一计划似乎未能施行。

第十六章　登　顶

高耸入云的珠穆朗玛峰,一直是人类想要证明攀登能力的圣地。

1953年5月29日上午11点30分,希拉里在珠峰峰顶为丹增·诺尔盖拍下的照片。由于丹增·诺尔盖不会使用照相机,希拉里未能留下照片做纪念。

发生在1921年、1922年和1924年的三次从西藏方向攀登珠峰的登山探险,是人类最早攀登珠峰的尝试。

能够成为第一个登顶珠穆朗玛峰的人类,是千千万万登山爱好者梦寐以求的莫大荣誉。

珠峰简史

1953年5月29日，新西兰人埃德蒙·希拉里和向导丹增·诺尔盖，从珠穆朗玛峰南坡登顶，戴上了人类历史上第一次登顶珠峰的桂冠。

1953年6月20日，埃德蒙·希拉里和尼泊尔向导萨达·丹增·诺尔盖征服珠峰后回到离珠峰250千米的尼泊尔首都加德满都。吃完早餐后露出了笑容。

从那时开始，攀登者前赴后继，一次又一次登顶珠穆朗玛峰，包括中国在内的世界各地许多登山者，在珠峰顶上留下脚印。

登顶珠峰，是人体内的冒险因子的永恒主题，是人类挑战自身、挑战极限、创新纪录的不朽篇章。一次又一次的登顶珠峰的背后，是更多的征服欲和荣誉感，是难以用言语表达的感受和激情，是从肉体到思想，甚至到生命的付出。

70多年来，世界各地的众多登山者，纷纷向珠穆朗玛峰发起挑战。由于更好的攀登装备、精准的天气预报和更多的人参加商业攀登，成功登顶珠峰的登山者越来越多了。从1923年至1999年，有1169人次登顶珠峰。从2000到2015年，有5832人次登顶珠峰。

第十六章 登 顶

2013年5月23日，包括80岁的日本登山者三浦雄一郎在内的一组登山者登顶珠峰。

登顶，已从专业登山家的非常壮举，发展为普通登山爱好者也能实现的愿景。

登顶珠峰，已经成为挑战极限和张扬个性的平台。

在珠峰峰顶的每一次邂逅，都是人类与大自然的激情碰撞。

珠穆朗玛峰的峰顶，不断闪耀着知名与无名的星辰。

希拉里和丹增

1953年5月29日，34岁的埃德蒙·希拉里和同伴——39岁的丹增·诺尔盖，从珠穆朗玛峰尼泊尔一侧，即南坡成功登顶，第一次站在了世界之巅。

埃德蒙·希拉里，（Edmund Percival Hillary，1919～2008），1919年7月20日出生于新西兰的奥克兰，母亲是一名教师，父亲是职业养蜂人。

希拉里16岁时，在学校组织的一次远足活动中，第一次对登山产生了兴趣。那之后，他参加了当地的一个登山俱乐部，经常和一些朋友去周围的山区行走和露营。

1939年二战爆发，希拉里申请加入空军，但却被告知要一年以后才能入伍受训。于是他决定去做一次南阿尔卑斯山之旅。希拉里只身前往新西兰阿尔卑斯山的奥利弗峰，从那时起，攀登珠峰的念头开始在他内心生长。

1953年，珠峰地区山上的一条小河，希拉里正在河里游泳。

第十六章 登 顶

从空军退役后，希拉里加入了新西兰阿尔卑斯俱乐部，在不同的季节里去攀登南阿尔卑斯山，并不断地练习攀岩和攀冰。1951年，埃德蒙·希拉里参加了埃里克·希普顿率领的一支探险队，试图寻找一条潜在的珠峰登顶路线。1953年，埃德蒙·希拉里踏上登峰造极的征程。

丹增·诺尔盖（Tenzing Norgay，1914～1986），尼泊尔夏尔巴人，探险家。据丹增·诺尔盖的外孙介绍，丹增·诺尔盖出生在珠峰东坡一个叫卡达的村子，因为家里穷，他8岁就到绒布寺当和尚了。但因为常受到欺负，就前往尼泊尔昆布地区，在那里一直没有工作，又辗转来到了印度大吉岭生活。

丹增·诺尔盖生活在尼泊尔昆布，站在家中就可以望见白雪皑皑的珠峰。丹增·诺尔盖的父亲是放牧牦牛的牧民。他曾经说："我替父亲放牦牛时就经常想象，登上峰顶就如同登天一样。在那样高的地方一定住着神灵。"

18岁那年，丹增离家开始闯天下。他去过尼泊尔首都加德满都。后来去了印度大吉岭的夏尔巴人社区，那里是东喜马拉雅山脉探险家的聚集地。

1935年，丹增说服了英国的一支登山队的领队，加入到登顶探险的行列。他成为登山协作，在登山队中帮助队员搬运行李，担任向导。

在1935年、1936年、1937年、1938年，丹增先后4次向峰顶进军，每一次他都向峰顶迈进了一步，但都没有登顶。1952年，瑞士登山队曾两次尝试登顶珠峰，最后均以失败收场。瑞士登山队的向导是丹增·诺尔盖。珠峰峰顶似乎永远遥不可及。

1953年，丹增参加了约翰·亨特为领队的第七次英国登山探险队，远征珠穆朗玛峰。团队的成员中，有埃德蒙·希拉里。

珠峰简史

1953年，英国登山队在登山家约翰·亨特的率领下向珠峰发起冲击，希拉里和诺尔盖便是其中一员。在挑战珠峰前，这支登山队已经征服了当地的大量高山，其中包括朱孔峰（Chukhung）。照片中，丹增站在海拔5913米的朱孔峰峰顶。

尼泊尔的天波切村，新西兰登山队员乔治·罗维注视着正在给登山靴装尖铁钉的诺尔盖。他们在天波切村逗留了3周，以适应当地的气候和环境。

　　1953年4月，英国珠峰登山探险队开始了人类第14次向世界之巅的挑战。登山队在珠穆朗玛峰南侧海拔5364米的地方建立了登山大

第十六章 登 顶

本营。

1953年英国登山探险队合影。站在前排，左数第三个是领队亨特，站在他左边的是诺尔盖，身后是希拉里。

亨特率领的英国登山队，吸取了1952年瑞士登山队的经验，他们选择了昆布冰川这条路线，沿途穿过令人望而生畏的冰瀑和西库姆冰斗，接着来到洛子峰脚下。随后，登山队开始攀登洛子峰被冰雪覆盖的陡峭斜坡，最后抵达一直被狂风吹打着的南坳。

从南坳的一个营地，登山队选出两组突击顶峰的队伍：第一组是英国人埃文斯和布尔吉朗，第二组是新西兰人希拉里和高山向导丹增。

5月底，队员们开始通过布满明暗冰裂缝的昆布冰川，沿着1952年瑞士登山队所开辟的路线行进。

1953年5月26日，天气晴朗。英国登山队第二组的希拉里和丹增，从位于洛子峰半山腰海拔7315米的第七营出发，这个时候第一组的埃文斯和布尔吉朗也从位于南坳的第八营出发了，并准备于当天登顶。

珠峰简史

印度空军拍摄的一幅照片，展示了珠峰西南侧的登顶路线。处在前景的是昆布冰川。

中午，希拉里和丹增到达南坳第八营，他们密切关注着第一组的动静。他们看到在8200米的高度，第一组正准备从大深峡谷下撤。这时忽然有大片云层飘过，遮住了他们的视线。几分钟后云层终于散开，希拉里却发现第一组的两人已在大深峡谷的底部了，很明显是滑落了几百米的距离。如果不是下面的雪堆给了他们一个缓冲，他们很可能就掉到东壁底下了。能看出埃文斯和布尔吉朗已经是筋疲力尽了，布尔吉朗更是每走几步就会停下来，趴倒在地。

希拉里和他的助手乔治赶去援助，只见埃文斯和布尔吉朗从头到脚都裹满了冰雪。希拉里和乔治费了好大劲才把他们扶回营地。原来是他们所用的新型封闭式氧气设备出了问题，他们坚持着登到8200米的高度时山上又刮起了大风，起了云雾，如果继续前行很可能就回不来了，于是他们决定放弃攻顶。

第十六章 登 顶

1953年英国登山队位于昆布冰川的大本营，
后面便是被冰雪覆盖的林格特伦峰（Lingtren）。

5月26日晚，狂风大作，登山探险队宿营南坳。希拉里、丹增和队友新西兰人乔治、英国人艾夫挤一个帐篷，由于人太多，连伸胳膊和腿的空间都没有，好不容易勉强挣扎着翻个身，还得喘上老半天。

希拉里为了减轻重量上来的时候连睡袋都没带，他穿上了所有的衣服，但仍然觉得寒气从每一个毛孔渗进来。就这样半梦半醒地熬着，希拉里又发现自己的充气睡垫漏了气，他整个身体都触到了雪地上。这是希拉里自登山以来度过的最难熬的一个夜晚了。

5月28日，一大早，希拉里被突至的寂静惊醒。风停了，这是一个好兆头。他们收拾好东西上路了。乔治、艾夫和一名夏尔巴人先行，希拉里、丹增一小时后尾随。

穿过南坳，他们攀上了通向大深峡谷的陡峭斜坡，再往上就是东南山脊了。坡越来越陡，幸好有乔治在前面挥舞着冰斧为他们开凿出步阶。希拉里离乔治越来越近了，乔治凿出的冰屑差点掉到他的脸上，他只好停下来等。看着为自己登顶而无私奉献着的队友，希拉里的心中充满了感激。

在海拔 8334 米处，希拉里看到了队友为他们建立的中继站，他们在这里补充了登顶必备的物资。希拉里背负了 27 千克的重量，这在 8300 多米的海拔高度是史无前例的。

希拉里和诺尔盖背着装备前往预定地点，搭建登顶前的最后一个营地，海拔 8534 米。这幅照片由支持组成员阿尔夫·格雷戈里拍摄。从这一刻起，希拉里和丹增·诺尔盖只能靠他们自己的力量征服珠峰了。

在海拔 8504 米，他们找到了可以设立第九营的地方。乔治、艾夫和那名夏尔巴人的任务至此已经完成。该返回南坳了，他们依次和希拉里及丹增热烈握手，祝福他们登顶成功。

半梦半醒地睡了几个小时后，天开始蒙蒙发白了，希拉里看了看表是凌晨四点，此时帐篷内的温度是零下 27°。睡觉时脱下的靴子已经冻得坚硬，敲起来梆梆有声，希拉里爬起来，点燃汽油炉烤了一会儿，才勉强把鞋套了进去。

5 月 29 日 6 点 30 分，在饱餐了一顿之后，希拉里和丹增又上路了。山脊逼仄难行，积雪上面的薄冰踩上几秒就会碎裂，让人陷进及膝的雪粉中，踉跄难行。

忽然，他们面前的路，被一面高约 12 米的岩壁切断了。希拉里将身体挤进一条狭窄的裂缝，面朝岩壁。他用冰爪使劲踢进后面的冰层中，用手在岩壁上摸索着可以抓的地方，然后一步一步向上攀。终于看到岩壁顶部的平面了，希拉里奋力脱出冰缝，攀上了岩壁。

丹增也开始沿着冰缝往上攀，希拉里放下绳索助他一臂之力。攀上岩壁后，希拉里继续走在前面，一路砍出步阶，并开始寻找顶峰的位置。

忽然，他们发现面前的山脊，不再只是单调地上升、上升、上升了，原来他们来到了一片比较平坦的雪地上，这里再无任何阻碍。

这里就是峰顶！终于站在峰顶了，希拉里和丹增登上了世界之巅珠穆朗玛峰！此刻，1953年5月29日上午11点30分，这个星球的一切，都在他们的脚下。

希拉里和丹增非常兴奋，他们互相握了手，随后打开了联合国、英国、印度和尼泊尔国旗。希拉里在峰顶雪中埋下了一个小十字架，丹增则埋下了一些祭神的糖果。

希拉里和丹增在珠峰峰顶仅逗留了15分钟，向南、向北分别遥望了尼泊尔和中国西藏的美景。希拉里当时在峰顶为诺尔盖拍下了一张照片。这张照片因为记录了人类首次登上珠穆朗玛峰而闻名世界。照片中的诺尔盖站在峰顶手举一块冰，上面插着随风飞舞的旗子。然而遗憾的是，由于诺尔盖不会使用照相机，希拉里本人未能留下任何照片作纪念。他们事后发誓不告诉外界究竟是谁第一个登上顶峰的人。

希拉里和丹增登顶后看到的珠峰西侧，处在前景的是普莫里峰，中间的是卓奥友峰，右下是西绒布冰川。

珠峰简史

1953年5月29日，成功登顶之后，登山队员返回四号营地。从左至右分别是查尔斯·埃文斯、希拉里、诺尔盖、汤姆·鲍迪伦和乔治·班德。

登顶当天傍晚，两人回撤至大本营。希拉里告诉队友们："我们打败了这狗娘养的。"

当时的《伦敦泰晤士报》率先报道了这一人类壮举，全世界为之轰动。4天后，英国女王伊丽莎白二世登基，女王向希拉里授出自己登基后的第一个爵位。

然而，第一个登上珠峰峰顶的，是希拉里，还是丹增·诺尔盖？丹增去世后，1999年，希拉里打破了沉默，在《险峰岁月》一书中首次揭开谜底："我们挨得很近，丹增把绳子松了松，我继续向上开路。接下来，我攀上一块平坦的雪地，从那里放眼望去，只有天空。"希拉里写道："丹增快步跟上来，我们惊奇地四处张望。当我们意识到登上了世界之巅后，我们被巨大的满足感包围了。"

后来，希拉里还攀登完了喜马拉雅山脉的所有11座山峰，这些山峰全部都在海拔 6000 米以上。

1955 年到 1958 年之间，希拉里带领新西兰探险队完成了穿越南极的征程。

1958 年，为了支援一支英国科学考察队，希拉里驾驶改装过的农用拖拉机，首次通过陆路穿越南极洲，成为第一个驾车抵达南极的人。

1985 年，希拉里出任新西兰驻印度高级专员，恢复了两国中断了几年的关系。这期间，希拉里还不忘搭乘小飞机前往北极进行一次小小的冒险，他也因此成为世界上第一个踏遍"三极"的人。

作为 20 世纪最伟大的探险家之一，他还曾率领探险队抵达中国青海省境内的长江源头。

2008 年 1 月 11 日，埃德蒙·希拉里在新西兰奥克兰市因心脏病去世，享年 88 岁。

丹增·诺尔盖因为登顶珠峰闻名世界后，曾去过很多国家和地区，向人们讲述他作为向导的登顶经验。当厌倦了镁光灯包围的生活后，晚年的诺尔盖与家人共享天伦之乐。

丹增极力反对他的孩子继承父业。当儿子向他表达要登顶珠峰的愿望时，丹增这样回答："我已经替你上去过了。你不必亲自登上峰顶。"

1986 年，"雪山之虎"丹增·诺尔盖离开人世，享年 72 岁。

60 多年以后仍值得一提的是，当 1953 年英国珠峰登山探险队队长约翰·亨特，从珠峰享誉归来六个月后，在一篇日记中写道："这几天来，一直有一种说不清道不明的情绪在我心头萦绕。按理说，人类首次征服世界屋脊应该高兴才对，可我却似乎有一种挥之不去的遗憾：这座伟大的山峰，再也不是神圣不可侵犯的了。"

登顶北坡

1960年5月25日4点20分，中国登山队队员王富洲、屈银华、贡布（藏族）经过艰苦卓绝的攀登，终于首次从北坡登上地球最高的山峰珠穆朗玛峰顶峰。中国人创造了世界登山史的新纪录。

1960年中国登山队从北坡登顶珠穆朗玛峰

1960年中国珠穆朗玛峰登山队队长为史占春（1929～2013）。史占春，辽宁辽阳人，历任全国总工会登山队队长，国家体委处长、副司长，中国登山协会主席。1956年中国登山队成立，史占春是首任队长。1959年和1975年任中国登山队队长，两次率队攀登珠穆朗玛峰，本人侦察到达海拔8695米高度。

第十六章 登 顶

史占春

王富洲（1935～2015），中国著名登山运动员，河南西华人，1958年毕业于北京地质学院，同年参加登山运动，登上苏联境内海拔7134米的列宁峰。1959年登上新疆境内海拔7546米的慕士塔格山，同年获运动健将称号。1960年5月25日从北坡成功登上地球最高的山峰——珠穆朗玛峰。

王富洲

屈银华（1935～），中国登山运动员，四川云阳县人。他从小随父在四川西部的森林里当伐木工。屈银华1958年参加中国登山队，曾先后登上苏联境内的列宁峰（海拔7134米）、中国新疆境内的慕士塔格山（海拔7546米）和西藏境内的念青唐古拉东北峰（海拔6177米）。1960年5月，他和王富洲、贡布3人首次从北坡登上珠穆朗玛峰。在突击顶峰过程中，为打通位于海拔8600米以

屈银华

珠峰简史

上极端困难的路段——"第 2 台阶",屈银华脱掉高山靴,攀上峭壁,脚被冻伤。他曾获列宁银质奖章和体育运动银质奖章。

贡布,1933 年出生,男,藏族,西藏日喀则地区聂拉木县所卓乡人,中共党员,国家级登山运动健将。1972 年~1995 年任西藏体委副主任。1956 年 9 月,贡布加入中国人民解放军,在西藏军区日喀则军分区独立营当战士。1958 年底,他参加了国家登山集训队在念青唐古拉举办的登山培训,并登上 6330 米的唐拉堡。1959 年 7 月 7 日,随中国男女混合登山队成功登上了新疆境内海拔 7546 米的慕士塔格山,被评为一级登山运动员。1960 年 5 月 25 日,他与王富洲、屈银华 3 人成功登上珠穆朗玛峰顶峰,获得体育运动荣誉奖章和破全国纪录奖章各一枚,被评为国家级运动健将。

贡布

刘连满(1933~2016),登山运动员,运动健将。河北宁河(今属天津)人。1957 年与其他五名队员一起登上海拔 7556 米的贡嘎山。1958 年被选入中国登山队。1959 年登上海拔 7546 米的慕士塔格山顶峰。1960 年作为从北坡攀登珠穆朗玛峰的中国登山队突击组成员,在海拔 8700 米峭壁处连续托顶三位登顶队员,并冒着生命危险把仅有的氧气瓶留给突击顶峰的队员。获国家体育运动荣誉奖章。2016 年 4 月 27 日在哈尔滨逝世。

刘连满

第十六章 登 顶

1956年3月，中华全国总工会组成了中华人民共和国第一支正式组建的35人的登山队，史占春任队长。登山队，在业务上归国家体委管，在建制上归全国总工会管。

1958年7月下旬，中国和苏联就合作攀登珠峰达成了协议。依据协议，苏方负责提供器材装备，中方负责修通从日喀则到珠穆朗玛峰脚下绒布寺的300千米的公路。

1959年11月底，中国向苏联方面提出，将登珠峰计划改在1960年，但苏联却建议推迟到1961年。于是，国家体委决定，仍按原定规划，在1960年春单独从北坡攀登珠峰。

1960年2月，中国珠穆朗玛峰登山队正式成立，总指挥为国家体委训练部副部长韩复东，队长兼党委书记为史占春，副队长为许竞，副书记为王凤桐。全队共有队员214人，其中包括90多名登山队员，他们来自全国各地，有工人、农民、解放军、教师、机关干部以及科技工作者，其中女队员11名，藏族队员占三分之一，全队平均年龄为24岁。

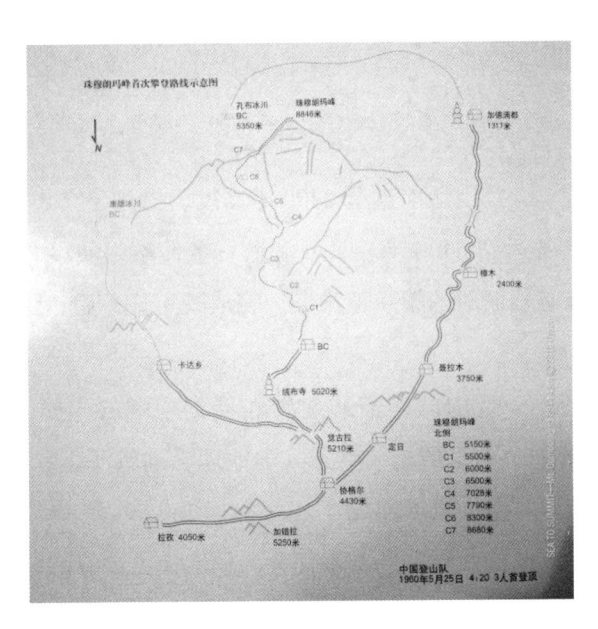

1960年中国珠穆朗玛峰登山队首登珠峰的手绘地图

415

珠峰简史

3月19日，中国登山队进驻珠峰北坡大本营。3月25日中午12点，全部登山队员在大本营举行了简朴而热烈的升旗仪式，宣布攀登活动正式开始。

5月12日前，登山队完成了北坡攀登线路的侦察、修路以及三次高山适应行军，同时付出了意想不到的代价。

1960年5月，中国珠穆朗玛峰登山队在海拔7150米的冰雪坡上行进。

第一次行军，登山队前进至6400米高度，沿途建立3个高山营地，并将物资和装备运到6400米。另外派遣一个侦察组侦察北坳路线——这是攀登珠峰必须面对的第一道难关。完成既定任务后，队员撤回大本营休整。

第二次行军，登山队打通从北坳底部到顶端的"登山公路"，在7007米建立营地。不幸的是，兰州大学地理学助教汪玑，在6400米因缺氧引发内脏器官急性衰竭而死亡。

按照计划，第三次行军的基本任务为侦察突击顶峰的路线并建立突击营地，如果条件成熟则相机而动直接登顶。然而行动过程中天气突变，虽然3名队员在8500米建立了突击营地，但此次行动损失惨重，

第十六章 登 顶

北京大学教师邵子庆在7300米因严重的高山反应死亡，全队共有50多人不同程度冻伤，队长史占春和队员王凤桐、石竞、陈荣昌在8500米的地方冻伤，包括史占春在内的多名主力队员不得不抱憾退出。

这时，天气也突然转坏，攀登计划一度面临流产。登山队甚至开始收拾行装，准备撤退。

1960年中国登山队在珠峰攀登

正当这个关键时刻，处于中尼边界谈判最重要时候的周恩来总理发来了"一定要登上珠穆朗玛峰"的电报指示。担任总指挥的韩复东马上召集全队人员，重新做了部署。

在剩下的不足20名的队员中，挑选了副队长许竞，北京地质大学学生王富洲，西藏班禅警卫营战士、农奴的儿子贡布，哈尔滨电机厂工人刘连满，四川林区伐木工人屈银华等人，再次向珠峰挺进。以许竞、王富洲、贡布、刘连满为一线队员，以屈银华、邬宗岳及八名藏族队员为二线队员。

5月17日上午9点，登山队员从大本营出发，用一天时间赶到了海拔6400米的三号营地。

5月19日，登山队员登上了北坳冰坡，到达了海拔7007米的四号营地。

5月23日下午，登山队员到达8500米的突击营地。晚上，运输队员屈银华送氧气来到突击营地。他背来了摄影机，准备天亮后拍完电影就下山。这一夜，突击营地的几个队员所携带的全部给养，只剩下一点人参、一小盒水果糖，还有贡布没舍得吃的一小块风干生羊肉。

5月24日上午9点半，阳光灿烂。四名突击顶峰的队员，由副队长许竞率领出发了。许竞在前几次攀登中担任了探路任务，体力消耗很大，他只走了约10米，就支持不住，两次突然倒下，只得抱憾退出登顶。屈银华被临时补充进来。

王富洲、刘连满、屈银华和贡布继续前进，为了尽量减轻负担，他们只携带了氧气筒、一面国旗和一个20厘米高的毛主席半身石膏像，以及准备写纪念纸条用的铅笔、日记本和电影摄像机。

即使这样，前进的速度依然慢如蚁爬，他们扶住冰镐，一步一挪，约莫走了两个钟头，才上升了70米。中午12点，队伍来到了那像城墙一样屹立在通向顶峰道路上的第二台阶。

第二台阶，横亘在珠峰北坡登山路线上8680米至8700米之间的岩石峭壁，其中一段近乎直立的4米左右的峭壁，立在通往山顶的唯一通路上。这段又光又滑的岩壁，几近垂直，没有任何可以手抓或脚蹬的支点。只有一些很小的棱角，根本无法用于攀登。岩壁上虽然也有几道裂缝，但裂缝之间的距离都在1.5米左右，同样无法用于攀登。

王富洲等人曾试图绕过第二台阶，沿东北山脊登顶，但那边更加陡峭难行。于是他们又沿着与台阶平行的方向盘旋前进，最后在台阶的中层地带，找到了一道纵形岩石裂缝。队员们决定沿这条裂缝突破第二

第十六章 登　顶

台阶。

刘连满把背包放在地上，踩着包，升高了 50 厘米。在王富洲的保护下，刘连满在岩壁上打了两个钢锥。他用双手伸进岩缝，脚尖蹬着岩面，使出全身力气一寸一寸地往上挪，但身体稍一倾斜，便又滑落到原来的地方，他一连攀登了四次，但四次都跌落下来，伏在岩壁上喘不过气来。

贡布和屈银华也分别尝试了两次，也都摔了下来。

时间，一分一秒地过去了。

关键时刻，消防队员出身的刘连满想起了消防队员常用的搭人梯技术。他一咬牙，对王富洲说，你们踩着我的肩膀上吧。

刘连满伏在岩壁上，等着队友踏上他的肩膀。那时候登山鞋都是带着尖尖的冰爪的，冰爪踩上去会抓破羽绒服，踩伤队友的肩膀。屈银华为了攀上去，毅然脱下八斤重的高山靴，后来因此冻掉了脚跟和脚趾，踩在刘连满的肩膀上。后来屈银华又打了两个钢锥。

刘连满先把屈银华托了上去。然后又托贡布。最后屈银华、贡布在上面，再把王富洲和刘连满拉上去。

贡布、王富洲、刘连满都站在了第二台阶上。时间却已经是下午 5 点了。这个 4 米高的岩壁，耗费了他们整整 3 个小时。

离顶峰还有 280 多米的高度。在天黑以前就登上顶峰的计划，肯定要推迟了。他们决定继续向上走，但此时刘连满已耗尽体力，极其虚弱，每走一两步，就会不自觉地摔倒，但仍然挣扎起来向前挪。

已经到了海拔 8700 米的高度，几个人背上的氧气所剩无几，体力越来越差，行动更加艰难。王富洲决定，把刘连满安置在避风的大石头下，留下一瓶氧气。

晚上 7 点，月朗星稀，王富洲、贡布、屈银华三个人，翻过两座 60°以上的岩石坡，又开始艰难地向上攀登。为了避免发生意外，他们匍匐在雪上，靠模糊的雪光反射，仔细辨认前进的路。

419

珠峰简史

就在距峰顶还剩 50 米左右的地方,他们的氧气已全部用完了。每前进一厘米,他们都要大口大口地喘粗气。攀上一米高的岩石,竟要花费半个多小时。

在爬过又一块积雪的岩坡后,王富洲、贡布和屈银华,终于登上了一个岩石和积雪交界的地方。

走在最前面的贡布,突然叫了一声:"再走就是下坡了!"

哦,珠穆朗玛峰,经过近 19 个小时的攀登,他们终于站在了你的峰顶,在人类历史上,这是第一次从北坡攀上世界之巅的壮举。

这一刻,是北京时间 5 月 25 日晨 4 点 20 分。

贡布从背包里,拿出那面登山队委托他们带上来的五星红旗和毛主席石膏像,放在顶峰西北边一块大岩石上,然后用细石保护起来。

王富洲摸黑掏出一本日记本,花了 3 分钟,用自动铅笔在上面写道:"王富洲等 3 人征服了珠峰。1960 年 5 月 25 日 4 点 20 分"。

1960 年,我国首次登上珠穆朗玛峰顶峰的 3 名英雄。
右起:王富洲、贡布(藏族)、屈银华。

第十六章 登 顶

贡布走过来，帮他把这张纸条撕下来，放在一只白羊毛织的手套里，也埋进了垒起的细石堆里。

他们在顶峰拣了9块岩石标本，准备带回北京送给毛主席。

4点35分，他们开始下山。在山顶的停留时间，大约15分钟。尽管携带了一部电影摄像机，因为天色黑暗，他们没能拍下顶峰的情景。只是在他们下山天亮以后，才在海拔8700米的地方拍摄了一些镜头。

当三名登顶队员下撤到8700米的时候，刘连满摇晃地站了起来。在他的身边，氧气瓶下面压着一张红铅笔写的纸条，上面写着"王富洲同志：我知道我不行了，我看氧气瓶里还有点氧，给你们三个人回来用吧！也许管用。永别了！同志们。你们的同志刘连满。5.24"。

1960年5月25日登顶珠峰后，王富洲等回到大本营。

在1960年珠峰登山活动中，共有53名队员打破中国男子登山高度7556米的最高纪录，28名队员到达了8100米以上的高度，占世界各国登山队在178年中到达这个高度的69人次的42.2%。

珠峰简史

英雄辈出

自 1953 年以来，人类以无与伦比的勇气和日臻成熟的登山技巧，不断地向珠穆朗玛峰进发。年复一年的登顶，在喜马拉雅山脉苍茫的大地，写下厚重的英雄史诗。而近 20 年来，登山活动的过度商业化，已为登顶珠穆朗玛峰抹上了颇为阴郁的暗影。

1953 年 6 月 26 日，英国驻加德满都大使馆里为登顶珠峰庆功，希拉里和诺尔盖向记者展示登顶时的穿戴的全套装备，他俩成为人类首次攀登世界最高峰的英雄。

1953 年 5 月 29 日，由 10 人组成的英国登山队，在队长约·享特领导下，有两名队员沿东南山脊路线登上了珠穆朗玛峰。登上顶峰的队员是新西兰人埃德蒙·希拉里和夏尔巴人丹增·诺尔盖。

1956 年 5 月 23 日，以阿伯特·艾格勒为首的瑞士登山队，在人类历史上第二次登上珠穆朗玛峰。瑞士登山队由队员埃·施米特、尤·玛尔米特、阿·列伊斯、格·贡钦组成，先后分两个组登上了珠峰。他们使用的路线，从珠峰南坡昆布冰川，抵达珠峰与其姊妹峰海拔 8501 米的洛子峰之间的山坳南坳，然后沿东南山脊登顶。

1960 年 5 月 25 日凌晨，中国珠穆朗玛峰登山队（总指挥韩复东，队长史占春），在突击组长王富洲的率领下，首次从北坡中国境内登上了世界最高峰，登上顶峰的三名队员是王富洲、贡布（藏族）和屈银华。

1963年，又一支美国珠峰登山队，队长是诺曼·迪伦弗斯，采取从尼泊尔境内珠峰南坡沿西南山脊登顶的路线取得成功。美国队先后相隔21天进行了两次突击，第一次5月1日有两人登上顶峰，第二次5月22日登上四人，两次共上去六人，这是登上珠峰的第四个登山队。

1963年，美国珠峰登山队威利·翁泽尔德与汤姆·霍恩宾由珠峰西脊转北壁登顶，由珠峰东南山脊下山，实现第一次跨越珠峰。

1965年5月20日、22日、24日、29日四天，一支印度登山队，队长是印海军少校穆·郭利，先后共四个梯组，从南坡尼泊尔境内登上珠峰顶峰，四次共上去九人，登山队的正副队长和队员，全部是从印度现役军人中选拔的，所用路线是过去英、瑞等队使用过的老路线。

1963年美国珠峰探险队与夏尔巴人向导携带的登山装备。距英国探险队登上珠峰10年后，两位美国人汤姆·霍恩贝因和威廉姆·恩索伊尔德也登上了珠峰，成为首先从西岭登上珠峰的英雄。

1970年春，日本珠峰登山队，分两组对珠峰进行突击。一组从珠峰正南面沿一条长达八百米的很陡峭的岩壁，也称岩石墙，直插珠峰顶峰，这是日本人自己选择的一条比较难攀的路线，是在海拔八千米以上进行"技术登山"，即攀登陡峭程度很大的岩壁，这是过去别国登山队没有尝试过的。另一组仍然是选择传统的老路线，即从南坡经南坳再沿东南山脊登顶的路线。日本队的南山坡正面登顶路线，按预计方案上升了大约150米（按坡面的垂直高度算）而最终失败了，最后只得全力依靠第二组的传统路线。1970年5月11日、12日，该队先后分两个梯组共四人从传统路线登顶成功，登顶队员是松浦辉夫、植村直已、平林克敏和尼泊尔籍的搬运工人乔塔里。

1973年2～5月，意大利军事登山队，在意大利军事登山学校校长基多·蒙齐诺的率领下，组成一支包括意大利陆、海、空军，警察部队、海关人员、医务、气象和其他军事科学工作人员的大型珠穆朗玛峰登山队，于当年5月5日和5月7日两次，每次一个组（四人），一共八人登上了珠峰顶峰。意大利军事登山队的登顶路线，原来也是两个方案，一是沿西南山脊登顶，一个是备用方案，即沿比较保险的东南山脊传统路线登顶。结果第一方案受阻，最后还是采用备用方案登上了顶峰。

1973年10月26日，日本珠穆朗玛峰登山队两名队员石黑久和加藤保男，登上了珠峰顶峰。这是珠峰攀登史上人类首次在秋天登顶成功。日本珠穆朗玛峰登山队这次沿东南山脊经南坳的传统路线登顶。

1975年5月16日中午，当地时间12点30分，日本女子珠穆朗玛峰登山队副队长、36岁的田部井淳子，同27岁的尼泊尔向导安则林一起，沿南坡传统路线登上了珠峰顶峰，共停留25分钟。田部井淳子成为世界上首位登上珠峰的女性。

1975年5月27日，北京时间下午2点30分，中国登山队女队员潘多和八名男队员索南罗布、罗则、侯生福、桑珠、大平措、贡嘎巴桑、次仁多吉、阿布钦，从北坡登上珠峰峰顶。潘多成为世界上首位从北坡登上珠峰的女性。中国珠峰登山队，由汉、藏、回、蒙古、朝鲜、土、鄂温克等7个民族的队员组成，共434人，其中运动员179人，包括女运动员36人。

第十六章 登 顶

1975年5月16日,日本36岁的田部井淳子,成为世界上首位登上珠峰的女性。

1975年中国登山队登顶珠峰

珠峰简史

1975年9月24日，尼泊尔时间下午6点，英国登山队32岁的黑斯顿、33岁的斯科特，从南坡登上了珠峰。英队的登山路线，在海拔八千米以上，有一条平均坡度达75°的很长的岩石大峭壁，这是攀登珠峰取得成功的第四条路线，也是最短的一条。

1978年5月8日下午1点，奥地利登山家彼德·哈贝尔和意大利登山家赖因霍尔德·梅斯纳，经南山口和南山脊，在无氧气支持状态下登上珠穆朗玛峰峰顶。

1979年，南斯拉夫登山队从西坡登上珠峰。

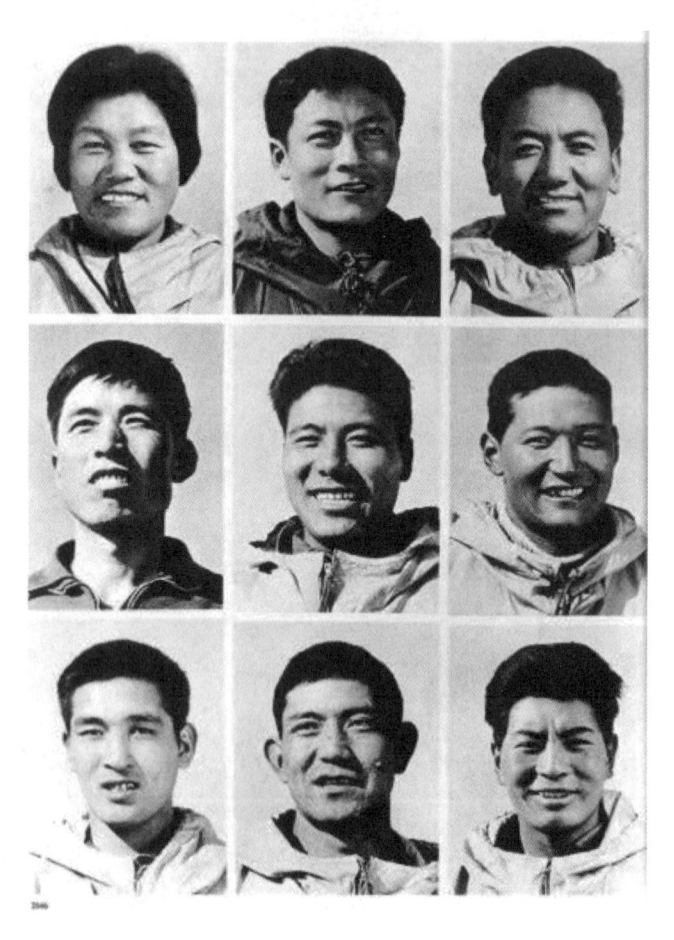

1975年先后登上珠峰的中国登山队员。第一位是潘多。

1980年，波兰登山家克日什托夫·维里克斯基第一次在冬天攀登珠峰成功。

1988年5月5日，中国、日本和尼泊尔联合登山队首次从南北两侧双跨珠峰成功，三国登山队12人全部成功登顶，其中6人进行了南北大跨越。12点44分，北侧中国次仁多吉、日本山田升、尼泊尔昂·拉克巴登顶，在顶峰停留99分钟后向南坡跨越。14点20分、15点35分，北侧中国李致新、尼泊尔拉巴克·索那先后登顶，但均未能与南侧队员会师而回撤。15点53分，南侧中国大次仁、尼泊尔安格·普巴登顶。16点5分日本山本宗彦从北侧登顶，实现了南北队员会师的理想。16点25分，大次仁、安格·普巴又与北侧日本电视记者中村省尔、三枝照雄、中村进在顶峰会师。16点40分，南侧中国仁青平措登顶成功，16点43分向北坡跨越。中国的3名队员成功跨越珠峰，次仁多吉创造了在顶峰无氧停留99分钟的世界纪录。

1990年，中国、苏联和美国的登山者以和平的名义会聚珠峰，向世界展示了爱好和平的美好愿望。中国的7名藏族队员在这次登山中先后站到了顶峰上。

1990年10月7日，斯洛文尼亚的安德列斯·什特雷姆费尔和马丽亚·什特雷姆费尔，成为第一对同时登顶珠峰的夫妻。

1993年5月5日，海峡两岸的6名登山运动员首次携手从北坡北侧登上珠峰，王勇峰、普布、其米、开村、加措登顶，吴锦雄成为第一位登顶珠峰的台湾同胞。

1993年春天，15支探险队的294人，创纪录地从尼泊尔一侧的南坡，登上了珠穆朗玛峰。

1996年和1997年，中国先后和斯洛伐克、巴基斯坦开展联合攀登活动，4名藏族队员登顶，其中次洛成为中国第一个登上珠峰的在校大学生，大齐米、开村成为两次登过珠峰的人。

1998年5月19日，中国和斯洛伐克登山队成功登上珠峰；5月24日，中国和斯洛伐克登山队各有一队员再度登顶。

1998年，失去一条腿的美国人汤姆·惠特克，成为世界上第一个成功登顶珠峰的残疾人。

1999年5月27日，西藏登山队10名藏族队员一次全员登上珠峰，并在顶峰采集到第六届全国少数民族传统体育运动会圣火火种。桂桑成为世界上首位两次从北坡登上珠峰的女性，仁那和吉吉成为中国第一对同时登上珠峰的夫妻。

1999年5月26日，尼泊尔夏尔巴人巴布·奇里成为首位在顶峰上睡觉的人，并创造了在顶峰上停留21小时30分钟的最长时间纪录。

昆布冰川，尼泊尔，1999年。夏尔巴人Fura Gyaljen小心翼翼地横穿过一处位于珠穆朗玛峰昆布冰川上的裂缝。就在一个月前，正是这个裂缝，被测量到仅有六英寸（15厘米）宽。

2000年5月21日，中国第一个民间单人挑战珠峰的黑龙江业余登山家阎庚华登顶珠峰，但不幸在下山途中遇难。

2000年，尼泊尔著名登山家巴布·奇里从珠峰北坡大本营出发，耗时 16 小时 56 分成功登顶，创造了珠峰登顶的最快纪录。

2001 年 5 月 22 日，16 岁的尼泊尔人坦巴·特什里登顶珠峰，成为世界上攀登珠峰最年轻的登山者。

2001 年 5 月 24 日，美国盲人埃里克·维亨迈尔登顶珠峰，成为世界上首个登上珠峰的盲人。

2002 年，65 岁零 5 个月的日本男子登山者石川富康，成为世界上登上珠峰的年纪最长者。同年，63 岁的日本人渡边玉枝成为登顶成功的年纪最长的女性。

2002 年，王天汉单人挑战珠峰登顶获得成功。

2002 年 5 月 16 日，当天共有 62 人登顶珠峰成功，创造单日登顶珠峰人数最多的纪录。

2002 年 5 月 17 日，尼泊尔夏尔巴人阿帕·谢尔帕第 12 次登顶珠峰，刷新了自己保持的登顶珠峰最多次数纪录。

2003 年 5 月 21 日，中韩联合登山队的中方队员在珠峰顶上举起中国国旗。

2003 年，中韩联合登山队和中国珠峰登山队的 14 名中国队员，分别在 5 月 21 日和 22 日从北坡成功登顶珠穆朗玛峰。他们是小齐米、普布卓嘎（女）、仓木拉（女）、尼玛次仁、梁群（女）、陈俊池、阿旺、普布顿珠、扎西次仁、旺堆、加拉、罗申、王石和刘健。

2005年3月20日到6月20日，中国科学院、国家测绘局再次对青藏高原珠穆朗玛峰地区进行综合科学考察并重测珠峰高度。同年10月9日，经国务院批准并授权，国家测绘局宣布，珠峰岩石面海拔高程为8844.43米，测量精度为±0.21米。中国于1975年公布的珠峰高程数据8848.13米停止使用。

2007年5月27日，20岁的夏尔巴人塔什·拉克帕·谢尔帕第三次成功登顶珠峰，并在峰顶举行了音乐专辑《尼泊尔的夏尔巴姑娘》的发行仪式，谢尔帕2004年5月16日第一次登顶珠峰，成为世界上最年轻的、不带氧气成功登顶珠峰的登山者。2005年5月31日，他第二次登顶，在珠峰峰顶发行了一本新书。

2008年5月8日，第29届夏季奥林匹克运动会火炬——祥云，被中国健儿带上了世界最高峰——珠穆朗玛峰（海拔8844.43米）。成为奥运火炬传递史上海拔最高的火炬传递站。

2008年5月8日，第29届夏季奥林匹克运动会火炬祥云，被中国登山健儿带上了珠穆朗玛峰。

2008 年 5 月 25 日凌晨，76 岁尼泊尔老人敏·谢尔占成功登顶珠穆朗玛峰，成为当时世界上成功登顶珠峰的最年长者。

2010 年 5 月 22 日，13 岁的美国男孩乔丹·罗米罗成功登顶珠穆朗玛峰，成为世界上登顶珠峰最年轻的人。

2010 年 5 月 23 日，169 人成功登顶珠峰，创下同日登顶珠峰最多人数纪录。

2011 年 5 月 11 日，尼泊尔登山名将阿帕·谢尔帕第 21 次成功登顶珠峰，刷新了他自己创造的个人成功登顶珠峰最多次数的世界纪录。

2011 年 5 月 11 日，夏尔巴人阿帕·谢尔帕第 21 次成功登顶珠峰。

2012 年 5 月 19 日，据珠峰登山史学家埃伯哈德统计，这一天 234 人成功登顶珠峰，创下单日登顶珠峰最多人数新纪录。

2012 年 5 月 19 日，日本 73 岁的妇女渡边玉枝登顶珠峰，打破了她本人 10 年前创下的登顶珠峰最年长女性的世界纪录。

2013 年，近 700 人成功登顶珠穆朗玛峰，成功率约 67%。

2013 年 5 月 23 日，80 岁的日本人三浦雄一郎登顶珠峰，打破了 5 年前尼泊尔老汉敏·巴哈杜尔·谢尔占 76 岁时创下的登顶珠峰最年长者纪录。

珠峰简史

登顶珠峰最年长女性渡边玉枝

2013年5月23日，80岁的日本老人三浦雄一郎站在珠峰顶峰，成为攀登世界最高峰最年长的人。

2014年，120名登山爱好者从珠峰北坡成功登顶。尼泊尔一侧，6人顺利到达顶峰，而且登山者是乘坐飞机到达2号营地的，而非攀登通过冰川。4月18日，16位夏尔巴协作遭遇雪崩，另有一名夏尔巴协作死于高山肺水肿，两位夏尔巴协作在返回大本营途中遇难：一人被雷电击中，另外一人遭遇事故。

2015年，是珠峰41年来首次无人登顶的年份。4月25日，尼泊尔大地震引发珠峰雪崩，一支探险队22人无一生还，使得2015年成为1975年之后攀登珠峰的人们死亡率最高的年份。这一年无一人成功到达珠峰峰顶。

商业化困惑

商业登山，是指登山客户支付一笔费用给探险公司，由探险公司负责高山上的一切服务。珠穆朗玛峰的商业登山，20多年来迅速发展。

攀登珠峰的日益商业化，使得高峻寒冷、人迹罕至的珠穆朗玛峰，有时也出现拥挤。

尽管登顶珠峰花费不菲，但仍有越来越多的人矢志登顶珠峰。

2012年5月19日，大批登山者被堵在了珠峰峰顶附近，滞留时间长达两个多小时。德国登山家拉尔夫·杜伊莫维茨（Ralf Dujmovits）抵达珠峰南坳时，遇到恶劣的天气状况，他决定就此返回。就在下山途中，他看到了一群费力攀爬的登山者列成长队，排队登顶珠峰的情景。拉尔夫拍下了一张令人震撼的照片。

仅在2012年5月19日半天时间里，就有234人成功登顶珠峰。同时有4人在下山时丧生。

随着经济发展，攀登珠峰人数也在逐年增加。2013年度珠峰登山季，有超过2500人来到位于尼泊尔境内的珠峰南坡营地，希望向顶峰冲刺。而在中国西藏，也有约150人计划从北坡攀登。

2012年5月19日，德国登山家拉尔夫·杜伊莫维茨拍摄的一群攀登珠峰的登山者排队登顶的情景。

珠峰登顶线路有19条之多，其中较为成熟的传统商业登山线路有两条：一条是位于尼泊尔境内的南坡线路；另一条是位于中国西藏自治区境内的北坡线路。

一般认为，从北坡登顶，要比南坡登顶难度更大。北坡寒冷多风，即便在四五月份，风力也非常之大，而且总体路程比南坡要长。北坡裸露着岩石，攀登有技术难度。而南坡的难度，主要在于通过昆布冰川。

由于北陡南缓，商业攀登中大多数团队会选择南坡线路。这条路线经过险恶的昆布冰川和西库姆冰斗，直上洛子峰，再经南坳和希拉里台阶通向峰顶。由于攀登时间的高度集中，珠峰南坡有时会拥挤不堪。

最适合攀登珠峰的季节，是每年4～5月。攀登珠峰全程耗时大约一个半月，而真正属于冲顶"窗口期"的时间只有五六天。

第十六章 登 顶

商业珠峰登山队

好天气就那么几天，所以，各登山队在登顶时间上都高度集中，通常会出现几百人在珠峰南坡上忙碌，甚至在希拉里台阶"塞车"等待的情况。1996年5月10日的珠峰山难的前奏，就是几支商业登山队的登山者，在希拉里台阶排队等候。

希拉里台阶海拔8839.2米，是登山者从南坡到达珠峰峰顶之前的最后一道关口。这段裸露的山体岩石断面几乎垂直，十分险峻，每次只能容一人攀越，其他登山者不得不在这片危险区域驻足等待。

早在20世纪80年代初，珠穆朗玛峰最容易登顶的路线，从南山口至东南山脊的路线，已经被攀登过100多次了。

攀登珠峰技术的成熟，风险的相对降低，以及夏尔巴向导全方位的服务，使得过去高不可攀的珠峰登顶，日益变得容易了。登顶珠峰，即使对普通人来说，门槛也降低了许多。

1985年，50岁的德克萨斯阔佬迪克·巴斯，在一位名叫大卫·布里歇尔斯的夏尔巴年轻向导的引导下，登上了珠穆朗玛峰。巴斯登上珠峰后，成为第一位登上世界七大高峰的人，这一了不起的成绩，使他闻名世界。此举也促使大量的登山爱好者们的热情追随、仿效。珠穆朗玛峰，突然间进入了后现代登山时代。

巴斯证明，如果身体比较健康，手头有些收入，能从工作中抽出时间，平常人也可接近珠峰。

到了20世纪90年代初，在全世界七大高峰上，尤其是珠穆朗玛峰上，人群拥挤的程度迅猛增长。

为满足登峰需求，以向导协助攀登世界七大高峰，尤其是珠穆朗玛峰为营利目的的公司，也逐渐发展起来。1990年的春天，有30支不同的登山探险队，聚集于珠峰的两侧，其中至少有10支队伍，是以营利为目的的商业队。

在珠峰南侧，尼泊尔政府已经意识到蜂拥而至的人群，将会给珠峰在安全、外观以及环境方面带来诸多问题。官员们提高了登山许可证的价格，既控制人群数量，又增加国库收入。

1991年，尼泊尔旅游局的每个登山许可证的售价为2300美元，不限定登山队的规模。到1992年，每个许可证的价格升至10000美元，队伍人数不得超过9人，每增加1人要再付1200美元。

尽管费用昂贵，登山者还是成群地涌向珠穆朗玛峰。1993年春天，即首次登上珠峰40周年的纪念年，创纪录的有15支探险队的294人，从尼泊尔一侧攀登了珠穆朗玛峰。那一年的秋天，尼泊尔旅游局再次将许可证费用提高到了惊人的50000美元，并且规定每支队伍的规模不得超过5人，每增加1人再交10000美元，但总数最多为7人。此外，尼泊尔政府还颁布法令，规定每个季节在尼泊尔只允许有4支登山队同时攀登。

于是成群的登山者从尼泊尔移师中国西藏，这使得南侧成百上千的夏尔巴人失业。抗议和不满，迫使尼泊尔政府在1996年春天取消了对每季登山队数量的限制。同时官员们又一次提高了收费标准，对7人规模的队伍收70000美元，每增加1人再收10000美元。

在1996年珠峰那场著名的灾难发生之前，商业登山探险队不断增加，珠峰开始陷入商业化的泥沼。一些在交付了巨额费用，但却没有被护送到珠峰峰顶的登山者，对他们的向导提出诉讼。缺乏经验或是信誉不好的登山公司，出现未能把氧气这些关键性的后勤保障输送给登山者的事情。甚至有些探险队的向导，丢下他们的顾客，自行登上珠峰峰顶。1995年，一支探险队的组织者，携带着顾客交纳的上百万美元的费用，在攀登开始之前潜逃了。

十多年后，具备了物质与精神条件的中国人接踵而来。2003年和2010年，中国企业家王石参加了商业登山队，从尼泊尔境内的南坡，两次成功登顶珠峰。王石的成功登顶珠峰，引起中国越来越多的企业家，追逐商业登山，特别是珠峰的商业登山。

但商业化登山危机显露。2014年4月18日，珠峰南坡的雪崩造成15人死亡。在抚恤金等问题上，夏尔巴人和有关旅行公司未能达成协议，加之夏尔巴人尊重遇难同事，他们举行罢工，拒绝修复损毁路段。当地政府不得不关闭珠峰南坡的攀登路线，数以百计的登山者只能被迫放弃登山计划。

攀登珠峰已成为一个成熟的市场，具有标准的流水化作业。攀登珠峰的费用主要由四个部分构成：旅行费用、许可证/保险费、装备费和向导费。

花钱多少，取决于攀登形式、后勤支持以及从哪一侧攀登。从西藏（北坡）出发标准的攀登价格大概在5万～6万美元，尼泊尔（南坡）大约4万美元。

南线的收费，以一支7人团队为例，每人总的开支大约在4万美元。当然，在南线也有收费高昂的公司。据说一家西班牙公司，攀登珠峰报价接近10万美元。南线的服务内容比较丰富，厨师、直升机等服务一应俱全。在那里，一名夏尔巴人向导、两名厨师的费用在5.5万美元。珠峰北线的登山费用逐年上涨。每人攀登珠峰的价格，2011年是20万元人民币，2013年是28万元人民币。

2015年，由于地震雪崩，珠峰无人登顶。2016年，攀登珠峰的"起步价"看涨。截至2015年12月27日，西藏圣山登山探险服务有限公司最终选定报名人数为16人，费用为每人33万元。33万元人民币的费用包含：登山期间的住宿、伙食、交通、高山氧气、保健队医等费用。这只是最基本的费用，实际花费没有40万元是下不来的。

从2000年到2010年，珠峰每年登顶人数，从每年的20多人增加到200人。从2013年又开始回落，下降到50人以下。

对攀登珠峰的管理越来越严格，所有攀登珠峰的人，必须由当地登山协会推荐过来，经西藏登山协会审核后，最终由国家体育总局批准。

由于尼泊尔南坡近年来频发山难事故，当地的夏尔巴向导要求购买更贵的保险。在庞大的市场需求下，登珠峰价格上涨成为常态。商业化攀登珠峰价格越来越高，普通登山者根本负担不起。很多登山爱好者为了攀登珠峰，要花5～8年时间准备，主要是攒钱。

登顶世界之巅，成了很多登山爱好者难以抑制的诱惑。几乎在每年的非登山季，都有未经许可，擅自组织向导、协作人员攀登珠峰的偷登者。近年来，每年都有数十人偷登。尼泊尔珠峰南坡的偷登者数量更多。

葬身珠峰的登山者中，有一半是偷登者，没有人知道他们的名字，甚至家人都不知道他已葬身雪域高原。

登顶人数增多，造成安全隐患。由于每年登顶珠峰的时间段非常短暂，适合登顶的好天气就三四天，几乎所有的登山者，都在这几天集中向山顶冲刺，风险非常大。

控制珠峰登山人数，保护珠峰生态环境，减少对珠峰的破坏，这是近年来越来越强烈的呼声。现在珠峰上，已经有几十吨生活垃圾有待清理。只有每年对登珠峰的人数进行适当控制，才能减轻对珠峰的破坏。

珠穆朗玛峰上除了遇难登山者的尸体之外，还有约50吨的废弃物，而且每个季节都会不断产生新的垃圾。被废弃的氧气罐、登山装备和人类排泄物在珠峰上随处可见。

自2008年以来，珠峰生态探险队每年都会登上珠穆朗玛峰来处理垃圾，截至目前，他们已经拾捡了约13吨垃圾。尼泊尔政府也出台了一项规定，从 2014 年开始，每位登山者必须携带 8 千克（18 磅）垃圾下山，否则他们的 4000 美元保证金将被扣押。

自 2008 年以来，珠峰生态探险队每年都会登上珠穆朗玛峰来处理垃圾。

有一次，某老板为了登顶珠峰，请了十几个向导帮助他登山，花了一百多万元，仅仅发奖金就发了十多万元。这已经违背了登山的本意，使珠峰在某种程度上，成了富人的俱乐部。

一位资深登山人士不无忧虑地说："现在大家都比较冷漠，互相几乎没有交流，就是你登你的，我登我的。如果你在山上掉进冰窟，除了你的向导，没人会救你。"

珠峰的过度商业化，丧失了登山的团队精神与互助美德。现在一些高山向导关注的是小费给了多少。登山向导不允许团队之间接触，怕在聊天中透露登山费用、小费标准等商业秘密。

第十七章 山　难

2015 年 9 月 20 日晚上，笔者在好莱坞星光大道上的中国剧院，观看了刚刚上映的 IMAX 3D 版《Everest》（中文译为《绝命海拔》），该片真实地再现了 1996 年发生的珠穆朗玛峰山难事件。

深夜，看完这部电影，深感震撼，以至于回到宾馆，久久不能入眠。

片中记录的 1996 年山难，曾经是珠穆朗玛峰地区发生的最严重的登山事故。

然而，就在影片在尼泊尔取景期间，2014 年 4 月 18 日珠穆朗玛峰的一场雪崩，又夺走了 16 名登山者的性命，死亡人数超过了 1996 年山难。

新西兰探险咨询队（1996）

一年以后，2015年4月25日，8.1级的尼泊尔大地震地震波，造成珠穆朗玛峰山体晃动，引发致命雪崩，造成至少19人丧生，再一次超过了一年多前的事故，成了史上最致命的雪崩灾难。

山难是登山者的宿命。

1852年，印度测量局孟加拉计算员锡克达汇总并计算出测量数据，从而证实珠穆朗玛峰为世界最高峰。从那时起，一直到珠穆朗玛峰最终被登临的101年间，珠峰共夺去了24条生命，挫败了15支探险队。

人们为这座高不可攀的山峰，付出了惨重的代价。

1924年6月8日，英国登山探险队的马洛里和欧文，在缓慢而奋力地向上攀登时，珠峰上部翻滚的云浪，使得山下的同伴无法追踪他们两人。

中午12点50分，云团暂时散开了。队友诺艾尔·奥德尔在短短的时间里，清晰地看到了马洛里和欧文高高在上的行迹，他们大约比计划晚了5个小时，但仍然"不慌不忙地、敏捷地"向上攀登着。但那天晚上，两个人再也没有返回帐篷，再也没人看到过他们。

悲剧引发了激烈争论，这两人或者其中一人，是否在被大山吞没前，到达过珠峰顶峰？

半个多世纪以后，1996年，登山悲歌连续奏响。

5月10日，在一场突然而至的风暴中，登上珠穆朗玛峰峰顶的4支探险队，有9人死亡，另有3人在5月底相继去世。这个春天的登顶，使登山者付出了巨大的代价，悲情弥遗至今。

8月份，当季风从高高的喜马拉雅山退却以后，在5月山难中幸免的夏尔巴向导洛桑江布，返回珠穆朗玛峰，陪伴一支日本探险队，从南山口和东南脊攀登。9月25日，当他们从2号营地攀登至4号营地，准备向顶峰冲刺时，一块板状的崩落雪块，将洛桑江布、另一名夏尔巴人和一名法国登山者压倒在日内瓦山嘴之下。他们顺霍泽冰面向下翻滚了一段距离，直至被摔死。洛桑江布抛下了在加德满都的年轻妻子和一

第十七章 山 难

个两个月大的孩子，离开了人间。

5月17日，从珠穆朗玛峰下来后在大本营休息了2天的阿那托列·布克瑞夫，独自前往攀登霍泽峰。为了完成斯科特要征服世界排座8000米以上的山峰的遗愿，布克瑞夫于9月份从西藏攀登了卓奥友峰和海拔8013的希夏邦玛峰。当他于11月中旬在家乡卡扎克斯坦逗留时，他乘坐的公共汽车发生撞车事故。司机被撞死，而布克瑞夫的头部严重受伤，一只眼睛受到了严重的、甚至是永久性的伤害。

夏尔巴向导洛桑江布

2014年4月18日，当地时间早晨6点45分左右，珠峰南坡大本营上方，在通往昆布冰川的路上，大约海拔5800米处，发生雪崩，16名尼泊尔夏尔巴人惨遭不幸。

2015年4月25日，尼泊尔发生8.1级地震，地震发生时有数百人在珠穆朗玛峰。地震引发数次大雪崩，波及邻近山区。普莫里峰附近出现的一次雪崩，横扫昆布冰瀑，席卷珠峰南坡大本营。从大本营南面寻获到19具遗体。

珠峰位于震中以东220千米处，有700人至1000多人被认为当时在山上，有至少61人受伤，"数十人"失踪，更多人被困在高海拔的营地里。印度空军直升机4月26日上午抵达珠穆朗玛峰展开救援行动，将22名重伤者送往登山者的重要中转站裴丽切村，外国志愿者和当地人在那里设置了一所简陋的医院。4月27日有60人从一号营地被救出，170人从二号营地被救出。4月25日发现17具尸体，4月27日又发现一具。4月26日，61名重伤者中的一名在KMC医院去世。

4月28日尼泊尔登山协会公布19名死者名单，其中10名为尼泊尔夏尔巴人，5名外国登山者中有4人身份尚未确认。5名外国登山者中有2名美国人，1名中国人，1名澳大利亚人，1名日本人。

受此影响，2015年无人登上珠穆朗玛峰登顶。

海拔 8800 米以上的空气稀薄地带，成为人类生存提供的狭小空间，一旦意外发生，谁都没有回天之力。

《进入空气稀薄地带》的作者乔恩·克拉考尔说："人们在进行反思时很容易忽视这样一个事实，攀登永远不是安全、可预测和受规则约束的事业。登山者作为一类人，并不能凭借他们较多的谨慎而被从人群中区分开来。这一点对珠峰攀登者来说尤为确切：当有机会到达地球之巅时，历史表明，人们会以令人惊讶的速度丢掉正确的判断力。"

对珠穆朗玛峰稍有了解的人，都知道在冰雪皑皑的登峰之路上，散布着一些登山者的遗骸。不幸遇难的攀登者和夏尔巴人，或被塞进裂缝中，或因雪崩而埋，还有一些暴露在斜坡上，其肢体在阳光暴晒和风化的作用下变形。

或许，没有人知晓珠峰究竟埋藏了多少人的尸体，但可以肯定的是，总数超过了 200 具。大多数尸体被遮挡了起来，而有些则成为珠峰攀登者路上最为熟悉的"地标"。

珠穆朗玛峰上的每一具白骨，都代表一个生命的追求，一场英勇的攀缘，一缕梦想的蒸发。

他们，与珠峰同在。

第十七章 山难

春天的悲剧

1996年5月10日，从南翼登顶珠穆朗玛峰的几支登山探险队，在山顶遇到强烈的暴风雪，下撤的途中，有9人罹难。

1996年5月10日下午1点17分，珠峰南侧，几小时前还清澈的天空，乌云遮蔽了珠峰周围的较小山峰。

珠峰南翼，希拉里台阶，十几个登山者，缓慢地移动在海拔7925米以上地带。拥挤的人们一个接一个地努力向希拉里台阶攀登，以至于造成了堵塞。

罗布·霍尔

堵塞的人群由3支探险队组成：由新西兰著名向导罗布·霍尔领导的新西兰探险咨询队；一支以美国人斯科特·费希尔为首的疯狂山峰队；一支非商业性的来自中国台湾的团队。

下午三点钟，一团团旋转的云，飘过霍泽峰，向珠峰金字塔形的峰顶围拢。天上下起小雪，视线一片模糊。谁也没想到，一场可怕的严峻考验正在临近。

1996年5月10日下午掀起的那场暴风雪，摧毁了两支登山队。这一年春天，来到珠峰南北侧的登山队伍，约有16～20支登山队。

早在4月份，各支队伍的各个队员，从美国、新西兰、中国台湾、加拿大、南非、印度等地前来的登山者，来到加德满都报到，各支队伍再各自朝珠峰大本营进发。一年一度的春季登山开始了。

1990～1995年，商业登山队创造了安全成功登顶珠峰的商业记录。到了1996年，全部登山队的一半都是客户型的商业登山队。由新西兰著名向导罗布·霍尔领导的探险咨询公司的商业登山队，在1990年至

445

1995年之间，将39名登山者送至珠峰峰顶，比1954年首登珠峰后的20年间所做的攀登次数的总和，还多出3次。在1996年，霍尔收取每位客户65000美元作为带领他们登上世界屋脊的费用，这一报价并不包括去尼泊尔的机票和个人所需的装备。美国人斯科特·费希尔组织的"疯狂山峰"公司的登山队，也是以商业登山为目的的登山咨询公司。

1996年3月3日，美国北卡罗来纳州，新西兰探险咨询公司正在组织一次攀登珠峰的计划。新西兰探险咨询队的领队是公司的老板罗布·霍尔，他们准备5月10日登顶。

斯科特·费希尔

3月10日，新西兰探险咨询队在印度拉登台集合了。他们分别是：领队罗布·霍尔，向导迈克·格鲁姆、安迪·哈里斯，队员道格·汉森、西伯恩·贝克·韦瑟斯、南波康子、斯图尔特·哈奇森、弗兰克·菲施贝克、卢·卡西希克、约翰·塔斯克、记者乔恩·考拉考尔、徒步者苏珊·艾伦、南希·哈奇森。

3月29日，他们坐着一架空客A320飞越北印度。在飞机上，乔恩·考拉考尔看见珠峰就在同一高度的正左面，心中不禁有些害怕，心想"我们要爬一座和飞机飞行高度一样高的山"。

3月31日,他们来到了山脚下的小村庄帕克丁,它坐落在海拔2780米的树林里,居民基本都是夏尔巴人。

4月12日,他们在3000米雪线告别了最后一抹绿色,来到4938米的雪山村庄罗布杰。在环境恶劣的罗布杰,很多队员都生病了。哈里斯、格鲁姆、哈奇森、塔克斯都得了肠胃紊乱症,汉森则被头痛折磨着,考拉考尔患了干咳。

4月13日,他们到达了5364米的珠峰南坡大本营,这意味着他们将开始正式登山。

美国疯狂山峰队合影

新西兰探险咨询队在那儿遇见了美国疯狂山峰队。队长是斯克特·费希尔。他们决定一起爬山。疯狂山峰登山队包括:费希尔、贝德曼和布克瑞夫3名向导;6名夏尔巴人和6名队员夏洛特·福克斯、蒂姆·马德森、克利夫·舍恩宁、桑迪·皮特曼、莱宁·甘默尔盖德和马丁·亚当斯。

4月13日,凌晨6点。探险咨询队领队罗布·霍尔带领大家穿越昆布冰川。昆布冰川是通往1号营地的必经之路。昆布冰川上四处都是摇摇欲坠的冰塔，随时会将他们拍死。与他们一同前往1号营地的还有疯狂山峰队的克利夫·舍恩宁、夏洛特·福克斯和马尔·达夫探险队的维卡·古斯塔夫森。

　　下午，他们到达5944米的1号营地。霍尔让大家在西库姆冰斗上爬上爬下进行训练，适应空气。西库姆冰斗异常的热，你要不停地往衣服里放雪，让体温降下来。与此同时，美国疯狂山峰队领队费希尔一直在送伤者下山。

　　训练4月16日结束。4月17日他们又开始向上爬。

　　4月28日晚，他们成功到达了6492米的2号营地。在那里，夏尔巴人阿旺得了高山肺水肿，被连夜送下山。但还是不幸遇难。

　　大本营设置在昆布冰川的这几支队伍，都是沿传统东南山脊线路。由于天气的原因，最终他们选择了5月10日作为冲顶日。

　　5月9日早晨，新西兰探险咨询队、美国疯狂山峰队、中国台湾队、南非队四支队伍，从3号营地出发往4号营地行进。

　　5月9日下午，四支队伍陆续顺利到达4号营地。同时在4号营地的黑山队，尝试冲顶失败后正准备下撤。

1996年5月10日，排队等待登顶的登山者。

第十七章　山　难

5月9日23点30分，探险咨询队、疯狂山峰队系好氧气罩，打开头灯，离开4号营地，开始往顶峰前进。

探险咨询队共有3名向导、8位队员和4个夏尔巴人。而另外两个夏尔巴人留在4号营地帐篷里待命，以备救援之用。

5月10日，凌晨0点，疯狂山峰队的费希尔、布克瑞夫等3人及6名夏尔巴人和6名商业队员，离开4号营地冲顶。留下一名夏尔巴人备用。

凌晨0点10分，中国台湾队高铭和及2名夏尔巴人离开4号营地，向山顶进发。而南非队放弃攻顶。

这个夜晚，有33位登山者，向珠峰之顶进发。

5月10日早晨，探险咨询队中的2名客户先后放弃冲顶，并下撤。在近中午时分，另3名客户也因关门时间、体力因素等考虑，放弃了登顶而下撤。其中贝克因眼睛问题，下撤速度极为缓慢。

下午1点5分左右，疯狂山峰队的阿那托列·布克瑞夫第一个登顶；1点12分，探险咨询队队员科莱考尔登顶，4分钟以后，探险咨询队的向导安迪·哈里斯登顶。

下午1点17分，布克瑞夫等第一批登顶的三人陆续下撤。

疯狂山峰队第二批2人，也在1点25分顺利登顶。

以下午2点为界，在传统的"关门"时间内，登顶的仅为6人。

下午1点30分，希拉里台阶出现"堵车"，先后顺序为疯狂山峰队、中国台湾队，而后是探险咨询队。

下午2点10至2点20分，人数最多的一群人准备登顶。

疯狂山峰队领队费希尔、探险咨询队队员汉森远远落在台阶左右位置，前者要到3点40分才能到达山顶，而汉森则要等到下午4点。这时，珠峰南峰以下位置云海翻腾，天气已变坏。

下午3点15分，中国台湾队高铭和及两名夏尔巴人成功登顶珠峰。

下午3点30分，云雾浓密，天上飘着细雪，光线昏暗，已很难分清山峰和天空的分界处。情况越来越糟。

3 点 45 分，在南峰处开始有小风雪。疯狂山峰队向导贝德曼决定不再等费希尔领队出现，带领队员先行下山。

3 点 50 分，斯科特·费希尔登上顶峰，他的朋友兼夏尔巴队长洛桑江布正在等他。探险咨询队领队罗布·霍尔也在山顶，焦急地等着道格·汉森的出现。此时，翻滚的云团正向顶峰的边缘包围过来，预示着灾难的来临。

下午 3 点 55 分，费希尔开始下山。不久，高铭和和他带领的夏尔巴人也离开了，洛桑江布最后也下山了。

下午 4 点 30 分，汉森登顶，队长霍尔一直在峰顶等候着他。之后，两人一同下撤，但因氧气用尽，体力透支，汉森一头摔倒在地上，再也没有力气下山了。而霍尔也体力透支。

下午五点半左右，风雪已变成中等规模，从高处的希拉里台阶，到稍矮处的南峰顶，渐次散落着 19 名登山者。哈里斯为了救援自己的朋友，从南峰顶回头，再攀向高处。

希拉里台阶

第十七章 山难

下午 6 点，风暴已演变成规模巨大的暴风雪。雪片飞舞，狂风大作，闪电暴雷，自此并一直维持了整整一个晚上。19 名登山者被暴风雪困在了山上，他们在为生存做着殊死的搏斗。

下午 6 点 20 分左右，布克瑞夫、科莱考尔以及中途退出的 3 名探险咨询队客户安全返回到 4 号营地。

下午 6 点 45 分，天色全部黑了下来，暴风雪突然发展成 12 级以上的狂风，能见度降至 0.6 米以下。向导贝德曼、格鲁姆和他们的顾客及 2 名夏尔巴人，合并成了一支队伍。他们缓慢移动，进入了距 4 号营地垂直距离为 60 米的地方。为了避免在冰面上坠落，贝德曼带领他的小队走上了一条向东迂回的间接路径，因为那里的坡度较为缓和。

晚上 7 点多开始，布克瑞夫尝试营救暴风雪中迷路的登山者。7 点 30 分，贝德曼等人安全到达了一片开阔地。然而此时此刻，只有 3 至 4 人的头灯还有电池，每个人都已接近了身体崩溃的边缘。福克斯越来越依靠马德森的帮助，而韦瑟斯和南比没有格鲁姆和贝德曼的支持已无力行动。

晚上 8 点钟，洛桑江布追上了费希尔，他挟着费希尔走在冰雪覆盖的山脊，风暴非常猛烈，巨雷轰鸣，闪电凌厉。费希尔说："我病得很重，风暴太厉害了，我下不去了。我真想跳下去。"洛桑江布赶紧把他系在绳子上，然后帮他缓慢地向南山口挪动。

气温骤降，风雪凛冽，四周漆黑一片。中国台湾队高铭和在猛烈的暴风雪中体力不支，跟不上两位夏尔巴向导。高铭和被强风吹得实在受不了，就地坐在坡上，全身不停地在抖。他双手麻木，呼吸困难，发现氧气快用完了。高铭和一直撑到次日早晨，天亮了起来，风雪稍弱，他迷迷糊糊，昏了过去。返回来的夏尔巴人后来找到了他。

费希尔受困于南峰顶上约 8300 米处，不能行动。洛桑江布陪费希尔待了一个小时，才先行下山求援。他向西偏离了路线，午夜时分，才终于找到了 4 号营地。

晚上 8 点，贝德曼和探险咨询队的向导、客户迷路了。他们当时位于与 4 号营地同样高的位置，距安全地带的水平距离仅有 305 米。在接下来的 2 小时内，每个人的氧气在很早以前就用完了，整支小队禁不住冷风的袭击。

气温降至零下 37.7℃。在一块不及洗碗机大的石头的遮蔽下，登山者们可怜地在被风吹洗得光秃秃的平地上蹲成了一排。寒冷几乎要了他们的命。

凌晨时分，贝德曼、格鲁姆、舍恩宁和甘默尔盖德进入了 4 号营地。他们告诉布克瑞夫，夏洛特、桑迪和吉姆需要帮助。

布克瑞夫走到山口，搜索了将近 1 小时，但没有找到任何人。他返回营地，从贝德曼和舍恩宁那里得到更确切的方位，然后再一次闯入风雪中。

这一次他找到这支小队，看到了躺在冰雪上一动不动的几个队员，马德森依旧神志清醒而且能照顾自己，皮特曼、福克斯和韦瑟斯已无法自理。

这时，日本女登山家南波康子已经死亡。南波康子，1949 年 2 月 7 日出生于东京都大田区，早稻田大学文学部毕业。她是继田部井淳子之后，第二位登顶珠峰的日本女性，也是全世界七大高峰登顶者。

布克瑞夫连忙帮助福克斯向帐篷的方向移去。他们走了以后，贝克·韦瑟斯躺在那里，像死了一样。桑迪瑟缩在马德森的大腿上，这时贝克·韦瑟斯突然喃喃说："嗨，我都想通了。"然后，他滚动了一小段距离，蹲在一块大石头上，然后硬撑着站起身，双臂向两侧打开，迎风而立。一秒钟后，一阵狂风吹来，他消失在夜色中。

布克瑞夫不久后返回，他拖住桑迪行走，马德森收拾好东西，尾随

日本女登山家南波康子

第十七章 山难

其后，当他们最后到达营地时，已是凌晨4点30分。

5月11日凌晨4点43分，探险咨询队领队霍尔下至南峰顶，第二次与大本营通话。此时，他身边既没有汉森，也没有了哈里斯。在后来2个小时的信号传递中，霍尔的声音，听起来有些神志不清和逻辑混乱。

凌晨4点43分，霍尔在呼叫中对大本营医生卡罗琳·麦肯齐说，他的双腿不能再动了，他一步也挪不动了。

早晨5点，大本营临时通过卫星电话接通了远在新西兰的霍尔的妻子简·阿诺德，她听到丈夫的声音吃了一惊，很明显，他说话口齿不清，"好像正在飘向远方"。

霍尔在和大本营的对话中，不断询问高铭和、费希尔、贝克·韦瑟斯、南比和其他队员的情况。他对安迪·哈里斯尤为关心，不停询问他所处的位置。

上午9点半，雪已停，风略变小，能见度尚好。新西兰队的日本队员南波康子已死亡，其他人陆续被营救。这三支队伍里的5个夏尔巴人，从4号营地出发，尝试营救在高处的霍尔、费希尔和高铭和。

下午1点左右，疯狂山峰队领队费希尔濒临死亡，已完全失去行动能力。于是，3名夏尔巴人只将尚能行动的高铭和拖搬回4号营地。

3点半左右，往高处攀登救援霍尔的2名夏尔巴人，最终因大风和严寒，放弃营救而返回4号营地。

下午4点30分，贝克·韦瑟斯自己苏醒，摇晃着返回4号营地，几乎同时，高铭和也被带回4号营地。

贝克·韦瑟斯当时落在了队伍的后面，在珠峰的南坳，暴露在严寒之下，遭受到严重的冻伤，不过他依旧留有一个睡袋。当恢复了足够的体力之后，他孤独无助地回到4号营地附近，如果人们没有找到他，那他就会被冻死在那里。

正好当时，阿纳托利·米科莱耶维奇·伯克利耶夫独自一人正试图返回山上救助落在后面的斯哥特·菲舍尔,在离开四号营地不远的地方发现了贝克·韦瑟斯。

贝克·韦瑟斯就像一个投降的士兵,高举着没戴手套的双手。彼得·阿桑斯负责照料韦瑟斯,将他扶进了一个帐篷。当伯克利耶夫找寻其他同伴的遗体返回后发现没有队友在照看韦瑟斯,他正在痛苦地扭动着身躯。

当贝克·韦瑟斯被救回到营地帐篷中后,他的伙伴们说:"他冻坏的双手及鼻子看上去和摸起来就像瓷器做的。"他们以为韦瑟斯不能活下来,就把他放在那里,让他舒舒服服地死去。

但是,贝克·韦瑟斯奇迹般地活了下来,虽然一晚上没吃没喝,但依旧躺在睡袋里,孤独地度过了一个寒夜,没人能听到他的呼喊声。第二天早上人们惊奇地发现他依然活着,于是才组织了一场直升机高海拔救助行动,将他运到了加德满都进行抢救。韦瑟斯回到了家乡达拉斯,康复后依然干起了医生的老本行。2000年,根据他的经历,韦瑟斯写了一本书——《奔向死亡》(Left for death),并为大家做演讲,介绍他自己的故事。

下午6点20分,霍尔在山上和正在新西兰守着卫星电话的妻子阿诺德通话。霍尔说:"给我一分钟时间,我嘴都干了,我得吃点雪才能和她说话。"

过了一会儿,他又说话了,声音很慢,严重嘶哑,"嗨,亲爱的。我希望你已躺在温暖的床上了。你还好吗?我不知该怎么对你说,我是多么地想你!"

阿诺德回答道:"你听起来要比我想象的好……你感到暖和吗,亲爱的?"

"在这种高度上,我还算比较舒服。"霍尔说,尽力不让她担心。

"你的脚怎么样?"

"我没有脱鞋看,但我想可能有些冻伤……"

"等你回家,我会让你感到特别舒服,"阿诺德说,"我知道你就要得救了。别觉着自己是一个人。我正在把我的力量传递给你！"

在挂断电话之前，霍尔对自己的妻子说："我爱你。睡个好觉，宝贝。别太担心了！"这是所有人听到的霍尔的最后几句话。

那天晚上和次日，进行的几次联络霍尔的努力，都没有得到回应。

12天后，当布里歇尔斯和韦斯特斯途经南峰顶时，他们发现了霍尔的尸体，他向右侧扭着身体，躺在一个冰洞中，上半身掩埋在雪堆的下面。

5月11日晚上，活着的登山队员待在各处营地。而其他未归的人都已经死亡。霍尔、费希尔的遗体一直在山上保留到今天。汉森与哈里斯，杳无踪迹。

5月10日下午的暴风雪，也同时袭击了传统中国侧的北坡线路，在5月11日上午，3名印度警察登山队队员，也在风雪中煎熬若干小时后被冻死。

探险咨询队的贝克·韦瑟斯，在队友的帮助下靠自己冻伤的双脚走到了海拔更低的营地。随后他被直升机所救助，这是一场前所未有的高海拔直升机医疗救助行动。

新西兰探险咨询队受伤的贝克·韦瑟斯

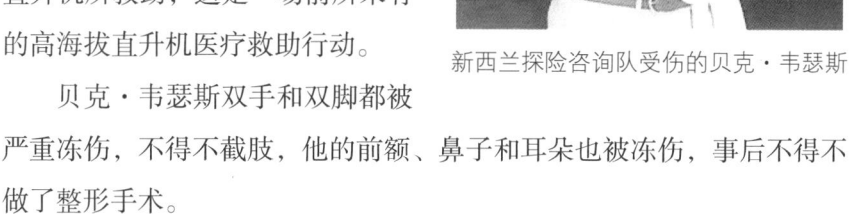

贝克·韦瑟斯双手和双脚都被严重冻伤，不得不截肢，他的前额、鼻子和耳朵也被冻伤，事后不得不做了整形手术。

5月13日早晨，严重冻伤的高铭和以及贝克，在海拔6030米的地方，被直升机救走奔赴加德满都。这次飞行创造了6030米的直升机飞行高度纪录。高铭和回到中国台湾，在医院里整整住了一年，历经15次手术，切除了手指、脚趾、双脚后跟和鼻子。

珠峰简史

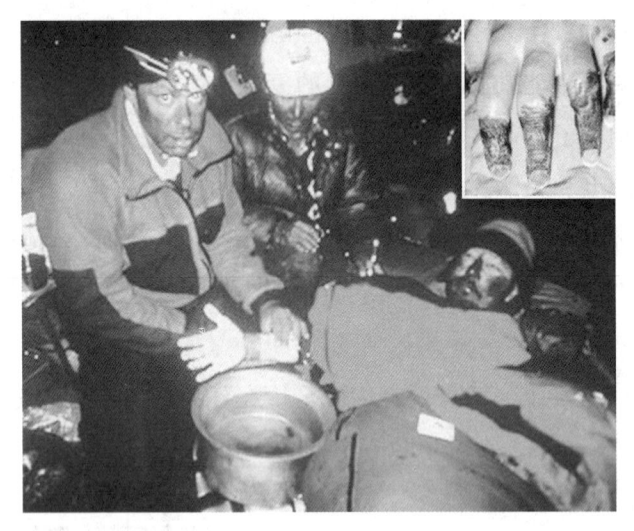

1996年珠峰灾难中，医生肯康勒和另一位登山者在照看贝克·韦瑟斯（Beck Weathers）冻伤的右手。右上图为贝克·韦瑟斯伤坏死的手指，他的左手拇指后来被切除。

被营救后的高铭和

5月10日下午4点多发作的这场珠峰暴风雪，持续了20小时。在短短1天左右的时间，湮灭了当时世界上最生气勃勃的珠峰商业登山公司，吞没了几位最优秀的职业高山向导的性命。

新西兰探险咨询公司老板霍尔、他的高山向导哈里斯，以及客户汉森、日本人南波康子总共 4 人遇难。美国疯狂山峰公司老板费希尔丧生。加上 5 月 9 日去世的陈玉男，以及北坡的 3 个印度人，1996 年的珠峰山难，一共有 9 人遇难。

另一种说法，全部加起来，珠穆朗玛峰在 1996 年春天共夺走了 12 个人的生命。这是自 75 年前人们首次登上珠穆朗玛峰以来，最惨重的季度死亡数。

尽管珠穆朗玛峰在 1996 年春天创造了 12 人季节死亡人数的纪录，但这 12 人，只占登上大本营以上地方的 398 名登山者的百分之三，实际上比历史上的百分之三点三的最高死亡率，还略低一点儿。

从 1921 年到 1996 年 5 月间，珠峰被攀登过 630 次，共 144 人死亡，即每 4 次攀登有 1 人死亡。

同历史上这些记录相对照，1996 年珠峰登山的安全系数，事实上是高于平均水平的。

然而，攀登珠穆朗玛峰终归是非常危险的行为，成败终究在天，挽歌无可避免。

登山，永远是一项将冒险理想化的运动。

大雪崩

雪崩，是一种所有雪山都会有的地表冰雪迁移过程。雪崩首先从积雪的山坡上部开始，先是出现一条裂缝，接着，巨大的雪体崩塌，向下滑动，速度可以达 20～30 米/秒。

珠穆朗玛峰，是雪崩频发的地方。

2015 年 4 月 25 日，尼泊尔发生 8.1 级地震，立刻引发珠峰南坡的大面积雪崩。雪崩造成珠峰南坡的登山大本营（即 EBC，海拔 5334 米）被毁，冲垮并埋没大量帐篷，并最终造成至少 19 人遇难。

虽然珠峰距离此次尼泊尔地震中心约有 214 千米的距离，强烈的震感仍然给珠峰南坡昆布地区带来了毁灭性的灾难——此时正值登山季，昆布地区的各座山脉上都满是登山探险者。

2006 年珠穆朗玛峰雪崩

2015 年 4 月 25 日尼泊尔大地震引发珠峰雪崩，图为雪崩后的珠峰南坡大本营。

第十七章 山 难

据《印度时报》报道，地震造成珠穆朗玛峰发生雪崩，珠峰南坡1号和2号营地（Camp1 和 Camp2）被雪覆盖，多名登山者失去联系。珠峰1号和2号营地分别位于海拔约5500米和6000米处，其上还有多个营地。

据悉，被困的还有印度军方人员。有登山者在网上发文称，"珠峰因为地震发生了雪崩，我从帐篷跑出来求生，没有受伤。山上还有很多很多人"。

美国知名登山者丹尼尔·马祖尔（Daniel Mazur）在社交媒体上称，珠峰大本营也在地震中受到严重破坏，他还有队友当时正在1号营地。

地震引发的雪崩，横扫了整个珠峰南坡大本营。报道称已有18人遇难，多人受重伤，还有100至200名登山者和夏尔巴向导因冰雪封锁而被困在了山上。

一位来自罗马尼亚的幸存登山者亚历克斯·加文（Alex Gavan），在地震发生后一个小时更新了他的推特："珠峰大本营正在经历一场大地震，紧随其后的是普莫里峰（注：紧邻珠峰和大本营的一座海拔约7000米的雪峰）上的大雪崩。当时我从帐篷里拼了命地向外跑。总算是保住了我的小命。但还有很多很多人被困在了山上。"

正在珠峰南坡的三支中国登山队伍中，由宋玉江和李建宏带领的登山队全体安全。由麦子带领的中国首支女子登山队中，一名男队员和两名夏尔巴人遇难。中国登山协会副主席王勇峰表示，将全力配合高山救援。

据此前报道，中国首支民间女子珠峰（南坡）登山队于2015年4月10日抵达加德满都，正式从南坡进行珠峰攀登。

地震发生后，中央电视台连线海拔5200米左右珠峰北坡大本营，登山向导介绍，地震发生时大本营感受到震感，但未发生大的雪崩。

《解放军报》记者的微博中称，驻地武警公安边防支队出动50人前往珠峰北坡大本营探明情况。该微博称，尼泊尔地震发生后，珠峰北侧接近北坳（7028米）处发生大规模雪崩，当时有中国业余登山队运输组人员正向北坳运输物资，所幸不在雪崩区域且无人员伤亡，这批运输组人员已下撤至安全地带。目前珠峰登山者均已在安全地带。

43岁的登山发烧友吕铁鹏，4月25日正在尼泊尔的南坡登顶珠穆朗玛峰。下午，他刚从海拔6500米的二号营地回到5300米的南坡大本营，钻进帐篷，刚脱下羽绒衣裤，忽然觉得帐篷里的泡沫床垫开始像按摩椅一样振动起来，他快速跑出帐篷观察，忽然，看见一道巨大的雪浪，目测大约有一百米高，冲过碎石坡！

尼泊尔2015年4月25日遭遇8.1级强震，在珠穆朗玛峰一带引发雪崩，冲垮和掩埋登山者大本营的部分帐篷，导致至少17人遇难，61人受伤，约千名登山者被困。图为珠峰南坡大本营雪崩现场。

吕铁鹏跑回帐篷里，几秒之内，雪崩就开始袭击帐篷，帐篷被卷起来，开始翻滚，他和帐篷里的背包、睡袋、衣物、杂物等一起被暴风蹂躏。大概翻了三个滚，风停了下来。他睁开眼，撑开帐篷内帐，看到里里外外一片白。瞬时的感觉是，到了世界末日！

他钻出坍塌的帐篷，看到整个营地基本被雪崩扫荡成平地，炊事帐、餐厅、储物帐、厕所等，都塌在雪中，各种帐篷杆凌乱地斜着。

就在几分钟前，尼泊尔80年来最严重的一场地震，在喜马拉雅山区引发了巨大的雪崩。

第十七章 山难

吕铁鹏被雪浪掀翻的帐篷

雪崩时大概有一千人驻扎在南坡大本营，大本营居中的一块地区遭到了雪崩的正面袭击，瞬间导致多人丧生，几十人受伤。

路透社报道说，在珠穆朗玛峰南坡登山大本营，这次地震引发的巨大雪崩造成一片慌乱。

上百名登山者在周日依然还能感觉到剧烈的晃动，雪和巨石从山上砸落。一位幸存的尼泊尔向导说，当时能听到巨大的声响，好像恶魔来袭。

珠穆朗玛峰尼泊尔一侧的大本营，位于几座喜马拉雅山高峰环抱的一个山谷里。当地震发生的时候，在营地休整的登山者几乎无处可逃。一位美国登山者回忆说，地震在大本营周围都引发了大规模雪崩，奔涌而下。大片营地瞬间被汹涌袭来的雪墙、冰块和石块掩盖，人们试图和雪崩赛跑，但跑不过它们。许多人被从后面冲过来的雪块、石块击倒，帐篷被冲飞。

这是珠穆朗玛峰最黑暗的一天。《泰晤士报》文章说，在珠峰大本营，雪崩已经造成19人死亡、61人受伤。

在海拔更高处的登山营地，有许多登山者被困，由于梯子被毁，连接1号营地和大本营的昆布冰川（Khumbu Icefall）的下山路径基本无法通行。

CNN援引第一个登顶珠峰的美国人吉姆·惠特克（Jim Whittaker）

461

的话说，登山者只能重新开辟一条新的路径通过冰川，这可能需要几天的时间。

但是不断发生的余震让开辟新路径变得更加困难。大本营一位名叫亚历克斯·加文（Alex Gavan）的登山者在推特上说，直升机把绳子和其他设备运送给了困在冰川之上的人，有几名登山者被直升机运送下山，但上面还有超过100人被困。加文在推特上说，不可能通过直升机把所有人都运下来，上面的人实在太多了。

一些登山者被困在了海拔6400米的珠峰2号营地。据彭博社报道说，这其中包括一名新德里的海运专家安科·巴尔（Ankur Bahl）。54岁的巴尔被困在2号营地，他的妻子桑吉塔（Sangeeta）正安排直升机营救。她说大约还有120名登山者被困在1号或者2号营地，无法回到大本营。

巴尔通过卫星电话告诉妻子，他们一行共12人在从1号营地向2号营地攀登的过程中感受到了地震。后来由于电话电池没电，他们再也没有通过话。

负责此次登山活动的西雅图麦迪逊登山公司（Madison Mountaineering）在其网站上说，这些登山者目前都还安全，他们正试图返回1号营地，以获得空中救援。他们的食品和燃料储备已经不多。Madison表示，目前唯一的办法就是通过直升机撤离。

在珠峰遇难的人包括大本营的医生玛丽莎·夏娃（Marisa Eve Girawong），她一直在莱斯特大学（University of Leicester）研究高山药物。此外还有谷歌"隐私与安全"团队主管丹·弗雷丁伯格（Dan Fredinburg）。

2015年珠峰雪崩灾难并非第一次。2014年4月18日当地时间早晨6点45分左右，珠峰南坡大本营上方，在通往昆布冰川的路上，大约海拔5800米处，发生雪崩，16名尼泊尔夏尔巴人惨遭不幸。

昆布冰川，是从珠峰南坡大本营攀上珠峰需要经过的四大关卡之一。穿越昆布冰川，海拔虽只是从5400米上升600米，但却险象环生。

2014年4月18日，珠穆朗玛峰昆布冰川发生雪崩，造成16名尼泊尔夏尔巴人遇难。

昆布冰川又被称为"恐怖冰川"，常年有609.8米厚的冰块和裂缝不断移动。在登山季节开始时，夏尔巴人首先探测通过这一地带的路线，并在选定的路线上放置绳子和铝梯帮助登山者攀过裂缝。

除了随时可能滑入的冰缝外，昆布冰川突如其来的雪崩和冰崩也会瞬间吞没登山者的生命。攀登者头顶上方的冰柱往往长达数米，当春季温度开始上升时，大型冰块的移动更是增加了不稳定性。

2014年4月18日，珠穆朗玛峰南侧尼泊尔境内发生雪崩，当地组织人员进行救援。

从人类登顶珠峰以来，昆布冰川共发生19起悲剧，埋葬了几百条登山者的生命，是南坡攀登中海拔最低也是死亡率最高的一个区域，可以说是珠峰的死亡地带。

2014年4月18日早上，16名尼泊尔夏尔巴人从海拔5364米的珠峰南坡大本营出发，前往海拔约5900米的1号营地，准备为后续登山者做技术准备，6点左右，他们在靠近1号营地的途中遭遇雪崩。

4月19日，尼泊尔方面正式确认，此次雪崩已有15人死亡，死者大多是当地向导。尼泊尔登山协会成员昂·策林说，雪崩发生在登山者称为"爆米花地"的一片区域。这里靠近南坡以危险著称的昆布冰川，是从大本营前往海拔5943米的1号营地的必经之处。

死亡和失踪的16位尼泊尔夏尔巴人分属于5家不同的旅行公司。灾难发生后，尼泊尔政府已经宣布向每一户死难者家庭提供4万卢比（约合2600元人民币）的紧急援助，但夏尔巴人要求增加抚恤金额。

此次雪崩事故触发了夏尔巴族向导与尼泊尔政府之间的矛盾，前者希望政府颁布禁攀令，纪念他们的同伴，后者则拒绝做出这一决定。最终，夏尔巴向导进行联合抵制，迫使数百名外国登山者取消了攀登珠峰的计划。

第十八章 高　度

珠穆朗玛峰之煊赫辉煌，不仅因其博大，尤在其高峻。

作为地球之巅，珠穆朗玛峰的准确高度，素为世人瞩目。

人类对珠峰的认识，最初就是从测量其高度开始的，之后，又不断地、一次次地测量珠峰。

测量珠峰高程

珠穆朗玛峰的高度，已经有 160 多年的测量历史。

随着科学水平不断提高，技术手段不断更新，各国的科学家们热衷于测量珠峰高度，并进行了大大小小数十次的测量。

直到现在，测量珠峰的热潮仍然没有减退，在过去 30 多年中，各国科学家就进行过 10 多次测量。

1856 年，英属印度测量局首次宣布珠峰高度：8839.81 米。

1954 年，印度政府再次对珠峰进行测量，得出的结果是 8847.7344 米。

1975 年，中国首次进行珠峰测量，测得珠峰高度为 8848.13 米。

1992 年，意大利科学家乔治·普瑞迪带队登珠峰，测出珠峰高度为 8846.50 米。

1999 年，美国探险队测量出珠穆朗玛峰积雪覆盖的顶峰高度为 8850 米。

2005 年，中国再测珠峰高度，测得珠峰峰顶岩石面海拔高程为 8844.43 米。

历史老人攥着一把卡尺。人类认知珠峰的历史，从某种意义上说就是一部测绘史。应该说，珠峰的测量史，从一个侧面反映了人类对世界最高峰的认识过程。

科技发展，的确有缓急之分，也有先后之序。从无到有，从认识自己周边的环境，到认识更加广阔的世界，正是科技发展的鲜明轨迹。珠峰高度的定位，对于研究地球地壳运动、自然环境变化、气候生态变迁等，都具有一定的科研价值。

测量珠峰的精确高度，实际上，也是在测量人类科技高峰的高度。

第十八章 高 度

测高喜马拉雅

进入 19 世纪，急于扩张的英国和俄罗斯，在亚洲中部开始了相互冲突。这时，对于环喜马拉雅地区地图绘制的重要性，凸显了出来。

1800 年，英国人在其治下的印度次大陆，开始了喜马拉雅山的测量制图。当时的孟加拉总测量师罗伯特·克勒布鲁克（Robert Coiebrook），授权陆军军官们可以进入他们所选择的任何国家，测绘那里的地图。于是，尉官一级的年轻测量师们，纷纷进入喜马拉雅山脉的高山深处。

18、19 世纪，人们开始认识到地球是个球体。19 世纪初叶，英国、法国、德国为了勘查国土和他们的殖民地国家的区域面积，开始了长达半个世纪的大弧测量工作，也就是现在所称的大地测量。

印度大三角测量加尔各答基线（1832）

测量的主要目标，是为了探知地球，参考椭球的大小，确定大城市之间、不同地界之间的距离方位，并把这些数据插入到地图中去，以满足战争与税收的需要。

1808年，在印度次大陆湿热的平原与山地，开始了一个雄心勃勃的巨大工程——印度大三角测量（Great Trigonometrical Survey，GTS）。印度大三角测量，旨在为整个英属印度建立"烤架系统"，即通过三角测量的模式，量测印度次大陆任意两点间的相对距离和高度。当然，由英属印度测量局开始实施的这一计划，其中包括了想要确定世界最高峰的位置和名字。

位于西藏和尼泊尔的喜马拉雅山，隐藏在亚洲的腹地。尽管地处偏远的山区，缺乏完整信息，但在18世纪之初，喜马拉雅山还是被认为是世界上最高最大的山脉。

尤其是活动在印度北部的英国探险家，他们意识到喜马拉雅高大的雪山、巨大的冰川与峡谷，正是隐藏着世界上最高山峰的地方。

英国人和印度人的测量，持续了半个多世纪。

地图显示在印度大三角测量的三角形断面，此图创作于1870年。
印度大三角测量是在1802年4月开始的。

第十八章 高　度

　　由东印度公司主导的印度大三角测量，大大低估了该项目的困难程度，原来初步计划花费 5 年时间完成测量，结果最终用了几乎 60 年。

　　1802 年 4 月 10 日，大三角测量正式开始。在靠近印度南部的马德拉斯，威廉·兰顿上校测量出长 7.5 英里的第一条基线。大三角测量的大篷车，由南向北移动。

　　威廉·兰顿的这次测量，一直到他 1819 年退休也没有完成。他将这一项目移交给时任印度测量局长的乔治·埃佛勒斯爵士。兰顿死于 1823 年。埃佛勒斯试图完善和简化制图的过程，但工作仍然繁重而艰难。

　　这支在印度北部崎岖的道路上踽踽前行的 700 人的队伍，由测量师和大量的仪器、支持人员、当地的搬运工、英国士兵，以及

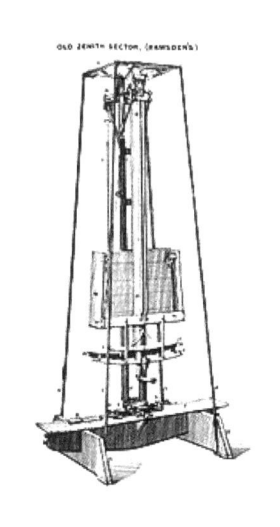

印度大三角测量使用的
大型天文测量仪

牛、马、大象、骆驼共同组成。勘察队抬着重达千磅的经纬仪，从印度南部开始向北移动，沿路尽可能创建三角网，搜集人口、地名资料和地形信息。

　　时任印度测量局局长的乔治·埃佛勒斯（George Everest）指挥安德鲁·沃尔夫的测量大队，在印度平原沿着喜马拉雅弧开展了大弧测量工作，同时下命令要求测量队观测喜马拉雅山脊上的每座雪峰，测量它们的位置高度。

　　到 19 世纪 30 年代早期，大三角测量的先锋，抵达了喜马拉雅山脉。在那里，测量师们树立起石头垒砌的二十码高的塔标，以便瞄准、使用经纬仪。

　　1843 年，埃佛勒斯退出该项目。安德鲁·沃尔夫接过接力棒，在喜马拉雅山的山麓，继续测量工作。

469

印度测量局长乔治·埃佛勒斯

1847年，英属印度测量局将目光对准了珠穆朗玛峰。由于当时英国与中国西藏和尼泊尔的关系紧张，进入尼泊尔境内的要求几次遭到拒绝，英国人不得不从200多千米外对喜马拉雅山脉进行观测。

英国人被迫沿着尼泊尔南边平行于喜马拉雅山脉的德赖平原继续他们的观测。德赖平原的条件非常恶劣，有倾盆大雨和疟疾。有三名勘察员死于疟疾，另有两人因日益下降的健康状况而退出。

1847年11月，印度测量局的局长安德鲁·沃尔夫，在位于喜马拉雅山脉东端的观测站，组织进行了观测山区横向三角网。测量师们的观测地点，最远的离喜马拉雅山有240千米（150英里）远。在这年的最后几个月，天气限制了勘察工作。

喜马拉雅山脉最高的79座山峰被"确立"下来，其中包括珠穆朗玛峰、乔戈里峰（Qogir，又称K2）、干城章嘉峰这三个世界上最高的山峰。

干城章嘉峰在当时被认为是世界最高峰。安德鲁·沃尔夫注意到有座山峰，比干城章嘉峰还要高。沃尔夫手下一个工作人员约翰·阿姆斯特朗，也从一个更西边的地点看到了这个山峰。安德鲁·沃尔夫在后来写道，观测显示要比干城章嘉峰高，但由于观测点距离山峰太远，有必要靠近观测确认一下。

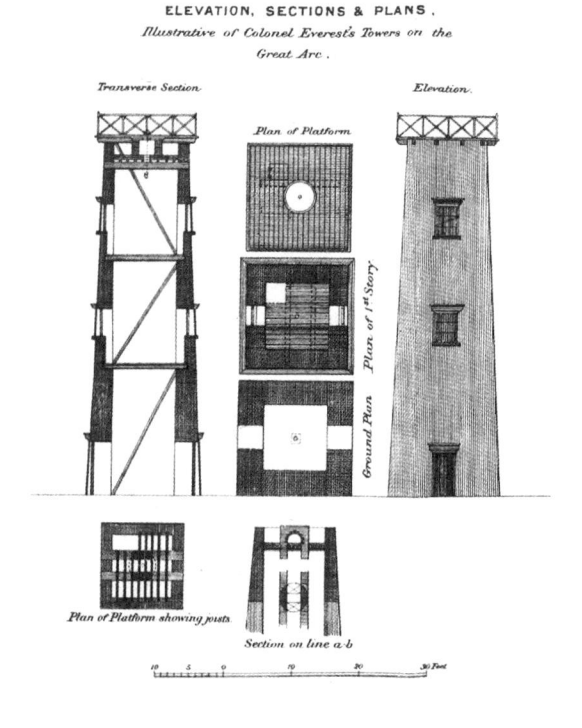

印度测量局观测珠峰高程时的测量塔和观测仪器

这次观测点在离珠峰 322 千米处，测定距离和一个垂直角。得到的珠峰高程为 8783.7 米，未考虑任何误差改正。

次年，安德鲁·沃尔夫派遣了一名勘探人员返回德赖，以便更近地观测那座山峰。但山上不散的云彩，阻碍了所有的观测行为。

1849 年，安德鲁·沃尔夫、詹姆斯·尼科尔森去了这个区域。尼科尔森先是从距离珠峰 190 千米（120 英里）远的地方做了两次观测。然后他又带着最大的经纬仪向东行进，沿途做了超过 30 次测量，最近的一次，离珠峰有 174 千米（108 英里）远。

尼科尔森后来回撤到恒河旁的巴特那，基于自己的观测做了必要的计算。他平均所有的观测数据，得出了珠峰的高度大概为 9200 米

（30200英尺）。只是这个结果中没有考虑光的折射，这有可能扭曲测得的高度值。

但这个数字已经说明珠峰要高于干城章嘉峰。不幸的是，尼科尔森下山时得了疟疾，最后不得不结束观测回家，计算最终没有完成。

安德鲁·沃尔夫的助手米歇尔·亨尼斯，基于罗马数字开始给观测的这些山峰命名。干城章嘉峰为第九峰（PeakIX），珠峰为第十五峰（PeakXV）。

1849～1850年间，印度测量局又从孟加拉平原纵向三角网的6个测站点上观测了珠峰高程，观测站距珠峰为174～191千米，观测站高程为68～79米，求得折光系数为0.0727～0.0753。

测量人员开始了对珠峰实际高度的计算。由于需要考虑光的折射、大气压力以及温度变化等诸多因素，烦琐计算是个庞大的工程，耗费了近两年的时间，最终才首次得出珠峰高度数字——29000英尺（折合8839.2米），高程互差最大12.8米。

1852年的一天，来自孟加拉的数学家和大地测量学家拉德哈纳特·希克达尔和迈克尔·轩尼诗，来到新德里附近德拉敦的印度测量局总部，走进安德鲁·沃尔夫的办公室，拉德哈纳特·希克达尔兴奋地宣布："先生，我发现了世界上最高的山！"这一结果，意味着珠峰就是世界上海拔最高的山峰。但出于谨慎的考虑，这个结论并没有很快宣布。

沃尔夫在1854年开始和他的下属继续研究尼科尔森的数据，花费了几乎两年的时间，试图解决从测量点到珠峰这段遥远的距离里光折射、大气压、温度对测量结果的影响。最终，沃尔夫在1856年3月宣布了他的发现：第十五峰即珠穆朗玛峰的高度为29002英尺，即8840米。干城章嘉峰的高度被宣布为28156英尺，即8582米。沃尔夫得出结论，第十五峰"最可能在全世界是最高的"。

安德鲁·沃尔夫将珠穆朗玛峰，用他的前任的名字命名为乔治·埃佛勒斯峰，他写道："我尊敬的领导和前任乔治·埃佛勒斯局长曾经教我给每个地理物体赋予它真正的当地或本地称呼……但是这座山，很可能是世界最高，但没有任何我们能发现的当地称呼；它的本地称呼，如果有，也不可能在我们进尼泊尔之前而确定。其间，荣幸的分配任务交代给了我……我想起了一个市民和地理学家都知道的、文明社会里家喻户晓的名字。"

印度大三角测量时在加尔各答附近修建的一个测量标志塔（2012年摄影）

1880年、1881年、1883年、1902年，印度测量局从大吉岭附近六个测站测定珠峰高程。测站距珠峰137～175千米，所得结果与1849至1850年测定结果联合计算，得出珠峰高程为8882米，此次六个测站所获结果的最大互差达13米。计算中仍未考虑基准面和归算问题，只是在采用折光系数方面有所改善。这个珠峰高程数据曾为世界各国广泛采用，为中国1975年以前的使用值。

1880～1883年及1902年，印度测量局又从大吉岭附近的地形三角锁6个测站观测珠峰，测站至珠峰距离为137～175千米，测站点高程为2594.6～3638.3米，1905年计算时假定折光系数为0.05，但未考虑垂线偏差，算得的高程为8888米。

到1907年，将孟加拉平原和大吉岭观测结果联合计算，孟加拉平原视线折光系数采用 0.0645，大吉岭视线折光系数采用 0.05，计算出来的珠峰高程为 8882 米，高程最大互差 13 米。这个高程值既没考虑测站点的垂线偏差，也没考虑椭球体高程与大地水准面高程的区别问题，实际上这个高程值是在一个不确定的基准面上，而折光系数又不贴近实际，所以印度把这一高程值暂不作为官方数值，即不修改印度地图上原注的 8840 米的高程。

虽然如此，这个高程数值还是普遍地引起了人们的关注，在美国出版的地图上就采用了这个数值，过去在中国地图上标注的 8882 米，也可能是参考了这一数值。

1921 年，印度测量局重新考虑珠峰高程的测定，他们在孟加拉平原上海拔 2628 米的 6 个测站和大吉岭上海拔 3613 米的 2 个测站，分别做了观测。1922 年计算时，只对大吉岭山上 2 个测站的观测结果做了垂线偏差改正，而孟加拉平原 6 个测站没有改正。

有关归算到大地水准面高程的问题，他们估计从孟加拉平原测站到珠峰大地水准面升高 21.3 米，当时也没有考虑观测站大地水准面的差距，可见考虑还是很不周全的。这次计算出的椭球体面高程为 8884.6 米，或然误差（约为中误差的 2/3）±1.4 米，归算到大地水准面的高程，即海拔高程为 8863.3 米。

1929 年，印度测量局又开始讨论珠峰高程问题，这时他们对于椭球体高程与大地水准面高程之间的关系有了进一步了解，从而指出 1922 年推算的珠峰高程不准确，问题主要是印度所使用的挨弗勒斯椭球体，没有严格的定位的定义，特别是没有规定椭球体与大地水准面之间的关系。印度大地测量的基线归算水准不同，如果取其平均值，则正好使大地水准面与参考椭球体在印度大地原点 Kaliaupur 处相切。（常吉庆，2005）孟加拉平原大地水准面差距应 -9.5 米左右，对 1922 年计算的珠峰高度应再减去 9.5 米，即为 8854.4 米。

时隔近一个世纪后，在 1852 年测量的基础上，1952～1954 年，印度政府又组织了一次对珠峰高度的测量。

印度测量局征得尼泊尔同意，把三角测量推进到尼泊尔境内，在尼泊尔境内布设了一个长达 480 千米的地形三角锁。锁的两端闭合在印度三角网的边上，构成一个四边形的闭合环，在三角锁内测了 4 个拉普拉斯方位角，量了 3 条基线，在这条锁的侧翼又布设了一个扩充网，共有 8 个点作为观测珠峰的测站点。这些测站至珠峰的距离为 46～75 千米，它们的高程为 2642～4472 米，水准路线是从大吉岭引进的，没有连测到 8 个测站上，8 个测站点的高程是经短边三角高程传算过来的。

这次测量最值得重视的是在观测珠峰的所有 8 个测站上，都由等高仪测定了经纬度，求得了它们的垂线偏差，使计算结果不受垂线偏差的影响。还沿着这条三角锁的子午方向到大吉岭的东支的三角点上，测定了天文经纬度，从而可以利用天文水准方法推算大地水准面差距，为把椭球体高程化为大地水准面高程创造了有利条件。

为了内插和外插垂线偏差，以便推算大地水准面差距，还计算了一些点的地形垂线偏差和均衡地形垂线偏差，得到每个测站到珠峰大地水准面升高为 9～16 米。

这次所测高程，相当于珠峰南坡覆雪最少的情况。折光计算采用福特公式，大气温度随高度递减率（梯度）采用 5.83℃/1000 米。最后计算出来的珠峰高程的加权平均值为 8847.6 米，各方向最大互差为 5 米，中误差为 ±1.5 米。

印度以前测定的高程值是不精确的，是在数据很不完备的情况下计算的，如计算时采用带有误差的折光值，也没有考虑到基准面，用现代科学的标准来判断，早期计算出来的珠峰高程，由于忽略或没有周密地考虑到某些物理因素，求得的高程值不仅误差大，其理论概念也是模糊的。可以看出，新的高程值与老的高程值从意义上来说是完全不同的，两者是不能相比较的。

印度这次测定精度较高，许多国家都改用此值，即近似为 8848 米，它已作为印度官方的珠穆朗玛峰高程。

20 世纪 60 年代

世人公认珠穆朗玛峰为世界第一高峰。但是，珠峰的精确高度到底是多少，一直是云里雾里，众说纷纭。

许多西方学者和登山者组建探险队、考察队来到珠峰，希望能够测得珠峰的准确高度。然而珠峰地区险恶的自然环境，阻挡了美好的梦想。即使有机会登上珠峰，但不具备相当规模的测量队伍进入到纵深地区进行观测，也不能得到科学而令人信服的结论。

中华人民共和国成立后，国家测绘局、总参测绘局等单位，在20世纪60至90年代，对珠穆朗玛峰峰顶海拔高程进行了多次测量。

新中国成立不久，中央人民政府就提出要"精确测量珠峰高度，绘制珠峰地区地形图"，并将其列入新中国最有科学价值和国际意义的"填空"项目之一，交由国家有关部委来论证实施。

1949年，我国草测的珠峰地区地形图标记了珠峰的位置和地形。

1958～1960年，在珠峰登山科考活动中，测绘工作者们在绒布寺河谷开阔地段丈量基线，用水银气压计测定基线端丘高程并进行了天文观测，从而获得珠峰的高度为8882米。问题是这个高度是不太准确的，水银气压计测量时会存在较大的误差。

1966～1968年，由中国科学院组织全国23个科研单位、高等院校和产业部门，将近30个学科的100多名科学工作者，组成了大规模的综合科学考察队，其中包括国家测绘总局派出的小分队，在雅鲁藏布江以南，东起东亚，西至吉隆，方圆5万多平方千米、海拔最高达7000多米的珠穆朗玛峰地区进行了全面、系统的综合科学考察。考察的内容包括：构造地质、第四纪地质与地貌、地球物理、自然地理、地球化学、地层、古生物、岩石、土壤、植物生态、区系植物、鸟兽昆虫、水生物、水文、天文大地测量、冰川、气象、地面立体摄影测量和高山生理等。

第十八章 高 度

在这个过程中，中国科学院跟国家测绘总局合作，在1966年和1968年两次组队，在珠穆朗玛峰地区建立了高水平、高质量的测量控制网，开展了天文、重力、三角、水准、物理测距、折光试验等测量工作，并第一次对珠峰高程进行了测定。

1965年，中国科学院院士、大地测量学家陈永龄提出测定珠峰海拔高程的技术方案，解决了求定观测珠峰时的大气折光和推求珠峰海拔高度的技术难题，使测定方案的科学性和测定结果的精度，达到了国际先进水平。

1966年，我国测绘工作者采用陈永龄院士的技术方案，第一次对珠峰进行了实地测量。

当时珠峰科考队分为五个专题组，其中测高组云集了全国测绘界的精兵强将，任务是测量珠峰高度和测绘珠峰北侧绒布冰川的地形图。国家测绘总局从第二、第

中国科学院院士、大地测量学家陈永龄

八大地测量队，第八地形测量队和通信队选拔测量人员19人组成测量分队，参加中国科学院珠峰科学考察队，从珠峰北坡首次测量了峰顶海拔高程。

他们在珠峰北侧绒布冰川上连续奋战了50天，应用先进的仪器设备和科学的施测方案，在珠峰北侧海拔5000米以上600多平方千米范围内，展开了三角、导线、天文、重力、水平测量，为精确测定珠峰高程和精确绘制绒布冰川地形图，建立了可靠的控制基础。此次测量中，从西藏定日——绒布寺布测长60千米二等三角锁一条，共17个三角点，在东、中、西绒布三条冰川及其北部，分别布测四条三等三角锁，共长约60千米，30个三角点；在二、三等三角锁中各测量天文点1点，进行了垂直折光试验；布测定日—绒布寺二等水准路线69.7千米，并

以单程双测方法布测四等水准 28.7 千米，在珠峰北坡建立大地控制网。以此网为基础对珠峰峰顶进行了平面和高程观测。中国科学院兰州冰川冻土研究所进行了地面立体摄影，测绘成珠峰 1∶2.5 万地形图。

水平观测从中尼公路南侧岗嘎乡水平点（海拔 4390 米）开始，跨过热曲藏布河，沿其东岸翻越达格勒山口，进入扎噶曲（绒布河）河谷，顺着简易公路逆河南上到海拔 5000 米的绒布寺，再经过绒布德寺到东绒布谷口，一站站的测量终于将水平点推测到海拔 5693 米的高度。

岗嘎—东绒布谷口水平线路长约 70 千米，最后 1 千米的线路最难测，地形坡度在 45～72 度间，高度差约 380 米，三位作业人员几乎在同一垂直面上一毫米一毫米地测量。该水平点距离珠峰 13.85 千米。与此同时，夜间观测星辰的天文组，已将天文点布置在距离珠峰 10 千米的绒布冰川谷中，重力点也布置在距离珠峰仅 4 千米之遥的雪地上，三角观测者总共布置了 39 个三角点。在没有测量觇标的情况下，交会测量珠峰顶部，取得了不同时段的观测资料。珠峰的地形在观测者眼中酷似一支横卧的鞋底。在定向风的吹蚀下，峰顶南北宽约 1 米，东北长约 10 米。29 位观测者以不同角度观测峰顶，交会方向线散布在 6 平方米范围内。

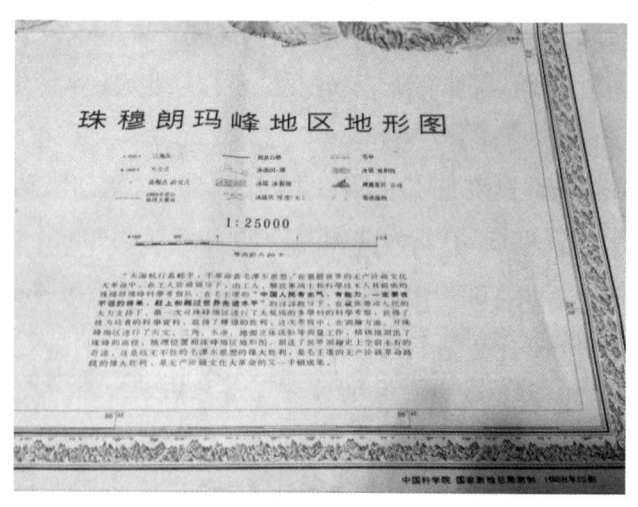

1968 年中国测制的珠峰地形图

1968年对珠峰进行了补充测量。国家测绘总局在分析首次测量资料的基础上,派参加首次测量的大部分人员共17人组成测量分队,在1966年测量的三等三角锁中测量三等天文点5点,在二、三等三角锁连接处测量天文方位角,供精确求定垂线偏差、高程异常;在三角锁中加测3条测距边,以加强锁网的结构;在4条三角边和一个水准点上,用经纬仪测量天顶距,用探空仪测定温度梯度,以精确求算大气垂直折射系数与垂直折光周日变化。在这次补充测量中,对珠峰峰顶再次进行了观测。

1966～1968年完成珠峰地区的测量基准控制网的观测并成功交会珠峰山顶,共布测交汇点39个,测站高度在5700～6242米之间,最高水准点6120米,最大交会角76度,距珠峰最近三角点8.5千米,水准点距珠峰14千米,重力点4千米,天文点10千米。

经过1966年、1968年对珠峰峰顶的测量,获得完整的测量数据,经过室内计算和各种改正,求得中国第一次从北坡测得的珠峰海拔高程。但这两次测量未在峰顶树立测量觇标,也未测量峰顶冰雪厚度,高程未公布。

红色觇标

1975年3～5月,由国家测绘总局与总参测绘局共同组建测绘分队,在登山队的协助下,对珠穆朗玛峰高程再次进行测量,这次测量是在1966～1968年测定的基础上进行补测,以提高珠峰高程精度。

著名的1975年珠峰测量,历时7.5个月。

1975年3月中旬,由登山探险者、测绘工作者、气象工作者、后勤工作者、警卫战士等组成的400多人的大队伍,在中国登山队长史占春的带领下,浩浩荡荡地来到珠峰脚下扎营露宿。这次攀登珠峰,要让鲜艳的五星红旗高高飘扬在珠峰顶上,并拍摄和拿回顶峰上的各项第一手科学考察资料,其中在顶峰竖立测量觇标是主要任务之一。

1975年中国登山队珠穆朗玛峰测绘分队

1974年底中央批准再测珠峰,1975年初组建49人构成的测量分队,包括38名测绘官兵和11名地方测绘工作者,另有民工25人。

2月,测量分队出发赴珠峰地区作业,3月21日,赶在登山队员攀登珠峰之前,从绒布寺大本营出发,把大地控制网推向珠峰北麓的东绒布、中绒布和西绒布3条大冰川。

4月初,组建北坳观测组,执行重力测量工作。4月8日,陈顺斌、王玉琨、吴泉源、郁期青、普布、徐东升、大扎西7人,日出冰上行,夜来雪中卧,登上了7007米的"天险"北坳,夜间冒着零下三四十度的严寒、冰裂和雪崩的危险,进行重力测量,完成了海拔7050米处的重力测量和航测刺点。

第十八章 高 度

精心观测

4月20日，普布、徐东升随登山队到达了第二道难关高空风口。此处海拔7790米，是三面临空的"刀背地"，穿堂狂风刮来，人站不稳脚跟，重力仪的水准气泡晃动不止。普布觉得戴着鸭绒手套不便操作，便毅然脱掉右手手套，在距珠峰1.9千米处，咬紧牙关趴在冰面上，冒着-40°的严寒测得了重力数据，创造了世界重力测量史的奇迹。而普布的4根手指头却被冻伤坏死，做了截指手术。

中国登山队全队上下同心协力，艰难地完成了3次适应性行军和物资运输，建立了7790米的营地。在此基础上实施了第4次行军，以完成和建立8000米以上的营地和物资的运送任务。

在副队长邬宗岳的带领下，队员们顶着强烈的暴风雪，终于冲过了"大风口"，到达8600米的突击地营地。不幸的是，当邬宗岳举着沉重的电影摄影机拍摄前行队伍时，由于极度缺氧造成滑坠，牺牲在登顶的前夕。队员们万分悲痛，但没有放弃突顶的决心。他们在8600米突营地猛烈的狂风中奋战了两天两夜。

珠峰简史

第三天早晨准备实施登顶时，一名女队员因极度缺氧而晕倒在地。当时食品已用完，报话机也没了电，弹尽粮绝的情况下，不得不下撤到 8200 米和第二梯队会合。领导号召大家自愿报名，从 8200 米组织人员再次实施登顶。此时，尽管已经精疲力竭，但仍有 9 名队员报名，组成了男女混合队，其中的 7 名队员是刚从 8600 米下来的。9 人从 8200 米出发，艰难地上到 8300 米时，下撤了 3 名队员，上到 8500 米时又下去了两名队员。剩下的 4 名队员继续前进，走着走着却迷了路，这次冲顶以失败告终。

1975 年 5 月 27 日 14 点 30 分，中国登山队登顶珠峰之后，
在峰顶竖起红色测量觇标。

5 月 27 日清晨，东方天际朝霞喷薄，金字塔般的峰顶金光灿烂。3 颗红色信号弹从指挥所腾空而起，登山队员向珠峰发起最后的冲刺。大本营向 8600 米的突击营地发出命令，登山队九勇士向着峰顶迈出了历史性的一步。

第十八章 高 度

最后组建的突击队员大都是已经两三次上过 8600 米的队员，是 130 多名队员中的精英。当时提出的口号是："没有氧气，要靠志气，只要有一口气，爬也要爬到峰顶。"在 8600 米召开的党支部会上他们还提出："不怕冻掉手脚，不怕冻掉耳朵，不怕老婆离婚，不怕找不到对象。"

14 点 30 分，潘多、索南罗布、罗则、侯生福、大平措、贡格巴桑、次仁多吉、桑珠、阿布钦从珠峰北坡成功登上地球之巅，五星红旗在珠峰绝顶处高高飘扬。在顶峰，罗则从背包中取出了报话机交给了侯生福，由他向大本营汇报登顶成功的喜讯，请大本营向毛主席和祖国人民报喜。大家不约而同地流着热泪高呼："祖国万岁！毛主席万岁！共产党万岁！"喜讯通过报话机传达到大本营，又从大本营传播到北京。

9 名男女登山队员在珠峰顶上度过了艰辛而辉煌的七十分钟。胜利的喜悦，让他们忘记了 6 个多小时连续奋力攀登的疲劳，大家不休息，不吸一口氧气，一丝不苟地一件一件去做在顶峰必须完成的各项任务。在顶峰上，队员们站在一起，高举国旗，拍摄电影和照片。潘多静静地躺在雪地上，忍受着透入骨髓的严寒，为山下的高山生理组提供心电遥测，世界第一份最高峰上登山队员心电图被成功地获得。队员们还采集了岩石样品和冰雪样品。

为了给测量珠峰高度提供精确数据创造有利条件，这次登顶必须在顶峰竖立起测量觇标。

5 千克重的红色觇标，是由大平措背上顶峰的。大家一起把觇标连接起来，整理好圆笼和三根尼龙绳，然后把觇标竖起来，用三根尼龙绳向三个方向拉起，用冰锥固定在冰上。但是，由于顶峰上刮着七八级大风，用红绸子做的圆笼被刮倒了。队员们想："要测出精确的数据，觇标一定要立直，圆笼一定要放正。"于是又把刚立好的觇标放下来，重新修好后再次立起。他们一锤一锤地把冰锥扎进去，把觇标竖立在顶峰，底部埋在雪下一米深。这样高 3 米的红色测量觇标牢固地矗立在地球之巅，为测量珠峰的高度提供了瞄准点。

经纬仪瞄向珠峰

  分布在珠峰左右两肩之上的 10 个观测点，坚守了 9 昼夜的测绘人员早已架好仪器，调节归准，盼望着那激动人心的时刻。队员轮流盯着望远镜，用步话机向其他测绘点做"实况转播"，当登山健儿竖立的 3 米高的红色测量觇标终于出现在峰顶时，测绘的关键时刻来到了。口令传来，10 部经纬仪同时瞄向珠峰，测绘队员们强捺心中的喜悦，小心翼翼地旋动仪器，争分夺秒地对觇标观测、记簿。连续 3 天，队员们进行了 4 个不同时段、16 个测回的水平、导线、天文、气象、重力、三角等测量，掌握了大量第一手珍贵的珠峰测量数据。

  5 月 29 日在 9 个测站上完成交会观测，观测夹角 75°，距珠峰最近距离 8.5 千米；最高测站 6242 米高；同时完成重力加密 11 点，天文观测 3 点，水准观测 100 千米，并完成制图调绘工作。

  6 月 13 日完成计算，7 月 13 日发布成果。

  此次测量珠峰在 1966 年、1968 年两次测量的基础上，综合利用三角、导线、水准、天文、重力、三角高程、天文水准测量及温度垂直梯度测量方法，沿东绒布冰川布设三等三角锁，增测 3 个三角点，锁端点测天文方位角，沿西绒布冰川布设三等导线，增测 5 个导线点，端点测天文方位角；在东、中、西绒布冰川均匀测量 4 个天文点和一个天文方位角；在一些三角点、导线点和营地测量 17 个重力点；复测已测的二等水准路线，将原四等改测为二等精度，复测、改测水准路线共 74.6 千米；进行了高空和地面温度、气压测定。

经过这次测量，三角点、导线点平均延伸到距珠峰顶 10～15 千米处，最近点 8.5 千米，最远点 21.1 千米，点的高程均在 5600 米以上，最高点为 6242 米。重力点测量达到 7790 米处，距珠峰顶 1.9 千米，是世界上最高的重力点。天文点选点观测到 6336 米处，距珠峰顶 5 千米。同时，分布在东、中、西绒布 3 条冰川的 9 个测站上的测量队员，对珠峰顶上的觇标进行了天顶距和水平角观测。

为获得更多折光影响小的中午观测数据，在 27～29 日连续观测三天，有的测站观测了三四十个测回，取得了不同时间段的观测数据。从珠峰附近选择的 9 个测站点，它们分布在以珠峰为中心的 69°的扇形区域内，至珠峰的距离为 8.5～21.2 千米，高程为 5600～6240 米。这 9 个点的坐标和高程分别利用三角测量、导线测量、水准测量和三角高程测量方法求得。在 9 个测站上对珠峰觇标观测水平角和垂直角。根据水平角确定珠峰的水平位置和各测站至珠峰的水平距离。根据三角高程测量原理，由这些垂直角和水平距离确定各测站同珠峰之间的高差，进而推得从我国黄海平均海面起算的珠峰高程。

这次珠峰高程测定第一次在峰顶竖立了高 3.52 米的觇标，使观测目标时，照准误差很小。高程测定的结果中扣除了覆盖雪的厚度 0.92 米。采取了一系列技术措施，有效地削弱了大气折射对三角高程测量精度的影响。在严密的理论基础上，推算了高程化算的改正数，得出了珠峰的高程。这次珠峰高程测量为中国特高山地区的测量积累了丰富经验，为地质、地球物理等科学考察提供了宝贵资料。

珠峰简史

1975年7月23日，中国政府授权新华社向全世界宣布：我国测绘工作者精确测得世界最高峰珠穆朗玛峰的海拔高程为8848.13米。这一精确数据，是我国测绘工作者在距珠峰峰顶7千米至20千米、海拔5600米至6300米的10个三角点上交会观测，并取得完整的珠峰平面位置和高程的测量数据后，依据青岛黄海验潮站建立的水平原点，经过理论研究、严密计算和反复验证，扣除了峰顶积雪深度后得出来的。它的最大正负误差小于0.36米。所以，这一数据得到了全世界的认可。

1975年6月28日，邓小平、李先念等在首都体育馆亲切接见了珠峰登山和测量队员。邓小平与大家一一握手，当他来到藏族战士普布面前时，普布正欲收回此前在珠峰测量时右手被冻伤后截肢的手臂，却被邓小平一把攥住："你就是普布吧。我早就听说了，你破了重力测量的世界纪录，普布不普通哟！"

1999年，美国国家地理实施"千禧年珠峰测量"计划，他们在登山时发现了中国1975年的觇标，深藏在距峰顶东南侧30米下的冰雪中。这说明随着冰雪厚度的增加，重量和大风迫使冰雪夹带觇标沿山体下滑，其上又重新覆盖了新的冰雪。1999年美国人曾想挖出中国1975年竖立的觇标当作文物，因尼泊尔夏尔巴向导的滑坠未能成功。

各国的尝试

近20年来，各国科学家又先后对珠峰进行过10多次测量。

1987年，意大利人阿迪托·德希奥，采用全球定位系统技术求得珠穆朗玛峰高8872米。

1992年5月和9月间，美国、意大利分别采用全球定位系统技术和光电测距仪技术，测定珠穆朗玛峰高程数据为8846.10米。

1992年9～10月，中国测绘工作者同意大利登山队科研合作对珠穆朗玛峰的高程进行了复测，这次行动开展了平面控制测量、水准测量、天文重力测量，珠峰交会测量在大本营、Ⅲ 7 点和珠穆朗玛峰峰顶用 GPS 接收机同步进行了 GPS 测量。我国这次测定的珠峰峰顶雪面海拔高程为 8848.82 米。

日落珠峰

1992 年 9 月 28 日，15 点 30 分，意大利登山队登顶珠峰，竖立测量觇标。

国家测绘局第一大地测量队第三次接受了重测珠穆朗玛峰高程的艰巨任务，水准、天文、重力三个小组奔赴珠峰。他们将用先进的大地测量技术（包括水准测量、天文测量、重力测量、三角导线测量、GPS测量和激光测距、电磁波测距）测量珠峰。

7月20日，队员们来到定日县鲁鲁河兵站安营扎寨。王国庆率领着水准组开始登上了海拔5200米高的工区。珠峰地区山风呼啸，大雪纷飞，一尺多厚的积雪常常会把单薄的帐篷压得一点点地扭曲变形。水准组队员们把所有能穿的衣服全穿上，还是冻得浑身发抖。早上洗脸时发现水全结成了冰。队员们抓起雪塞进嘴里刷牙，用雪在脸上蹭几蹭，就算洗脸了。还没有走进帐篷，全身就冷得打起哆嗦。葛涌扛着水准仪，每测十来站，就会心跳气短得几乎倒下。

水准组在鲁鲁河兵站时，天文、重力组则越过了世界上最高的寺院——绒布寺，住到了珠峰脚下的绒布河边。绒布河令人望而生畏。两块两层楼高的菱形巨石，横卧在湍急的绒布河中，形成了一座天然的"桥"。赵东海、沈恒辉、霍保华、李有才、葛咸安都背负着仪器，过"桥"时需要几个人合作才能将仪器设备运过去。

56岁的高级工程师沈恒辉生性乐观，他背负着沉重的仪器，两次滑落到冰冷刺骨的水中，虽然湿了鞋的双脚如针扎般难受，还乐呵呵地说："都怪我的姓不好，我的沈字里有三点水，现在已落了两回水，肯定还得再落一回。"

穿过冰川后是"西1"点。这是一座巨大的风化石山，高约150米，半座陡峭的山体被泥石流所覆盖，坡度在60°以上，每上一步，脚下便蹬掉大片碎石，哗哗下落。大家不能排成一队前进，只好全部散开想办法攀登。队员葛成安先跑两步，找一块平坦的地方一蹲，喘上一阵子气，看看没有危险，然后再跑几步，再喘上一阵子气。而葛成安此时不知道，他的父亲在他离家后骨折，母亲也离开了人世。

在"西1"点，队员们看到了20世纪60年代竖立在点位上的脚架。虽历经冰雪欺凌、日晒风蚀，脚架上的油漆已经脱落，木角已经开裂，但对于队员们来说，无异于一件绝美的艺术品。

1992年9～10月，中国测绘工作者同意大利登山队科研合作对珠穆朗玛峰的高程进行了复测，开展了平面控制测量、水准测量、天文重力测量、珠峰交会测量，在大本营、Ⅲ7点和珠穆朗玛峰峰顶用GPS接收机同步进行了GPS测量。这次测定的珠峰峰顶雪面海拔高程为8848.82米。

9月27日，随着意大利南坡登山队登顶提前，中方测绘工作也要提前。沈恒辉、赵东海看看手表，离登顶不到20个小时了。队员们背着沉重的器材设备、食品和睡袋，准备向珠峰进发。来此检查工作的大队长刘永诺为大家送行。此时刘永诺像大战之前的指挥官，细细地查看每个人的装备，又反复地叮咛嘱咐，然后送队员们踏上征程。

赵东海、李有才、杨宏利去了"西3"点；陈渭、葛成安上"西1"点；沈恒辉、张江齐、王国庆、葛涌、何瑜到"西7"点。

9月28日，太阳还没有升起，散落在天际的寒星还没有退去。霍保华、李志飞、孙诚、刘永诺便开始向6千米外的"大本营"点进发。39岁的霍保华抢到了最重的仪器——约50千克重的激光测距仪，孙诚背上了整套约35千克重的GPS仪器和电池。

早上8点40分，孙诚将GPS仪器送到了点位上，他们要在这里等待张江齐从"西7"点赶来，9点准时开机。见伙伴们没跟上来，孙诚立刻返身去接霍保华，在3里路外，他从霍保华身上接过50千克重的仪器，而霍保华又返回去接李志飞的脚架和测距仪电瓶。孙诚后来回忆说："自己从小到大，从未背过这么重的东西。"

9点整，张江齐准时打开了仪器，计算机自动搜索和记录着经过珠峰地区上空的人造卫星发出的信号，经过计算和处理，确定了"大本营"点位的精确三维坐标。

霍保华用T3经纬仪目不转睛地照准着珠峰的最高点，通过30倍望远镜望去，除了熠熠闪光的白雪，黑乎乎裸露的岩石和明净的天空外，便是那无休无止的大风，刮上天空的弥漫如雾的雪霰。

直到下午3点半，霍保华兴奋地大喊："好像有人！""让我看看！"刘永诺忙摘掉眼镜，凑到仪器旁。从"大本营"点至峰顶的直线距离有20千米，他隐隐约约从望远镜中看到有小黑点在移动。"就是人呀，一共5个，太了不起了！"刘永诺叫了起来。此时各个点的测绘仪器全都开始工作。

霍保华为了操作灵活，脱掉了手套，不多久，手就冻得僵硬。王国庆在"西7"点上，冻得直喊："何瑜，何瑜，快看看我的鼻子还在不在？没有冻掉吧？再看看我的'屁股'在不在？"

测距仪的一束红光刺破夜空，直向珠峰之巅射去，"太好了！数字出来了，13.6千米。"何瑜的脚肿胀得像大面包一样，他强忍着剧痛，欣喜地喊道。可嘴刚刚一咧，一串血珠便从嘴唇的裂缝中涌了出来。

赵东海、李有才和杨宏利在"西3"点。三位壮实的汉子一天只消灭了半筒午餐肉。现在他们饥肠辘辘，却望着一筒筒的罐头愁眉不展。高山反应让他们一点食欲都没有。

10月2日。测绘工作结束。在这次测绘中，他们创造了几项新的纪录：第一次将水准基本点埋设在珠穆朗玛峰的脚下；第一次将一束束激光射向了地球之巅，直接测出数据；第一次将全球卫星定位系统GPS接收机用于对珠峰的测绘。

自1995年开始，在中国测绘工作者的配合与协助下，美国登山俱

第十八章 高 度

乐部为进行"珠峰千年探险"相继共派出4批登山队员登上珠峰,在不同位置放置了测量仪器、传感器等,收集有关资料和数据。

1998年中国测绘工作者同美国登山队合作,对珠穆朗玛峰的高程又进行过一次复测,开展了平面控制测量、水准测量、天文重力测量、GPS联测。

1998年中国测绘工作者同美国登山队合作,对珠穆朗玛峰的高程又进行过一次复测,开展了平面控制测量、水准测量、天文重力测量、GPS联测。此次的珠峰交会测量,由于美国登山队登顶失败未能进行觇标交会,只采用常规三角测量方法对珠峰峰顶进行了交会。

这次测量的平面控制测量,在珠峰邻近区域布设了I定江1、I定江2、I定江6、聂拉木、珠峰北基本点(JB54)、吉隆(II 4)、曲宗、珠峰基准点(大本营)、III 7点、西1、西2、西3、东′2、东′3等14个点构成的GPS网。东′2、东′3为新选埋点,大约在东2、东3附近。聂拉木点取二等水准路线拉孜—聂拉木靠近聂拉木的一水准点。

外业GPS观测用6台Ashtech接收机进行观测,组成5个同步图形。其中在5月19日美方同步在Klalpattar和South Side点上进行了同步观测。5月20日,中方在西1、西3、东′2、III 7、曲宗、珠峰基准点,美方在Klalpattar、South Side、South Nan′ao珠峰基岩点同步进行

491

了 GPS 联测，同步观测了约 4 小时。同时还开展了水准测量、天文重力测量、GPS 联测。

这一次的外业测量仍然是国家测绘局第一大地测量队承担。1998 年 5 月，国测一大队的测绘队员又一次进入珠穆朗玛峰。

有科学家曾断言，人类在海拔 4000 米以上的地区无法居住和生活。而国测一大队的测绘队员们竟然在海拔 5500 至 6200 米的测绘区工作生活了一个月时间。

5 月 6 日，测绘队员到达珠峰地区，在距离测绘点不远的地方建立了二号营地。大本营距二号营地有三四千米，中间是乱石滩，路的左边是一个乱石坡，大约有 70～80 度的坡度，上面耸立着许多土石柱。站在坡下，不时可以听见山顶石头滑落碰撞的声音。

年龄最大的登山组长刘志良等人负责从大本营往二号点输送设备仪器和生活用品。队员们负重在乱石堆中走上一会后，就感到体力明显不支，脸上、身上全是汗，里面的衣服都湿透了。通常在低海拔地区，三四千米的路程步行最多也就几十分钟，但在这海拔 5500 米的乱石滩，队员们竟然用了将近三个小时。

刘志良的背囊塞得满满的，一路上还得照顾大伙，提醒大家注意路况，时刻提防着山坡上的滚石。刘志良晚大家几分钟到达二号营地，他到达的时候薛贵东已经放下背囊，就过来帮他取下背囊，谁知刘志良刚一松手，背囊往下一坠，差点跌落地上。薛贵东没有想到刘志良的背囊那么重。经过三天的运送，大批仪器，设备及物资被送到了二号营地。

此次珠峰监测点共有六个：东 2，东 3，西 1，西 2，西 3，大本营。每个点上安排两个人，一套 GPS，交会峰顶的点上还配有经纬仪，测距仪。

5 月 14 日，测绘分队所有成员带着自己的生活用品，全部抵达了二号营地。第二天一大早，队员们兵分两路进入各自的测绘点。

测绘点位分东西两部分。西面的点都在 5800 米左右的雪线以上。找测绘点时，由于无路可上，加上天下着大雪，三个点位的 6 个队员被困在冰川里两天两夜，吃的东西送不到，而冰川时时处处都有可能塌陷。两天后，他们终于找到了一条可以上点的"路"，这条所谓的路必须借助绳索才能攀缘上去。他们把绳子套在一块大石头上，然后身背仪器设备，艰难地向上攀缘。路其实没多长，但却走了整整一天。

在这里想找到水源是不可能的事情，但有厚厚的冰雪。队员们渴了，就把雪捏成一团塞进罐头瓶里，拿到太阳底下晒，等融化以后再饮用。高山反应让他们一点食欲都没有，有队员已经发现自己三天都没有大便了。

在西面各点工作的队员们，每天都能听见西绒布冰川中冰塔崩裂倒塌的声音。西1点有位队员正在大便，突然听到身后有"轰隆隆"的声音，吓得他连屁股都没擦，提着裤子就跑。等缓过神来，回头一看，就在离他刚才"蹲点"的地方不远发生了雪石滑坡。

刘志良和薛贵东在东2点。他们二人17日那天就向东2点进发。按照地图所示，他们来到了该点的山下。刘志良让薛贵东在此搭帐篷，自己就先上去找到测绘点。刘志良心想先找到点，心里对工作也就有了计划。薛贵东已经搭好了帐篷，但过了好长时间刘志良还没有回来，他就有些担心。这时，刘志良回来说测绘点没有找到，可能已被破坏了。后来经过向营地请示，重新选了一个点。

5月18日，他们在向上一点的山地上找到了一块巨石，巨石有一部分深埋在雪地下，相当稳固，可以作为测绘点。于是，他们将仪器、帐篷和食物等都背上来，在点旁安营扎寨了。

山上有些积雪，渴了他们就铲上一锅雪烧化了喝，锅里沉淀的杂质粒粒可见。薛贵东素有"菜蟒"之称，而在这里最缺的就是蔬菜。有次薛贵东看着咸菜包装袋上印的鲜嫩的黄瓜片形象，情不自禁地对刘志良说："现在要是能有根黄瓜吃那该多好啊！"第三天，刘志良回二号营地安排GPS观测的事宜，就让民工送上来一罐头瓶用笋叶拌的凉菜，薛贵东一见高兴得手舞足蹈。就这一瓶凉拌菜，薛贵东吃了整整三天。更为神奇的是薛贵东干裂的嘴皮儿也奇迹般地蜕掉了老皮，露出了新皮，嘴唇上的裂口也慢慢地愈合了。

刘西宁小组在找东3点也遇到了麻烦。他们先是穿越东绒布冰川走错了路线，都快走到珠峰北坳了，还找不到通往冰川对面测绘点的路。后来通过与其他队员联系确认才发现走过了头。他们不得不往回返。仪器装备一大堆，分了好几批才把东西运到冰川口。可到了冰川口一看，通往对面的"路"全是冰雪，还有一些漏斗，深不可测，若不小心，掉进去，连尸体都找不着。最终，他们小心而艰难地通过了。

袁业术一直记着7号点的夜晚。海拔在5900多米的7号点，地势陡峭，怪石嶙峋，让人担心如果风再大一点，山上的石头随时可能翻滚而下。幸运的是7号点上一块不足两平方米的空地，刚好能搭一顶帐篷。但固定帐篷的绳子必须绑在空地之外的崖石上。

5月18日晚，袁业术三人犯了愁。他们不敢用带来的气垫床，气垫床有弹性，如果晚上睡觉不老实，翻来覆去，床一弹，都有连人带帐篷一起滚下山头的可能。另外就是地方太小，直着只能睡两个人，这三个人如何是好？最后他们还是斜躺着对付了。

半夜时分，袁业术的美梦在一阵阵地动天摇般的崩石声中惊醒。发出崩石声的地方好像很远，但持续了好长时间。他们三人睁着眼睛盼到了天亮。

1999年5月5日，两位美国登山家比尔克劳斯和皮特·亚山在5名藏族登山者的协助下，成功登上珠峰峰顶。他们在峰顶上停留了两个小时，并用了近1个小时利用全球卫星定位系统收集数据。此后，美国科罗拉多大学科学家根据测量的数据进行计算，得出最新测量高程结果为8849.87米。美国国家地理学会认为这一结果是可靠的。不过，专家指出，如果要得到国际社会的普遍接受，还需要得到中国政府的认可。

尼泊尔与中国西藏自治区的7个县接壤，两国边界地区大部分位于海拔4000米以上的喜马拉雅山脉，珠峰正处于两国边界之上。双方曾于1978年、1988年和2006年先后进行三次边界联合勘察。不过，在

第十八章 高 度

珠峰高度上没有取得一致数字。

2010年4月，中尼边界第三次联检团中方代表团访问尼泊尔，经过双方代表协商，最终就珠峰高度达成一致意见：由于峰顶雪量的不同，珠穆朗玛峰确实有两个不同的高度。双方决定互相承认对方的算法，即山顶岩层高度为2005年中国研究人员测量的8844.43米，积雪高度为1954年印度测量、尼泊尔长期认定的8848米。

尼泊尔测量局局长拉贾·拉姆·查库里当时表示："这两个数值均为准确高度。没有任何测量是完全准确的，这就是科学研究的问题。"如今看来，当初尼泊尔方面已经为日后独立测量埋下了伏笔。

2011年7月20日，尼泊尔政府发布年度预算时宣布，该国计划自主测量世界最高山峰珠穆朗玛峰（简称珠峰）的海拔高度，测量队完全由尼泊尔人组成，预计将耗时2年。

尼泊尔测量局计划派出一支完全由尼泊尔人组成的测量队伍，着手自主测量珠峰海拔高程。

"尽管很难，但我们还是很想尽全力做好。你知道，珠峰由中国和尼泊尔共同拥有，中国已经两次测量并宣布了珠峰的高度。我们也很想向全世界宣布由我们完全自主测得的世界第一高峰的高度。"尼测绘局副局长卡利安·戈帕尔·什雷斯塔告诉记者。

什雷斯塔透露，由于尼泊尔近期刚通过的新财年预算给予了这一为期两年的珠峰测量项目专门拨款，他们才能派出队伍为测量珠峰做准备。

尼泊尔在珠峰地区海拔3440米的纳姆切巴扎（Namche Bazaar）等三处地点建立了珠峰海拔高程测量营地。而尼泊尔确定的珠峰海拔高程起算点是印度加尔各答海水面。

尼泊尔国土改革部发言人戈帕尔·吉里在接受法新社记者采访时表示，这是尼泊尔政府首次自主测量珠峰的高度，将采用先进的全球卫星定位（GPS）技术。吉里称，尼泊尔已经有了测量珠峰的技术，"因此无须再依靠此前外国人测得的数据"。

据尼泊尔《喜马拉雅时报》指出，对珠峰高度的争议由来已久，如美国人在1999年测出的8850米，还有尼政府仍坚持使用的印度在1955年测得的数据。

不过尼泊尔至今尚未自主完成过对珠峰海拔高程的测量工作。

第十九章　再　测

2005年4月9日下午,经过6个小时的飞行旅程,笔者又一次从北京飞抵西藏首府拉萨。

扎营

这一次,拉萨只是中转站。笔者和另外几位媒体朋友此行的目的地,是距离拉萨600多千米的珠穆朗玛峰北坡大本营。我们这个记者团队，带着 200 余千克的设备、行李，任务是前往珠峰测区，追踪珠峰测量队的足迹，现场采访、报道 2005 年珠峰高程复测。

2005 年 2 月，中国启动新一轮珠峰高程测量。国家测绘局再次组织开展对珠穆朗玛峰高程测量，在西藏登山协会的协助下，首次由专业测绘人员和专业登山人员合作，携带测绘仪器、测量觇标，登上珠峰峰顶进行观测，以求精确测得高程数据。与此同时，由中国科学院青藏高原研究所、地理与资源研究所、寒区与旱区环境与工程研究所、生态与环境研究中心组成的中国科学院珠峰地区科学考察队，分为大气化学、大气物理、冰川、生物与环境和地质等 5 个专题进行综合科学考察，这也是 21 世纪中国首次对珠峰地区进行多学科综合科学的考察。

这次复测珠峰高程，在珠峰地区做了大量的基础测绘工作，用几何水准测量从拉孜起测，经过近 500 千米的路程通过 4 条水准路线，逐段地推进到珠峰脚下，并连测至交会珠峰的 6 个观测点上，确保了观测点的高程精度（观测点的高程 5200~6300 米），同时在青藏高原和珠峰地区选择 30 个点，构建 GPS 控制网，进行 GPS 卫星导航定位系统的联机同步观测。这些观测数据不仅对精确测量珠峰高程起到重要作用，而且对研究珠峰地区和青藏高原地区地壳运动变化的细节提供重要资料。

此次珠峰高程复测既采用传统经典的测量方法，又采用现代先进的测量技术，两者同时进行，测量专业人员在登山队员的协助下，携带双频 GPS 卫星导航定位仪和冰雪雷达探测仪登顶，在珠峰峰顶进行 GPS 实测和探测峰顶的冰雪深度，首次揭开峰顶神秘的冰雪厚度，同时在峰顶上竖立了用航天材料特制的 2.5 米高的红色觇标，作为 6 个观测站交会珠峰峰顶的照准目标。

这次采用的现代测量手段和比较完善的实施方案，对提高珠峰高程测量精度十分有利。

第十九章 再 测

行动路线图

面对 2005 年珠峰复测巨大的挑战，国家测绘局组建了中国珠峰测量队，40 多名队员被分成了 GPS 综合测量分队、水准测量分队、重力测量分队及登山冲顶分队等 4 个分队，同时展开各自的测量工作。

2005 珠峰复测交会测量示意图

根据周密拟订的测量计划，整个测量行动按照下列路线图展开：

第一阶段，从 3 月 17 日到 4 月 17 日，进行珠峰外围地区的测量工作。GPS 综合测量分队在青藏高原广大地区的 30 个主测量点和 40 多个附测量点展开 6 轮联机观测行动，这些测量点大都分布在藏北无人区和昆仑、唐古拉、喜马拉雅、冈底斯等藏区大山中，都是被精心选择的青藏高原板块典型的地理标点，联机观测的数据结果将反映青藏高原地壳变化进程的细节。重力测量分队从拉萨开始向珠峰边测量边推进。水准测量分队从已经取得相对青岛水准原点精确高度的西藏拉孜县起测，逐步向珠峰推进。登山冲顶分队在珠峰大本营随西藏登山队开始适应性训练。

499

水准测量

　　第二阶段，从 4 月到 5 月，在珠峰周边地区进行测量。GPS 综合测量分队完成珠峰 GPS 控制网 32 点及峰顶 GPS 联测网 8 点的布测。水准测量分队分别通过 4 条路线向珠峰推进，选定珠峰下的交会测量点，预计完成二等水准 379.7 千米、三等水准 17.3 千米、测距高程导线 20.5 千米。重力测量分队进驻珠峰地区展开测量，预计完成二等重力点及引点 5 个、加密重力点 86 个、登山路线上重力点 5 个。登山冲顶分队进行高海拔适应性训练和登山训练。

　　第三阶段，珠峰登山测量队 5 月择机登顶珠穆朗玛峰，在峰顶竖立觇标，在 6 个交会点进行珠峰峰顶交会测量，采用三角测量方法，从 6 个方向对峰顶进行前方交会，在 5 个测站对峰顶进行电磁波测距。

GPS 测量

珠峰峰顶交会测量

第四阶段，5月至6月，在西安的国家测绘局大地测量数据处理中心和北京的国家基础地理信息中心进行数据整理、分析和计算，并汇总数据。

第五阶段，6月至7月，在国家测绘局大地测量数据处理中心和国家测绘局基础地理信息中心进行数据的分析和计算，获得珠峰高程最终数据。并在北京组织召开 2005 珠穆朗玛峰高程测量项目验收会议。项目验收后，报请国务院批准公布 2005 珠峰高程测量成果。

7月18日，国家测绘局和总参测绘局在北京组织召开了"2005珠穆朗玛峰高程测量"项目验收会议。验收委员会由来自科技部、教育部、国土资源部、中国科学院、中国气象局、中国地震局、国家测绘局和总参测绘局等单位的20名院士、专家组成，他们对这一项目做出高度评价，一致同意通过项目验收。

10月，2005 珠峰高程测量珠峰顶的雪面高和岩石高成果经国务院批准公布。

我们已经登上来了……

21世纪测量技术飞速发展，这样是否必须登上珠峰顶端才能测高呢？测绘专家们的答案是肯定的。

2005年珠峰复测，采用了的传统的经典测量方法，就是以常规的水准测量加上三角高程测量来确定珠峰的高程。同时，采用了 GPS 卫星大地测量法，把 GPS 带到珠峰峰顶直接测量珠峰的位置坐标和高程。

测绘专家们将这双管齐下的方案称之为"双保险"。实施这两种测量方式，都需要登上珠峰顶峰。采用传统的测量方法需要在珠峰峰顶设立标志，专业人员称为觇标，为下面的测距仪和经纬仪服务。而 GPS 测量仪的天线必须插到峰顶，才能测到珠峰的高度。

过去珠峰高程引起争议的原因主要有两个，一个围绕高程测量技术和计算的精确性，一个是围绕峰顶雪深。要解决这两个问题，则必须利用先进技术登顶实地测量。

第十九章 再 测

向巅峰挺进

采用现代 GPS 技术，要求必须将设备携带上峰顶。要测量雪深，必须利用雷达设备在峰顶实际操作，直接测量。采用常规技术必须携带觇标，将觇标立于峰顶最高处，确定三角交会的唯一目标，提高精确度。同时，两种技术互相补充，一旦 GPS 观测技术出现故障，常规方法可以替代电子设备完成观测。

所以，登顶珠峰不仅必要，而且必须，而且是决定整个测量行动成败的关键所在。

2005 年 5 月 21 日下午，登山指挥部宣布，24 名登顶队员都已经顺利到达 8300 米登顶突击营地，并在那里进行短暂的休息。

按照登山的惯例，登顶队员将在 22 日凌晨从 8300 米营地出发。但是在这天下午，原本晴空万里的珠峰却被乌云笼罩了。

"看这天，山上肯定下雪了！而且雪还不小。"《中国测绘报》记者吴江说。"只要不刮风，下雪不怕！"测量队副队长陈永军说。

晚上9点多，传来最新消息，队员们将在凌晨1点出发。过了半小时，登山指挥部那边又传来消息，出发时间推迟到凌晨两点。到了晚上10点半，指挥部那边再次传来消息，由于明天下午峰顶可能有大风，不利于队员安全下撤，因此，出发时间仍为凌晨1点。

凌晨1点，到了冲顶队员们计划中的出发时间了。

往日的这个时候，珠峰大本营早已是漆黑一片。但是今天，几乎所有的帐篷都亮着灯，在寂静的夜空中，发电机的轰鸣声交织在一起，奏响了一支冲顶的进行曲。看来在这个夜晚，整个珠峰地区，从5200米的大本营到8300米营地，所有的人们几乎都没有合眼。此刻的珠峰，在夜色中若隐若现。夜空中星稀月朗，云淡风轻，似乎是一个适宜登山的好天气。

在登山测量指挥部里，大家都在有条不紊地忙碌着。但是从步话机里传来海拔8300米营地的消息，却让所有人都把心提了起来："这里的风太大，路根本看不清，没有办法出发，没有办法出发……"

指挥部的气氛骤然紧张，仿佛空气的温度也上升了好几度。此刻，帐篷外的温度已经是零下好几度了，在帐篷内的人却能感觉到一丝热意。过了好一会，总指挥终于下达了指令："在原地待命。"

让人没想到的是，这一待命，就是好几个小时。

午夜时分，一位记者搓着手跺着脚走出帐篷，发现以往墨黑一片的大本营，今天几乎所有的中国营地都透出微弱的灯光，不时有拿着手电筒或者戴着头灯的人们走来走去。所有的发电机都在和着风声轰鸣着连夜工作。这个夜晚显得格外紧张而焦灼。

在测量营地新闻中心帐篷里，为了保持体温，几位记者不得不钻到睡袋继续工作，一眼望过去，就像一条条弯曲的虫子。为了保持清醒，他们开始喝水提神。因为这里天气太冷，喝了水很快就会想上厕所，而帐篷外的寒风会让人迅速变得清醒冷静。

第十九章 再 测

凌晨1:00、1:15、1:30、1:45……到了2:00,依然没有登顶队员出发的消息。所有人都再次紧张起来,不知出现了什么变故。记者们拿着对讲机连续呼叫有关负责人,然而一点回音也没有。焦急之下,新华社的记者张景勇从睡袋里一跃而起,穿上羽绒衣裤,决定到三百米远的登山指挥部去看一下情况。幸好那边也有一名新华社西藏分社年轻的记者边巴次仁来这边传递消息,两个人在中途碰上。大家得知,8300米突击营地外面狂风大作,吹得满天飞雪,以至于连路都看不清,根本无法出发。

凌晨1点30分,记者随中科院珠峰地区综合科考队的李茂善博士等3人释放了无线电高空探测气球。释放探空气球时,只见登山总指挥、西藏体育局副局长张江援还在帐篷周围踱着他那标志性的方步,寒冷的珠峰之夜,他也只穿了个棉背心,这些天,登顶的日期一推再推,他踱步的身影也越来越多地出现在大本营。

凌晨2点15分左右,最高可以飞2万米的气球传回来海拔8848米的气象信息,风速22.7米/秒,气温为-31.2℃,或许这是个不适合登顶的日子,按通常情况,登顶时风速不能大于15米/秒,否则会有危险,气象数据很快在大本营传递。

直到凌晨3点半,从海拔8300米营地传来消息:风小了一些,道路能辨清了。"再不能耽搁了,必须出发了!"第一批冲顶队员在队长小嘉布的带领下,迎着大风,顶着月光,出发了。

5月22日早晨。旭日映红珠峰,薄薄的"旗云"轻柔地挂在珠峰的山顶。但这实在不是好兆头,旗云与风为伴,风是登顶大敌。

中科院珠峰地区综合科考队释放的无线电探空气球传回的数据,当日风速最小的时间为中午12点,风速为16.2米/秒,气温为-29.9℃,风速依然大于15米/秒的登顶安全数值。

登顶队员们依然在大风中艰难地向上攀爬。

8点,冲顶队员们已经攀登了4个多小时,山下的人们也同样焦心了4个多小时。随着天光大亮,山下的人们已经架起了高倍望远镜和经纬仪，从镜头中紧紧跟随着冲顶的队员们。在仪器旁更是排起了长队，虽然能看到的只是一个个小黑点，但是大家还是都想看一看：队员们到哪儿了。

8点40分，从望远镜中看，队员们已经聚集在"第二台阶"下了。"第二台阶"是冲顶路途中最困难的一段，是一截直上直下的梯子。整整1个小时，山下的人一直在揪着心。

为了继续了解峰顶气象状况，科学家们再次释放气球，数据仍然不理想：风速每秒19米，差不多9级，温度-31℃。在望远镜中，小黑点移动的速度非常慢。西藏女子登山队教练桂桑说："他们的体力消耗很大，可能登顶的时间要往后推了。"大本营的人们只能耐心等待。

9点40分，望远镜中的黑点终于往前跳动了。"越过第二台阶了！"山下的人一片欢腾。

9点50分，有人发布消息说，在望远镜里看到，有人离峰顶只有20多米了，关于20分钟后就会登顶的消息不胫而走。人们用各种倍数的望远镜盯着珠峰，等着那个激动人心的时刻。

但没过多久，又有新消息出来说："至少还要1小时。"今天的大本营就像个小道消息集散地，在指挥部和登山队没联系上之前，专业和非专业的人士都大胆地兜售着自己的看法。

9点56分，温度开始回升，风力也逐渐变小。所有队员都翻过第二台阶，第一名队员距离峰顶大约还有15分钟左右的行程。通过望远镜看，他的步伐轻松。

上午10点，阳光普照大地，天空湛蓝，万里无云。在大本营的紧张的人们突然发现，天气已是格外的好。面前的珠峰异常清晰，峰顶飘出朵朵旗云。科学家们再次释放气球，数据竟然大为好转：风速已经降到每秒15米，大约7级左右。

望远镜中的小黑点逐渐接近峰顶了，大本营的人们都在默默地等待。

10点50分根据指挥部消息，有一名队员马上就要登顶了，但他停下来在等候后面的队员。上面的风力瞬时达到8级。队员们背着6.6千克的氧气和食品，还有机器设备，走几步，歇几步，比较累，不便于过多的通话。

11 点零 4 分探测气球传回的天气数据显示,珠峰峰顶风速 16.2 米 / 秒,气温为 –29.6C°,太阳也出来了。专家表示,这样的天气对登顶有利,大本营内情绪高涨。

"我们已经登上来了……" 11 点零 8 分,随着步话机里传来珠峰登山测量队长小嘉布不太清晰的声音,珠峰大本营一片欢腾。彻夜未眠、焦急等待的人们长出了一口气,登顶终于成功了!

来自西藏登山队的小嘉布、普布和西藏登山学校的阿旺给吨和多吉格桑等 4 名中国测量登山队队员,由 4 名夏尔巴高山协作和另外 16 名登山队员及高山协作人员共 24 人组成 A 队,于当天凌晨 3 点 30 分自 8300 米突击营地出发,冒着九级大风,零下 32 摄氏度低温向珠峰挺进,经过艰苦卓绝的攀登,于 11 点 8 分第一名队员成功登上珠峰顶峰,历时 7 个半小时。

我们已经登上来了……

接着,对讲机又传来了女队队员拉吉清脆悦耳的声音。

曾经两次登顶珠峰的西藏女子登山队教练桂桑喜极而泣,这个画面通过中央电视台的镜头已经传递到千家万户。事实上,在自那之后的近20分钟的时间里,她一直默默地坐在热闹的大本营中的一角,用纸巾擦拭着止也止不住的眼泪,用并不流畅的汉语对记者说:"今年的天气实在太异常,好天气周期总也不出现,登山队还一度被迫下撤。今天能登顶,实在太难了。"此时此刻,她的内心百感交集。

当人群中传出欢呼声时,登山总指挥立刻下达了指令:"如果身体允许,如果身体允许,请立刻安装觇标,请立刻安装觇标……"的确,这不是一般意义上的登山,只有获得了峰顶的测量数据,才能算是成功。

过了20分钟,红色的测量觇标还没有竖立起来。"登顶的队员们体力消耗很大,让我们再等一等!"又过了20分钟。登顶的人越来越多,香槟开了,鞭炮却一直没放,因为这次冲顶的重要任务是要进行登顶测量。

11点40分,用于珠峰登顶测量的觇标还没有竖起来,GPS天线也没有打开,由于没有得到冰雪雷达测深仪开始工作的消息,国家测绘局第一大地测量队队长岳建利急了,嘴里边念叨着"急死我了!急死我了!"边从指挥部冲了出去。

要知道能有20多人冲顶固然是好事,但峰顶只有20多平方米大小的地方,人堆在一起会大大影响GPS接收机和探测雪深的雷达测深仪的操作,而测不出雪深,今年的珠峰复测就不能算成功。

从指挥部里80倍的望远镜里看到,峰顶飞着雪,人也挤成了一团。尽管庆功酒喝过了,测绘局几位有关部门领导的脸色依然很凝重。

其实,登山测量队员登顶之后,很快在20多平方米的珠峰顶峰开展了紧张的测量工作。登山测量队员首先对峰顶的氧气罐、绳索等杂物进行了清理。

在完成仪器设备的保温处理后,11点38分49秒,冰雪雷达探测仪和装在上面的 GPS 接收机开始工作，记录 GPS 和雷达数据。

接着，队员们在峰顶雪面高处安装竖立觇标，11 点 43 分 55 秒觇标顶端的 GPS 接收机开始观测。上午 11 点 50 分，红色的金属觇标终于在地球之巅竖起来了。

红色的金属觇标在地球之巅竖起来了

登山指挥部的院落里鞭炮齐鸣。6 个交会测量点几乎同时发现目标。步话机里传来激动的声音："东绒发现觇标，西绒发现觇标，中绒发现觇标……"

欢呼声顿时响彻山谷，大本营成了欢乐的海洋。

11 点 59 分，登山测量队员开始拖动雪深雷达探测仪进行剖面测量工作，探测珠峰顶峰神秘的冰雪厚度，这也是我国首次在珠峰高程测量中尝试用先进的仪器测量峰顶冰雪高度，12点18分24秒结束，有效记录38分55秒数据。

冰雪层雷达探测仪上的GPS于11点39分开始工作，12点19分12秒结束，正常观测了40分12秒的数据。觇标顶端的GPS于11点43分55秒开始工作，12点19分33秒结束，有效观测数据时间为35分38秒。在登山指挥部，大家的脸色才像此时珠峰的天空一样明朗起来。

在位于海拔5200米到6300米之间的珠峰大本营、Ⅲ 7-1、西绒、中绒、东绒1、东绒2六个交会测量点，近20名测绘队员早已严阵以待。

参加六个交会点的测量队员是：大本营总指挥站陈永军；大本营测量站王新光、章铮、施仲强、刘伟辉；Ⅲ 七点郭庆生、高北占；转接站张忠辉；中绒点李明生、韩超斌；西绒点张建华、张伟；东绒2郑林、程虎锋；东绒3张仲宁、吴兴旺。张兆义在东绒充电站，高国平、邢建路留守二本营。

从这6个点上都能够看到珠峰峰顶，当期盼已久的觇标出现在经纬仪40倍的镜头里，对讲机发出测量总指挥的命令："峰顶交会测量开始。"一刹那，多台测量仪器开启，六点联动，千百条数据录入系统。从登顶之时起，山下观测站要连续观测48小时。

中绒、东绒、西绒、Ⅲ 7点，各观测点的对讲机几乎同时在呼叫，通知各点密切关注峰顶的动态，只待峰顶觇标竖起。十几分钟后，二本营传来高国平中队长的声音，通知各测量点：峰顶觇标已经竖起，各测量点抓紧时间观测。

20分钟后，各点的消息传到大本营陈永军副大队长的对讲机中，各点的测距、测角的观测数据都已拿下。

当各测量点都拿下几组数据后，峰顶的觇标突然失踪了，各点的通话中都反映说看不见觇标，人们怀疑是刚竖起的觇标被风吹倒，而此刻登顶的所有队员已经下撤。

第十九章 再 测

对讲机中不停地传来各观测点的队员们找寻觇标的对话声，终于传来在东3点观测的队员张仲宁的声音，他告诉大家他的测距仪返回了信息，获得了新的数据，这就说明觇标还竖立在峰顶。

一刹那，多台测量仪器开启，六点联动，千百条数据录入系统。

2005年珠峰复测项目总指挥张燕平在珠峰大本营对记者说："现在峰顶觇标已竖立，我们几十台系统正在不间断地进行48小时的数据记录。我们可以自豪地宣布，2005年珠穆朗玛峰登顶测量成功。这也标志着中国2005年珠峰高程测量取得决定性胜利。下一阶段，我们将全力以赴进行精确的计算和分析。8月份，中国将向全世界宣布珠穆朗玛峰的新高程！"

12点15分，根据珠峰大本营登山指挥部的指令，登山测量队一行从珠峰峰顶开始下撤，当日晚分别下撤至海拔8300米、7790米和7028米营地；5月23日，大部分队员下撤至7028米营地和6500米营地。

本次登顶测量原本计划带上去的仪器，还包括一台气象观测仪，据说峰顶的温度、湿度、风力等都对测量结果有影响，但由于仪器较沉等原因，气象观测仪没有带上山，于是测绘部门向中科院科考队提出，使用他们一直在放的无线电探空气球的数据，并请科考队在登顶日多放几次气球。打起气来直径有 1.6 米的白气球吸引了众多媒体的目光，再加上气球每隔两秒钟报告一次高空的气象数据，通俗易懂，一目了然。当时，科考队在 2 点、8 点、10 点、12 点、14 点、20 点共放了 6 次气球。

珠峰峰顶交会测量 5 月 23 日晚上结束。"两天来天气适宜于交会测量，6 个峰顶交会测量点的数据采集状况良好，已经获得了足够的峰顶测量数据，峰顶交会测量顺利结束。" 2005 年珠峰复测项目总指挥张燕平说："22 日竖立在峰顶的红色金属测量觇标一直十分牢固，天气状况也比较理想，从海拔 5200 米到 6250 米的 6 个交会测量点都获取了大量翔实的峰顶测量数据，平均每个测量点都获得了超过 20 组的高质量数据。4 个点的测距高程测量获取的数据数量，也超过设计要求。"

5 月 24 日凌晨，装载着宝贵数据的珠峰峰顶测量的关键设备 GPS 接收机和雪深探测雷达，经过 37 小时不间断的传递，送达珠峰大本营测量营地。测绘专家称，峰顶测量质量良好。

珠峰峰顶测量设备数据送抵后，测绘专家立即对 GPS 数据和雪深探测雷达数据进行了下载分析，并且检查设备状况，确保设备在珠峰峰顶恶劣的工作条件下正常工作，所获取的数据量超过设计要求的 20 分钟以上，均达到了 40 分钟，数据质量良好。

5 月 22 日登顶当天，珠峰峰顶风力为 8 至 9 级，气温 -40℃ 左右。在此次登山、测量活动中担任高山电视直播摄影的阿旺占堆、参加测绘觇标架设和雪深测量的测量登山队员普布在顶峰奋战 80 多分钟，普布右脚严重冻伤，右脚大拇指、二拇指两关节截掉。阿旺占堆右脚严重冻伤，未截指。5 月 23 日凌晨四五点钟，由于天气转坏，风大，二梯队队员丹增多吉在海拔 8600 米处等待接应陆续到达的其他队员，停留 1 个多小时，造成右脚严重冻伤，右脚大拇指关节截掉。

6 月 3 日，中国女子登山队员、参加重测珠峰测量登山队的队员及协作人员全部安全返回拉萨。参加此次活动的测绘人员于 5 月 30 日全部离开珠峰大本营踏上归程。科考队中的高山和冰川考察人员也撤离，但生物考察人员仍将在那里坚持工作到 10 月。

第十九章 再 测

在海拔 8800 米以上的珠峰顶，常年覆盖着一层厚厚的"冰雪铠甲"，它的厚度到底是多少，由于测量技术手段的局限，在珠峰测量史上始终是一个谜团。而"冰雪铠甲"厚度的测定，又是精确测定珠穆朗玛峰高程的一个非常重要的因素。

在 2005 珠峰高程测量中，中国测绘工作者首次采用雷达探测技术完成了珠峰顶冰雪层厚度的测量。

为了精确测出珠峰峰顶冰雪层的厚度，参加 2005 珠峰登山测量的国家基础地理信息中心的技术人员，通过大量的市场调研以及实地的测试，选用了意大利 IDS 公司出产的 500 兆赫兹的冰雪探测雷达。选用这种产品很重要的原因，是 2004 年意大利登山测量队曾携带这种冰雪探测雷达登顶珠峰并成功进行了探测。为 2005 珠峰登山测量订制的冰雪探测雷达根据用户的要求进行了改进和完善，主要考虑了电源保温、预加热、可连接双频 GPS 接收机同时一键式操作雷达和 GPS 接收机的启动，以及可进行时间同步数据、在特殊环境下数据存储等问题。

雷达测量距离的原理其实很简单，就如同机场雷达测量空气中的飞机一样，发射并接受电磁波，就可获得到目标点的距离；在雷达上安装个高精度定位仪，就会知道雷达是在那里探测到的岩石深度，因此就能依据这些测出珠峰顶岩石地形与峰顶雪深。

2005 年 5 月 22 日上午 11 点零 8 分，中国登山测量队员成功登顶珠峰，并在珠峰顶启动峰顶雪深雷达探测仪，开始探测珠峰顶峰神秘的冰雪厚度。这也是我国首次在珠峰高程测量中尝试测量峰顶冰雪高度。11 点 38 分 49 秒，冰雪雷达探测仪开始工作，12 点 18 分 24 秒结束，有效记录数据 38 分 55 秒。

装载着宝贵数据的珠峰峰顶测量的关键设备 GPS 接收机和雪深探测雷达，经过 37 小时不间断的传递，于 5 月 24 日凌晨送达珠峰大本营测量营地。经过技术人员对雪深探测雷达数据紧张的计算、处理，终于获得了珠峰峰顶冰雪深度为 3.50 米，珠峰峰顶"冰雪铠甲"的谜团由此破解。

复杂的科学工程

测量一座山峰的高度，测量世界第一高峰珠穆朗玛峰的高度，意味着什么？

固然，从人文的角度，从大众传播的角度，珠峰测量自有其独特的意味与魅力。

整装待发

但是，从科学技术来说，2005 年珠峰高度复测的价值何在？这一行动策划准备的时间将近一年，国家投入了大量的资金。从 2005 年 3 月起开始实施的这一行动，由国家测绘局组织 50 余名测量人员，克服环境、气候恶劣等重重困难，在珠穆朗玛峰地区开展了三角测量、水准测量、重力测量、全球卫星定位测量，并将在珠穆朗玛峰峰顶进行雪深雷达测量。仅仅是花在登山、测量和计算过程的时间，差不多要半年，而且到 2005 年 10 月才能向世界公布测量结果。

为什么要为测量一座山的高度花费这么多的时间？如此大动干戈，

耗费人力、物力、财力，值得吗？

在国家测绘局国家基础地理信息中心副主任、珠峰测量行动总指挥、高级工程师张燕平，国家测绘局国家基础地理信息中心大地测量处处长张江齐，国家测绘局第一大地测量队副队长陈永军等测量专家看来，测量珠穆朗玛峰的种种问题，绝非三言两语能说清。

无论是理论的阐释，抑或实际的践行，测量珠峰之高度，委实或显或隐地存在着种种的困难。

重新精确测定珠峰高程，是测绘工作者面临的一项迫切而重要的历史任务，也是一件政府行为的重大事件。珠峰高程的精确测定，可以结束国际上珠峰高程不统一的混乱局面，为世界地球科学研究做出贡献，其社会效益和科学意义是十分巨大的。同时，随着科学技术进步，如GPS技术、雷达测深技术、大地水准面精化、绝对重力测量技术、气象探测技术、登山装备技术及地学理论方法的完善，为更加精确的测量珠峰高程创造了必要的条件。通过精心组织和设计，制定出科学的技术方案，精确地测量出珠峰的高程，由国务院以权威的数据及时地向全世界公布，结束近几年国外杂志对珠峰高程的各种质疑，维护我国的声誉，具有重大的科学意义与政治意义。

珠峰高程测定及邻近区域地壳形变研究，在地学研究中具有重要的理论价值。根据珠峰及邻近地区地壳水平和垂直运动速率变化，揭示了印度洋板块与亚欧板块相互作用力存在着不均匀强弱的变化，而这种强弱变化是引起我国大陆周期性地震活动的源动力。这些研究成果将对我国今后地震预报和减灾、防灾具有重要的实际意义。

高度，在测量学中也叫高程，乍一听，似乎是一个很简单的几何概念，不少人以为，测量珠峰是一个几何学上的问题，其实不然。比如一个人的身高是多少，某个地方的海拔高度是多少，都很好理解。但是往深了想，它并不简单，在科学上，高程其实是一个位置定义，说某地点的高程是多少，表达的是这个地球表面点，相对于地球的空间位置。而问题的复杂性就在于，地球并不是一个标准的椭圆，而是一个近似椭圆的不规则实体，其表面构造非常复杂又各不相同。在这种情况下，要明确某个地球表面点的空间位置，要定义其高程，就必须要考虑到地球几何形状、地球物理性质等诸多因素，而并不仅仅是一个几何学的问题。

测量珠峰，所依据的基本原理仍然是立体几何学原理，但是又不仅仅局限于此。珠峰涉及复杂的地质学概念，涉及地球引力，涉及物理学意义上的高度概念，如果是单纯的数学问题，所得到的高度只是表观高度。而此次珠峰复测，所要测量的是珠峰和地球之间引力方向上的高度，就是说重心所在直线的高度，和表观高度是有差别的。

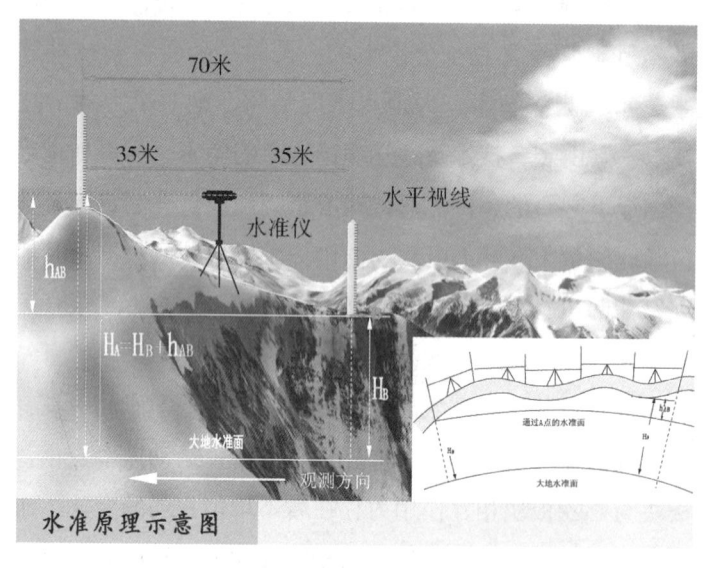

水准原理示意图

要弄清楚测定珠峰的高程究竟是什么意思，意味着什么，有什么意义，最重要的是要明确两个概念，首先是高程的方向，其次是高程的基准。

在测量学中，高程的定义是某地表点在地球引力方向上高度，也就是重心所在地球引力线的高度。这句话的意思是，地球上每个点高程的方向都是不同的。这里有一个有意思的例子：人的眼睛其实总是在"忠实地欺骗"自己。你用眼睛看面前的珠峰，你看到的高度其实不是珠峰真正的高度，因为地球是椭圆的，你的视线的起点是你脚下的那一点，而不是珠峰脚下的那一点，因此你看到的珠峰要比其真实高度低一些。那些光学的测量仪器如果在远处测量珠峰，就像人的眼睛一样，也是有偏差的。

明白了高程的方向，另外一个重要的概念就是高程的基准是什么。通俗地说，就是珠峰脚下的海拔0米在哪里。这里就出现一个重要的概念——大地水准面。测量学中的基准面就是大地水准面，是整体上非常接近于地球自然表面的水准面。由于海洋占全球面积的71%，因此大地水准面与平均海水面相重合，不受潮汐、风浪及大气压变化影响，并延伸到大陆下方处与重力线相垂直。理论上，它是一个延伸到全球的静止海水面，是一个地球重力等位面，也是一个没有褶皱、无棱角的连续封闭面。由于地球质量特别是外层质量分布不均匀，使得大地水准面形状非常复杂。在目前不能唯一地确定大地水准面的时候，各个国家和地区往往选择一个平均海水面代替它。我国使用的"1985国家高程基准"中，采用的是青岛验潮站的18年长期观测结果计算出来的平均黄海海水面，作为我国统一的高程起算基准面，也就是海拔零起始面。所以，珠峰的高程实际上就是在珠峰的重力线方向上相对于青岛黄海海平面的高度。

大致明白了上述道理，就可以理解，从科学的角度说来，测量珠峰高度，事实上是一件很复杂的工程，它涉及地理、地质、测绘、光学、气象等多种学科，需要采用多种先进的测绘仪器。工作量也非常大，并且需要大量、艰苦和琐碎的野外作业。

从理论上看，明确了珠峰高程的含义，似乎按照原理去测量就行了。但是事实上，在陆地上，大地水准面和重力线都是虚拟的标准，要直接去测量是行不通的。要取得实际的高程数据，必须采用间接的方法。

经过上百年的长期实践，到目前为止，世界测量界已经形成了一套完善的理论体系和测量方法，我国测量界也掌握了这些世界先进的理论体系和测量方法。

2005年珠峰测量使用的主要测量方法有两种。第一种方法就是传统的经典测量方法，就是以三角高程测量方法为基础，配合水准测量、三角测量、导线测量等方式，获得的数据进行重力、大气等多方面改正计算，最终得到珠峰高程的有效数据。登顶测量对于经典测量方法而言，最主要的目的是在珠峰峰顶架起觇标，同时进行三角交会测量，测绘工作者运用三角几何学中"勾股定理"的基本原理，推算出珠峰峰顶相对于这几个点的高程差。获得的高程数据还要进行重力、大气等多方面的改正计算，最终确定珠峰高程测量的有效数据。

通俗来说，就是分三步走：第一步，先在珠峰脚下选定较容易的、能够架设水准仪器的测量点，先把这些点的精确高程确定下来。第二步，在珠峰峰顶架起觇标，运用三角几何学中"勾股定理"的基本原理，推算出珠峰峰顶相对于这几个点的高程差。第三步，获得的高程数据要进行重力、大气等多方面的改正计算，最终确定珠峰高程测量的有效数据。

水准测量是测定地面点高程的最常使用的方法，也称几何水准测量。水准测量法是利用水准仪提供的水平视线，观测竖立在地面两点上的水准标尺，分别读取水准标尺上的读数以推算两点间的高差。通过这种方法，由一个已知高程的地面点出发，就可以推测地面上任何一点的高程。2005珠峰复测测量人员以水准测量这种古老而实用的传递方法，把高程引到珠峰山脚下，再用三角高程的方法测定珠峰的高度。使用水准测量这一传统的方法，是用望远镜一步步测量，距离受到可视范围的限制，所以每个测量点之间距离最多只有60多米。测绘人员在相邻的两个测量点设立标尺，就是以最多60米为一个测量站，在测量站的两端设立两个标尺，通过水准仪的水平视线，可以测出两根标尺之间的高差。再以起算面为基准，把这一站一站的高差不断累加起来，就可以得到珠峰脚下测量点的高程。通过累积高度差与珠峰脚下交会点上的海拔高度，再叠加上交会点到峰顶的三角高程，就可以得到珠峰的确切海拔高度。

珠峰测量水准路线分布图

首先要确定珠峰海拔高程起算点。我国是以青岛验潮站的黄海海水面为海拔零起始点（水准原点），在过去的几十年中，经过我国几代测量人员的不懈努力，已经取得西藏拉孜县相对青岛水准原点的精确高度。因为测绘人员已取得西藏拉孜县相对青岛水准原点的精确高程，因此，在此次珠峰复测行动中，起算面就不必是青岛了，而是拉孜。测量队员们从拉孜开始，徒步向珠峰测量，路程约 500 千米，测量站超过 10000 个。2005 珠峰测量队水准测量分队分别通过四条路线向珠峰推近，选定珠峰下的交会测量点，完成了二等水准 379.7 千米、三等水准 17.3 千米、测距高程导线 20.5 千米。测量队先在珠峰脚下选定较容易的、能够架设水准仪器的测量点，用水准测量、高程导线测量等方法逐级确定这些点的精确高程。前半程仍采用传统而精确的水准测量法，每隔几十米竖立一个标杆，通过水准仪测出高差，一站一站地将高差累加起来就可得出准确数字。这样一直传递到珠峰脚下6个峰顶交会测量点。

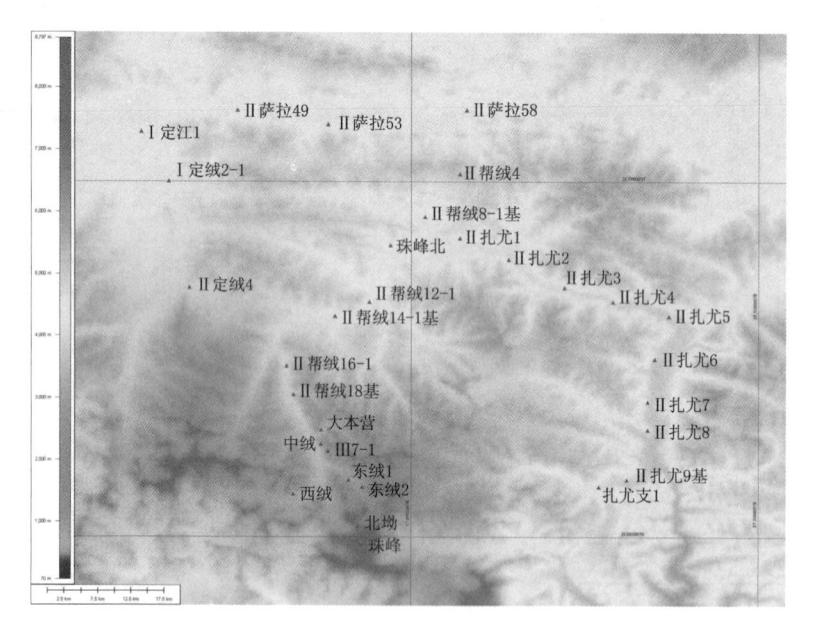

控制点分布平面图

为便于比较，2005年的6个点都是1975年珠峰测量时曾经使用过的交会测量点。为了找到当年的这些点，花费了测绘队员们的大量心血，因为毕竟30年过去了，由于风吹日晒、泥石流等各种原因，原来的路早已不复存在，只有几十厘米见方的交会测量点标志很难找到。仅位于海拔5700米的西绒点，测绘队员和向导找了3趟才找到。找到6个交会测量点只是完成了最初的工作，确定这些点的精确海拔高度则是测量珠峰高程的基础，因为珠峰高程的最终确定需要得到从海平面到峰顶每一段的精确高度，确定这6个点的高度之后，只需测出这些点到峰顶的距离即可计算出整个珠峰高程。

测绘队员找到了6个峰顶交会点的准确位置，但6点的最新高度则需要人员运用导线测量的方式重新测定。确定这些交会测量点的海拔高度需要从低海拔地区向高海拔地区逐步传递,最终推进到这 6 个点。确定交会点是很艰苦的工作。

重力测量

拿西绒点来说,从珠峰大本营到西绒点,需要经过冰塔林、冰河、冰裂缝等复杂地形,还要翻过一座 300 多米高、坡度为六七十度的山包。这种地形用传统的高程传递方法——导线法,需要一个星期左右才能完成高程传递,并且误差较大。这次测绘队员采用了一般跨江跨河的精密工程才使用的跨河水准法,只用了两天就完成了任务,这种方法在测量珠峰高程方面还是第一次使用。虽然此方法可以使精确度从分米级提高到毫米级,但数据采集和计算的工作量是传统方法的几十倍。

2005 珠峰高程测量之重力观测用于局部重力场优化、垂线偏差计算、大地水准面精化以及水准测量改正计算等。所以,重力测量是 2005 年珠峰高程测量不可或缺的组成部分。

重力是地球上一个重要的物理现象,将物体抛向天空它仍然会落回地面,流水总是从高处流向低处……这些现象都是由于地球重力产生的结果。实际上,地球重力是引力与离心力的合力,重力方向亦称为铅垂线方向，这条"方向线"对于解决测量数据至关重要。比如，珠峰的高程实际上就是在珠峰的重力线方向上相对于青岛黄海海平面的高度。地球内部是由不同物质组成的，各个地点的高低也不同，不同地点的重力不一样。受重力影响，垂线可能会偏离垂直方向，导致计算偏差，重力测量就是为解决这一问题而采取的措施。

地球重力场直接反映地球内部的密度分布。从地幔产生的长波信号，到大陆岩石圈和海底地壳的局部特征等，都反映在地球重力场中。通过地球重力场模型及对地球外部重力场的分析，可提供地球内部结构和状态的信息。大地水准面属于地球重力场的一个等位面。大地测量观测是在地球重力场内进行的，数据的处理和归算要知道地球重力场。

珠峰测量队收集珠峰及周边地区三种地形数据以及实测重力测量数据，选择 EGM96 模型作为参考重力场模型，采用重力方法结合 GPS/水准拟合技术，确定了珠峰地区高精度的似大地水准面，推算了珠峰峰顶的高程异常值，据此确定了珠峰峰顶相对于中国 1985 黄海高程基准的海拔高程。珠峰测量队重力测量分队进驻珠峰地区展开测量，共完成了二等重力点及引点 5 个、加密重力点 86 个，登山路线上重力点 5 个。

2005 年珠峰测量的第二种方法，是 GPS 卫星大地测量法，这种方法是近几十年才发展完善起来的，此次是我国首次使用这种先进的方法来测量珠峰的高度。

在这种方法中，首先要建立一个能够与地球形状最大程度契合的参考椭球。众所周知，太空中有很多环绕地球飞行的卫星，通过这些卫星，可以利用 GPS 仪器比较容易地获得珠峰相对于这个地球参考椭球的准确的三维坐标。然后，只要确定了参考椭球与真实地球在珠峰最高点上的高程差，就能够得到珠峰准确的高程。

当然，珠峰最高点这个高程差的获得并不容易，需要在珠峰的周围地区选择大量的点进行 GPS 观测、水准观测、重力观测，同时建立精确的数学模型，通过对测量数据的分析、计算来获得"珠峰最高点的高程差"这个参数。

GPS 是全球定位系统（Global Positioning System）的缩写。该系统是 20 世纪 70 年代美国开始布设的第二代空间卫星导航定位系统，经过 20 余年的研究试验，到 1994 年 3 月，共有 24 颗卫星在 6 个轨道面上环绕地球飞行，全球覆盖率达 98%，在太空构成了卫星定位网，卫星轨道即每时刻的精确位置由地面监控站测定。GPS 通过 24 颗专用卫星向地面发射无线电波，地面上用 GPS 接收机同时接收 4 颗以上卫星信号，根据卫星的精确位置以求得地面点位置。GPS 能为用户提供全球性、全天候、连续、实时、高精度的三维坐标、三向速度和时间信息。目前 GPS 卫星测量技术已经成为定位测量的主要手段。

2005 年珠峰高程测量大量采用了 GPS 测量技术手段。自青海格尔木至珠峰地区，跨越冈底斯、喜马拉雅构造布设 GPS 监测网和 GPS 联测网。在珠峰及其邻近地区布设 GPS 控制网。在峰顶测量阶段，通过登山测量队员带上珠峰顶部的 GPS 接收机接收卫星信号并测出接收机到卫星的距离，通过对传播时间与传播路径误差的修正，获得准确的观测距离，当同时观测到 4 颗卫星时，就能获得未知点的准确坐标，从而获得峰顶高程。

纪念碑

在海拔 5100 米的珠峰北坡大本营，有一个不到 20 米高的小山包。小山包上是几十平方米的小平台，静静地摆放着一些石堆和石碑，这就是攀登珠峰遇难者的墓地。这里，没有遗体，没有骨灰，没有绿草和鲜花，甚至没有一件遗物。但是，这里有不屈的灵魂，有永恒的精神。

珠穆朗玛峰高程测量纪念碑，也建立在这座山包上。

珠穆朗玛峰高程测量纪念碑

2005年4月11日，纪念2005年重测珠穆朗玛峰的"珠穆朗玛峰高程测量纪念碑"，在拉萨制作完毕，4月下旬运往珠峰大本营进行现场安装。

2005年5月22日，珠峰高程测量在成功进行峰顶测量，这次测量工作取得决定性胜利。5月25日，珠峰高程测量纪念碑在珠峰大本营揭碑。

这是珠峰的第一个测量纪念碑，也是珠峰地区竖立的重量和体积最大的一个纪念碑。

珠峰纪念碑碑体造型为珠峰山峰形状，采用拉萨出产的整块花岗岩石打造而成，碑体高2.4米、宽1.2米、厚0.2米，基座高0.9米。纪念碑碑体正面刻有汉、藏、英三种文字的"珠穆朗玛峰高程测量纪念碑"字样，还刻了2005年珠峰测量高程数据8844.43米。

碑体正面上部为铜制圆形的2005年珠峰高程测量徽标，碑身的汉文、藏文、英文三种文字为红色，十分醒目。

珠峰测量纪念碑的碑体背面铭刻碑文,记载了珠峰的基本情况和我国对其高程测量的情况。

笔者荣幸地担任了碑文的撰稿工作。

纪念碑与珠峰峰顶的直线距离约 19 千米。

"这将成为珠峰大本营地区最壮观的人文景观。"纪念碑的设计者、西藏测绘局的扎西多吉说。

2005 年 10 月 9 日,经国务院审批,国家测绘局向全世界公布了 2005 珠峰高程测量成果:珠穆朗玛峰峰顶岩石面海拔高程为 8844.43 米。

同时公布 2005 珠穆朗玛峰高程测量有关参数:珠穆朗玛峰峰顶岩石面高程测量精度 ±0.21 米;峰顶冰雪深度 3.50 米。

2005 珠峰复测,获得珠穆朗玛峰新高度及其重要参数:

海拔高程 8844.43m±0.24m;

峰顶雪厚 3.50m;

大地经度 86°55′30.7517″E;

大地纬度 27°59′17.0828″N;

上升速度 18mm/a;

移动速度 48mm/a;

移动方向方位角东偏北 74°;

峰顶重力 976816.38mgal;

高程异常 -25.199m;

大地水准面高 -26.466m;

垂线偏差 $\xi 84$= -19.929″, $\eta 84$= -6.511″;

峰顶气压(12 点)334.8hPa;

峰顶干温(12 点)-29.66℃;

峰顶湿温(12 点)-44.26℃;

温度梯度 -0.8776℃/100m。

此后,这个新的测量高度成为中国行政管理、新闻传播、对外交流

珠峰简史

等对社会公众有影响的活动及公开出版的地图和教材中使用的新数据。原 1975 年公布的珠峰高程数据停止使用。

这是迄今为止,最精确、最可靠的珠穆朗玛峰高程数据。

神灵的珠峰

结　语

2013年5月，2005珠峰高程复测八周年的日子，笔者填了一首《贺新郎》，表达对珠峰的那一份情愫。在《珠峰简史》收笔之际，抄出旧作，作为本书的结尾：

贺新郎·再忆珠峰

仰止那堪说。万山尊，倚天情愫，匝地瓜葛。欲为亭亭度长短，细绾高髻琼雪。最要紧、不爽毫发[1]。絮语营盘谁倾听，记当时、只有高山月。皎洒洒，泉鸣瑟。

八年恍若昨日别。问渠侬：篷中记否？虎凳如铁[2]。冰露罡风披几度，回首难眠星夜。目望断，云邈路绝。热血男儿中宵舞，又身手矫健从头越。临绝顶，赤旗猎[3]。

2015年5月～2016年3月，写于北京金家村

---

[1] 2005年4～5月，余全程参加珠峰高程测量。
[2] 珠峰大本营记者帐篷里的塑料凳坚硬如铁，被戏称为"老虎凳"。
[3] 2005年5月22日，珠峰登山测量队凌晨出发，上午成功登顶。

参考文献

《中央人民政府内务部出版总署通报"额菲尔士峯"应正名为"珠穆朗玛峰""外喜马拉雅山"应正名为"冈底斯山"》,《科学通报》1952年4月15日。

林超:《珠穆朗玛的发现与名称》,《北京大学学报(人文科学)》1958年第4期。

《国务院总理周恩来4月28日在加德满都记者招待会上答外国记者问》,《中华人民共和国国务院公报》1960年4月12日。

《我国西藏南部珠穆朗玛峰地区的自然特征和地质发展史》,《科学通报》1973年1月16日。

徐福荣:《尼泊尔夏尔巴人》,《民族译丛》1980年第1期。

李炳元、王富葆、杨逸畴、张青松:《试论西藏全新世古地理的演变》,《地理研究》1982年第4期。

李吉均:《青藏高原的地貌轮廓及形成机制》,《山地研究》1983年第1期。

陈乃文:《夏尔巴人源流探索》,《中央民族大学学报(哲学社会科学版)》1983年第4期。

於福顺:《清雍正十排〈皇舆图〉的初步研究》,《文物》1983年第12期。

高建国:《西藏古代科学技术大事年表》,《西藏研究》1984年第3期。

杨逸畴:《青藏高原国土整治中的若干地貌问题》,《地理学与国土研究》1985年第2期。

克·冯·菲雷尔-海门道夫、陈乃文:《尼泊尔夏尔巴人的氏族及其功能》,《民族译丛》1987年第5期。

袁超俊:《夏尔巴人概况》,《西藏研究》1989年第1期。

邹启才:《夏尔巴人风俗简介》,《西藏民俗》1994年第3期。

戴逸:《一场未经交锋的战争——乾隆朝第一次廓尔喀之役》,《清史研究》1994年第3期。

王璐:《尼泊尔境内的夏尔巴人》,《西藏研究》1994 年第 4 期。

霍巍:《从考古材料看吐蕃与中亚、西亚的古代交通——兼论西藏西部在佛教传入吐蕃过程中的历史地位》,《中国藏学》1995 年第 4 期。

杨逸畴:《世界最高峰的形成及其瞩目的奇观》,《中国西藏（中文版）》1996 年第 1 期。

陈智梁:《寻觅失踪的特提斯海》,《海洋世界》1996 年第 4 期。

秦国经:《18 世纪西洋人在测绘清朝舆图中的活动与贡献》,《清史研究》1997 年第 1 期。

沈福伟:《外国人在中国西藏的地理考察（1845～1945）》,《中国科技史料》1997 年第 2 期。

成崇德:《十八世纪的中外舆图与清朝疆域（提要）》,《第二届国际满学研讨会论文集（上）》, 1999 年。

叶至善:《珠穆朗玛峰的正名》,《民主》1999 年第 7 期。

李渤生:《雪域奇葩——珠穆朗玛峰自然保护区》,《人与生物圈》2001 年第 2 期。

翁连溪:《清代内府铜版画刊刻述略》,《故宫博物院院刊》2001 年第 4 期。

李吉均、方小敏、潘保田、赵志军、宋友桂:《新生代晚期青藏高原强烈隆起及其对周边环境的影响》,《第四纪研究》2001 年第 5 期。

孙喆:《〈中俄尼布楚条约〉与〈康熙皇舆全览图〉的绘制》,《清史研究》2003 年第 1 期。

郭超人:《英雄登上地球之巅》,《西藏体育》2003 年第 2 期。

Jamling Tenzing Norgay、宋克超:《山地——体现在宗教、环境和文化中的存在资源》,《AMBIO- 人类环境杂志》2004 年第 S1 期。

孙冬虎:《清代国人对西藏地理的考察与记载》,《测绘科学》2004 年第 S1 期。

任纪舜:《读〈中国主要地质构造单位〉:中国大地构造的经典著作——纪念黄汲清先生诞辰 100 周年》,《地质论评》2004 年第 3 期。

刘志群:《夏尔巴人生活习俗及其婚俗》,《中国西藏》2005 年第 4 期。

徐永清:《敬礼，珠穆朗玛峰》,《中国测绘》2005 年第 5 期。

康世昌:《珠穆朗玛:科学的制高点》,《百科知识》2005 年第 09S 期。

岳林才、黄文建:《30 年前首测珠峰揭秘》,《时代潮》2005 年第 10 期。

切排、桑代吉:《夏尔巴人的历史与现状调查》,《西北民族研究》2006 年第 1 期。

张玮、张镱锂、王兆锋、丁明军、杨续超、蔺学东、阎宇平:《珠穆朗玛峰自然保护区植被变化分析》,《地理科学进展》2006 年第 3 期。

高登义:《认识珠穆朗玛》,《科学》2006 年第 4 期。

邓锐龄:《乾隆朝第二次廓尔喀之役（1791～1792）》,《中国藏学》2007 年第 4 期。

王杰学、巴乔:《走访陈塘夏尔巴人》,《中国西藏》2009 年第 1 期。

房建昌:《清代西藏历史地图的编纂、史料及方法》,中国地理学会历史地理专业委员会、《历史地理》编辑委员会:《历史地理》（第二十四辑），上海人民出版社，2010 年。

汤惠生:《青藏高原旧石器若干问题的讨论》,《青海民族大学学报（社会科学版）》2010 年第 1 期。

顿珠拉杰:《西藏珠峰自然保护区人文遗产综合考察》,《西藏研究》2010 年第 3 期。

巴桑卓玛、尼玛玉珍、欧珠罗布、央啦、达瓦普赤、边巴、索曲、毕卫忠、普布、丹增、丁玲辉、崔超英:《血管紧张素转换酶基因插入/缺失多态性与康巴藏族心功能的关系研究》,《医学研究杂志》2010 年第 12 期。

汤惠生:《青藏高原史前的"广谱革命"》,《青海民族大学学报（社会科学版）》2011 年第 1 期。

齐鹏飞:《中尼边界谈判的历史进程和基本经验》,《当代中国史研究》2011 年第 2 期。

除多、拉巴卓玛、拉巴、普布次仁:《珠峰地区积雪变化与气候变化的关系》,《高原气象》2011 年第 3 期。

汤惠生:《青藏高原旧石器时代晚期至新石器时代初期的考古学文化及经济形态》,《考古学报》2011 年第 4 期。

穆阿妮:《周恩来与中尼边界谈判》,《理论视野》2012 年第 1 期。

董海龙、朱洪云、刘海平、芮亚培:《西藏动物遗传资源保护现状与对策》,

《世界农业》2012年第2期。

杨秀海、卓嘎、罗布、王伟:《珠峰地区天气气候特征分析》,《冰川冻土》2012年第2期。

王丽莺、杨浣、马升林:《夏尔巴人族源问题再探》,《四川民族学院学报》2012年第3期。

马娟:《美学视野下的非物质文化遗产研究》,西安电子科技大学硕士论文,2013年。

王忠彦、马耀明、刘景时、韩存博:《珠穆朗玛峰北坡水文及其相关气象要素的特征分析》,《高原气象》2013年第1期。

穆阿妮:《刍议中尼边界谈判中的焦点:"珠峰"问题的处理》,《党史研究与教学》2013年第1期。

黄维忠:《论廓尔喀第三次侵藏战争》,《西藏大学学报(社会科学版)》2013年第1期。

普卓玛、罗布:《西藏自治区定日县近30年的日照变化特征》,《农技服务》2013年第4期。

《我国海拔最高气象站是如何架成的?》,《科技日报》2014年7月18日。

徐永清:《18世纪珠峰测绘考略》,《中国测绘报》2015年4月28日。